D1726836

KIELER GEOGRAPHISCHE SCHRIFTEN

Herausgegeben vom Geographischen Institut der Universität Kiel
durch C. Corves, F. Dünckmann, R. Duttmann, R. Hassink,
W. Hoppe, N. Oppelt, A.Vafeidis und R. Wehrhahn
Schriftleitung: P. Sinuraya

Band 125

Neoliberale Stadtentwicklung in Santiago de Chile

Akteurskonstellationen und Machtverhältnisse in der Planung städtebaulicher Megaprojekte

Michael Lukas

KIEL 2014

IM SELBSTVERLAG DES GEOGRAPHISCHEN INSTITUTS
DER UNIVERSITÄT KIEL
ISSN 0723 – 9874
ISBN 978-3-923887-67-5

Bibliographische Information der Deutschen Nationalbibliothek
Die Deutsche Nationalbibliothek verzeichnet diese Publikation in der
Deutschen Nationalbibliografie; detaillierte bibliografische Daten sind
im Internet unter http://dnb.dnb.de abrufbar.

ISBN 978-3-923887-67-5

Die vorliegende Arbeit entspricht im Wesentlichen der von der Mathematisch-Naturwissenschaftlichen
Fakultät der Christian-Albrechts-Universität zu Kiel im Jahre 2014 angenommenen gleichlautenden
Dissertation.

Michael Lukas ist derzeit als Dozent am Geographischen Institut der Fakultät für Architektur und
Urbanismus der Universidad de Chile tätig.

Das Titelfoto zeigt Lagune, Einkaufszentrum und Restaurants
von Piedra Roja, dem ambitioniertesten und erfolgreichsten
der Megaprojekte in Chicureo.

Foto: Michael Lukas

Danksagung

Diese Arbeit ist unter Mithilfe und durch die Unterstützung einer großen Zahl von Freunden, Kollegen und Institutionen entstanden. An erster Stelle sei hier das Geographische Institut der Christian-Albrechts-Universität zu Kiel (CAU) genannt. Der Betreuer meiner Dissertation, Prof. Dr. Rainer Wehrhahn, hat mich dort von Beginn an in meinem Vorhaben unterstützt, mir in kritischen Momenten mit hilfreichen Ratschlägen zur Seite gestanden und bis zum Ende nicht die Geduld verloren – herzlichen Dank dafür! An der CAU sei dazu noch Dominik Haubrich, Anna Lena Bercht, Angelo Müller, Sören Weißermel, Monika Höller und insbesondere Frau Petra Sinuraya für unterschiedliche Formen der Unterstützung gedankt, letzerer für die Überarbeitung der zahlreichen Abbildungen und die wertvolle Hilfe bei der Erstellung der Druckvorlage.

Die Dissertation wurde im Rahmen der internationalen Forschungsinitiative Risk Habitat Megacity (RHM) durchgeführt, die am Helmholtz-Zentrum für Umweltforschung (UFZ) in Leipzig koordiniert wurde, wo ich zwischen 2008 und 2011 beschäftigt war. Für die Unterstützung und das in mich gesetzte Vertrauen möchte ich insbesondere der Leiterin des Departments für Stadt- und Umweltsoziologie am UFZ, Frau Prof. Dr. Sigrun Kabisch, dem Koordinator der RHM-Initiative, Dr. Dirk Heinrichs, und dem Leiter der Governance-Arbeitsgruppe und Ko-Betreuer meiner Doktorarbeit, Prof. Dr. Henning Nuissl, danken. Für die gute Zeit und die interessanten Diskussionen sei meinen Bürokolleginnen am UFZ, Carolin Höhnke und Corinna Hölzl, gedankt. Neben diesen akademischen Unterstützern in Leipzig, seien auf privater Seite noch Tobias Marcello und die NATO erwähnt, die beide entscheidenden Anteil daran hatten, nicht den Kopf zu verlieren.

Einen wichtigen Teil der Zeit, die in diese Arbeit gesteckt wurde, habe ich in Santiago am Instituto de Estudios Urbanos (IEUT) der Pontificia Universidad Católica de Chile verbracht. Dort sei dem Direktor des Doktorandenprogramms, Prof. Dr. Fernando Pérez, sowie den Assistentinnen Andrea Masuero und Jacqueline Bigorra, für ihre allseits sehr freundliche und warme Unterstützung gedankt. Über lange Zeit war das IEUT nicht nur eine urbane Oase, sondern zweite Heimat, wofür sehr wesentlich meine Freunde Gustavo Durán, Diego Hernández und Marcelo Grez verantwortlich waren. Ein Jahr des Forschungsaufenthaltes in Chile wurde vom Deutschen Akademischen Austauschdienst (DAAD) gefördert, dafür sei an dieser Stelle auch herzlich gedankt.

Auf familiärer Seite schließlich möchte ich an dieser Stelle meiner Mutter Brigitte und meiner Schwester Carmen danken, ohne deren rückhaltlose Unterstützung all der Ideen, Projekte, Reisen, Umzüge, Höhen, Tiefen und anderweitigen Schleifen diese Arbeit weder begonnen noch fertiggestellt worden wäre. Und für ihre Liebe und Geduld schließlich danke ich Andrea und Elisa. An alle vier: nun sind wir Doktor!

Santiago de Chile, im Dezember 2014   Michael Lukas

Inhaltsverzeichnis

Abbildungsverzeichnis

Tabellenverzeichnis

Zusammenfassung

Die vorliegende Arbeit hat die Analyse von Akteurskonstellationen und Machtverhältnissen im Kontext neoliberaler Formen der städtischen Raumproduktion zum Gegenstand. Konkret werden die ökonomischen und politischen Logiken und Dynamiken im Prozess der Stadterweiterung in Santiago de Chile untersucht, und zwar am Beispiel der Planung und Implementierung privater Megaprojekte. Diese Projekte, die sich an den Prinzipien des New Urbanism orientieren, haben in Santiago seit Mitte der 1990er einen regelrechten Boom erlebt und sowohl die physisch-materielle als auch die institutionelle Landschaft grundlegend verändert. In der Literatur wird diese Form der privaten Stadtentwicklung bislang vor allem als eine unmittelbare Auswirkung von Prozessen der Globalisierung und Neoliberalisierung interpretiert. In dieser Arbeit wird diese Diskussion aufgenommen und theoretisch und empirisch vertieft.

Zunächst wird ein theoretischer Rahmen erarbeitet, der sowohl Elemente der Urbanen Politischen Ökonomie wie auch poststrukturalistische Ansätze berücksichtigt, um so im Prozess der Raumproduktion die Schnittstellen von Materialität und Diskurs in den Blick nehmen zu können. An zwei Fallbeispielkommunen in Santiago, wo sich eine Vielzahl von Megaprojekten in Entwicklung befinden, werden die Planungs- und Aushandlungsprozesse mit Hilfe von Methoden der qualitativen Sozialforschung (Leitfadeninterviews, Teilnehmende Beobachtung und Textanalyse) rekonstruiert und in Bezug auf die Fragestellung interpretiert.

Festgehalten werden kann, dass der Boom der Megaprojekte eng mit der unter Pinochet eingeschlagenen Politik der Neoliberalisierung zusammenhängt. Es sind im Wesentlichen diejenigen ökonomischen Gruppen, die stark von der Politik der Glokalisierung und Privatisierung profitiert haben, die seit den 1980er Jahren sukzessive in das Geschäft der Landentwicklung eingestiegen sind. Die Megaprojekte stellen dabei eine spezifische Strategie dar, mit der drei Geschäftsfelder mit Bezug zur gebauten Umwelt – Bodenspekulation, Immobilienproduktion und Capital Switching – auf innovative Art und Weise verknüpft werden, was als ‚strukturelle Spekulation' bezeichnet wird.

Wiewohl die Landentwickler und die dahinter stehenden ökonomischen Gruppen es geschafft haben, ihre Verwertungsinteressen in Form der sogenannten Konditionierten Planung in die institutionelle Landschaft einzuschreiben, wird bei einer genauen Rekonstruktion der Entwicklung des Phänomens sowie der konfligierenden Interessen und Strategien deutlich, dass dies zu internen Widersprüchen und Konflikten zwischen unterschiedlichen Landentwicklern und Kapitalfraktionen einerseits und verschiedenen staatlichen Institutionen andererseits geführt hat. Was diese empirischen Befunde auf theoretischer Ebene anzeigen, ist, dass Globalisierung und Neoliberalisierung im Bereich der Stadtentwicklung weder Prozesse ohne Subjekt noch Einbahnstraßen sind. Ökonomische

Logiken werden von politischen Dynamiken gebrochen, ebenso wie dies umgekehrt der Fall sein kann. An der Schnittstelle zwischen Politik und Wirtschaftsinteressen in Bezug auf Stadtentwicklungprozesse befindet sich das Planungssystem, innerhalb dessen die vielfältigen Konflikte ausgetragen werden und deren Ausgang kontingent ist.

Summary

The present study deals with analyzing the actor constellations and power relations in the context of neoliberal forms of urban space production. Specifically, the economic and political logics and dynamics in the process of urban expansion in Santiago de Chile are examined using the example of the planning and implementation of private megaprojects as case studies. These projects, which are based on the principles of New Urbanism, have experienced a boom in Santiago since the mid-1990s and changed both the physical-material as well as the institutional landscapes fundamentally. In the literature this form of private urban development has so far been interpreted mainly as a direct impact of processes of globalization and neoliberalization. In this work, this discussion is taken up and deepened both theoretically and empirically.

First, a theoretical framework is developed, which takes into account elements from Urban Political Economy as well as post-structuralist approaches in order to analytically address the intersection of materiality and discourse in the process of space production. In two case study communities in Santiago, where a large number of mega projects are developed, then the planning and negotiation processes are reconstructed and interpreted, with the help of methods of qualitative social research (semi-structured interviews, participant observation and text analysis).

In terms of results, it can be noted that the boom of megaprojects is closely related to the neoliberalization policies under Pinochet. Especially those economic groups that greatly benefited from the glocalization and privatization strategies since the 1980s have been entering successively the business of land development. The megaprojects are in that context a specific strategy to innovatively connect three aspects with respect to the production of the built environment – land speculation, real estate production and capital switching – what is referred to as 'structural speculation'.

While the land developers and connected economic groups have managed to inscribe their investment interests in the institutional landscape through the so-called 'conditioned planning', a fine grained reconstruction of the development of the phenomenon and of the conflicting interests and strategies at play reveals internal contradictions and conflicts between different land developers and fractions of capital on the one hand and various government institutions on the other side. What these empirical findings imply on a theoretical level is that globalization and neoliberalization in the field of urban development processes are nor one-way streets nor processes without a subject. Economic logics are broken by political dynamics and vice versa. At the interface of politics and business interests in urban development lies the planning system within which multiple conflicts are articulated whose outcomes are always contingent.

1 Einleitung

1.1 Globalisierung, Neoliberalismus und die Fragmentierung der Stadt

Als „Postkarten und Artefakte der Globalisierung" bezeichnet der uruguayisch-chilenische Stadtforscher Carlos DE MATTOS (2004) die Shopping Malls, Luxushotels, Bürotürme, Technologieparks und Master-planned Communities, die das Stadtbild vieler lateinamerikanischer Metropolen zunehmend prägen. Sowohl in den Zentren der Städte, im suburbanen Raum als auch darüber hinaus, in ihrem weiteren Einzugsbereich, entstehen in Lateinamerika immobilienwirtschaftliche und infrastrukturelle Großprojekte, die zumeist vollständig aus dem Privatsektor heraus initiiert und geplant werden, an denen oftmals internationale Entwickler, Banken und Know-how beteiligt sind und die häufig US-amerikanische und europäische Vorbilder nachahmen, sowohl was das städtebauliche als auch das institutionelle Design ihrer Implementierungsmechanismen angeht. Die neuen Großprojekte stehen damit für einen Wandel der Art und Weise, wie und von wem Stadtentwicklung in Lateinamerika organisiert wird, was insbesondere die Aufgabenverteilung zwischen öffentlichem und privatem Sektor sowie die Verflechtung von verschiedenen Handlungsebenen betrifft. In dieser Arbeit werden die in diesem Zusammenhang zu beobachtenden Verschiebungstendenzen in der Organisation von Stadtentwicklung entlang der Achsen öffentlich/privat und lokal/global als Privatisierung und Glokalisierung von Stadtentwicklung bezeichnet.

Ein eindrucksvolles Beispiel für die angesprochenen Privatisierungs- und Glokalisierungstendenzen im Prozess der Raumproduktion in Lateinamerika ist die chilenische Hauptstadt Santiago. Durch einen Boom an Master-planned Communities, Industrie- und Technologieparks sowie privaten Autobahnen befindet sich die Peripherie Santiagos in einem rasanten Transformationsprozess, der sich von den dort bislang bekannten Mustern unterscheidet (BORSDORF/HIDALGO 2005, HEINRICHS et al. 2011). Das Piedra Roja-Projekt etwa, in der Gemeinde Colina im Norden der Hauptstadtregion gelegen, hat mit 1000 Hektar die Größe eines ganzen Stadtbezirks und ist mit einer eigens gebauten Autobahn, die heute vom italienischen Benetton-Konzern betrieben wird, an das Stadtzentrum angebunden. In der Nähe von Piedra Roja sind eine Reihe weiterer Megaprojekte im Stile nordamerikanischer Master-planned Communities im Bau, ebenfalls mit direktem Anschluss an hochmoderne und gebührenpflichtige Autobahnen, die allesamt von ausländischen Infrastrukturkonglomeraten kontrolliert werden. In Kommunen wie Lampa und Pudahuel sind verschiedene Technologie- und Industrieparks, neue Autobahnen und Master-planned Communities in Planung, die teilweise noch größer sind als die Pionierprojekte in Colina. Das größte Projekt in Pudahuel etwa sieht auf einer Fläche von 2100 Hektar ein Investitionsvolumen von 2,1 Mrd. US$ vor und ist für 120 000 Einwohner projektiert.

Wie diese bloße Aufzählung von Projekten und Planungen zeigt, werden in Santiago in den letzten Jahren von Seiten der nationalen und transnationalen Privatwirtschaft massive Investitionen in verschiedenen Bereiche der gebauten Umwelt getätigt, was Entwicklungen in anderen Metropolen der Region, wie etwa Buenos Aires, São Paulo oder Curitiba entspricht (WEHRHAHN 2000, WEHRHAHN und RAPOSO 2006, JANOSCHKA 2002b, LIBERTUN DE DUREN 2006, ROITMANN und PHELPS 2011, COY und PÖHLER 2002, IRAZÁBAL 2006). Auch aus anderen Weltregionen sind Phänomene des privaten Städtebaus durch neue Business Districts, Technologieparks, Edge Cities, Autobahnen und Masterplanned Communities bekannt (OLDS 2001, GOTSCH 2002, TESCHNER 2002, KEIVANI und MATTINGLY 2007, GOTSCH und KOHTE 2007, FIEDLER 2002, SHATKIN 2008, JONES und MORENO-CARRANCO 2007, HAFERBURG und OSSENBRÜGGE 2009). In einer der wenigen Studien, die explizit auf die Akteure hinter den Megaprojekten fokussiert, hat SHATKIN (2008, S. 388) festgestellt, dass es sich oftmals um unternehmerische Konglomerate handele, die in verschiedenste Aspekte der Stadtentwicklung involviert sind, von der Immobilienproduktion über den Straßen- und Autobahnbau bis zur Wasser- und Stromversorgung, und kommt angesichts dessen zu dem Schluss, dass „private sector firms do not just develop real estate, but conceptualize and implement entire urban systems that are overlaid onto the existing urban form", mit der Konsequenz, dass „the power over and responsibility for the visioning of urban futures is transferred from public to private actors" (SHATKIN 2008).

1.2 „Von Dingen im Raum" zur Analyse der „Produktion von Raum"

Über viele Jahre hinweg war das die internationale Stadtforschung dominierende Erklärungsmodell für die im globalen Süden beobachteten sozial-räumlichen Transformationsprozesse – von denen die Verbreitung der beschriebenen Großprojekte ein prominenter Ausdruck ist – das einer globalisierungsinduzierten Fragmentierung des städtischen Raums. Ökonomische Globalisierung wurde dabei als die verursachende Kraft und lokale Fragmentierung[1] als deren lokal-spezifische Auswirkung verstanden. In der deutschsprachigen Stadt- und Entwicklungsforschung wurde diese Lesart in Modellen und Theorien wie etwa dem Modell der lateinamerikanischen Stadt (JANOSCHKA 2002A, BORSDORF et al. 2002, BORSDORF 2003) oder der Theorie der global fragmentierenden Entwicklung (SCHOLZ 2000, 2004) verfestigt. Auf internationaler Ebene hat sich in dem Zusammenhang das Konzept des Splintering Urbanism etabliert (GRAHAM 2000, GRAHAM UND MARVIN 2001). Alle genannten Modelle und Konzepte stellen explizite Verbindungen zwischen politökonomischen Makroprozessen wie Globalisierung und Neoliberalisierung auf der einen und den aktuellen als Fragmentierung bezeichneten raumstrukturellen Entwicklungen auf der anderen, der lokalen Seite her. Was im Rahmen dieser Modelle und Konzeptualisierungen bislang kaum stattgefunden hat, sind theorie-

---

[1] Fragmentierung meint dabei die bruchhafte Trennung zwischen verschiedenen strukturierenden Elementen und sozialen Gruppen im Raum (SCHOLZ 2004, für eine Kritik des Konzeptes siehe LÖW 2001).

geleitete empirische Untersuchungen der Wirkungszusammenhänge zwischen politökonomischen Makroprozessen auf der einen und lokalspezifischen raumstrukturellen Entwicklungen auf der anderen Seite. Mit wenigen Ausnahmen finden die den neuen Prozessen der Raumproduktion je zugrunde liegenden Akteurskonstellationen kaum Beachtung, was zu zwei Problemen führt: Zum einen tritt dann, wenn die neuen Elemente und Prozesse der Stadtentwicklung quasi automatisch Globalisierung und Neoliberalismus als verursachende Prinzipien zugeordnet werden, ein, was Laurence CROT (2006) beobachtet, nämlich dass „empirical evidence substitutes for causal substantiation" (CROT 2006). Zum anderen führt es dazu, dass eine Sichtweise reproduziert wird, die „Globalisierung" und „Stadt" als „getrennte Entitäten" betrachtet (BERNT und GÖRG 2008, S. 237). Auf theoretischer Ebene wird so eine Dominanz des Globalen über das Lokale einerseits und von strukturellen Zwängen über Akteure und deren Handlungsspielräume andererseits produziert. Globalisierung und Neoliberalisierung werden in diesem Rahmen als „Sachzwang" verstanden, denen die städtischen Akteure im Süden relativ alternativ- und machtlos ausgesetzt sind. Das, was WISSEN (2001, S. 79) für den Global-City-Ansatz im engeren Sinne beschreibt, ist der dominanten Globalisierungs-/Fragmentierungsperspektive als Ganzer inhärent: „Soziale Auseinandersetzungen und ihre institutionellen Verdichtungen auf den verschiedenen räumlichen Ebenen des Staates bleiben weitgehend unberücksichtigt. Die räumlichen Reartikulationsprozesse werden [...] mithin mehr als impact globaler auf lokale Prozesse konzeptualisiert denn als über soziale Kämpfe vermittelte Entwicklungen."

Wenn der Blick auf die physische Form und den Output fokussiert und dabei beschreibend bleibt, anstatt verursachende Prozesse und Mechanismen zu verstehen, dann läuft Kritik an den stattfindenden Prozessen ins Leere: „By focusing primarily on outcomes, the literature on global cities deprives itself of the means to explain change and establish causation. Without a detailed account of the policy-making processes that translate global forces into local policies, any discussion about new urban forms and conditions produced by globalization remains merely descriptive" (CROT 2006, S. 229). Nicht der Frage des ob, sondern des auf welche Art und Weise und mit welchen Konsequenzen die sozialräumlichen Transformationsprozesse in den Städten des Südens mit politökonomischen Makroprozessen wie Globalisierung und Neoliberalisierung zusammenhängen und welche Rolle dabei die unterschiedlichen Akteure aus den öffentlichen, privaten und zivilgesellschaftlichen Sektoren spielen, muss sich kritische Forschung widmen, will sie soziale und politische Relevanz einfordern; und dies wiederum bedeutet, sich mit den Modi der Raumproduktion und den Handlungslogiken der verschiedenen beteiligten Akteure zu beschäftigen.

Im internationalen Zusammenhang und auch – etwas zögerlicher – in der deutschsprachigen Stadtgeographie (BELINA und MICHEL 2008, MICHEL 2010, SCHARMANSKI 2009), wird die detaillierte Beschreibung und Vermessung von Dingen im Raum (Gated Communites, Großprojekte etc.) in den letzten Jahren durch eine kritische Analyse der gesellschaftlichen Produktion von Raum ergänzt. Das Konzept der „sozialen Produktion von Raum" geht auf Lefebvre zurück, der in einem viel zitierten programmatischen Postulat forderte: „If space is a product, our knowledge of it must be expected to reproduce and expound the process of production. The ‚object' of interest must be expected to shift from *things in space* to the actual *production of space*" (LEFEBVRE 1991, S. 36 f., Hervorhebung im Original).

Anknüpfend an SCHMID (2003) lassen sich mit Bezug auf die Stadtforschung drei Wellen der Aneignung und Weiterentwicklung des Lefebvre'schen Anliegens identifizieren. In einer ersten Welle fokussierten marxistische Stadtforscher wie David Harvey und Manuel Castells darauf, dass Raumstrukturen und sozial-räumliche Prozesse wesentlich durch die (abstrakten) Gesetze der Kapitalakkumulation geprägt seien und dass Raum und sozial-räumliche Transformation und Unterschiede selber vitale Elemente der kapitalistischen Produktionsweise und Vergesellschaftung darstellten. In einer zweiten Welle der Beschäftigung mit der Produktion von Raum – im Kontext des die gesamten Sozialwissenschaften durchziehenden *cultural turns* – wurde stärker auf sozial-konstruktivistische Elemente gesetzt, die teilweise explizit gegen den Ökonomismus von Harvey et al. in Stellung gebracht wurden: Die „‚postmoderne Wende' (brachte) eine epistemologische Abkehr von der Suche nach allgemeinen Erklärungen und universellen Gesetzen" (SCHMID 2003, S. 70). In den letzten Jahren ist nun eine dritte Welle zu beobachten, welche in dem Versuch besteht, über die Restriktionen sowohl der materialistisch-ökonomistischen als auch der poststrukturalistischen Arbeiten hinaus zu gehen. Stadt- und Raumproduktion werden demzufolge weder als von abstrakten Gesetzen der Kapitalakkumulation überdeterminiert noch als von diesen unabhängig und vollständig kontingent betrachtet: „Während die ökonomischen Erklärungen den Raum und seine Entwicklung aus einem materialistischen Blickwinkel betrachten, stehen bei den symbolischen Repräsentationen die Wahrnehmungsweisen des Raumes im Vordergrund. Beide Ebenen können dabei nicht gegeneinander gestellt werden, weil sich in den Sozialwissenschaften die Erkenntnis durchgesetzt hat, dass Wirklichkeit immer materialistisch real als auch wahrgenommen imaginiert ist. Die fassliche und konkrete Gestalt und die vorstellungsgeprägten Wahrnehmungsbilder können nicht voneinander getrennt werden. Lediglich eine analytische Zerlegung der Prozesse erscheint sinnvoll, wenn spezifische Muster der einzelnen Aspekte herausgestellt werden sollen" (HOLM 2004 S. 33).

Hier bieten sich vielversprechende Anknüpfungspunkte dafür, die aktuellen sozial-räumlichen Restrukturierungsprozesse in Santiago aus einer Perspektive zu analysieren, welche die Komplexität der selbigen sowie deren materiellen wie auch sozial konstruierten Charakter in Rechnung stellt. Als ein spezifischer Ansatz, der versucht, über die genannten Restriktionen sowohl der materialistisch-ökonomistischen als auch der post-strukturalistischen Arbeiten hinauszugehen und stärker die Kontingenzen, Komplexitäten und

Widersprüchlichkeiten raumbezogener Entwicklungsprozesse in den Blick zu nehmen, ohne dabei makrostrukturelle Faktoren und überlokale Gemeinsamkeiten aus dem Blick zu verlieren, hat sich auf der Seite der kritischen Raumforschung ein Denk- und Arbeitszusammenhang etabliert, der als poststrukturalistische Politische Ökonomie bezeichnet werden kann (LARNER und LE HERON 2002, LARNER 2003, McGUIRK 2012, McCANN 2011, SPRINGER 2012).[2] Im Kern geht es dabei darum, die Verknüpfung von materiellen und diskursiven Strukturen, Prozessen und Praktiken in der Raumproduktion theoretisch zu konzeptualisieren und empirisch zu untersuchen. Politökonomische Makroprozesse wie Globalisierung und Neoliberalisierung, lokale und glokale Akteurskonstellationen und diskursive (u.a. wissenschaftliche) Repräsentationen von Raum werden in ihrer wechselseitigen Konstituierung untersucht (vgl. McCANN 2004). Mit Blick auf Prozesse der Stadtentwicklung – im Norden wie im Süden – erlaubt diese Perspektive, den Gedanken zu überwinden, dass Globalisierung und Neoliberalismus „da draußen" und „da oben" seien und quasi ungefiltert auf lokale Kontexte „hinunter" wirkten. Stattdessen wird neoliberale Globalisierung als ein Prozess verstanden, der materiell, institutionell und diskursiv immer wieder aufs Neue hergestellt werden muss, von lokal und global situiert und lokal und global handelnden Akteuren. Die scheinbar abstrakten und allgemeingültigen Gesetze der (Welt-)Wirtschaft und des Marktes sind (auch) soziale Konstruktionen; und wie etwa Städte auf Globalisierungsprozesse reagieren, muss ausgehandelt werden und hängt davon ab, wie Globalisierungsprozesse vor Ort von – mehr oder weniger einflussreichen – Akteuren verstanden, interpretiert und damit letztlich sozial konstruiert werden. Eine solche Betrachtungsweise ist gleichermaßen theoretisch ambitioniert und politisch relevant. Erst wenn die soziale – sowohl materielle als auch diskursive – Konstruiertheit globaler wie lokaler Restrukturierungsprozesse und Raumproduktionen mitsamt ihren Wechselwirkungen und Widersprüchen in den Mittelpunkt der Analyse gestellt wird, wird der Blick auf die darin wirksamen gesellschaftlichen Macht- und Kräfteverhältnisse frei, die kontingent und damit im Prinzip veränderbar sind.

1.3 Neue Modi der Raumproduktion in Santiago

Unter neuen Modi der Raumproduktion wird auf den zunehmenden Einfluss sowohl privatwirtschaftlicher als auch internationaler Akteure und Handlungslogiken in der Stadtentwicklung Bezug genommen, auf solche Tendenzen also, die in dieser Arbeit als Neoliberalisierung, Privatisierung und Glokalisierung von Stadtentwicklung und Planung bezeichnet werden. Konkret geht es um private Stadtentwicklung durch Großprojekte am Stadtrand von Santiago und dabei insbesondere um die Akteurskonstellationen, institutionellen Verflechtungen und Machtverhältnisse im Kontext eines neoliberalen Wirtschafts- und Gesellschaftsmodells.

---

2 Die Kulturelle Politische Ökonomie verfolgt ein ähnliches Anliegen, hat aber eine andere Akzentuierung (BEST und PATERSON 2010, RIBERA FUMAZ 2009).

Santiago de Chile ist aus verschiedenen Gründen ein interessanter Fall, um Prozesse und
Mechanismen der sozialen Produktion von Raum sowie die diesen zugrundeliegenden
gesellschaftlichen Macht- und Kräfteverhältnisse aus der Perspektive einer post-strukturalistischen Politischen Ökonomie zu untersuchen. Zunächst ist dies der Fall, weil Chile
das erste Land überhaupt war, in dem neoliberale Strukturanpassung praktiziert wurde
und die Transnationalisierung der Wirtschaft heute sehr weit fortgeschritten ist. Sehr früh
wurden in Chile die Ideale dessen, was später als Konsens von Washington bezeichnet
wurde, implementiert. Unter Pinochet und den Chicago Boys gab es ein radikales Programm der Liberalisierung, Privatisierung und Deregulierung, welches auf die Einbindung in die Weltwirtschaft abzielte. Chile verfolgte damit als erstes Südland überhaupt
ein explizites Projekt der Globalisierung der Wirtschaft (HARVEY 2005). Auch der Bereich der Stadtentwicklung unterlag unter Pinochet dem Diktat der Neoliberalisierung,
staatliche Intervention wurde zurückgefahren und die Bodenmärkte liberalisiert
(SABATINI 2000). Mit dem Übergang zur Demokratie wurde dieses Modell nicht in Frage
gestellt, sondern vertieft. In den 1990er und 2000er Jahren wurden Freihandelsabkommen mit allen wichtigen Nationen und Wirtschaftsblöcken der Weltwirtschaft abgeschlossen. Es bildete sich eine städtische Mittelklasse heraus, die durch die mittlerweile
existierende Immobilienindustrie mit immer differenzierteren Wohnangeboten versorgt
und Träger eines Bau- und Immobilienbooms wurde. Auch wurde ein hypermodernes
innerstädtisches Autobahnnetz unter reger Beteiligung transnationaler Bauunternehmen
und als Element der Transformation Santiagos zu einer „Stadtregion von Weltklasse" installiert (SILVA 2009).

Seit den 1980er Jahren hat sich in Santiago die Flächenentwicklung von der Bevölke-
rungsentwicklung abgekoppelt, und die Stadt wächst weitgehend unkontrolliert in ihr
Umland, durch sozialen Wohnungsbau auf der einen und immer neue Formen von privatwirtschaftlichen Immobilienprojekten und Gated Communities auf der anderen Seite
(HIDALGO et al. 2008) (Tab. 1). Ende der 1990er Jahre fand hier mit Megaprojekten im
Stile nordamerikanischer, sich an Prinzipien des New Urbanism orientierenden Master-
planned Communities ein Maßstabssprung statt (Abb. 1). Die Projekte sind weit mehr als
bloße Immobilienwohnprojekte, denn dem Urban-Design-Konzept der Mischnutzung
folgend umfassen sie auch Schulen, Universitäten, Sportanlagen, künstliche Seen, Einkaufszentren und vieles mehr.

Um das Phänomen herum hat sich die Planungslandschaft gewandelt und flexibilisiert,
und der Staat hat diese Form der Stadtrandentwicklung unter dem Konzept der „Konditionierten Planung" *(planificación por condiciones)* zu seiner offiziellen Stadtentwicklungspolitik gemacht (PODUJE 2006). Im Prinzip darf immer da und dort urbanisiert werden, wo ein bestimmtes Maß an öffentlichem Interesse berücksichtigt wird. Eines der mit
dem neuen Ansatz verknüpften Politikziele ist es, durch die öffentlich-private Koordination von Planung und Investitionen im Allgemeinen und der Verknüpfung von Flächen-

Tab. 1: Groß- und Megaprojekte in Santiago (Auswahl)

Jahr	Projekt	Kommune	Norm	Investition (Mio US$)	Fläche (Ha)
1979	Santa Maria de Manque-hue	Lo Barnechea	Seccional	180.	180
1988	Ciudad Satélite de Maipú	Maipú	Seccional	n.a.	n.a.
1992	El Golf de Manquehue	Lo Barnechea	Seccional	250	250
1994	Ciudad de los Valles	Pudahuel	Seccional	n.a.	n.a.
1996	Lomas de lo Aguirre	Pudahuel	Seccional	n.a.	n.a.
1996	El Carmen de Huechuraba	Huechuraba	Seccional	300.	140
1998	Parque Cousiño Macul	Peñalolén	Seccional	n.a.	250
1998	Valle lo Campino	Quilicura	Seccional	250	105
2001	Ciudad del Sol	Puente Alto	Seccional	200	170
1992	Curauma	Valparaíso	PRI	1900	4300
2002	Piedra Roja	Colina	ZODUC	1800	1000
2002	Valle Norte	Colina	ZODUC	1600	700
2002	La Reserva	Colina	ZODUC	740	500
2007	Santa Elena	Colina	ZODUC	n.a.	1000
2002	Valle Grande	Lampa	ZODUC	690	480
2002	Santo Tomas	Lampa	ZODUC	300	n.a.
2003	Larapinta	Lampa	AUDP	n.a.	n.a.
2008	ENEA	Pudahuel	PDUC	n.a.	n.a.
2008	Urbanya	Pudahuel	PDUC	1400	705
2008	Praderas	Pudahuel	PDUC	2300	2100

Quelle: Eigene Zusammenstellung

nutzungs- und Infrastrukturplanung bzw. Finanzierung im Besonderen zu einem nachhaltigeren Wachstumsmanagement zu gelangen (HEINRICHS et al. 2009).

Wiewohl die von privater Hand initiierten, geplanten, realisierten und versorgungsdienstleistungsmäßig betriebenen Projekte auf der einen Seite eine weitreichende Privatisierung von Städtebau und Stadtentwicklung im Allgemeinen darstellen (HEINRICHS et al. 2011), sind sie auf der anderen Seite auf komplexe Art und Weise mit öffentlichen und zivilgesellschaftlichen Akteuren verknüpft, auf diese angewiesen und von diesen „umkämpft" und damit koproduziert. Die Mechanismen, Akteurskonstellationen und Machtverhältnisse, die das Phänomen in Santiago (und anderswo) antreiben und die konkrete Ausformung bestimmen, sind allerdings ungeklärt, ebenso wie der genaue Zusammenhang von den in Chile zweifellos sehr wirkmächtigen Globalisierungs- und Neoliberalisierungsprozessen auf der einen und der sozial-räumlichen Fragmentierung auf der ande-

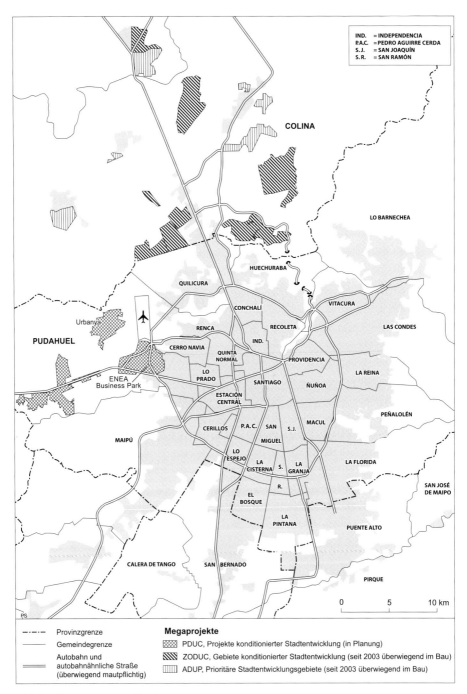

Abb. 1:   Megaprojekte in Santiago
Quelle: Eigener Entwurf

ren Seite. In der Literatur werden die Projekte bislang einseitig als Ausdruck von Globalisierung, Neoliberalismus und Fragmentierung beschrieben, die das Ende der lateinamerikanischen Stadt verheißen würden (BORSDORF und HIDALGO 2005, 2010, JANOSCHKA und BORSDORF 2005, BORSDORF et al. 2007).

1.4 Ziel der Arbeit und Forschungsfragen

Das Ziel dieser Forschungsarbeit ist es, zu einem besseren Verständnis der sozialen Produktionsmechanismen beizutragen, die städtischen und stadtregionalen Transformationsprozessen zugrunde liegen. Die Analyse von Akteurskonstellationen, Mehr-Ebenen-Verflechtungen sowie den existierenden Macht- und Kräfteverhältnissen in der Raumproduktion – am Beispiel von Santiago de Chile – ist dabei sowohl in theoretischer wie auch in politischer und gesellschaftlicher Hinsicht relevant. In theoretischer Hinsicht ist es notwendig, der Komplexität und Widersprüchlichkeit von politökonomischen Dynamiken und öffentlich-privaten Aushandlungsprozessen zwischen unterschiedlichen Handlungsebenen gerecht zu werden. In politischer und gesellschaftlicher Hinsicht geht es um die Klärung der bestehenden und zukünftigen Handlungs- und Beteiligungsmöglichkeiten von staatlichen und zivilgesellschaftlichen Akteuren an der stadtregionalen Entwicklung. Vor diesem Hintergrund sind es folgende Fragen, die die vorliegende Untersuchung anleiten:

- Warum, wie und mit welchen Folgen kommt es in Santiago zur Privatisierung und Glokalisierung der Raumproduktion durch Megaprojekte? Was sind die treibenden Kräfte und Akteure? Und inwiefern sind die in Santiago zu beobachtenden Prozesse mit politökonomischen Makroprozessen wie Globalisierung und Neoliberalisierung verknüpft?
- Welche Macht- und Kräfteverhältnisse sind in die sich in Santiago etablierenden neuen Modi der Raumproduktion eingeschrieben? Und welche Machteffekte gehen von ihr aus? Welcher Art sind die entstehenden Konflikte und wessen Interessen und Handlungslogiken setzen sich in diesen auf welche Art und Weise durch?
- Was bedeuten die neuen Modi der Raumproduktion für die Möglichkeiten lokalstaatlicher und zivilgesellschaftlicher Beteiligung an Entscheidungen über Stadtentwicklungsprozesse?

1.5 Aufbau der Arbeit

Die vorliegende Arbeit gliedert sich in drei größere Teilbereiche (Abb. 2). Im ersten Teilbereich, der die Kapitel 2 bis 4 umfasst, wird der theoretisch-analytische und methodologische Rahmen erarbeitet. Zunächst wird in Kapitel 2 eine politökonomische Perspektive auf Stadtentwicklung erarbeitet, um die Prozesse städtischer Transformation in die makrostrukturellen Prozesse der Globalisierung und Neoliberalisierung einordnen zu können. Dabei wird diskutiert, inwiefern sich die Privatisierung und die Glokalisierung von Städtebau und Planung als Ausdruck und Element makrostruktureller politökonomischer Prozesse und Projekte verstehen lassen. Das Ziel des Kapitels ist es, die oft diffusen Konzepte der Globalisierung und Neoliberalisierung zu spezifizieren und mit Blick auf Prozesse der Stadtentwicklung analytisch fruchtbar zu machen. In Kapitel 3 wird sich dann Theorien zugewandt, die sich detaillierter mit Akteurskonstellationen im Bereich von Stadtpolitik und Planung beschäftigen. Im Wesentlichen dem Ansatz der „Stadt als Wachstumsmaschine" von LOGAN und MOLOTCH (1987) folgend, wird zunächst auf die Rolle verschiedener lokaler Akteure fokussiert, die typischerweise in Prozessen suburbaner Raumproduktion zu finden sind. Anschließend wird dieser analytische Zugriff auf die Akteurskonstellationen in der Stadtentwicklung in zwei Richtungen erweitert, einerseits durch das Konzept der Glokalisierung und andererseits durch poststrukturalistische Ansaetze, die den Zusammenhang von Macht und Wissen in Stadtpolitik und Planung thematisieren. In Kapitel 5 wird das methodologische und methodische Vorgehen der Arbeit beschrieben. Es wird das allgemeine Forschungsdesign dargestellt, die Auswahl der Fallstudien erläutert, es werden Leitfragen an den empirischen Untersuchungsgegenstand formuliert und die Methoden der Datenerhebung und Datenauswertung präsentiert.

Der zweite Teil der Arbeit, Kapitel 5 und 6, ist als Einführung in den Untersuchungsfall Santiago im Allgemeinen und die Prozesse der Stadterweiterung durch Megaprojekte in den Kommunen Colina und Pudahuel im Besonderen konzipiert. In Kapitel 5 wird zunächst der historische und politökonomische Kontext aufgespannt, in welchem sich die jüngeren Prozesse der Privatisierung und Glokalisierung von Stadtentwicklung in Santiago entfalten. In Kapitel 6 stehen dann die Megaprojekte in den Kommunen Colina und Pudahuel im Mittelpunkt. Kommunen und Projekte werden hier charakterisiert und eine Chronologie der wichtigsten Ereignisse und Etappen im Prozess der Planung und Implementierung präsentiert.

Im dritten Teil, von Kapitel 7 bis Kapitel 9, steht dann schließlich die theoriegeleitete Analyse und Interpretation der Zusammenhänge im Mittelpunkt. Hier werden die zentralen Bausteine des theoretischen Teils der Arbeit mit den empirischen Befunden verwoben, um so zu Antworten auf die die Untersuchung leitenden Fragestellungen zu kommen. In Kapitel 7 wird zunächst die ökonomische „Logik" hinter den Prozessen der Stadterweiterung durch Megaprojekte beleuchtet. Es werden die Interessen und Strategien der verschiedenen privatwirtschaftlichen Akteure beschrieben, und es wird diskutiert, inwiefern es sich bei den Megaprojekten in Colina und Pudahuel um Instrumente der strukturellen Spekulation handelt, die von transnational vernetzten ökonomischen Gruppen organisiert werden. In Kapitel 8 stehen die politischen und planerischen Dynamiken im Mittelpunkt, die als „Baustellen der Rationalität" konzipiert werden. Es wird dabei analysiert, auf welche Art und Weise die privatwirtschaftlichen Akteure versuchen, ihre Interessen in die Planungsinstrumente einzuschreiben, auf welche Widerstände und alternative Strategien und Diskurse sie stoßen und zu welcher Art von Verhandlungssituation, Konflikten und institutionellen Transformationen dies führt. In Kapitel 9 werden die Rolle der Lokalregierungen und die von zivilgesellschaftlichen Gruppen analysiert. In Kapitel 10 schließlich erfolgt eine Zusammenfassung der zentralen Ergebnisse der Studie mit Rückbindung an die Fragestellung und den theoretischen Rahmen.

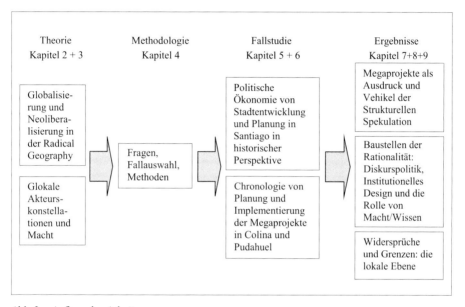

Abb. 2: Aufbau der Arbeit
Quelle: Eigene Darstellung

2 Zur Globalisierung und Neoliberalisierung von Stadtentwicklung

Eine der konzeptuellen Grundannahmen dieser Arbeit ist, dass sich aktuelle Stadtentwicklungsprozesse nicht unabhängig von politökonomischen Makroprozessen wie Globalisierung und Neoliberalisierung verstehen lassen, ihre Erklärung sich aber ebenso wenig direkt aus diesen ableiten lässt. Für die Analyse von lokal-spezifischen sozial-räumlichen und institutionellen Restrukturierungsprozessen – wie sie die Emergenz und Verbreitung von suburbanen Megaprojekten in Santiago darstellen – ist es deshalb notwendig, einen theoretischen Zugang zu entwickeln, der erlaubt, Prozesse, Strukturen und Dynamiken auf lokaler Ebene mit denen auf übergeordneten Ebenen konzeptionell zu verknüpfen und in ihrer Wechselwirkung zu untersuchen. In diesem Kapitel werden zu diesem Zweck einige zentrale Einsichten und Autoren der Radical Geography[1] diskutiert, die sich mit den konzeptuellen und empirischen Zusammenhängen von neoliberaler Globalisierung und Stadtentwicklung beschäftigen. Wiewohl diese Ansätze in erster Linie in Auseinandersetzung mit Stadtentwicklungsprozessen in Nordamerika und Europa entwickelt wurden, werden sie in zunehmendem Maße auch von lateinamerikanischen Stadtforschern und in Bezug auf aktuelle Stadtentwicklungsprozesse in Lateinamerika rezipiert, kritisiert und/oder weiterentwickelt (SOUSA 2001, 2009; LUNGO 2005; DE MATTOS 2007, 2011; FIX 2009, LÓPEZ 2010). Unstrittig ist, dass die Metropolen Lateinamerikas als umfassend in das aktuelle Projekt kapitalistischer Modernisierung eingebunden verstanden werden und eine zunehmende Kommodifizierung und Finanzialisierung von Stadtentwicklung zu beobachten ist.[2] Arbeiten, die diese postulierten Zusammenhänge aus empirischer Perspektive beleuchten, existieren bislang allerdings nur wenige. Dazu beizutragen, diese Lücke zu schließen, ist eines der Anliegen dieser Arbeit.

Im Folgenden wird anhand der Diskussion einiger zentraler Konzepte der Radical Geography mit Bezug zu Stadtentwicklungsprozessen ein Zugang zur Analyse der Einbindung urbaner Transformationsprozesse in makrostrukturelle Zusammenhänge erarbeitet. Im Kapitel 3 wird die Perspektive der strukturalistisch orientierten Autoren (für Kritik siehe SMITH 2001, KATZ 2006) um akteurszentrierte und poststrukturalistische Elemente erweitert.

---

1 Die Radical Geography hat im weitesten Sinne die Analyse des Zusammenhangs von Kapitalismus und Raumentwicklung zum Gegenstand. Dabei ist nicht von Interesse, was Raum an sich ist, „sondern die spezifische Rolle, die Räumlichkeit in sozialen Prozessen gegebenenfalls spielt" (BELINA und MICHEL 2008, S. 8). Ein gemeinsamer Kern der unterschiedlichen Ansätze ist die „herrschaftsanalytische und -kritische Orientierung, d. h., es geht ihnen um die Frage, wie durch die soziale Produktion von Raum Herrschaftsverhältnisse hergestellt, reproduziert bzw. bekämpft werden können" (WISSEN und NAUMANN 2008, S. 391).

2 Mit DICKEN (2011, S. 58) wird Finanzialisierung hier als „the increasing role of financial motives, financial markets, financial actors and financial institutions in the operation of the domestic and international economies" verstanden.

2.1 Konzeptuelle Grundlagen

Die Theorien und Konzepte zu Prozessen der Stadtentwicklung im Kontext der Globalisierung, die im Rahmen der Radical Geography entstanden sind, sind eng mit dem Werk von David Harvey verknüpft. Dieser hat sich seit Anfang der 1970er Jahre um eine allgemeine Theorie zum Zusammenhang von Kapitalismus und Raumentwicklung in systematischer Auseinandersetzung mit den Werken von Karl Marx bemüht. Ohne ein Verständnis der Grundmechanismen der kapitalistischen Produktionsweise und der abstrakten Gesetze der Kapitalzirkulation – so Harvey, und im Anschluss an ihn andere Vertreter der Radical Geography wie Neil SMITH (1979, 2002), Neil BRENNER (1997, 2003, 2008) oder Eric SWYNGEDOUW (2004) – sei es nicht möglich, Raum- und Stadtentwicklungsprozesse in sinnvoller Art und Weise zu verstehen, ebenso wenig wie es umgekehrt möglich sei, die Funktionsmechanismen und die historische Geographie des Kapitalismus zu theoretisieren, ohne dabei der Rolle von Raum und hier insbesondere der von Städten bzw. Urbanisierungsprozessen einen zentralen Platz einzuräumen. Harvey und andere Autoren haben dabei eine Reihe von Konzepten entwickelt, welche für diese Arbeit von Bedeutung sind, weil durch sie die Analyse von aktuellen städtischen Restrukturierungsprozessen gesellschaftstheoretisch fundiert werden kann. Im Folgenden wird zunächst auf die Theorie der gebauten Umwelt eingegangen, wie sie von HARVEY (1982) entwickelt wurde.

2.1.1 Raumproduktion und Harveys Theorie der gebauten Umwelt

Unter der gebauten Umwelt versteht Harvey „a vast, humanly created resource system, comprising use values embedded in the physical landscape, which can be utilized for production, exchange and consumption...[and] comprises a whole host of diverse elements: factories, dams, offices, shops, warehouses, roads, railways, docks, power stations, water supply and sewage disposal systems, schools, hospitals, parks, cinemas, restaurants – the list is endless" (HARVEY 1982, S. 233). Die gebaute Umwelt umfasst also die gesamte physische Infrastruktur, aus der Städte zusammengesetzt sind. Zum einen ist diese Infrastruktur die unabdingbare Voraussetzung und Grundlage dafür, dass das ökonomische, soziale und politische Leben überhaupt stattfinden kann. Die physische Infrastruktur im Allgemeinen und diejenige in Städten im Besonderen ist die Grundlage für die Gesamtheit der Prozesse der Produktion, Distribution, Konsumtion und Reproduktion, die wiederum die kapitalistische Vergesellschaftung ausmachen. In dem Maße, wie sich die infrastrukturellen und organisatorischen Anforderungen in Bezug auf die gebaute Umwelt im Zuge des technologischen Fortschritts des Kapitalismus wandeln, steht auch die gebaute Umwelt unter permanentem Anpassungsdruck. Weil sich die Art und Weise, wie Produktion, Distribution und Konsumption funktionieren, seit der Krise des Fordismus Anfang der 1970er Jahre grundsätzlich gewandelt hat, gibt es einen starken Druck in Richtung der Anpassung sozial-räumlicher Strukturen im Allgemeinen und der städtischen gebauten Umwelt im Besonderen. Dies ist eine erste Annäherung an die Erklärung sozial-räumlicher Transformationsprozesse im Kontext wirtschaftlicher Transformationsprozesse, wie sie die Globalisierung darstellt.

Neben dieser ermöglichenden und unterstützenden Funktion, die die gebaute Umwelt für die ganz grundlegenden wirtschaftlichen Prozesse der kapitalistischen Produktionsweise hat, identifiziert Harvey aber noch eine weitere Funktion der gebauten Umwelt, und zwar diejenige als Auffangbecken für überschüssiges Kapital. In die Transformation der gebauten Umwelt wird nicht nur deswegen investiert, weil es zur Aufrechterhaltung der wirtschaftlichen Grundfunktionen notwendig ist, sondern auch, um auf diese Art und Weise grundlegenden Problemen bzw. Widersprüchen der Kapitalzirkulation zu begegnen. Zum Verständnis dessen muss ein Blick auf einige der tragenden Säulen des Harvey'schen Theoriegebäudes gerichtet werden.

Im Zentrum der Arbeiten Harveys – und anderer Autoren der marxistischen Geographie – steht die Annahme, „dass der Kapitalkreislauf gestört ist und die Reproduktion des Kapitals stockt", was unabwendbar und regelmäßig zu Krisen im Bereich der Kapitalakkumulation und -zirkulation und darauffolgend zu gesamtwirtschaftlichen, politischen und sozialen Krisen führt (HARVEY 1982, SCHMID 2003, S. 42). Zur – letztlich nicht möglichen – Vermeidung und Überwindung der Krisen finden seitens des Kapitals und der Politik verschiedene Krisenstrategien Anwendung, die aufs Engste mit räumlichen Transformationsprozessen verwoben sind. Neoliberale Globalisierung versteht Harvey in diesem Zusammenhang als eine sozial-räumliche Krisenstrategie und als politökonomisches Projekt, durch das versucht wird, die Krise des fordistischen, nationalstaatlich geprägten Akkumulationsmodells, welches bis in die frühen 1970er Jahren weltweit hegemonial war, zu überwinden, wobei Städte – im Norden wie im Süden – eine zunehmend wichtigere Rolle spielen (SMITH 2002, HARVEY 2011).

Die Zirkulation von Kapital in kapitalistischen Gesellschaften konzeptualisiert HARVEY (1985, S. 59 ff.) als in drei eng verwobene Kreisläufe (circuits of capital) unterscheidbar. Der erste Kapitalkreislauf ist auf den klassischen industriellen Produktionsprozess bezogen. Kapitalisten, d. h. die Besitzer von Produktionsmitteln, haben hier das Ziel, durch den Einsatz von Arbeitskraft und Kapital einen Mehrwert zu erzielen. Aus unterschiedlichen, in der theoretischen Debatte zum Teil stark umstrittenen Gründen, wie etwa der Hypothese vom tendenziellen Fall der Profitrate oder dem systemdestabilisierenden Verhalten individueller Kapitalisten, ist dies grundsätzlich krisenhaft und mündet zwangsläufig in Krisen der Überakkumulation. Diese Überakkumulationskrisen „entstehen, wenn sich das akkumulierte Kapital nicht rentabel verwerten lässt und folglich die Nachfrage nach Investitionsgütern sinkt, wobei sich die Rentabilität an den Profiterwartungen des Kapitalisten und am Verhältnis von Profitrate und Zinsrate bemisst (Investitionen in „fiktives", zinstragendes Kapital dürfen nicht deutlich rentabler sein als Investitionen in produktives Kapital). Ist eine solche Rentabilität nicht gegeben, dann spricht man von Überakkumulation. Harvey definiert diese als ‚a surplus of capital relative to opportunities to employ that capital' (Harvey, 1982/1999, 192)" (WISSEN und NAUMANN 2008, S..393).

Eine Strategie zur Aufschiebung von Überakkumulationskrisen ist das Umlenken von Kapital aus dem ersten in einen zweiten Kapitalkreislauf, welchen Harvey als Investitionen in die gebaute Umwelt fasst. In Zeiten von (Überakkumulations-)Krisen wird also vermehrt in die gebaute Umwelt und damit die Produktion bzw. Transformation räumlicher Strukturen investiert, was Harvey mit dem Begriff des *spatial fix* fasst. Der Begriff des *spatial fix* „bezeichnet die kriseninduzierte Schaffung neuer Raumkonfigurationen durch die räumliche Neuverteilung von Kapital und Arbeitsplätzen" (WISSEN und NAUMANN 2008, S. 395). Dies kann auf unterschiedlichen räumlichen Ebenen stattfinden. Dafür sind Kapitalmärkte und staatliche Institutionen notwendig, die Harvey als kollektives Nervenzentrum des kapitalistischen Systems bezeichnet, welches die Bewegungen zwischen dem ersten und dem zweiten Kapitalkreislauf organisiert und moderiert (HARVEY 1985, S. 65). Aber auch in diesem Prozess des *capital switching* vom ersten in den zweiten Kapitalkreislauf gibt es eine Tendenz der Überinvestition, die in Krisen mündet. Als Beispiel nennt Harvey die platzenden Immobilienblasen, welche häufig Auslöser für die großen Finanz- und Staatskrisen der letzten Jahrzehnte waren und von der die Subprime-Krise 2008, die die jüngste weltweite Finanz-, Wirtschafts- und Staatskrise ausgelöst hat, nur das prominenteste Beispiel ist (HARVEY 2011). Der dritte Kapitalkreislauf umfasst bei Harvey Sozialausgaben und insbesondere Entwicklung und Forschung. Auch hier ist das Potenzial an produktiven Investitionen nach gewisser Zeit erschöpft, und auch in diesem Bereich kann die grundsätzliche Krisenhaftigkeit des Kapitalismus nicht überwunden werden. Als Beispiel kann hier die in den Jahren 2000 und 2001 geplatzte Dotcom-Blase gelten.

Neben dem *capital switching* zwischen den unterschiedlichen Kapitalkreisläufen identifiziert Harvey weitere Krisenstrategien, die ihrerseits widersprüchlich sind und die bei allgemeinen Krisentendenzen des Kapitalismus ebenfalls immer nur temporär Abhilfe schaffen können und damit die Krisenhaftigkeit selber noch verstärken. Zunächst geht es um die wettbewerbsinduzierte Beschleunigung der allgemeinen Umschlagszeit des Kapitals, welche durch technologische Innovation einerseits und durch die Entwicklung immer neuer Investitionsvehikel auf den Finanzmärkten andererseits erreicht werden kann. Während durch technologische Innovationen neue Investitions- und Anlagemöglichkeiten geschaffen werden, führen diese auch dazu, dass die in vorhergehenden Runden der Modernisierung geschaffenen Infrastrukturen und Produktionsweisen obsolet werden, womit die immensen Massen von in die gebaute Umwelt investiertem Kapital – etwa in Telefonleitungen, Häfen, Industriebezirken etc. – entwertet werden, noch bevor sie sich amortisiert haben (SHEPPARD 2006). Es setzte eine Welle „schöpferischer Zerstörung" ein, die wiederum eine räumliche Komponente aufweist. Auf der einen Seite kommt es zum Niedergang ganzer Regionen oder Städte, und auf der anderen Seite eröffnet sich die Möglichkeit neuer großskaliger produktiver Investitionen in die gebaute Umwelt. Die mit der Globalisierung einhergehenden massiven Investitionen in Glasfasernetze, Flughäfen, Autobahnen, Häfen, Industriebezirke und moderne Bürogebäude sind Beispiele für solche aus technologischer Innovation hervorgehenden Investitionswellen, die räumlich ungleich vonstattengehen und ebenso den Harvey'schen *spatial fix* verkörpern.

2.1.2 (Post-)Suburbanisierung als *spatial fix*

Zusammengefasst lässt sich sagen, dass die Gesetze der Kapitalzirkulation darauf basieren, dass der Kapitalismus eine ihm eigene „rational landscape" oder zweite Natur hervorbringt, nur um sie später wieder zu zerstören: „Tragically for cities, the shifts that are envisioned as a ‚spatial fix', as Harvey termed it, are not permanently fixed in space. Extensive investment in urban infrastructure of any sort only represents a temporary solution to capitalists' search for higher profits" (ZUKIN 2006, S.112).

Die Produktion von sozial-räumlichen Unterschieden auf unterschiedlichen Ebenen durch permanente schöpferische Zerstörung ist damit als konstitutiver Bestandteil der kapitalistischen Entwicklungslogik im Allgemeinen und den damit zusammenhängenden Urbanisierungs- und städtischen Transformationsprozessen im Besonderen anzusehen (SOJA 1989, S.67). Im Rahmen seines geohistorischen Materialismus leitet Harvey dies ebenso theoretisch ab, wie er es historisch zu unterlegen sucht. Nachdem weiter oben einige Aspekte seiner theoretischen Annäherungen an die Thematik präsentiert wurden, seien im Folgenden die historischen Beispiele der Transformation von Paris und New York angeführt, die Harvey als paradigmatisch für viele der heute stattfindenden städtischen Restrukturierungsprozesse ansieht.

Die umfassende infrastrukturelle und sozial-räumliche Transformation von Paris Mitte des 19. Jahrhunderts interpretiert Harvey als Antwort auf eine Überakkumulationskrise, welche ganz Europa umfasste. Wie in vielen anderen Teilen des Kontinents standen auch in Frankreich überschüssiges Kapital und überschüssige Arbeitskraft Seite an Seite, ohne zueinander finden zu können, was kontinentweit zu starken sozialen Unruhen führte. Um sein politisches Überleben zu sichern, musste Napoleon III. – Harvey zufolge – Wege finden, um Kapital und Arbeit zusammenzubringen und die sozialen Konflikte zu befrieden, wozu er massive Investitionen in die gebaute Umwelt sowohl daheim wie in Übersee einleitete. Das wichtigste Element dieses *spatial fixes* war die Transformation der städtischen Infrastruktur von Paris unter Baron Haussmann. Der Schlüssel dazu war Harvey zufolge, dass Haussmann den Maßstab änderte, auf dem planerische und infrastrukturelle Eingriffe in die Stadt konzeptualisiert wurden: „Haussmann transformed the scale at which the urban process was imagined. He thought of the city on a grander scale, annexed the suburbs, and redesigned whole neighborhoods [...] rather than just bits and pieces of the urban fabric. He changed the city wholesale rather than retail" (HARVEY 2011, S. 168). Er war dazu in der Lage, weil auf der einen Seite neue Technologien und Organisationsformen im Bausektor zur Verfügung standen („iron and glass construction, gas lighting and the like") und andererseits neue Finanzierungsinstrumente verfügbar waren. Mit Rückgriff auf diese Techniken konnte Haussmann „a Keynesian-style system of debt-financed infrastructural urban improvements" einsetzen, welches das Problem der Überakkumulation zu bearbeiten half (HARVEY 2011, S. 168). Entscheidend in der Harvey'schen Argumentation ist, dass das Ergebnis der stadtregionalen Restrukturierungsprozesse nicht lediglich die erfolgreiche Absorption von überschüssigem Kapital und verfügbarer Arbeitskraft durch Investitionen in die gebaute Umwelt war, sondern dass daraus auch ein „new urban way of life and a new kind of urban persona" resultierte (ebd.). Als nicht intendierter Nebeneffekt bzw. dem Prinzip der „Koevolution" (HARVEY 2011) folgend setzte durch die Transformation der gebauten Umwelt eine gesellschaftliche Transformation ein, die völlig neue Grundlagen kapitalistischer Verwertung bzw. „new profit opportunities through consumerism" schuf.

Auf analoge Art und Weise interpretiert Harvey die nach dem Zweiten Weltkrieg einsetzende Suburbanisierung in den USA, die als zeitverzögerte Reaktion auf die Große Depression Anfang der 1930er Jahre verstanden wird. Hier unternahm der Stadtplaner Robert Moses nach dem Zweiten Weltkrieg in New York das, was schon Haussmann in Paris getan hatte: „Moses changed the scale of thinking about urbanisation by thinking about the metropolitan region rather than the city itself." Durch den kreditfinanzierten Bau von Autobahnen und andere großskalige Infrastrukturprojekte leitete Moses „the total re-engineering (using new construction technologies pioneered during the war) not just of the city but of the whole metropolitan region" ein und „defined a way to absorb the capital and labour surpluses profitably...where would the capital surplus have gone had it not been for the making of the New York metropolitan region, Chicago, Los Angeles and other places of their ilk after 1945?" (HARVEY 2011, S. 169).

Auch in den USA machte eine Überakkumulationskrise (die der Großen Depression) einen neuen *spatial fix* notwendig, der durch staatliche Infrastruktur- und Wohnbauprogramme angestoßen wurde und dann als „suburban way of life" ein Eigenleben entwickelte und für lange Jahre der ökonomischen Prosperität und politischen Stabilität sorgte. Weder in Paris noch in New York ging es lediglich um neue Infrastruktur und Gebäude zur Überschussabsorption, vielmehr etablierten sich durch die neuen Raumstrukturen neue Lebensstile, die wiederum neue Produkte notwendig machten: Häuser, Kühlschränke, Autos, Klimaanlagen und vieles andere mehr (HARVEY 2008). Auch dieses Akkumulationsmodell geriet mit dem Ölpreisschock von 1973 bekanntlich in seine Krise, welche das fordistische Wirtschafts- und Gesellschaftsmodell zum Einsturz brachte.

Ist es möglich, die Prozesse der Stadterweiterung durch Megaprojekte in Santiago (und anderswo) als demselben Prinzip der „schöpferischen Zerstörung" und des *spatial fixes* folgend zu verstehen? Für HARVEY (2011) und KNOX (2008) steht außer Frage, dass dem so ist. Lediglich der Maßstab des Urbanisierungsprozesses habe sich gewandelt: „After the 1970s urbanisation underwent yet another transformation of scale. It went global. [...] This transformation in scale makes it hard to grasp that what may be going on globally is in principle similar to the processes that Haussmann managed so expertly for a while in Second Empire Paris" (HARVEY 2011, S. 172 ff.). Die gebaute Umwelt und Urbanisierung werden – nach der Krise des Fordismus und mit den technologischen, kommunikationalen und finanzmarkttechnischen Neuerungen der Globalisierung – zum Motor der globalen Wirtschaft insgesamt. Das ist das, was Harvey als Urbanisierung des Kapitals und Lefebvre als urbane Revolution bezeichnet haben (HARVEY 1985, LEFEBVRE 1991, MERRIFIELD 2002b, SCHMID 2003).

Der von Harvey angesprochene neue Maßstab der Urbanisierung bedeutet, dass – anders als in vorhergehenden Phasen – die Städte in Asien, Lateinamerika und Teilen Afrikas nun eine zentrale Rolle spielen: „These metropolitan economies are becoming the production hearths of a new globalism" (SMITH 2002, S. 89). Angeführt wird hier etwa die gewaltige Verstädterung in China, wo kleine Dörfer wie Shenzhen innerhalb von zwei Dekaden zu Metropolen mit bis zu 10 Millionen Einwohnern gewachsen sind und wo in den letzten Jahren über 100 Städte die Eine-Million-Einwohner Marke überschritten haben. Einher ging dies mit enormen Investitionen in großskalige Infrastrukturnetzwerke, d. h. die gebaute Umwelt, bestehend aus Autobahnen, Staudämmen, Shopping Malls, Wissenschaftsparks, Flughäfen, Containerterminals und Master-planned Communities. WU (1998) sieht diese Prozesse als klare Beispiele für *capital switching* und mithin einen *spatial fix* an, wobei China allerdings nur die Speerspitze eines globalen Prozesses sei: „China is only the epicentre for an urbanisation process that has now become global, aided by the integration of the world's financial markets" (HARVEY 2011, S. 173). Dem „Prinzip Haussmann" (oder Moses) folgend, sind kreditfinanzierte Urbanisierungsprozesse nun weltweit auf dem Vormarsch, sei es in Dubai, São Paulo, Madrid, Mumbai, Hong Kong oder London. Und während chinesische Banken auf dem in mittlerweile einschlägig bekannten Subprime-Markt in den USA investieren, ist Goldmann Sachs in Mumbai aktiv, Kapital aus Hong-Kong in Baltimore und deutsche Immobilienfonds in Santiago de Chile. Es gibt heutzutage einen Immobilienboom, der den gesamten Globus umfasst: „Building booms have been evident in Mexico City, Santiago de Chile, in Mumbai, Johannesburg, Seoul, Taipei, Moscow, and all over Europe (Spain and Ireland being the most dramatic), as well as in the cities of core capitalist countries such as London, Los Angeles, San Diego and New York" (HARVEY 2011 S. 173 f.).Wie in vorhergehenden Runden urbanisierungszentrierter Krisenstrategien sind die aktuell stattfindenden massiven Investitionen in die gebaute Umwelt kreditfinanziert und eng verknüpft mit finanzmarkttechnischen Innovationen und der Erfindung neuer Finanzierungsinstrumente (HEEG 2009). Erst durch diese Innovationen, die wiederum mit den neuen Informations- und Kommunikationstechnologien sowie Deregulierungspolitiken in Bezug auf den Kapitalverkehr zusammenhängen, sind Anlagemöglichkeiten heute weltweit vergleichbar und verfügbar, und (überschüssiges) Kapital kann global auf die Suche nach rentablen Anlagemöglichkeiten gehen. Für Lateinamerika stellt DE MATTOS (2007, S. 87) in diesem Zusammenhang fest, dass sich die Abhängigkeit von Stadtentwicklungsprozessen von externen Finanzmarktdynamiken und Investitionsentscheidungen stark erhöht habe, weil eben auch Lateinamerika Ziel globaler Anlagestrategien geworden ist. Und davon seien besonders diejenigen Städte betroffen, wo von Investorenseite von einem stabilen Wachstum ausgegangen wurde.

Aus Sicht der Radical Geography sind die Transformationsprozesse am Stadtrand von Santiago (und anderswo) Ausdruck von Bedingungen der Kapitalzirkulation und Kernelement der neoliberalen Globalisierung, die von Harvey und anderen Autoren (SMITH 2002, BRENNER 2008) als räumlich-geographische Strategie zur Überwindung der Krise des fordistischen Akkumulations- und Gesellschaftsmodells und als „the contemporary version of capitalism's long-standing and never-ending search for a *spatial fix* to its crisis tendencies" verstanden wird (HARVEY 2001, S. 25). Neil SMITH (1979) paraphrasierend kann gesagt werden, dass es sich bei den aktuellen und weltweit zu beobachtenden Prozessen der Stadterweiterung durch Megaprojekte zuallererst um eine räumliche Verschiebung von Kapital und erst in zweiter Linie um eine Bewegung von Menschen handelt.

2.2 Die Glokalisierung und Neoliberalisierung von Stadtentwicklung

2.2.1 Die Glokalisierung von Stadtentwicklung

So wie von Harvey und anderen Autoren dargelegt, die Gesetze und Mechanismen der Kapitalzirkulation und -akkumulation durch die ihnen inhärente Dialektik von Angleichung und Differenzierung eine ungleiche räumliche Entwicklung zwischen Weltregionen, Nationen, Regionen oder Stadtteilen produzieren und damit in spezifischen Phasen der kapitalistischen Entwicklung spezifische sozial-räumliche Strukturen (nach ihrem Abbild; die zweite Natur) hervorbringen, nur um diese in Prozessen der schöpferischen Zerstörung in folgenden Runden kapitalistischer Restrukturierung wieder zu überformen, so bringen sie auch – immer nur vorübergehend – relativ stabile Geographien der skalaren Organisation hervor, womit das Verhältnis zwischen unterschiedlichen geographisch-räumlichen Maßstabsebenen sozialer Organisation angesprochen wird. Brenner formuliert das grundlegende konzeptuelle Argument folgendermaßen: „Zusätzlich zu den ‚horizontalen' oder flächigen Differenzierungen sozialer Praktiken je nach Ort und Territorium (oder geographischer Reichweite [scope]), existiert eine ebenso wichtige ‚vertikale' Differenzierung. Durch sie werden soziale Beziehungen entlang z. B. globaler, supranationaler, nationaler, regionaler, metropolitaner und/oder lokaler Scales hierarchisch gegliedert (Swyngedouw 1997, Collinge 1999)" (BRENNER 2008, S. 71, kursiv im Original).

Die Grundannahme von dem, was als *Scale*-Literatur (WISSEN et al. 2008) bezeichnet werden kann, ist also, dass ebenso wie „Raum" gesellschaftlich produziert wird, auch die räumliche Maßstäblichkeit ökonomischer, politischer und sozialer Prozesse – auch in der deutschsprachigen Forschung zunehmend mit dem englischen Begriff des *Scale* bezeichnet (REUBER 2012) – nicht an sich gegeben ist, sondern das Produkt immer widersprüchlicher und umkämpfter gesellschaftlicher Auseinandersetzungen darstellt:„In dem Maße, wie sich Kapital in Perioden längerdauernder wirtschaftlicher Krisen restrukturiert und reterritorialisiert, verändert sich auch die Konfiguration der Ebenen (scales), auf denen es sich entfaltet. Das Ziel dieser Restrukturierung ist es, mit einem neuen geographischen Gerüst den nächsten Schub kapitalistischen Wachstums zu unterstützen" (BRENNER 1997, S. 11).

Neoliberale Globalisierung, in der Radical Geography verstanden als politökonomisches Projekt zur Überwindung der Überakkumulationskrise in den 1970er Jahren, beinhaltet demnach nicht bloß die räumlich-geographische Reorganisation der Produktion – wie die Verlagerungsprozesse von Standorten der produzierenden Industrie nach Südostasien und die massiven Investitionen in Urbanisierungsprozesse weltweit –, sondern auch die sozial umkämpfte Restrukturierung der institutionellen Konfiguration des Verhältnisses der räumlichen Maßstabsebenen sozialer Organisation zueinander. Anstelle von Globalisierung wird deshalb auch von Glokalisierung gesprochen, womit die maßstäblichen Restrukturierungen zwischen globaler und lokaler Ebene in politisch-institutioneller wie ökonomischer Hinsicht bezeichnet werden (SWYNGEDOUW 2004). Lokale Zusammenhänge und Orte gehen nicht im abstrakten Raum der globalen Ströme – wie etwa von CASTELLS (2001) postuliert – auf, sondern bekommen eine neue und andere Bedeutung und relationale Wertigkeit.

Die gleichsam als Pendant zu den Konzepten der ungleichen räumlichen Entwicklung und dem *spatial fix* entwickelten Konzepte des *re-scaling*, der *politics of scale* sowie des *scalar fix* verleihen dem Konzept der Glokalisierung analytische Schärfe (BRENNER 2008, REUBER 2012) (Tab. 2).

BRENNER (2008, S. 76) zufolge können *scalar fixes* entstehen, „wenn interskalare Beziehungen vorübergehend um eine verhältnismäßig etablierte skalare Arbeitsteilung herum stabilisiert werden". Das prominenteste Beispiel eines *scalar fixes* und gleichsam der Ausgangspunkt für die gesamte Scale-Debatte ist die in der Phase des Fordismus bestehende Arbeitsteilung, die sich um die nationalstaatliche Ebene als dominante Ebene sowohl von ökonomischen Prozessen als auch politisch-institutionellen Arrangements herum gruppierte. Auch zu Zeiten des Fordismus und seines lateinamerikanischen Pendants, dem importsubstituierenden Entwicklungsstaat, erfüllten Städte, Regionen sowie supranationale Arrangements wichtige Funktionen der Akkumulation und Regulation, sie waren in der interskalaren Hierarchie aber klar der nationalstaatlichen Ebene untergeordnet.

Tab.2:   Dimensionen der Glokalisierung

Dimensionen	Verständnis/Definition
Re-Scaling	In empirischer Hinsicht handelt es sich um „die vielschichtige, konfliktträchtige Restrukturierung, Interpenetration und Differenzierung räumlicher Ebenen in der Weltökonomie" (Brenner 1997).
Politics of Scale	In strategischer Hinsicht versuchen unterschiedliche gesellschaftliche Akteursgruppen, solche interskalaren Arrangements zu verankern, die ihren Interessen entsprechen.
Scalar Fix	Tritt dann ein, wenn die Prozesse der Reskalierung und der *politics of scale* zur Stabilisierung interskalarer Beziehungen um eine verhältnismäßig etablierte skalare Arbeitsteilung herum führen.

Quelle:Eigene Darstellung

Mit der in den Industrienationen ab den 1970er Jahren einsetzenden Krise des Fordismus und der Schuldenkrise, welche Lateinamerika ab den 1980er Jahren erfasste, gerieten diese relativ stabilen interskalaren Arrangements – der nationalstaatsbasierte *scalar fix* – ebenfalls in eine Krise und damit in Bewegung. Es setzten Prozesse der maßstäblichen Restrukturierung ein, welche in der Radical Geography als Reskalierung bezeichnet werden: „Wenn scalar fixes destabilisiert und Beziehungen zwischen Scales erschüttert werden, folgen Prozesse der Reskalierung, in denen neue Scales politökonomischer Organisation und neue interskalare Hierarchien hervorgebracht werden" (BRENNER 2008, S. 76, REUBER 2012). In empirischer Hinsicht findet diese Re-Skalierung in drei „Richtungen" statt (SWYNGEDOUW 2004): Erstens kommt es im Rahmen der Reskalierung zu einem Bedeutungsgewinn supranationaler Zusammenhänge und Steuerungsformen, wovon regionale Integrationsprozesse im Rahmen der Europäischen Union, der NAFTA oder des Mercosur Zeugnis ablegen. Dazu kommt der enorme Bedeutungsgewinn von transnationalen Unternehmen und global organisierten Produktionsprozessen in ökonomischer Perspektive.Zweitens bedeuten die aktuell stattfindenden Prozesse der Reskalierung einen Bedeutungsgewinn von subnationalen Ebenen. Anders als zu Beginn der wissenschaftlichen Debatte um die Auswirkungen der Globalisierung angenommen, verlieren Kommunen, Städte und Regionen im Rahmen der weltumspannenden Transformationsprozesse nicht ihre regulatorische und ökonomische Bedeutung, vielmehr erfahren diese eine Aufwertung. Im Zuge der dem neoliberalen Projekt eigenen Prinzipien der Dezentralisierung, Subsidiarität und neuen Governancearrangements wurden den subnationalen Ebenen neue Kompetenzen und Aufgaben übertragen. Dies korrespondiert mit der Tatsache, dass lokale Standortbedingungen im Rahmen der global organisierten wirtschaftlichen Produktions- und Investitionsprozesse an Bedeutung gewinnen. In Zeiten, in denen Kapital global auf der Suche nach geeigneten Anlagemöglichkeiten ist und im Prinzip Standorte weltweit in Wettbewerb zueinander setzt, wird von Seiten der Politik versucht, ideale Standortbedingungen zu schaffen, was insbesondere über die lokalen und regionalen Ebenen organisiert wird.

Der dritte Aspekt der Reskalierung ist die Auslagerung von Aufgaben der zuvor staatlich organisierten Dienstleistungsversorgung an privatwirtschaftliche Akteure oder öffentlich-private Partnerschaften. Zu denken ist hier an Bereiche wie Bildung, Rente, Infrastruktur und auch die Planung lokal-regionaler Entwicklung, in denen zunehmend Prozesse der Privatisierung zu beobachten sind. Eine Folge der sich in diesem Prozess wandelnden Akteurskonstellationen und insbesondere der stärkeren Rolle von privatwirtschaftlichen Akteuren in den verschiedenen neuartigen Formen der öffentlich-privaten Kooperation ist, dass sich auch die Inhalte verschieben. Die Rolle der (Stadt-) Regierungen wird zunehmend darin gesehen, ein „good business climate" herzustellen, womit der Städtewettbewerb noch verstärkt wird (HARVEY 1989, LOGAN und MOLOTCH 1987).

WISSEN (2008, S. 9) macht deutlich, dass es sich bei den Prozessen der räumlich-maßstäblichen Reorganisation nicht um neutrale, sondern um zutiefst herrschaftsförmige politische Prozesse handelt, bei denen die Frage im Mittelpunkt steht, „welche Interessen wie auf welcher Maßstabsebene institutionalisiert werden". Unterschiedliche gesellschaftliche Akteursgruppen versuchen auf dem Feld der *politics of scale* mit Hilfe unterschiedlicher Strategien solche interskalaren Arrangements zu verankern, die ihren Interessen entsprechen. BRENNER (2003) etwa versteht Glokalisierung in diesem Sinne als eine bewusste skalare Strategie politökonomischer Eliten bzw. als „an emergent and deeply contradictory state strategy (Jessop 1990) that hinges upon the spatial reorganization of state regulatory arrangements at multiple spatial scales". Aber nicht nur der Staat verfolgt Strategien der Glokalisierung, ebenso tun dies transnationale Unternehmen, ökonomische Gruppen sowie soziale Bewegungen.

Mit Hilfe des Konzeptes der Glokalisierung sowie seiner analytischen Spezifizierungen von Reskalierung, *politics of scale* und *scalar fix* können die sich wandelnden Verflechtungen zwischen verschiedenen Handlungsebenen und die sich dabei transformierenden Machtverhältnisse berücksichtigt werden. Die Dichotomie zwischen den als gegeben angenommenen Ebenen des Lokalen und des Globalen wird so aufgelöst, und ‚Globalisierung' und ‚Stadt' werden nicht weiter als „getrennte Entitäten", sondern als aufs Engste miteinander verwoben betrachtet (BERNT und GÖRG 2008).

2.2.2 Neoliberalisierung und unternehmerische Stadtpolitik

Ein weiteres zentrales Argument der Radical Geography ist, dass die mit der Globalisierung bzw. Glokalisierung einhergehenden Reorganisations- und Reskalierungsprozesse ökonomischer und politisch-institutioneller Provenienz nicht quasi ‚naturgegeben' sind, sondern Ausdruck des politökonomischen Projektes der Neoliberalisierung sind. HARVEY (2005, S. 2) versteht Neoliberalismus als „a theory of political economic practices that proposes that human well-being can best be advanced by liberating individual entrepreneurial freedoms and skills within an institutional framework characterized by strong private property rights, free markets and free trade. The role of the state is to create and preserve an institutional framework appropriate to such practices" (HARVEY 2005, S. 2). Neoliberalisierung wird dann als die Umsetzung der theoretischen Ideen des Neoliberalismus in die politökonomische Praxis und als Projekt verstanden, das eng an spezifische Ideologien und Interessen gekoppelt ist. HARVEY (2005, S. 19) beschreibt Neoliberalisierung in diesem Sinne als „a political project to re-establish the conditions for capital accumulation and to restore the power of economic elites". Als solch politökonomisches Projekt relevant wurde der Neoliberalismus, als er in den 1970er und 1980er Jahren als „strategic political response to the sustained global recession" in Anschlag gebracht wurde (BRENNER und THEODORE 2002, S. 3). Angesichts der schwindenden Produktivität der fordistischen Massenproduktion und der Krisen sowohl der keynesianischen Wohlfahrtsstaaten in Europa als auch der importsubstituierenden Entwicklungsstaaten in Lateinamerika wurden Maßnahmen aus dem neoliberalen Theoriebaukasten sukzessive in die Praxis umgesetzt, um sich in der Folge als wirtschaftspolitischer Mainstream zu etablieren. Entwicklung und Gemeinwohl werden demnach durch das – möglichst weltweit – freie Walten der Marktkräfte sichergestellt, weshalb staatliche Eingriffe in Wirtschaft und Gesellschaft auf ein Minimum reduziert werden müssen. Im Süden wurde die Implementation der drei Reformpfeiler des Washington Konsens Privatisierung, Liberalisierung und De-Regulierung durch die Strukturanpassungspolitik von Internationalem Währungsfonds und Weltbank oder autokratische Regime wie etwa in Chile sichergestellt, im Norden ausgehend von Thatcherismus und Reaganomics. Der Konsens von Washington war in diesem Sinne Grundlage der Globalisierung des Kapitals und seiner Entbettung aus nationalstaatlichen Kontexten.

Ebenso sind die weltweiten Prozesse der Urbanisierung – die als postfordistischer *spatial* und *scalar fix* verstanden werden können – nicht denkbar ohne politische und institutionelle Arrangements, die es erlauben, die Kapitalflüsse durch die gebaute Umwelt tatsächlich zu realisieren und zu orchestrieren; und hier kommt dem Feld der neoliberalen bzw. unternehmerischen Stadtpolitik entscheidende Bedeutung zu. Die Tatsache, dass sich Städte heute de facto weltweit in direkter Konkurrenz um das Anwerben von Investitionen befinden, hat die Ausrichtung von Stadtpolitik in wichtigem Maße beeinflusst, denn„to maintain competitive viability, cities have to consolidate or offer some sort of place advantage to prospective investors. Now, cities – like industries, like people everywhere – have to be much more competitive and entrepreneurial, if only to survive" (MERRIFIELD 2002a, S. 12).

An die Stelle einer Stadtpolitik, die auf der Bereitstellung von Versorgungsdienstleistungen an die Bevölkerung und Umverteilungsmaßnahmen wie noch zu Zeiten des Fordismus basiert, ist eine spekulative und wettbewerbsbasierte Form der Stadtpolitik getreten, die als *entrepreneurial urban governance* (HARVEY 1989) oder unternehmerische Stadtpolitik bezeichnet wird. „Der Begriff der ‚unternehmerischen Stadt' wurde geprägt als Ausdruck des grundlegenden Wandels von lokalen Politikformen, Problemdefinitionen und Aufgabenwahrnehmung durch den lokalen Staat" (HEEG und ROSOL 2007).

Die grundlegende These ist, dass Formen der spekulativ-risikoreichen Stadtpolitik andere, insbesondere auf sozialen Ausgleich setzende Ausrichtungen lokaler Politik verdrängen und dass „urban governance has moved more rather than less into line with the naked requirements of capital accumulation" (HARVEY 1989, S. 15). Des Weiteren wird angenommen, dass unternehmerische Formen der Stadtpolitik durch nationalstaatliche Politiken der Anheizung interurbanen Wettbewerbs, also der Glokalisierung, gefördert werden (BRENNER 2009).

HARVEY (1989) hat vier grundlegende Felder identifiziert, auf denen unternehmerisch handelnde Stadtregierungen versuchen können, Wettbewerbsvorteile zu erlangen: als Standort für industrielle Produktionsprozesse, als Standort für Konsumptionsprozesse, als Standort für unternehmensbezogene Dienstleistungen und als Empfänger von Regierungsaufträgen und -geldern. Zumindest die ersten drei Felder sind eng mit Investitionen in die gebaute Umwelt und einer Strategie verknüpft, die als *property-led development* bezeichnet wird: Durch bauliche Entwicklung wie moderne Schnellstraßennetze, Büroflächen, Industrie und Technologieparks, Shopping Malls und Master-planned Communities sollen Voraussetzungen für ökonomische Entwicklung geschaffen werden (HEEG 2008). Ein gutes Angebot an hochwertiger Infrastruktur stellt in diesem Sinne und für viele Stadtregierungen ein Instrument zur Wirtschaftsförderung dar (SCHARMANSKI 2009, S. 91). Im Kontext des globalen Städtewettbewerbs geht es einerseits darum, Sichtbarkeit im Allgemeinen herzustellen, etwa durch „entrepreneurial regeneration through a series of spectacular projects which would transform the image of a rundown urban area" (HALL 2002, S. 420), und andererseits darum, ein ganz bestimmtes Bild zu vermitteln, etwa das einer kreativen, lebenswerten oder modernen Stadt. Dies gilt insbesondere für die Metropolen in den Ländern des Südens, wie MICHEL (2010) ausführt:„Hier besteht das Ziel darin, internationales Kapital und ausländische TouristInnen anzuziehen und das Projekt der neoliberalen Globalisierung und der gesellschaftlichen Reorganisierung unter neoliberalen Vorzeichen mit Legitimität zu versorgen. Dieses Bündel von Projekten, Programmen und Diskursen […] soll unter dem Begriff des ‚Global City Projekts' gefasst werden, dem Versuch städtische Räume zu produzieren und zu managen, die dem Bild einer global erfolgreichen und von Zeichen der ‚Dritten Welt' befreiten Metropole entspricht."

Weil unternehmerische Stadtpolitik, *property-led development* und Global-City-Projekte auf flexible Regulierungen angewiesen sind, welche erlauben, städtische Räume in die globalen symbolischen und materiellen Ströme einzubinden, geraten die institutionellen Landschaften der räumlichen Planung weltweit von verschiedenen Seiten unter Druck. Zu denken ist hier an das (transnationale) Finanzkapital, das auf der Suche nach rentablen Anlagemöglichkeiten ist, an nationalstaatliche und lokal-regionale Politiken, die bestimmte Städte und Stadtteile fördern, an spezialisierte Immobilien-, Projekt- und Landentwickler, deren Kerngeschäft in der ständigen Transformation sozial-räumlicher Strukturen und der gebauten Umwelt besteht (dazu ausführlich in Kapitel 3).

2.2.3 Der Wandel von Planung und die Rolle von Großprojekten

Von Autoren verschiedenster Strömung ist festgestellt worden, dass sich Inhalte, Prozesse und Akteurskonstellationen im Bereich räumlicher und städtischer Planung in den letzten Jahrzehnten grundsätzlich gewandelt haben (HALL 2002, DE MATTOS 2004b, NUISSL und HEINRICHS 2006, HEALEY 2007, BURGESS und CARMONA 2009). Bis in die 1970er Jahre war das Verständnis von (räumlicher) Planung tief im modernistischen Glauben an die Möglichkeit einer rationalen Steuerung gesellschaftlicher Entwicklung verankert. Rostows Modell der Stufen des Wachstums, die Modernisierungstheorien und die besonders in Lateinamerika populären Theorien der nachholenden Entwicklung und der importsubstituierenden Industrialisierung basierten alle auf einer teleologischen Konzeption von Entwicklung, wonach diese planbar und steuerbar sei. Basierend auf diesen Konzeptionen von gesellschaftlicher Entwicklung wurden von Seiten des Staates massive Investitionen und Eingriffe in die gebaute Umwelt getätigt, durch Projekte der Stadterneuerung und Flächensanierung, Schnellstraßennetze, Brücken, Flughäfen oder Projekte der systematischen Stadterweiterung getätigt.[3] In Lateinamerika fallen die ersten städtischen Gesamtentwicklungspläne, infrastrukturelle Großprojekte und die Neugründung von ganzen Städten wie Brasilia oder Guyana in diese Phase (ALMANDOZ 2002). Als ab Mitte der 1960er Jahre erkannt wurde, dass die realen Entwicklungen nicht den ambitionierten Plänen entsprachen und dass eine zentral gelenkte Planung den komplexer gewordenen gesellschaftlichen Rahmenbedingungen insgesamt nicht mehr angemessen war, geriet die rationale und „allwissende" Planung weltweit in eine Krise (DE MATTOS 2004, BURGESS und CARMONA 2009).

Sowohl Klima wie Themen der stadtpolitischen Diskussionen wandelten sich, und Probleme, die in den großen und allumfassenden Modernisierungsbestrebungen wenig Berücksichtigung gefunden hatten, wie etwa soziale Ungleichheit, Arbeitslosigkeit, Zugang zu städtischem Boden und Wohnraum gewannen an Bedeutung, getragen von den sich in Nord wie Süd sukzessive formierenden sozialen Bewegungen. In der Folge – und im

---

3 Als Beispiele können hier die US-amerikanischen Housing, Highway und Airport Acts sowie die staatlichen New-Town-Programme in England, Frankreich und den USA angeführt werden (PACIONE 2009).

Kontext der oben angesprochenen Prozesse der Globalisierung und Neoliberalisierung – gewannen die zuvor staatlich-hierarchisch organisierten Planungssysteme an gesellschaftlicher Durchlässigkeit und erlaubten die zunehmende Einbeziehung von sozialen Akteuren, sowohl aus dem Bereich der Privatwirtschaft als auch der (mobilisierten) Zivilgesellschaft. Das Ergebnis war die Durchsetzung allgemein flexiblerer und marktförmigerer Prozeduren in der Planung, welche sich durch öffentlich-private Partnerschaften auf der einen und neue Formen der partizipativen Entscheidungsfindung auf der anderen Seite zu artikulieren begannen (FAINSTEIN 2000, SWYNGEDOUW 2005, HEALEY 2007, BURGESS und CARMONA 2009, UN-HABITAT 2009). Neben diesen neuen Formen der öffentlich-privaten Interaktion, im Rahmen derer Planung als Governanceprozess verstanden wird (DE MATTOS 2004b, SWYNGEDOUW 2005, NUISSL und HEINRICHS 2006), kam es auf dem Feld der Planung auch zu inhaltlichen Verschiebungen. Weil der Glaube an die allumfassende Steuerung der Entwicklung von Städten als Ganze erschüttert worden war, wurde damit begonnen, sich im Rahmen von Ansätzen der strategischen Planung auf einzelne städtische Teilbereiche zu konzentrieren (HEALEY 2007, UN-HABITAT 2009). Ebenso korrespondierte dieser Ansatz mit zwei zentralen Aspekten der neoliberalen Agenda: einerseits dem Rückzug des Staates zugunsten einer stärkeren Beteiligung privatwirtschaftlicher Akteure und zum anderen der Inwertsetzung einzelner ausgewählter städtischer Teilbereiche. Das Modell, das für den sich international schnell verbreitenden Ansatz der strategischen Planung als Vorbild diente, war die Transformation Barcelonas. In der katalanischen Küstenmetropole war Ende der 1980er Jahre eine Dynamik entstanden, in der Akteure aus den öffentlichen und privaten Sektoren auf die Transformation der Stadt hinarbeiteten. Es wurde eine gemeinsame Vision der Stadt entwickelt und dabei eine Reihe von städtebaulichen Großprojekten identifiziert, die auf dem Weg zur Verwirklichung dieser Vision einen strategischen Charakter hatten und zu einem großen Teil durch öffentlich-private Partnerschaften in die Praxis umgesetzt wurde. Weil Barcelona sich in der Folge zu einer der attraktivsten und dynamischsten Städte in Europa entwickelte und als Beispiel dafür gefeiert wurde, wie Städte im Kontext der Globalisierung ihre Wettbewerbsfähigkeit durch Formen der unternehmerischen Stadtpolitik und Planung tatsächlich positiv beeinflussen können, machte das Modell international Schule und begann sich – in zumeist stark abgewandelter Form – weltweit zu verbreiten (CROT 2010, GONZÁLEZ 2011). Im Kontext der weiter oben beschriebenen Ansätze der Glokalisierung und Neoliberalisierung von Stadtentwicklung, wie sie im Rahmen der Radical Geography erarbeitet wurden, werden die Großprojekte der strategischen Planung als „trojanische Pferde" und Vehikel konzeptualisiert, durch die städtische Teilräume für die glokale Zirkulation des Kapitals „geöffnet" werden (MOULAERT et al. 2003).[4]

---

4 Es gibt in der Literatur keine klare Definition von Groß- und Megaprojekt, der Begriff ist ambivalent, komplex und mehrdeutig (LUNGO 2005). FLYVBJERG (2004) definiert ein Megaprojekt relational als ein für den jeweiligen Kontext besonders großes Projekt. BORJA und CASTELLS (1997) differenzieren verschiedene Maßstäbe oder Reichweiten (scales) von Projekten, allgemein verstanden als „urbane Interventionen": regional/metropolitan, städtisch und lokal. BURGESS und CARMONA (2009) wiederum unterscheiden verschiedene Typen von Interventionen: Interventionen in die gebaute Umwelt; Infrastrukturprojekte und Mischformen bzw. hybride Projekte. Ebenso könnte man zur Differenzierung eine geographische Komponente heranziehen: innerhalb und außerhalb der gebauten Stadt oder brownfield vs. greenfield.

Neben der strategischen Planung und ihren Großprojekten, die sich zumeist auf den Umbau, die Wiederbelebung und (erneute) Inwertsetzung innerstädtischer oder peri-zentraler Flächen konzentriert, ist mit der Bewegung des New Urbanism ein weiterer Planungsansatz entstanden, der sich weltweit rapide verbreitet und ebenfalls auf Groß-projekte als Instrumente der Planung setzt. Von manchen Autoren wird der New Urba-nism als einflussreichste Planungsbewegung der letzten 20 Jahre überhaupt angesehen. Anders als die strategische Planung ist der New Urbanism aus der dezidierten Kritik an sozial und ökologisch nicht nachhaltigen Wachstumsmustern vor allem US-amerika-nischer Metropolen als Kritik am Urban Sprawl (GRANT 2005) entstanden. In der Char-ta des New Urbanism (Congress for the New Urbanism 2000) wird eine nachhaltigere Form stadtregionaler Entwicklung eingefordert, die durch den Bau sorgfältig geplanter und misch-genutzter Großprojekte die Abhängigkeit vom privaten Auto verringern und die soziale Integration verbessern soll. Während die Bewegung des New Urbanism auf rhetorisch-diskursiver Seite die nachhaltige stadtregionale Entwicklung im Blick hat und auch eng mit den Debatten um *Smart Growth* verknüpft ist, dominieren in der Praxis Fragen des städtebaulichen (und neotraditionellen) Designs und die Gestaltung einzelner Projekte und Nachbarschaften (VANDERBEEK und IRAZÁBAL 2007).[5] Auf konzeptio-neller Ebene wird denn an New Urbanism auch kritisiert, dass mit Blick auf die Lösung gesellschaftlicher Probleme (Segregation, Umweltbelastung etc.) auf Form und Design fokussiert wird, anstatt die sozialen Verhältnisse zu thematisieren, die die Probleme überhaupt erst hervorbringen (HARVEY 2000). Des Weiteren wird konstatiert, dass New Urbanism in der Praxis von Land- und Immobilienentwicklern eingesetzt wird, um de-ren Projekte der privaten Stadtentwicklung zu legitimieren und zu vermarkten und dass im Rahmen der rein marktwirtschaftlich organisierten Implementierung ein Gutteil der progressiven Elemente verloren gingen (MARCUSE 2000, HARVEY 2000, GRANT 2005, KNOX 2008)

Mit Blick auf die beschriebenen Entwicklungen lässt sich sagen, dass sich seit den 1980er Jahren im Bereich der städtischen und stadtregionalen Planung ein Makrotrend etabliert hat, der als „Planung durch Projekte" bezeichnet wird (BURGESS und CARMONA 2009). Fünf Idealtypen von Großprojekten, durch die unternehmerische Planung und Stadtent-wicklungspolitik betrieben werden, können dabei unterschieden werden (Tab. 3): Groß-veranstaltungen, Flagship-Image-Projekte, Urban-Renaissance-Projekte, Infrastruktur-großprojekte und New-Urbanist-Megaprojekte.

Während die genannten Entwicklungen ihren Ursprung in Europa (strategische Planung) und den USA (New Urbanism) haben, wird Stadtentwicklung und Planung auch in den Städten des Südens (und damit in Lateinamerika) zunehmend durch verschiedene Typen von Großprojekten betrieben. Beispiele dafür sind Revitalisierungsprojekte von inner-

---

5   Viele der projektbezogenen Design-Prinzipien des New Urbanism haben als *new urbanity* auch Eingang in die Planung
    und das Design der innerstädtischen Großprojekte der strategischen Planung gefunden (SALET 2007, MAJOOR 2009).

Tab. 3: Typen von Großprojekten in der Stadtentwicklung

Groß-projekttyp	Charakterisierung	Beispiele
Großveran-staltungen	Vorübergehende Ereignisse im Sinne der „Festivalisierung der Stadtentwicklung" (Häußermann/Siebel 1993); aufwendige Planungs- und Verhandlungsprozesse und enorme Investitionen in dauerhaft bestehen bleibende Maßnahmen; zumeist aus dem öffentlichen Sektor angeschoben	Expo/Weltausstellung, Olympische Spiele (z.B. 1992 in Barcelona, 2008 in Peking, 2016 in Rio de Janeiro), Fußballwelt-meisterschaften (2010 Südafrika, 2014 Brasilien)
Flagship-Image-Pro-jekte	Projekte, die als Alleinstellungsmerkmal dem Ziel der Imageentwicklung und bes-seren Bekanntheit einer Stadt/Region oder eines Unternehmens dienen sollen; Investi-tion durch Privatwirtschaft oder Kommune, häufig als PPP	Guggenheim Museum Bilbao, Elbphilharmonie in Hamburg, Olympiastadion Peking, das Ren-nen ums höchste Haus der Welt, die Skyline von Pudong
Urban-Renaissance-Projekte	Aufwertung von Brachen oder alten Indus-triestandorten in innenstadtnahen Lagen mit dem Ziel der Attraktivitätssteigerung städtischen Lebens; Größendimension eines Stadtteils; Entwicklung durch Kommunen, Privatinvestoren oder gemeinsam als PPP.	Hafenentwicklungen/ Waterfront Redevelopments, z. B. London Docklands, HafenCity Hamburg, Puerto Ma-dero in Buenos Aires; Potsdamer Platz, Berlin; Portal Bicentenario, Santiago de Chile
Infrastruktur-Großprojekte	Infrastrukturprojekte mit Investitionsvolu-mina bis zu mehreren Mrd. Euro; aufgrund ihrer überregionalen Bedeutung häufig durch regionale oder nationale Regierungen finanziert; teilweise auch Umnutzung zent-raler Areale ergänzt um Wohn- und Gewer-beprojekte, so dass häufig die Merkmale des Urban-Renaissance-Projekts erfüllt werden.	Bahnhofsumbauten (sog. «21er-Projekte»); andere Verkehrsprojekte wie Flughäfen (Airport Cities), Tunnel (Big Dig, Channel Tunnel) oder Brücken; Technologie und Business Parks; Universitäts-standorte
New-Urba-nist-Mega-projekte	Megaproyectos/Master-planned communi-ties/New Towns/Edge Cities/Hybrid Cities/ Gated Cities, entweder aus dem Privatsektor oder auch öffentlich-privat zur Wirtschafs-förderung (property-led development) und/ oder zum Auffangen von starker Bevölke-rungsentwicklung (China/Indien) und/oder der Dezentralisierung/Dekonzentration	Alphaville, São Paulo; Piedra Roja, Santiago; Saigon South, Ho Chi Minh Stadt; Navi Mumbai, Mumbai; Bumi Serpong Damai, Jakarta

Quelle: Erweiterte Darstellung auf Basis von DZIOMBA/MATUSCHEWSKI *2007*

städtischen Hafenanlagen wie Puerto Madero in Buenos Aires (PÜTZ und REHNER 2007), von infrastrukturellen Brachflächen wie dem Portal Bicentenario in Santiago de Chile (ZUNINO 2006) oder massive Slum-Upgrading-Programme wie in Dharavi, Mumbai (PATEL und ARPUTHAM 2007, HARVEY 2008). In allen Fällen sollen die bestehenden Strukturen durch nutzungsgemischte Projekte, die den Vorbildern in europäischen und nordamerikanischen Städten stark ähneln, ersetzt werden. Auch die „Festivalisierung der Stadtpolitik" (HÄUSSERMANN und SIEBEL 1993) durch die Konzentration auf internationale Sport- oder Kulturveranstaltungen ist in den Städten des Südens angekommen, wovon die mit ambitionierten stadtentwicklungspolitischen Agenden und Prozessen strategischer Planung verknüpfte Austragung von Olympischen Spielen und Fußballweltmeisterschaften in Ländern wie China, Südafrika oder Brasilien Zeugnis ablegt (HAFERBURG und STEINBRINK 2010, GAFFNEY 2010).

Besonders dynamisch ist aber die Verbreitung von integrierten Großprojekten an den Rändern der Städte, die Dienstleistungs- und Wohnfunktionen kombinieren und dabei zumeist auf die eine oder andere Weise den Design-Prinzipien des New Urbanism folgen (DICK und RIMMER 1998, DOUGLASS 2007, DOUGLASS und HUANG 2007, SHATKIN 2008, CHEN et al. 2009, JANOSCHKA 2002, IRAZÁBAL 2006, BORSDORF und HIDALGO 2010). Für die Großprojekte der Stadterweiterung gibt es unterschiedliche Bezeichnungen, die sich teilweise auf tatsächlich unterschiedliche Formen beziehen, teilweise aber auch sehr ähnliche Phänomene beschreiben und diese nur anders benennen: Master-planned Communities (KNOX 2008), Private Cities (IRAZÁBAL 2006), Fenced Cities (BORSDORF et al. 2007), New Towns (KNOX 1992, DICK und RIMMER 1998), Neo Towns (GOTSCH 2009), New Townships (CHEN et al. 2009), Hybrid Cities (BEN-JOSEPH 2009). Die begriffliche Vielfalt und teilweise Verwirrung lassen sich einerseits auf unterschiedliche analytische Perspektiven zurückführen[6] und andererseits darauf, dass in den zeitgenössischen Großprojekten der Stadterweiterung in den Ländern des Südens mindestens zwei Traditionen und Entwicklungslinien zusammenfließen: erstens die der modernistischen und staatlich geplanten New Towns, die ihren Ursprung in Europa haben, und zweitens die der postmodernen, privat geplanten Großprojekte und Master-planned Communities, welche ihren Ursprung in den USA haben und eng mit der Bewegung des New Urbanism verbunden sind. Seit einigen Jahren entstehen weltweit hybride Anordnungen, die Elemente beider Traditionen in Bezug auf Design, Funktion, Planungsphilosophie und Steuerung mit je lokalen und autochthonen Entwicklungen vermischen und dabei die jeweiligen Planungslandschaften zum Teil grundlegend transformieren. Wie genau die beschriebenen neuen Projekte der Stadterweiterung im Süden zwischen öffentlichen und privaten Akteuren geplant und implementiert werden – und mit welchen Folgen –, ist bislang wenig untersucht. Vor allem fehlt eine theoretische Einbettung in Theorien der Stadtpolitik um Akteure, Aushandlungsprozesse und Machtverhältnisse analytisch fassbar zu machen. Im Folgenden werden deswegen verschiedene Ansätze in dieser Hinsicht diskutiert.

---

6 Der Begriff ‚Private Cities‘ bezieht sich auf die private Planung der Projekte, der Begriff ‚Fenced Cities‘ auf die Abschottung durch Tore und Mauern im Kontext des Gated-Community-Diskurses, Neo Towns sieht den Kern der Projekte im Neoliberalismus.

3 Akteurskonstellationen und Machtverhältnisse in der glokalen Raumproduktion

Wie im vorhergehenden Kapital an die verschiedenen Ansätze der Radical Geography anschließend dargestellt wurde, wird städtischer Raum in Lateinamerika und weltweit im Kontext der neoliberalen Globalisierung zunehmend zur Zielscheibe und Arena globaler kapitalistischer Verwertungsinteressen. Das kann theoretisch erklärt und empirisch belegt werden. Ohne Frage spielen Großprojekte hier eine wichtige Rolle. Ein Feld, welches von den makro-strukturalistisch argumentierenden Autoren wenig berücksichtigt wird – und mit ihren Konzepten auch nicht ohne weiteres berücksichtigt werden kann –, ist die Frage danach, wie und von wem *capital switching* und *spatial* und *scalar fixes* – auch und vor allem im Rahmen von Großprojekten – in konkreten lokalen Kontexten hergestellt werden und zu welchen Akteurskonstellationen, Koalitionen und Konflikten zwischen lokalen, nationalen und internationalen Akteuren auf der einen und zwischen privatwirtschaftlichen, staatlichen und zivilgesellschaftlichen Akteuren auf der anderen Seite dies führt. Mit anderen Worten fehlt ein akteursorientierter Zugang zu den Mechanismen der Ko-Produktion von städtischem Raum. Notwendig ist deshalb, den makro-strukturalistischen Konzepten solche Konzepte zur Seite zu stellen, welche die Mikro- und Meso-Politiken, die Akteure, die institutionellen Arenen und ihre Widersprüchlichkeiten ins Blickfeld zu nehmen helfen.

3.1 Urbane Regime und das Konzept der Stadt als „Wachstumsmaschine"

Im Bereich der sozialwissenschaftlichen Stadtforschung existieren eine ganze Reihe von Theorien und Modellen mittlerer Reichweite, welche sich mit Akteuren, Prozessen und Dynamiken auf dem Feld der Stadtpolitik im Kontext der Globalisierung beschäftigen, die also die städtische Governance thematisieren (JUDGE et al. 1995, PARKER 2003). Zwei der prominentesten Ansätze in diesem Zusammenhang sind die Theorie der Urbanen Regime einerseits und der Growth-Machine-Ansatz andererseits. Im Kern drehen sich beide Ansätze um die Frage, welche Akteure auf welche Art und Weise maßgeblich an der Formulierung und Implementierung von (zumeist wachstumsorientierter und unternehmerischer) Stadtpolitik beteiligt sind und mit welchen Folgen dies geschieht. Wiewohl es einige gewichtige Unterschiede zwischen den Ansätzen gibt, gehen doch im Kern beide (auf breiter empirischer Basis) davon aus, dass Stadtpolitik sehr häufig durch informelle, relativ stabile Koalitionen zwischen staatlichen und privatwirtschaftlichen Akteuren geprägt ist. Während die gewählten Volksvertreter, sei es auf kommunaler, sei es auf gesamtstädtischer Ebene, in Zeiten knapper Kassen und des neoliberal-schlanken Staates auf privatwirtschaftliche Investitionen angewiesen sind, um lokale Entwicklung und Wohlstand zu schaffen (um z. B. ihre Popularität bei den Wählern zu gewährleisten), brauchen privatwirtschaftliche Akteure Regierungsvertreter und ihre Verwaltungen, um bestimmte Investitionsinteressen durchzusetzen. Der Aufbau und Erhalt von Netzwerken ist in diesem Zusammenhang eine zentrale Strategie, um in einer fragmentierten Governancelandschaft Handlungsfähigkeit herzustellen und Interessen durchzusetzen.

Die Regimetheorie, die im Wesentlichen auf die Arbeiten von Clarence STONE (1989) zurückgeht, beschäftigt sich mit Stadtpolitik in Zeiten von Globalisierung, Fragmentierung und Dezentralisierung und nimmt einige Aspekte der strukturellen Perspektive auf. So ist einer ihrer Ausgangspunkte die Tatsache, dass es in westlichen Gesellschaften kein alles dominierendes nationalstaatliches Steuerungszentrum mehr gibt und dass städtische Akteure aus Politik, Wirtschaft und Zivilgesellschaft der steigenden Komplexität und den globalen Transformationsprozessen auf die eine oder andere Art und Weise begegnen müssen. Die sich wandelnden Rahmenbedingungen und die oben beschriebenen globalen politökonomischen Restrukturierungsprozesse bilden den Hintergrund der Regimetheorie, ihr analytischer Fokus sind aber das Handeln und die Interaktionen verschiedener Akteursgruppen der Stadtentwicklung, wobei auf Formen der öffentlich-privaten Kooperation und Koordination fokussiert wird. Das zentrale Interesse der Regimetheorie ist dabei die Frage, wie in Städten politische Handlungsfähigkeit hergestellt wird: „How, in a world of limited and dispersed authority, do actors work together across institutional lines to produce a capacity to govern and to bring about publicly significant results?" (STONE 1989). Die Antwort findet sie in spezifischen Formen der Zusammenarbeit zwischen öffentlichen und privaten Akteuren durch relativ stabile informelle Koalitionsbildungen, d. h. im Aufbau von Netzwerken. Dabei ist nicht an punktuelle öffentlich-private Partnerschaften oder Entwicklungsgesellschaften etwa im Rahmen einzelner Großprojekte zu denken, sondern vielmehr an dauerhafte Koalitionen und Kooperationsbeziehungen, die teilweise über unterschiedliche Politikfelder hinweg funktionieren und über längere Zeiträume aufrechterhalten werden. Clarence STONE (1989, S. 6) definiert ein Regime als „the informal arrangements by which public bodies and private interests function together in order to be able to make and carry out governing decisions".

Hier kommt das spezifische Machtverständnis der Regimetheorie in den Blick. Macht wird nicht – wie zum Beispiel von Elitentheoretikern – in erster Linie als Kontrolle über andere konzeptualisiert, sondern als Fähigkeit zur sozialen Produktion von Handlungsfähigkeit. nicht power over, sondern power to. „Government authority relies more on inducing actions than it does on simply issuing commands" (STONE 1993, S. 24). Der Schwerpunkt der regimetheoretischen Arbeiten liegt denn auch auf den internen Dynamiken der Koalitionsbildung und Entscheidungsfindung. Es geht in erster Linie um das „Wie" des Regierens durch öffentlich-private Koalitionen: „How and under what conditions do different types of government coalitions emerge, consolidate, and become hegemonic or devolve and transform" (LAURIA 1997, S.1f.). Ein Kerninteresse der Regimetheorie ist es damit zu untersuchen, wie die Koalitionen intern funktionieren und wie sie aufrechterhalten werden. „The most common form of achieving civic cooperation is mutual self-interest" (Stoker 2000, S. 96). Aber auch gemeinsame soziale Werte sind eine denkbare

Form der Regimekonstitution und -stabilisierung. Studien zeigen, dass es in der Praxis hauptsächlich durch sogenannte selective incentives passiert. Mit einer gewissen Dauerhaftigkeit und Erfolgen kann dann das Regime selber zu einer Ressource werden: „A new phase of bargaining is more easily developed between partners with past ‚successful' bargaining experience who have a reservoir on trust on which to build. The reputation of partners for making and sticking to deals enables a regime to build on its past successes" (Stoker 2000, S. 96).

Ein zentrales Ergebnis regimetheoretischer Forschung ist die Entwicklung von Typologien von urbanen Regimen (GISSENDANNER 2002). Stone etwa unterscheidet vier Idealtypen von urbanen Regimen, welche auf der Zusammensetzung und der politischen Orientierung der Mitglieder basieren. Corporate Regimes sind durch die zentrale Rolle privatwirtschaftlicher Interessen gekennzeichnet. Progressive Regimes konstituieren sich auf der Basis von Nachbarschaftsgruppen der mittleren und unteren Einkommensgruppen. Caretaker Regimes bewahren den Status quo. Pro-growth Regimes basieren auf einer geteilten Wachstumsagenda zwischen öffentlichen und privaten Akteuren. In der (US-amerikanischen) Praxis – aber auch im internationalen Maßstab – sind vor allen Dingen Wachstums- bzw. Entwicklungsregimes zu finden. Aus Sicht der Regimetheorie ist der Grund dafür, dass im Bereich von ökonomischer und immobilienwirtschaftlicher Entwicklung besonders viele Ressourcen und „selective incentives" liegen (STOKER 1995, S. 63, STONE 1993, S. 18 f.). An diesem Punkt setzt auch die Perspektive der Urban Growth Machine oder der Hypothese von der Stadt als Wachstumsmaschine an, indem sie auf die zentralen städtischen Interessengruppen fokussiert, die üblicherweise als wichtigste Spieler in Regimes mit Wachstumszielen zu erwarten sind" (BAHN et al. 2003, S. 8).

Im hauptsächlich von John LOGAN und Harvey MOLOTCH (MOLOTCH 1976, LOGAN und MOLOTCH 1987, JONAS und WILSON 1999) entwickelten Ansatz wird nicht in erster Linie gefragt, wer die Stadt regiert, sondern insbesondere, wer davon profitiert und auf welche Art und Weise. In ihrer soziologisch-historischen Analyse der Geschichte von Stadtentwicklung, Stadtpolitik und Planung in den USA im 20. Jahrhundert kommen LOGAN UND MOLOTCH (1987, S. 50 f.) zu dem Schluß, dass „for those who count the city is a growth machine, one that can increase aggregate rents and trap related wealth for those in the right position to benefit. The desire for growth creates consensus among a wide range of elite groups, no matter how split they might be on other issues".

3.2 Stadtpolitik zwischen (lokalen) Nutz- und Tauschwertinteressen

Das Ziel von Wachstumskoalitionen besteht LOGAN und MOLOTCH (1987) zufolge in der Wertsteigerung von städtischem oder stadtregionalem Land. Hauptakteure sind deswegen diejenigen Akteure, die direkt von einer Steigerung des Tauschwertes von Grund und

Boden, d. h. der Bodenrente, profitieren. Während Grundbesitzer und Landentwickler die treibenden Akteure sind, können auch Immobilienfirmen, Bauunternehmer, Architekten, Planer und verschiedene Dienstleistungsanbieter Teil von Wachstumskoalitionen sein, weil ihre Arbeitsstellen und Auftragslagen zum Teil unmittelbar von städtischem (Immobilien-)Wachstum abhängen (LOGAN und MOLOTCH 1987, S. 62 ff.). Stadtpolitiker auf unterschiedlichen Ebenen wiederum beteiligen sich an Koalitionen, die eine Agenda städtischen Wachstums vorantreiben, weil „local governments rely heavily on real estate taxes to fund infrastructure and essential services such as schools, police, and fire protection" (KNOX 2008, S.73). In ihrem Beitrag argumentieren LOGAN und MOLOTCH (1987, S.13), dass „the pursuit of exchange values so permeates the life of localities that cities become organized as enterprises devoted to the increase of aggregate rent levels through the intensification of land use. The city becomes, in effect, a ‚growth machine'".

Im Unterschied und auch in Abgrenzung zu den strukturalistischen Theorien der Radical Geography erklären Logan und Molotch die Intensivierung von Landnutzung nicht durch abstrakte Regeln der Kapitalakkumulation oder das politökonomische Projekt der neoliberalen Globalisierung, sondern indem sie (lokale) Akteure in den Mittelpunkt rücken und auf „strategies, needs and schemes of human actors and their institutions on the local level" fokussieren (1987, S.12). Konzeptueller Ausgangspunkt der „political economy of place" von LOGAN und MOLOTCH ist aber nichtsdestotrotz ein marxistisches Konzept, und zwar der dialektische und widersprüchliche Warencharakter von Grund und Boden in kapitalistischen Gesellschaften. Demnach ist der Boden einerseits ein Gut, welches einen Tauschwert besitzt und gegen Geld auf dem (Boden-)Markt gehandelt wird, und andererseits ein Gut, welches für Individuen und gesellschaftliche Gruppen einen Nutzwert darstellt und individuelle und gesellschaftliche Grundbedürfnisse befriedigt. Die kontinuierliche Auseinandersetzung zwischen nutz- und tauschwertbezogenen Interessen ist ein konstituierendes Element der Stadtpolitik und unterschiedlicher Felder von Planung (z. B. Landnutzungsplanung, Infrastrukturplanung, Umweltplanung), und ihr Beitrag „explores the conflict between use and exchange values in cities, enumerates and examines the forms of this contradiction, and anlyzes how it is ordinarily managed". Für die Analyse von Akteurskonstellationen im Kontext von Stadtentwicklungsprozessen – und hier insbesondere solchen der (Post-)Suburbanisierung in Lateinamerika – stellt der Ansatz von Logan und Molotch damit eine Reihe von hilfreichen Kategorien zur Verfügung.[1]

3.2.1 Pro-Growth: Place entrepreneurs und der Kampf um die Bodenrente

Zur Analyse der unterschiedlichen Interessen, Strategien und Konflikte im Kontext wachstumsorientierter Stadtpolitik unterscheiden LOGAN und MOLOTCH (1987) ver-

---

1   In rudimentärer Form fand der Ansatz auch für Santiago schon Anwendung, siehe dazu DUCCI (2004).

schiedene Formen des Tauschwertes von Grund und Boden – welche zusammengenommen auch als Grund- bzw. Bodenrente bezeichnet werden – und verschiedene Akteursgruppen, die sich diese mit Hilfe unterschiedlicher Strategien anzueignen bzw. zu produzieren versuchen.

Zunächst ist anzumerken, dass die „Ware Boden" insofern speziell ist, als sie nicht wie andere Waren – Schuhe, Autos oder iPods – produziert werden kann und damit in quantitativer Hinsicht absolut begrenzt ist. Damit einher geht ein besonderes Merkmal der Märkte, auf denen die Ware Boden getauscht wird: Bodenmärkte sind inhärent monopolitisch und die Grundeigentümer eine Klasse, die die komplette Kontrolle über das gesamte Warenangebot besitzt. Weil keine neuen Produkte auftauchen können, kann es auch keine neuen Anbieter geben. Neben diesem klassentheoretischen Argument wird des Weiteren angeführt, dass individuelle Landbesitzer ein Monopol über ein bestimmtes Marktsegment innehaben, weil jedes Stück Land in seiner Beziehung zu anderen Grundstücken und städtischen Teilräumen einzigartig ist. Anders als bei Schuhen, Autos oder iPods können nicht mehr von den exakt gleichen Produkten auf den Markt gebracht werden, „instead the owner of a particular parcel controls all access to it and its given set of spatial relations" (LOGAN und MOLOTCH 1987, S. 24). Wiewohl die Grundbesitzer in dieser Hinsicht eine die Bodenmärkte dominierende Kraft sind, ist wichtig anzumerken, dass die Grundstückspreise – und damit die zu erzielende Bodenrente – nicht in erster Linie davon abhängen, was die Grundeigentümer auf ihrem jeweiligen Grundbesitz tun, sondern von den sich wandelnden (sozial-räumlichen) Beziehungen zwischen verschiedenen Grundstücken (und städtischen Teilräumen): „Rent levels are based on the location of a property vis-á-vis other places, on its ‚particularity'" (Loesch 1954, S. 508) (LOGAN und MOLOTCH 1987, S. 24). Hier wird schon die zentrale Rolle der Einflussnahme auf Entscheidungen über Stadtentwicklungsprozesse im größeren Maßstab ersichtlich, denn hier stehen Bodenrenten auf dem Spiel.

In analytischer Hinsicht wird zwischen zwei Formen der Bodenrente unterschieden: Differentialrente und Monopolrente. Als Differentialrente wird diejenige Form der Bodenrente bezeichnet, die von einem differentiellen Lagevorteil im Vergleich zu anderen Grundstücken abhängt. Wie bereits gesehen, ist dies im städtischen Kontext gleichsam die Grundform der Bodenrente, denn es gibt dort keinen Grund und Boden mehr, dessen Wert nicht von seiner Lokalisierung im sozial-räumlichen System der Stadt abhängig wäre. Unterschieden wird davon die Monopolrente, die dann erzielt werden kann, wenn eine positive Positionierung in einem gegebenen sozial-räumlichen Gesamtsystem dauerhaft gesichert werden kann. Es wird dabei auch von „absoluten Räumen" gesprochen (HEEG 2008). Hierbei kann es sich um einzelne „Standorte" innerhalb eines spezifischen Bodenmarktes (der Potsdamer Platz in Berlin oder Chicureo in Santiago) oder auch um Städte als Ganze im internationalen Städtewettbewerb handeln. HARVEY (2012, S. 103 ff.) beschreibt in diesem Zusammenhang, wie Barcelona und Berlin durch Strategien strategischer Planung und City-Marketing mit bestimmten kulturellen Images aufgeladen werden, die ihnen im internationalen Vergleich für bestimmte Aktivitäten Alleinstellungsmerkmale verleihen und damit die Möglichkeit schaffen, Monopolrenten zu erzielen. MERRIFIELD (2002b, S. 138) fasst das Verhältnis von „absolutem" und „relativem" Raum folgendermaßen zusammen: „The property system creates ‚absolute' spaces within which monopoly can assert control. But this absolutism is really predicated on relativity: parcels of urban land get appropriated because their benefits derive from relationships with other parcels of land. Standing alone, they constitute nothing". Sowohl Differential- als auch Monopolrenten werden mithin in komplexen sozial-räumlichen Interaktionen „produziert", woran eine Vielzahl von privatwirtschaftlichen, staatlichen und zivilgesellschaftlichen Akteuren beteiligt ist.

Mit Blick auf die privatwirtschaftliche Seite von Wachstumskoalitionen identifizieren LOGAN und MOLOTCH (1987, S. 29 ff.) drei Idealtypen von place entrepreneurs, welche an den Auseinandersetzungen um Schaffung und Verteilung von Differential- und Monopolrenten mit unterschiedlichen Interessen und Strategien beteiligt sind: *serendipitous entrepreneurs, active entrepreneurs und structural speculators*. Als serendipitous entrepreneurs werden diejenigen Grundbesitzer bezeichnet, die eigentlich nur passiv am Bodenmarkt beteiligt sind, aber unter bestimmten Bedingungen aktiv werden. Diese Gruppe besitzt Land, das etwa geerbt wurde oder ursprünglich zu landwirtschaftlichen Zwecken erworben wurde, um dann zu einem gegebenen Zeitpunkt festzustellen, dass es sich auf andere Art und Weise rentabler nutzen lässt, etwa weil sich die Landnutzungsplanung geändert hat. „Few property entrepreneurs, however shrewd, can do better than the person who owns the alfalfa field next to the plot of land earmarked by the city council for a new jetport. Government activity thus distributes and redistributes rents among owners" (LOGAN und MOLOTCH 1987, S. 27 f.).

Als *active entrepreneurs* werden diejenigen Bodenmarktakteure bezeichnet, die aktiv auf die zukünftige Entwicklung spezifischer Lokalitäten spekulieren. Sie versuchen Differentialrenten abzuschöpfen, indem sie sich solche Grundstücke sichern, von denen sie annehmen, dass sie in Zukunft stark nachgefragt werden. Prototypische Akteure in diesem Sinne sind Logan und Molotch zufolge kleine bis mittelgroße Investoren, die das Investitionsverhalten anderer Akteure beobachten, „using local social networks to learn who is going to do what and where" (LOGAN und MOLOTCH 1987, S. 30). Ihr Kerngeschäft besteht darin, sozial-räumliche Transformationsprozesse zu antizipieren, wozu sie häufig Beratungsdienstleistungen von auf lokale Immobilienmärkte spezialisierten Anbietern in Anspruch nehmen. Die dritte und entscheidende Akteursgruppe, die LOGAN und MOLOTCH (1987, S. 30 f.) als *structural speculators* bezeichnen, verlässt sich nicht lediglich auf ihre Fähigkeit, zukünftige Entwicklungen zu antizipieren, sondern versucht vielmehr, eben jene zukünftigen Entwicklungen unmittelbar zu beeinflussen: „these entrepreneurs speculate on their ability to change the relationships of a given place to other places – that is, they attempt to determine the patterns through which others will seek use values from place […] they seek to alter the conditions that structure the market. Their strategy is to create differential rents by influencing the larger arena of decision making that will determine locational advantages (LOGAN und MOLOTCH 1987, S. 30 f.).

Strukturelle Spekulanten im Sinne von Logan und Molotch suchen also die Bedingungen, Prozesse und institutionellen Arrangements zu beeinflussen, welche die Bodenmärkte strukturieren und dadurch Differential- und Monopolrenten produzieren. Sowohl die regulative Seite staatlichen Handelns, etwa im Rahmen der Gestaltung von Flächennutzungsplanung, als auch Investitionsentscheidungen in Bezug auf öffentliche Infrastruktur geraten hier in das Blickfeld derjenigen Akteure, die auf die Transformation sozial-räumlicher Strukturen spekulieren. Die Besiedlung Nordamerikas im Allgemeinen und die von Kalifornien im Besonderen sind archetypische Beispiele von Kämpfen unterschiedlicher struktureller Spekulanten und Wachstumskoalitionen um den Verlauf von zunächst Eisenbahnlinien und Wasserversorgungsinfrastruktur Mitte des 19. Jahrhunderts und dann Autobahnen, Metrolinien und anderen städtebaulichen Großprojekten im 20. Jahrhundert (DAVIS 1994, PINCETL 1999, PURCELL 2000).

Ein entscheidender Punkt bei LOGAN und MOLOTCH (1987, S. 31) ist die Annahme, dass „people out to structure markets tend not to work in isolation; they work together in organized groups", und zwar auf unterschiedlichen Ebenen. „Whether the geographical unit of their interest is as small as a neighbourhood shopping district or as large as a national region, place entrepreneurs attempt, through collective action and often in alliance with other business people, to create conditions that will intensify future land use in an area" (LOGAN und MOLOTCH 1987, S. 32). Hier sehen LOGAN und MOLOTCH die Formation von Koalitionen oder Regimes mit Wachstumszielen begründet. Das ist der entscheidende Beitrag, mit dem sie sich sowohl von der Humanökologie der Chicago School als auch vom marxistischen Funktionalismus abgrenzen. Es öffnet sich der Blick auf Netzwerke, die Stadtpolitik und Planung systematisch in Richtung ihrer tauschwertbezogenen Interessen zu beeinflussen suchen, weil hier der Schlüssel zur Schaffung und Verteilung von Bodenrenten liegt.

PINCETL (1999) beschreibt am Beispiel Südkaliforniens – des Archetyps[2] einer Stadtregion, die durch das Wirken von Wachstumskoalitionen geprägt ist –, wie einige developers, die gleichzeitig die größten Landbesitzer der Region und auf Master-planned Communities enormer Größe spezialisiert sind, auf unterschiedlichen Handlungsebenen (kommu-

---

2   PURCELL (2000) vermutet, dass der Growth-Machine-Ansatz in erster Linie in der Beschäftigung mit der Stadtentwicklung in Los Angeles entstanden ist. In vielen Arbeiten wird Los Angeles als Archetyp einer unaufhörlich ins Umland wachsenden Stadt beschrieben, wobei immer größere private Immobilienprojekte und Master-planned Communities eine wesentliche Rolle spielen. Die Arbeit von Mike DAVIS (1994) ist hier sehr aufschlussreich. Er beschreibt detailliert den Einfluss der Landentwicklungsindustrie auf Stadtpolitik und Stadtentwicklung und die „bitter growth wars", die dabei auftreten.

nal, regional, national) auf eine wachstums- und marktorientierte Flexibilisierung und
Ökonomisierung von Planungsinstrumenten hinwirken. Auf unterschiedlichen Ebenen
wird dabei zivilgesellschaftlicher Widerstand gegen einzelne Großprojekte oder die umstrittene Urbanisierung des ländlichen Raums als solchem erfolgreich unterlaufen. Ergebnis der Mehr-Ebenen-Taktiken im kalifornischen Beispiel ist die Einführung verhand-
lungsbasierter Planungsansätze, bei denen jedes Großprojekt zwischen einem developer
und der Lokalregierung im Rahmen eines sogenannten *development agreements* ausgehandelt wird, wobei zivilgesellschaftliche Gruppen außen vor bleiben und die Lokalregierungen ihre Planungshoheit für lange Zeiträume gegen materielle und infrastrukturelle
Leistungen an die privaten Investoren verkaufen (PINCETL 1999).

3.2.2 Slow-Growth: Verteidigung des Nutzwertes städtischen Bodens

Während die unterschiedlichen *place entrepreneurs* den Tauschwert von Grund und Boden in den Mittelpunkt ihrer Aktionen stellen, stehen auf der anderen Seite Akteure, für
die der Nutzwert von Grund und Boden im Allgemeinen und von spezifischen Nachbarschaften und Orten im Besonderen von Interesse ist. Die Intensivierung der Landnutzung
und die Ausweisung von neuen Flächen der Stadtentwicklung – durch die Differential-
und Monopolrenten produziert werden – kollidieren mit bestehenden sozial-räumlichen
Strukturen, die für die Bewohner einen (Nutz-)Wert darstellen, der nicht auf dem Bodenmarkt getauscht werden kann. LOGAN und MOLOTCH (1987, S. 103 ff.) identifizieren in
diesem Zusammenhang verschiedene Aspekte des Nutzwertes von städtischem Raum
bzw. „factors that make up the basis of neighborhood", die durch die Organisation der
Stadt als Wachstumsmaschine permanent bedroht sind.

Der Grundgedanke ist, dass der eigene Wohnort für die allermeisten Menschen ein sozio-
ökonomisches und kulturelles Ressourcensystem darstellt, welches besonders für die unteren sozialen Schichten eine herausgehobene Bedeutung in der Organisation des alltäglichen (Über-)Lebens hat. Um die eigene Nachbarschaft herum werden elementare
Angelegenheiten des täglichen Lebens erledigt. Bewohner sind mit den Strukturen ihrer
Nachbarschaft vertraut und können so ihre täglichen Routinen optimieren. Werden diese
Strukturen verändert, kann dies für bestimmte Bevölkerungsgruppen eine negative Beein-
flussung der Lebensqualität mit sich bringen. Darüber hinaus sind der Wohnort und die
Nachbarschaft auch potenzielle Quellen für soziales Kapital in Form von informellen in-
terpersonalen Netzwerken. Besonders für sozial schwache Bevölkerungsschichten stellen
ortsbasierte Netzwerke eine wichtige Ressource dar, durch die der oftmals prekäre Zugang
zu marktbasierten Versorgungsdienstleistungen kompensiert werden kann. Ebenso hat der
lokale Raum eine symbolische Komponente, die für die Bewohner eine Quelle der Identität darstellen kann und mit der Selbst- und Fremdzuschreibungen verbunden sind: „this is
not simply a matter of a vague psychic reward; it is – in a competitive market society –

also a way of gaining access to other rewards by establishing one's credentials, by demonstrating that one comes form a good place" (LOGAN und MOLOTCH 1987, S. 108).

Durch die Aktivitäten von Grundbesitzern und Landentwicklern im Rahmen des Boden- und Immobilienmarktes ist dieses System von Nutzwerten fragil und im Prinzip permanent bedroht. LOGAN und MOLOTCH (1987, S. 111) sprechen explizit die verschiedenen Formen von innerstädtischen und suburbanen Großprojekten an, die einen besonderen Druck auf die gewachsenen sozial-räumlichen Strukturen von Nachbarschaften aus-üben und gegen die sich häufig zivilgesellschaftliche Mobilisierung in Verteidigung der bedrohten Nutzwerte entwickeln. Hier ist an Initiativen zu denken, die sich gegen spezifische Großprojekte, Prozesse der Gentrifizierung und auch Prozesse der Suburbanisierung wenden, und für die es Beispiele aus der ganzen Welt gibt. Ebenso aber existiert die Möglichkeit, dass gerade die unteren sozialen Schichten der Transformation ihrer Nachbarschaften nicht ablehnend, sondern zustimmend gegenüber stehen, weil die Veränderungen zu einer Verbesserung der Nutzwerte beitragen können: „Some commercial manipulations contribute to use values; residents may come to value their new grocery store on the corner or the new factory down the road. Nevertheless, residents ordinarily have little *control* over such changes and this contributes to the general anxiety resulting from the fact that market mechanisms, as currently structured, may well serve to undermine neighbourhood" (LOGAN und MOLOTCH 1987, S. 111; Hervorhebung durch den Autor)

3.3 Die Reskalierung städtischer Wachstumskoalitionen

Sowohl die Regimetheorie als auch der Ansatz der Stadt als Wachstumsmaschine stellen analytische Werkzeuge bereit, die zum Verständnis der Akteurskonstellationen und Machtverhältnisse in der Raumproduktion beitragen können. Beide Ansätze haben gemeinsam, dass sie stark auf die lokale Ebene fokussieren, was zugleich ihre Stärke und ihre Schwäche darstellt. Der lokale Fokus ist eine Stärke, weil hier Konzepte zur Verfügung gestellt werden, mit denen einige Zusammenhänge auf der lokalen Ebene dicht beschrieben und teilweise erklärt werden können. Er stellt eine Schwäche dar, weil die Zusammenhänge und Mechanismen der Raumproduktion im Kontext der Globalisierung, wie in Kapitel 2 dargestellt, komplexer erscheinen (vgl. auch HARDING 1995, JONAS und WILSON 1999). Wie sind die lokalen Akteurskonstellationen, verstanden als urbane Regime und Wachstumskoalitionen, in das Projekt der neoliberalen Globalisierung und die Prozesse des *capital switching* eingebunden? MOLOTCH (1999) selber hat darauf hingewiesen, dass die Mehrebenenverflechtungen und Glokalisierungsprozesse ebenso wie unterschiedliche kulturelle Kontexte in der Weiterentwicklung des Ansatzes stärkere Berücksichtigung finden müssen. Im Folgenden werden deswegen die an die Radical Geography anschließenden Argumente zur Globalisierung und Neoliberalisierung von Stadtentwicklung mit den Theorien lokaler Stadtpolitik verknüpft und um einige post-strukturalistische Ansätze erweitert, insbesondere mit Blick auf die Frage nach den in der glokalen Raumproduktion wirksamen gesellschaftlichen Macht- und Kräfteverhältnissen.

3.3.1 Glokale Akteurskonstellationen in der Stadtentwicklung

Im Anschluss an Marx, Lefebvre und Harvey stellen auch LOGAN und MOLOTCH (1987, S. 236) schon fest, dass „corporate capital has been changing ‚circuit'", und beziehen sich dabei auf die Tatsache, dass große Unternehmen, die hauptsächlich in klassischen Bereichen der industriellen Produktion tätig sind, zunehmend auch als Immobilien- und Landentwickler aktiv werden. Die Folge ist, dass extrem kapitalkräftige Akteure, die enge Verbindungen zum internationalen Finanzkapital aufweisen, in die Prozesse der strukturellen Spekulation involviert sind. Zusammen mit der auf dem Feld der Produktion der gebauten Umwelt allgemein stark gestiegenen Bedeutung institutioneller und transnationaler Investoren führt dies zu einer zunehmend engen Verzahnung von Immobilien- und Finanzwirtschaft, was wiederum dazu führt, dass immer größere und prestigeträchtigere Projekte realisiert werden, weil die Investoren aufgrund der Suche nach Skalenerträgen dazu neigen, größere Summen von Kapital in einzelnen Projekte zu konzentrieren (HEEG 2008, S.87).[3] Größere Projekte – und insbesondere solche, die den Prinzipien der Mischnutzung des New Urbanism folgen – bedeuten die Möglichkeit der Realisierung von Monopolrenten, weil durch sie „absolute Räume" geschaffen werden können, die noch dazu eine interne Differenzierung aufweisen, die wiederum zur Schaffung von Differentialrenten eingesetzt werden. Nur große kapitalkräftige und international vernetzte Konglomerate zusammen mit spezialisierten Anbietern können auf diese Art und Weise durch den Maßstab der Projekte, durch Techniken des Urban Designs und den Zugang zu sowohl transnationalem Kapital wie auch Know-how Differential- und Monopolrenten „herstellen". Nur von diesen transnational vernetzten strukturellen Spekulanten können die immensen Investitionen und extrem langen Planungs- und Laufzeiten von Megaprojekten bewältigt werden; und es sind diese Akteure, die die notwendigen politischen Kontakte besitzen, um ihre Visionen stadtregionaler Entwicklung – auf unterschiedlichen Ebenen und unter Einsatz von *politics of scale* – politisch durchzusetzen (LOGAN und MOLOTCH 1987, S. 242).

KNOX (2008) etwa sieht in seiner Untersuchung der jüngeren Metropolisierungsprozesse in den USA „reskalierte Wachstumskoalitionen" am Werk, die durch die Professionalisierung der Landentwicklungsindustrie und den Aufstieg einiger großer developer ökonomisch und politisch immer schlagkräftiger werden. Zum einen haben diese Unternehmen deutlich mehr Personal und mehr Ressourcen zur Verfügung, als dies früher der Fall war, und zum anderen sind sie in politökonomische Netzwerke eingebunden, die dabei helfen, ihre spezifischen Interessen an der Landentwicklung in die jeweiligen institutionellen

---

3 Die Probleme für lokale Entwicklung verstärken sich noch durch die zyklische Natur des Immobilienmarktes, der eine Tendenz zur Überproduktion aufweist (FAINSTEIN 2001; HALL 2002, S. 412; HEEG 2008)

Landschaften und Pläne einzuschreiben:„The elite social networks of big corporate developers and their top managers…help them gain approvals, get regulations amended or
waived, and get zoning variance requests approved".

In den wenigen Studien, die die Frage der Akteurskonstellationen und Machtverhältnisse
berücksichtigen, wird deutlich, dass sich mit Blick auf Großprojekte in den Städten des
Südens ähnliche Phänomene beobachten lassen. Auch hier stehen hinter den New-Urbanist-Megaprojekten immer größere und spezialisiertere Landentwicklungsunternehmen
mit engen Kontakten zum transnationalen Finanzkapital, die zunehmend Projekte an-
schieben, die eine enorme Komplexität und Größe aufweisen. Im Großraum Jakarta etwa
gab es 1997 allein 16 genehmigte oder schon im Bau befindliche New-Urbanist-Megaprojekte, die jeweils eine Grundfläche von mehr als 1000 ha aufwiesen. Wie in anderen
Teilen der Welt umfassen die Projekte dabei neben Wohnimmobilien auch Hotels, Restaurants, Shopping Malls, Golfplätze sowie Büroflächen (DICK und RIMMER 1998). Offensichtlich ist, dass die Realisierung von Projekten dieser Größenordnung und Komplexität an die Fähigkeit gebunden ist, enorme Mengen an (Risiko-)Kapital zu mobilisieren,
„to buy up land and finance construction in anticipation of the market" (DICK und RIMMER
1998, S. 2312). Neben der Verfügbarkeit von Kapital und politischen Kontakten ist der
Zugang zu Know-how ein weiteres wichtiges Thema. DICK und RIMMER (1998) beschreiben für Südostasien, wie Planungs- und Designkonzepte direkt aus den USA importiert
werden – häufig durch Geschäftsmänner, die dort einen persönlichen oder beruflichen
Hintergrund haben, aber auch durch auf New-Urbanist-Megaprojekte spezialisierte Con-
sultings, die zur Ausführungsplanung der Projekte engagiert werden. Selbst in Ländern
wie China, wo viele der neuen Megaprojekte dem öffentlichen Modell folgen, sind internationale Teams für die konkrete Ausführung zuständig, denn nur diese können herstellen, was lokale und nationale Auftraggeber interessiert: eine internationale Aura und Signalwirkung.

Für den Fall Manila beschreibt Gavin SHATKIN (2008) die Strategien großer Landentwicklungsunternehmen, die Flächenreserven (land banks) im Umland der Metropole anlegen und basierend auf einer langfristigen Vision integrierte Megaprojekte planen, die
auf zwei Aspekte abzielen: „to capitalize on trends in the city-region's development and
to shape this development to the advantage of the developer" (SHATKIN 2008, S. 388;).
Hier wird deutlich, dass das Betätigungsfeld der großen Landentwickler nicht lediglich
die Implementation einzelner Großprojekte ist, sondern vielmehr die Antizipation und
Manipulation der sozial-räumlichen Struktur ganzer Stadtregionen sowie der Modi ihrer
institutionellen Regulation. Die Megaprojekte sind dabei gleichermaßen als Mittel und
Zweck zu verstehen. Eingebunden ist dies in neoliberale Politiken der Deregulierung und
Privatisierung im Allgemeinen und im Bereich der gebauten Umwelt und Infrastruktur-
versorgung im Besonderen (TORRANCE 2009). Dadurch, dass zuvor staatlich organisierte
Bereiche der Infrastrukturversorgung wie die Planung und der Bau von Straßen- und

Autobahnsystemen dem privaten Kapital geöffnet wurden, intervenieren und investieren
die Landentwickler auch zunehmend in diesen Bereichen, welche die einzelnen Projekte
mit den städtischen Zentren und anderen Teilräumen verbinden. SHATKIN (2008, S. 388)
kommt zu dem Schluss, dass unter diesen Bedingungen „private sector firms do not just
develop real estate, but conceptualize and implement entire urban systems that are overlaid onto the existing urban form".

Neben den Landentwicklern selber ist eine Vielzahl anderer Akteure an der glokalen
Produktion der gebauten Umwelt beteiligt. Weil in vielen Ländern nicht nur der Bau von
Straßen- und Autobahnnetzen, sondern dazu auch Bau und Betrieb von Wasser- und
Stromversorgungsnetzwerken, Flughäfen, Eisenbahnen und teilweise Schulen, Krankenhäusern und Gefängnissen privatisiert wurden, ist ein globaler Markt für städtische Infrastruktur entstanden, auf dem im Prinzip alle Bereiche der gebauten Umwelt zu Anlage-
produkten und Teilen der Portfolios von nationalen und internationalen Investoren und
Konsortien werden (können). Offensichtlich ist, dass sich in diesem kombinierten Prozess von *unbundling*, verstanden als Auflösung zuvor ganzheitlich und von der öffentlichen Hand bereitgestellter Infrastruktur in einzelne Teile, und Finanzialisierung, verstanden als Subsumption von Politik- und Handlungsfeldern unter die Verwertungslogiken
des Finanzkapitals, die Akteurskonstellationen und Macht- und Kräfteverhältnisse gewandelt haben (GRAHAM und MARVIN 2001). In einer der wenigen existierenden Studien
zu den politischen Dynamiken im Rahmen der glokalen Produktion stadtregionaler Verkehrsinfrastruktur, die zumeist auf dem Abschluss von Verträgen zwischen Regierungen
und internationalen Investoren basiert, beschreibt Torrance, inwiefern in diesen Arrangements der *glocal governance* „global trade und local politics [are] more inter-twined than
ever in the 21st century" (TORRANCE 2008). Im konkreten Fall hatten die Auseinandersetzungen um Nutzungstarife zwischen dem privaten Konzessionsnehmer einer Autobahn im Großraum Toronto – der spanischen Ferrovial-Gruppe, die auch eine Reihe von
Autobahnen in Chile und Santiago betreibt – und der zuständigen Regionalregierung zu
einem (geo-)politischen Konflikt zwischen Kanada und Spanien geführt, in dem von der
spanischen Seite gar damit gedroht worden war, die Unterzeichnung eines bilateralen
Handelsabkommens platzen zu lassen. Auslöser war gewesen, dass eine neu gewählte
Regionalregierung in Ontario die extrem investorenfreundliche Politik der Vorgängerre-
gierung in Frage gestellt hatte, die kurzfristigen politischen Gewinn – die schnelle Verga-
be und Errichtung prestigeträchtiger Makroinfrastruktur – vor langfristige strategische
Ziele, wie etwa die Berücksichtigung des öffentlichen Interesses in Form von moderaten
Nutzungsgebühren der Autobahn, gesetzt hatte. Für die Städte des Südens, in denen das
Ziel unternehmerischer Stadtpolitik und Planung ist, „städtische Räume zu produzieren
und zu managen, die dem Bild einer global erfolgreichen und von Zeichen der „Dritten
Welt" befreiten Metropole" entsprechen, wobei die Modernisierung der städtischen Infra-
struktur durch „Postkarten der Globalisierung" in Form von modernen Autobahnen und
New-Urbanist-Megaprojekten eine zentrale Rolle spielt, kann davon ausgegangen wer-

den, dass derlei glokale Akteurskonstellationen, Aushandlungsprozesse und Konflikte zwischen öffentlichen und privaten Akteuren ebenfalls zunehmend die Modi der Raumproduktion durchziehen (MICHEL 2010, S. 14 f.).

3.3.2 Macht, Wissen und die „Baustellen der Rationalität"

PECK und TICKELL (2002) zufolge sind die Neoliberalisierung sozial-räumlicher Beziehungen sowie die neuen Modi ihrer Produktion – verstanden als Glokalisierung, Privatisierung und Finanzialisierung von Stadtentwicklung – Kernelemente des neoliberalen Projektes. Die Autoren weisen aber darauf hin, dass „the processes, however, are not fully in control of hegemonic social actors, let alone the experts who introduce, interpret and implement such practices" (PECK und TICKELL 2002). Neoliberalisierung, Privatisierung und Glokalisierung sind keine linearen oder stringenten Prozesse, die alle anderen politischen oder wirtschaftlichen Konzepte in den Hintergrund rücken würden, vielmehr finden kontinuierliche Auseinandersetzungen zwischen unterschiedlichen politökonomischen Agenden statt, die auf lokaler Ebene zu sehr unterschiedlichen hybriden institutionellen Formen führen (LARNER 2003). Wie es WISSEN und NAUMANN (2008, S. 401) mit Blick auf die Theorie des *spatial fixes* ausdrücken: „Ökonomische ‚Erfordernisse' zur Bereinigung von Überakkumulationskrisen [...] bedürfen der politischen Durchsetzung. Und dass dies gelingt, ist keineswegs ausgemacht. Ökonomische Tendenzen können vielmehr politisch gebrochen werden." Zwei Aspekte sind hier zvon Bedeutung: zum einen, dass es zunehmend transnational vernetzte Akteure im Bereich der Produktion der gebauten Umwelt gibt, die aktiv auf die politische Durchsetzung ihrer spezifischen Interessen an Stadtentwicklung hinarbeiten, und zum anderen, dass dies in spezifischen politischen, kulturellen und institutionellen Arenen stattfindet, in denen auf eine Vielzahl anderer Akteure mit alternativen Interessen, Strategien und Agenden getroffen wird. Eine sozialwissenschaftliche Kategorie, die dabei hilft zu untersuchen, auf welche Art und Weise und mit welchen Folgen die Privatisierung und die Glokalisierung in der Praxis vonstattengehen und wie sich dabei die Beziehungen zwischen verschiedenen Akteursgruppen darstellen und verändern, ist die der Macht.

Macht ist kein eindeutiges Konzept, vielmehr gibt es eine Vielzahl von verschiedenen und konkurrierenden Definitionen und Konzeptualisierungen. Grundsätzlich lassen sich zwei Strömungen unterscheiden: solche Ansätze, die die repressive Seite von Macht hervorheben, und solche Ansätze, die auf die produktive Seite von Macht fokussieren (ALLEN 2003, LUKES 2005, BARTON 2008). Die Konzeptionen, die die repressive Seite von Macht betonen, gehen im Kern auf eine Definition von Max Weber zurück, wonach Macht „jede Chance" bedeutet, „innerhalb einer sozialen Beziehung den eigenen Willen auch gegen Widerstreben durchzusetzen, gleichviel, worauf diese Chance beruht" (Weber 1980, S. 28, zitiert nach Lukes 2005). Dieses Verständnis von Macht entspricht weitgehend dem alltagssprachlichen Gebrauch von Macht: A bringt B dazu, etwas zu tun, was B sonst nicht täte. Im Bereich der Stadtforschung und insbesondere von Theorien der Stadtpolitik war dies lange Zeit das vorherrschende Verständnis von Macht. Es war Dahl, der die Erklärungskraft dieses elitentheoretischen Paradigmas mit einer empirischen Untersuchung der Akteurskonstellationen und Machtverhältnisse in der Stadtpolitik in New Haven in Frage stellte, denn er kam zu dem Schluss, dass es keine Seite schafft, die stadtpolitische Arena dauerhaft zu dominieren. Dahls pluralistische These führte wiederum zur Kritik und einer Erweiterung des Verständnisses der „Gesichter der Macht" (Lukes 2005). „The second face of power" bestehe darin, so BACHRACH und BARATZ (1962), dass es Gruppen schaffen, in der Art und Weise, die politische Agenda zu kontrollieren, die gerade in der Vermeidung von Konflikten besteht. Mit Bezug zu Schattschneider (1960, S. 71, zitiert nach LUKES 2005, S. 20) wird davon ausgegangen, dass „all forms of political organization have a bias in favour of the exploitation of some kinds of conflict and the suppression of others, because organisation is the mobilisation of bias. Some issues are organized into politics while others are organized out". Neben offenen Konflikten, bei denen sich eine Gruppe mit ihren Interessen gegenüber einer anderen Gruppe durch Machtakte durchsetzt, existiert eine zweite und „verdeckte Seite" der Macht, die gerade in der aktiven Organisation der Vermeidung von offenem Konflikt besteht. Durch die „mobilisation of bias" wird dabei definiert, was wichtig und was unwichtig ist, welche politischen Fragen zur Entscheidung anstehen und welche erst gar nicht auf die Entscheidungsagenda gelangen, was als Strategie des „non-decision making" bezeichnet wird. In Auseinandersetzung mit Ansätzen von Autoren wie GRAMSCI (1991) und FOUCAULT (1977), die dem Poststrukturalismus zugerechnet werden können, identifiziert LUKES (2005) ein „drittes Gesicht" der Macht. Für die beiden zuvor beschriebenen Ansätze sei zentral, dass Macht einen identifizierbaren Interessenkonflikt voraussetze, wobei im Rahmen des ersten Ansatzes dann der Einsatz von Macht in konkreten Entscheidungsprozessen und im zweiten von Nichtentscheidungen untersucht werde. Wiewohl Macht in dieser Art und Weise verstanden und analysiert werden kann, kritisiert LUKES (2005, S. 27), dass „this is to ignore the crucial point that the most effective and insidious use of power is to prevent such conflict from arising in the first place [...]. To put the matter sharply, A may exercise power over B by getting him to do what he does not want to do, but he also exercises power over him by influencing, shaping or determining his very wants". Der Blick wird damit auf Diskurse, Werte und Ideologien im Allgemeinen und die Mechanismen ihrer Produktion im Rahmen der Kontrolle von Informationen, Regierungstechnologien und Sozialisierungsprozessen im Besonderen gelenkt (LUKES 2005, BARTON 2008).

GRAMSCI (1991) hat mit seinem Begriff der Hegemonie beschrieben, inwiefern Macht und Herrschaft in bürgerlich-demokratischen Gesellschaften nicht lediglich durch Zwang, Gewalt und institutionelle Hierarchie ausgeübt werden, sondern auch und insbesondere auf Dominanz im Bereich der Ideen angewiesen sind (BARTON 2008). Und je mehr diese Ideen und Systeme von Ideen, Konzepten, Praktiken und Institutionen, die als Diskurse verstanden werden können, von gesellschaftlichen Subjekten als allgemeingültige Werte internalisiert werden, desto subtiler und wirksamer ist die Form von Macht und Herrschaft. Nach GRAMSCI (1991) ist Hegemonie „die Fähigkeit der herrschenden Klasse, die Gesellschaft moralisch und intellektuell zu führen, indem es der herrschenden Klasse gelingt, ihre Überzeugungen als ‚kollektiven Willen‘ zu etablieren" (GLASZE und MAT-TISSEK 2009, S.160). Und dabei ist die Zivilgesellschaft das Feld, auf dem spezifische Interessen als gesellschaftliche Allgemeininteressen zu definieren versucht werden. Wenn etwa der Neoliberalismus als „common-sense of the times" (PECK und TICKELL 2002) bezeichnet wird, dann wird damit darauf abgehoben, dass die dahinter stehende diskursive Verknüpfung von Konzepten, Ideen und Wertvorstellungen (etwa in Bezug zu Freiheit, Eigentum, Leistung) tatsächlich breite gesellschaftliche Akzeptanz – eine hegemoniale Position – erreicht hat und dabei gar zu einem integralen Bestandteil der Weltsicht und „Mentalität" von gesellschaftlichen Subjekten geworden ist, die sich dadurch selbst regieren. In diesem Sinne und mit Blick auf staatlich-hierarchische Macht führen „die Krise des Keynesianismus und der Abbau wohlfahrtsstaatlicher Interventionsformen weniger zu einem Verlust staatlicher Regelungs- und Steuerungskomponenten, sondern lassen sich eher als Umorganisation oder eine Restrukturierung der Regierungstechniken begreifen" (LEMKE 2000, S. 42). Im Anschluss an die späten Arbeiten von Michel Foucault hat sich um dieses Verständnis der Macht mit den *governmentality studies* ein interdisziplinäres Forschungsfeld konstituiert, welches in erster Linie auf die Analyse dieser sich wandelnden – und reskalierten – Regierungstechniken und Rationalitäten im Rahmen des neoliberalen Projektes abzielt (LEMKE 2000, REUBER 2012).[4]

Ein zentraler Bestandteil der poststrukturalistischen Machttheorien ist der Begriff des Diskurses. Bei der Diskustheorie und auf dem Feld der Diskursforschung geht es grundsätzlich darum, die „gesellschaftliche Produktion spezifischer Wahrheiten und spezifischer sozialer und räumlicher Wirklichkeiten sowie die damit verbundenen Machteffekte zu konzeptualisieren" (GLASZE und MATTISSEK 2009a, S.11). Während einige Autoren nur auf Sprache fokussieren, haben andere einen weiteren Begriff von Diskurs, wonach dieser „die Verbindung von symbolischen Praktiken (Sprach- und Zeichengebrauch), materiellen Gegebenheiten und sozialen Institutionen umfasst" und durch „eine spezifische Art und Weise, Verknüpfungen zwischen ‚Institutionen, ökonomischen und gesellschaftlichen Prozessen, Verhaltensformen, Normsystemen, Techniken, Klassifikationstypen und Charakterisierungsweisen herzustellen'"(FOUCAULT 1973, S.68), charakterisiert ist (GLASZE und MATTISSEK 2009a, S.12).

Gerade in seinen früheren Schriften hat Foucault sich darauf konzentriert, die Rolle von Wissen und wissenschaftlichen Disziplinen zu analysieren, wo eben jene „Verknüpfungen" hergestellt werden. Foucault geht dabei davon aus, dass „Macht Wissen hervor-

---

4 Gleichzeitig ist es eben diese Herangehensweise, die sich im Rahmen detaillierter Fallstudien mit den feinen Verästelungen beschäftigt, die helfen zu verstehen, „that different formulations of neoliberalism emerge out of a multiplicity of political forces always in competition with one another, producing unintended outcomes and unexpected alignments. Moreover, the emergence of new political projects is never a complete rupture with what has gone before, but rather is part of an ongoing process involving the recomposition of political rationalities, programmes and identities" (LARNER 2000, S.16).

bringt (und nicht bloß fördert, anwendet, ausnutzt); dass Macht und Wissen einander unmittelbar einschließen und; dass es keine Machtbeziehung gibt, ohne dass sich ein entsprechendes Wissensfeld konstituiert, und kein Wissen, das nicht gleichzeitig Machtbeziehungen voraussetzt und konstituiert" (FOUCAULT 1977, S. 39).

Dieses Verständnis des Zusammenhangs von Macht, Wissen und Diskurs im Anschluss an Foucault ist auf die Raumproduktion angewandt worden. Neben der Analyse von großen hegemonialen Diskursen (Nation, Nationalstaat, Territorium) etwa im Rahmen der *critical geopolitics* (REUBER 2012) rücken dabei im Rahmen der kritischen Planungswissenschaften auch die Mikropraktiken der Macht ins Blickfeld. Autoren wie FLYVBJERG (1998), RICHARDSON (2002), TAIT und JENSEN (2007) und KORNBERGER (2010) knüpfen direkt an das Diskurs- und Machtverständnis von Foucault an und übertragen es auf das Feld der räumlichen und städtischen Planung und rücken dabei Experten und ihre Praktiken der raumbezogenen Diskurs- und Wissensproduktion in den Mittelpunkt. Auch auf diesem Feld ist es Macht, welche „determines what counts as knowledge, what kind of interpretation attains authority as the dominant interpretation" (FLYVBJERG 1998, S. 226). In den Analysen geht es dabei nicht hauptsächlich um die Installation und Absicherung des großen Diskurses des Neoliberalismus, sondern vielmehr um Mikropraktiken und „apparently mundane practices through which neoliberal spaces, states, and subjects are being constituted in particular forms" (LARNER 2003, S. 511). Es wird dabei zum Beispiel analysiert, wie auf diesen Feldern in spezifischen Praktiken „rationality and truth are constructed with numbers" (KORNBERGER 2010, S. 345), durch Rankings im Rahmen des internationalen Städtewettbewerbs oder durch Techniken der Quantifizierung und Evaluation im Bereich von Umweltverträglichkeitsprüfungen und Ansätzen der Landnutzungs- und Transportmodellierung. FLYVBJERG und RICHARDSON (2002) sprechen mit Blick auf diese technischen Prozeduren, die ob ihrer Komplexität und Spezialisierung scheinbar notwendigerweise Experten und Wissenschaftlern vorbehalten bleiben, von den „construction sites of rationality", die sie als „the critical stages in planning processes where the frameworks and tools are crafted which will shape later decisions" verstehen. Experten sind wesentlich daran beteiligt, spezifische Zusammenhänge als Probleme zu konstruieren, für die der Politik dann „rationale" Lösungen angeboten werden können. Im Rahmen der neoliberalen Globalisierung ist dies heute ein global vernetzter Prozess; und strategische Planung, Business Improvement Districts und New Urbanism wandern als Lösungsansätze (und best practices) um die Welt (TAIT und JENSEN 2007, MCCANN und WARD 2008, ROBINSON 2011, PARNREITER 2011).

Es ist dieses Schnittfeld von Politik und Planung sowie Diskurs, Macht und Wissen, das aus der Sicht einer poststrukturalistisch erweiterten Politischen Ökonomie untersucht werden muss, sollen die neuen Modi der Raumproduktion verstanden werden. Es sind diese „Baustellen der Rationalität", an denen die Möglichkeiten, Mechanismen und Grenzen der Kapitalzirkulation durch die gebaute Umwelt im Harvey'schen Sinne verhandelt werden und folglich auch untersucht werden müssen.

4 Methodisches Vorgehen

In diesem Kapitel wird die methodologische Konzeption der Arbeit vorgestellt. Zunächst wird das allgemeine Forschungsdesign beschrieben, welches auf einer qualitativ-mechanismenorientierten Erklärungsstrategie und der Durchführung einer verschachtelten Fallstudie basiert. Im Anschluss daran wird das methodische Vorgehen bei Erhebung und Auswertung der empirischen Daten erläutert.

4.1 Forschungsstrategie

In der Forschungsstrategie wird festgelegt, „welche Daten über welche Untersuchungsobjekte wie erhoben werden sollen", um die der Forschungsarbeit zugrunde liegende Forschungsfrage zu beantworten (GLÄSER und LAUDEL 2009, S. 35). Dabei ist der Wissenschaftler in der Wahl seiner Forschungsstrategie nicht völlig frei, denn „was sie erklären wollen, bestimmt, wie sie es erklären können" (GLÄSER und LAUDEL 2009, S. 34). In nicht geringem Maße wird also die Forschungsstrategie schon durch die Forschungsfrage mitbestimmt, denn in ihr ist eine bestimmte Erklärungsstrategie angelegt. GLÄSER und LAUDEL (2009, S. 26) unterscheiden zwischen einer relationenorientierten und einer mechanismenorientierten Erklärungsstrategie. Mit Ersterer beziehen sich die Autoren auf solche Arbeiten, die nach (signifikanten) „Kausalzusammenhängen" zwischen sozialen Phänomen und dem Bereich, in dem diese Zusammenhänge auftreten, fragen. Dies ist meistens in quantitativen, nomothetisch-deduktiven und theorietestenden Arbeiten der Fall. Letztere findet in qualitativen, induktiven oder theoriegenerierenden Forschungen Anwendung und sucht nach „Kausalmechanismen", die unter bestimmten Bedingungen bestimmte Effekte hervorbringen. Während in jener der Zusammenhang zumeist statistisch oder zumindest quantitativ belegt wird, ohne aber weitere Auskunft über die Richtung des Wirkungszusammenhangs geben zu können, wird bei dieser die Identifikation von Ursache und Wirkung mit eingeschlossen. Um dies leisten zu können, beruht die Suche nach Kausalmechanismen auf der detaillierten Analyse einer oder weniger Fälle, also der „Forschungsstrategie Fallstudie". YIN (2003, S. 1) führt aus, dass „case studies are the preferred strategy when ‚how' or ‚why' questions are being posed, when the investigator has little control over events, and when the focus is on a contemporary phenomenon within some real life context" (YIN 2003, S. 1).

In dieser Arbeit werden die Bedingungen und Mechanismen untersucht, unter denen sich in Santiago die neuen Modi der Raumproduktion durch Megaprojekte herausgebildet haben, die als Ausdruck von Prozessen der Privatisierung und Glokalisierung von Stadtentwicklung verstanden werden. Warum, wie und mit welchen Folgen kommt es in Santiago zu den Tendenzen der Privatisierung und Glokalisierung der Raumproduktion in Form der Megaprojekte? Die theoretischen Vorüberlegungen haben dazu geführt, die Untersuchung der Bedingungen, Mechanismen und Effekte auf die Akteurskonstellationen und Machtverhältnisse und das System der räumlichen Planung zu konzentrieren.

Wiewohl bei Fallstudien der Einsatz qualitativer Methoden nahe liegt und auch in der Praxis am weitesten verbreitet ist, sind auch andere Varianten denkbar. YIN (2003) weist darauf hin, dass Fallstudien ebenso mit quantitativen (wie z. B. Umfragen) oder historischen Ansätzen bearbeitet werden können. Weil es sich im vorliegenden Fall um ein komplexes aktuelles soziales Phänomen handelt – die „sozialen Produktionsmechanismen von Raum" im Kontext der Globalisierung in Lateinamerika –, zu welchem relativ wenig gesichertes Wissen und quasi keine abgesicherten Theorien vorliegen, an welche anknüpfend – wie in einem nomothetisch-deduktiven Design – Hypothesen getestet werden könnten, lag die Wahl eines qualitativen Forschungsdesigns hier nahe.

Drei wesentliche Ausrichtungen qualitativer Fallstudienforschung können unterschieden werden (YIN 2003): explorative Studien, deskriptive Studien und explikative Studien. Die hier vorliegende Studie ist eine Mischform aus der ersten und letzten Ausrichtung insofern, als sie zum Teil explorativ angelegt ist, da sie in empirischer (Akteurskonstellationen und Machtverhältnisse in den neuen Modi der Raumproduktion) und theoretischer (poststrukturalistische Politische Ökonomie) Hinsicht (relatives) Neuland betritt und zum Teil explikativ, indem sie versucht, nicht nur die wesentlichen Elemente des sozialen Phänomens von Interesse zu identifizieren und zu beschreiben, sondern auch Hypothesen in Bezug auf die Verknüpfung von Ursache und Wirkung, und damit die das Phänomen hervorbringenden Mechanismen, zu generieren. Mit diesen Ausführungen geht ein weiteres Charakteristikum der vorliegenden Arbeit einher, nämlich die als rekonstruierende Untersuchung. Wenn nicht nur nach den Ursachen für bestimmte soziale Phänomene gefragt wird, sondern auch „nach dem sozialen Mechanismus, der den Effekt produziert, dann müssen wir den sozialen Prozess rekonstruieren, in dem der Mechanismus operiert" (GLÄSER und LAUDEL 2009, S. 69).

4.2   Auswahl und Abgrenzung der Untersuchungsfälle

Nachdem strategische Entscheidungen in Bezug auf Forschungsfrage, Erklärungsstrategie und Untersuchungsdesign gefällt worden sind, muss in als Fallstudien angelegten Untersuchungen hernach entschieden werden, „was ein ‚Fall' ist und wie viele Fälle man untersuchen will" (GLASER und LAUDEL 2009, S. 36). Die Entscheidung ist zentral, weil von der Auswahl der Fälle die Gültigkeit abschließender Erklärungen und die Verallgemeinerbarkeit der Ergebnisse abhängt, denn Erklärungen und Verallgemeinerungen können immer nur auf eine Klasse von Fällen angewandt werden, denen der untersuchte Fall angehört. Wie YIN (2003, S. 10) ausführt, ist dies allerdings nicht in einem repräsentativen Sinne zu verstehen, sondern auf theoretischer Ebene: „Case studies, like experiments, are generalizable to theoretical propositions and not to populations or universes. In this sense, the case study, like the experiment, does not represent a ‚sample', and in doing a case study, your goal will be to expand and generalize theories (analytic generalization) and no to enumerate frequencies (statistical generalization)"

GLÄSER und LAUDEL (2009, S. 96 f.) weisen darauf hin, dass es häufig vorkomme, dass in ein und derselben Untersuchung verschiedene Arten von Fällen untersucht werden müssen, was sie als Verschachtelung von Fällen bezeichnen. Das gilt auch für die hier vorliegende Untersuchung, auf der sich verschiedene Aggregatsebenen unterscheiden lassen (Abb. 3). Zunächst ist da der „Fall Santiago", an welchem der eigentliche Gegenstand der Untersuchung, nämlich neuartige Modi der Raumproduktion, untersucht werden. Während sich die Auswahl Santiagos als Fallstudie inhaltlich vor allem damit begründen lässt, dass es sich um einen viel Erkenntnis versprechenden Extremfall – in Bezug auf die Fortgeschrittenheit des neoliberalen Modells und auch in Bezug auf die Zahl und Größe neuer Megaprojekte – handelt, waren es auch forschungspraktische Gründe, die den Ausschlag für Santiago gaben. Zu nennen ist hier die Einbindung in das internationale Forschungsprojekt „Risk Habitat Megacity", das sich zwischen 2007 und 2011 mit Risiken und Chancen der Megaurbanisierung in Lateinamerika beschäftigte und in welchem Santiago als sogenanntes Ankerbeispiel im Mittelpunkt der Forschungen stand (HEINRICHS et al. 2012). Weil nur durch die Konzentration auf einen Fall die ganze Komplexität der „messy actualities of new forms of governance" (LARNER 2003) mit der notwendigen Tiefenschärfe in den Blick genommen werden kann, wurde sich auf den Fall Santiago konzentriert. Wie angesprochen, enthält dieser aber mehrere Untersuchungseinheiten, oder mit YIN (2003, S. 40 f.) mehrere „embedded units of analysis".

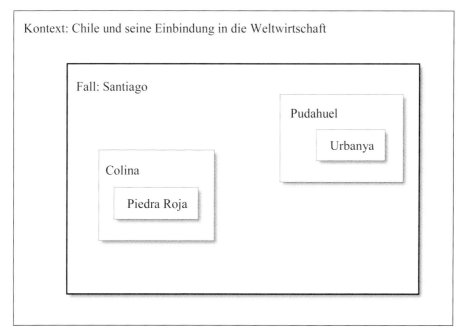

Abb. 3: Verschachtelung der Fallstudie
Quelle: Eigener Entwurf

Als in den Fall Santiago eingebettete Analyseinheiten wurden hier die Kommunen Colina und Pudahuel sowie jeweils in einer der Kommunen angesiedeltes Megaprojekt, Piedra Roja im ersten und Urbanya im zweiten Fall, gewählt. Dem aus der Grounded Theory
stammenden Prinzip des theoretischen Samplings folgend – welches sich als allgemeines
Prinzip in der qualitativen Forschung etabliert hat (FLICK 2007, S. 163 ff.) –, wurden diese Festlegungen nicht vorab, sondern im Laufe der Untersuchung getroffen. Der Begriff
des theoretischen Samplings bezieht sich darauf, dass die Auswahl an Fällen, Untersuchungseinheiten oder Interviewpartnern nicht einer Logik der statistischen Repräsentati-
vität zu folgen hat, sondern sich vielmehr an den zu erwartenden inhaltlichen Beiträgen
der auszusuchenden Fälle, Untersuchungseinheiten oder Interviewpartner zur Erklärung
des sozialen Phänomens und der angestrebten Theoriebildung orientieren soll (FLICK
2007, S. 159).

Für die Auswahl der Untersuchungseinheiten Colina und Pudahuel war entscheidend,
dass die Kommunen jeweils im Zentrum der zwei Wellen von New-Urbanist-Megaprojekten und assoziierten institutionellen Transformationsprozesse standen, die in Santiago
bislang zu beobachten waren. Immobilienwirtschaftliche Großprojekte waren in Santiago auch vorher schon an Prozessen der Stadterweiterung beteiligt, der Maßstabssprung
zu den Megaprojekten aber kann zeitlich und räumlich klar eingegrenzt werden. Colina
stand (neben Lampa) im Zentrum der ersten Welle von Megaprojekten, die ab Anfang der
1990er Jahre zu planen begonnen und mit einer 1997 verabschiedeten Modifikation des
PRMS und der Einführung der Konditionierten Planung formell auf den Weg gebracht
wurden. Pudahuel stand dann im Zentrum der zweiten Welle von Megaprojekten, die
zwar ebenfalls Anfang der 1990er Jahre zu planen begonnen, aber erst mit einer weiteren
Modifikation des PRMS im Jahr 2003, bei der das Prinzip der Konditionierten Planung
ausgeweitet und vertieft wurde, in die formellen Planungsinstrumente eingeschrieben
wurden. Ein weiteres Kriterium für die Auswahl dieser beiden und nicht etwa anderer
Kommunen, wo sich auch Megaprojekte befinden, wie etwa in Lampa, war die Tatsache,
dass sowohl Colina wie Pudahuel besonderes strategisches Gewicht für die stadtregionale Entwicklung als Ganze haben. Weil beide Kommunen zu den immobilienwirtschaft-
lich „wertvollsten Ecken" des Landes gezählt wurden, hatten hier schon früh unterschiedliche Landentwickler mit der Folge Position bezogen, dass die beiden Kommunen heute
die größten und ambitioniertesten Megaprojekte beherbergen. Auf der einen Seite konnte
deshalb davon ausgegangen werden, dass in diesen Kommunen die zentrale Figuren und
Netzwerke der Landentwicklungsindustrie[1] aktiv beteiligt waren und sind, und auf der
anderen Seite, dass es ausreichend empirisches Material gibt, das sich im Hinblick auf die
diese Untersuchung anleitenden Fragen und die zu rekonstruierenden sozialen Prozesse
auswerten lässt. Es gab und gibt eine Reihe von Konflikten und Auseinandersetzungen

---

1   Dabei wurden vor allem Vertreter von institutionalisierten Nachbarschaftsvereinigungen (juntas de vecinos) berück-
    sichtigt, weil diese den Kern der zivilgesellschaftlichen Organisation auf lokaler Ebene darstellen und häufig am direk-
    testen in Belange der Kommunalentwicklung einbezogen werden oder es zumindest formalrechtlich sollten.

sowohl um das „Prinzip Megaprojekt" als Modell stadtregionaler Entwicklung, wie es in der Konditionierten Planung verankert wurde, im Allgemeinen wie auch um einzelne Megaprojekte in Colina und Pudahuel im Besonderen.

Durch diese Verschachtelung der Fallstudie, bei der sowohl die Entwicklungen von Santiago im Allgemeinen wie auch die Entwicklungen in Colina und Pudahuel im Besonderen als zu untersuchende Fälle verstanden werden, soll ein besonders genaues und vielschichtiges Bild der neuen Modi der Raumproduktion erlangt werden. Weder auf der Ebene einzelner Projekte noch auf der Ebene der Stadtregion als solcher ist die Gesamtheit dessen zu untersuchen, was hier interessiert, denn die politischen und planerischen Konflikte und Dynamiken im Kontext von Glokalisierung und Privatisierung materialisieren sich zwischen der projektbezogenen, der kommunalen, der stadtregionalen, der nationalen und der globalen Ebene. Ein weiterer wichtiger Aspekt in diesem Zusammenhang ist, dass die beschriebenen Transformationsprozesse, Akteurskonstellationen und Machtverhältnisse im Kontext der Megaprojekte über einen Zeitraum von ca. 20 Jahren untersucht und rekonstruiert werden, von Beginn der Planungen Anfang der 1990er Jahre bis zu ihrem Stand im Jahr 2011. Auf diese Art und Weise lässt sich untersuchen, wie sich die Landentwicklungsindustrie spezialisiert, die institutionelle Landschaft transformiert und die Konfliktlagen und Diskurse im Prozess der Privatisierung und Glokalisierung verschoben haben.

Folgende Sets von Fragen leiten die empirische Untersuchung an:

1   Was genau sind die Interessen und Handlungslogiken der Landentwicklungsindustrie in Santiago in Bezug auf die stadtregionale Raumentwicklung? Und mithilfe welcher Strategien werden diese umzusetzen versucht? Welche Rolle spielen internationale Akteure und Handlungslogiken? Wie lässt sich die privatwirtschaftliche Rationalität und Logik hinter den Megaprojekten beschreiben?

2   Welche Interessenlagen und Handlungsrationalitäten liegen den durch die öffentliche Hand verantworteten formal-institutionellen Transformationsprozessen auf unterschiedlichen Ebenen zugrunde? Wie wurden Kompetenzen und Zuständigkeiten verschoben? Welche diskursiven und rechtlichen Begründungs- und Legitimationszusammenhänge werden hergestellt? Welchen Erfolg haben die Versuche der öffentlichen Hand, im Rahmen der nun marktförmig und verhandlungsorientiert organisierten Planung einen Ausgleich zwischen Wachstums- und Verteilungsgerechtigkeitszielen, also ein spezifisch definiertes Gemeinwohlinteresse, sicher zu stellen? Welche Umverteilungswirkungen bestehen de facto?

3   Auf welche Art und Weise werden zivilgesellschaftliche Gruppen (formell) in die Planungs- und Entscheidungsfindung eingebunden? Und was sind ihre alternativen Strategien, um Gehör zu finden? Welche Strategien haben Erfolg?

4.3 Methoden der Datenerhebung und Auswertung

Ein zentrales Merkmal qualitativer Forschung ist deren zirkulärer Charakter (FLICK 2007). Jeweils im Forschungsprozess gemachte Erfahrungen und neue Erkenntnisse fließen in die nächsten Runden der empirischen Forschung ein. Auch dieser Arbeit liegen verschiedene Erhebungsphasen zugrunde, bei denen die erhobenen Daten jeweils zeitnah ausgewertet und mit dem theoretischen Apparat in Verbindung gesetzt wurden, um dann als Input in die nächsten Erhebungsphasen einzufließen. In diesem Sinne haben sich Erhebung, Auswertung und theoretische Reflexion kontinuierlich überschnitten und wechselseitig befruchtet.

Begonnen wurde die Feldforschung mit einem groben Einstiegsraster, in dem lediglich definiert war, dass in Bezug auf die Analyse der neuen Modi der Raumproduktion durch Megaprojekte der Blick auf die unterschiedlichen beteiligten privatwirtschaftlichen, staatlichen und zivilgesellschaftlichen Akteure, die institutionellen Arenen ihrer Auseinandersetzung sowie die Verflechtung unterschiedlicher Handlungsebenen zu lenken sei. Erst im Laufe der Untersuchung haben sich dann Schwerpunkte der Vertiefung herausgebildet, denen die weitere Auswahl von Interviewpartnern und auszuwertenden Dokumenten angepasst wurde.

In der Arbeit wurden verschiedene qualitative Methoden der Datenerhebung und Auswertung verknüpft: teilnehmende Beobachtung, leitfadengestützte Experteninterviews und die Analyse von Dokumenten. Diese systematische Mehrperspektivigkeit findet in der qualitativen Forschung Anwendung, um die Gefahren der methodenspezifischen „Verzerrungen", die mit der Konzentration auf jeweils nur eine Methode einhergehen, zu kontrollieren und zu minimieren (KROMREY 2009). Erst der systematische Methodenmix erlaubt, die Fülle an unterschiedlich gelagerten Informationen zu generieren, „um ein Gesamtbild zusammenstellen und auch um die gefundenen Teilinformationen gegenseitig validieren zu können" (KROMREY 2009, S. 505).

Den gesamten Forschungsprozess durchzogen hat eine Methode, die als teilnehmende Beobachtung bezeichnet wird. Mit REUBER und PFAFFENBACH (2005) hat die teilnehmende Beobachtung „das Verstehen des Handelns in unterschiedlichen sozio-kulturellen Kontexten" zum Ziel, ihr Gegenstand ist die „Konstitution einer sozialen Wirklichkeit, die nicht diejenige des Forschers ist". Im Laufe des Forschungsprozesses, der in einem für den Autor „fremden" sozio-kulturellen Kontext stattfand, wurde kontinuierlich an Seminaren, Workshops und Diskussionsrunden teilgenommen, die auf die eine oder andere Weise mit dem Untersuchungsthema in Verbindung standen. Bei Veranstaltungen zur Reform des Urbanismusgesetzes (LGCU) in 2008 zur Modifizierung des neuen Regionalen Flächennutzungsplanes (PRMS) in 2009 und 2011 oder der Rolle von städtebaulichen Großprojekten in der Stadtentwicklungspolitik in 2010 und 2011 wurden wichtige

Einblicke in die lokale Diskussionskultur rund um Themen der stadtregionalen Entwicklung erlangt. Der Kreis der Akteure, die in Santiago an derartigen Veranstaltungen teilnehmen, ist dabei relativ begrenzt, so dass sich oftmals dieselben Personen und Organisationen aus den Bereichen der Immobilienwirtschaft, dem Staat, der Planungs-Community und der Zivilgesellschaft begegnen, was die Einschätzung der Beziehungen unter ihnen wie auch das Klima der Diskussionen und mithin der lokalen politischen Kultur möglich machte. Während der Teilnahme an den Veranstaltungen wurden Aufzeichnungen über die Beobachtungen angefertigt, die an verschiedenen Stellen in die Auswertung und Analyse des insgesamt erhobenen Materials eingeflossen sind. Im ursprünglichen Forschungsplan war auch vorgesehen gewesen, an öffentlichen Anhörungen oder Informationsveranstaltungen im Rahmen der Planungsprozesse einzelner konkreter Projekte in Colina und Pudahuel teilzunehmen. Weil aber keine derartigen Veranstaltungen stattfanden, konnte dies in der anvisierten Form nicht realisiert werden und es musste sich auf den allgemeineren Kontext der stadtentwicklungspolitischen Debatte konzentriert werden. Insgesamt diente der Methodenbaustein der teilnehmenden Beobachtung so zur Orientierung in einem Bereich sozialer Wirklichkeit, welche – zumindest zu Beginn der Feldforschung – nicht die des Beobachters war.

Die zentralen methodischen Bausteine der empirischen Arbeit stellen problemzentrierte, leitfadengestützte Experteninterviews und die Dokumentenanalyse dar. Beide Bausteine haben eine doppelte Funktion: zum einen dienen sie dazu, die zentralen Schritte, Ereignisse und auch Konflikte im Rahmen der Planung und Implementierung der Megaprojekte zu rekonstruieren, zum anderen aber auch, um Interessen und Strategien der beteiligten Akteure zu identifizieren. Einerseits haben die Interviews so einen Charakter der Informationsbeschaffung, in der nach „objektiven" Informationen über in der Vergangenheit liegende Abläufe, Ereignisse und Entscheidungen gesucht wird, andererseits aber auch als individuell-subjektive Rahmungen eben jener Abläufe, Ereignisse und Entscheidungen von daran direkt oder indirekt beteiligten Akteuren. Diesem kritischen Aspekt in Bezug auf den Charakter des erhobenen Materials wurde dadurch begegnet, dass sowohl die informationelle wie auch die interpretative Seite des Materials trianguliert wurden.

Die Interviews wurden als problemzentrierte Experteninterviews durchgeführt, die in der Regel offen sind, insofern als keine Antwortkategorien vorgegeben werden, und halbstrukturiert, so dass der Interviewer flexibel auf den Gesprächsverlauf reagieren kann (FLICK 2007; PFAFFENBACH und REUBER 2005). Die (halbe) Strukturierung wird durch den Einsatz eines Leitfadens geleistet. Dieser stellt sicher, dass die für die Forschungsfrage wichtigen Themen angesprochen werden. Weil in dieser Arbeit Interviews mit Vertretern sehr unterschiedlicher Akteursgruppen geführt wurden, namentlich mit solchen, die dem Privatsektor, dem Staat und der Zivilgesellschaft zugeordnet werden können, waren auch die Leitfragen entsprechend divers und den unterschiedlichen Gruppen und den von diesen zu erfragenden Informationen und Einschätzungen angepasst. Alle Leitfäden hatten gemeinsam, dass narrative Elemente eingebaut wurden. So wurden die Interviews häufig mit einer generellen Frage eröffnet, die den Interviewten zum Erzählen der für ihn in Bezug auf die Megaprojekte relevanten Sachverhalte einlud, um erst darauf aufbauend die im jeweiligen Leitfaden spezifizierten Themen zu vertiefen (PFAFFENBACH und REUBER 2005).

Ein zentraler Aspekt beim Einsatz der Methode Experteninterview in qualitativen Untersuchungen ist die Frage der Auswahl der Interviewpartner. Auch hier wurde sich am weiter oben dargestellten Prinzip des theoretischen Samplings orientiert, d. h., es fand eine schrittweise Auswahl unter Rückgriff auf das „Schneeballprinzip" statt. Um zunächst einen Überblick über das Feld zu gewinnen, wurde eine Reihe von Interviews mit Experten im engeren Sinne geführt, d. h. mit an Universitäten in Santiago angesiedelten Stadtforschern und Planern. Diese waren nicht notwendigerweise direkt in die Aushandlung und Implementation der Megaprojekte involviert, weisen aber allesamt vertiefte Einsichten in die allgemeine Planungs- und Governancelandschaft in Santiago auf. In einem nächsten Schritt wurde sich Akteuren zugewandt, die im Rahmen der Megaprojekte aktiv involviert – wie die Landentwickler, Vertreter der staatlichen Behörden und privaten Planungsexperten – oder indirekt – insbesondere als Anwohner – davon betroffen waren. Insgesamt wurden 40 Interviews geführt und zwar mit

- Experten im engeren Sinne (d. h. vor allem Forscher und Planer an Universitäten und privaten Planungsconsultings, die teilweise direkt in die Planung und Realisierung der Megaprojekte eingebunden waren oder sind),
- Vertretern des Wohnungsbauministeriums (Minvu) und des Ministeriums für Öffentliche Bauten (MOP), die beide im Kontext der Aushandlungs- und Planungsprozesse der Megaprojekte jeweils zentrale Akteure auf der nationalstaatlichen Ebene sind,
- Vertretern der Regionalregierung, die für die Änderungen am PRMS und damit die letztendliche Genehmigung der Megaprojekte zuständig sind,
- Vertretern der Gemeindeverwaltungen aus Colina und Pudahuel, in denen Megaprojekte geplant werden (Pudahuel) oder schon realisiert wurden (Colina),
- Landentwicklern, die die Megaprojekte unternehmerisch zu verantworten haben und vorantreiben, und
- Vertretern von zivilgesellschaftlichen Gruppen, sowohl solchen, die auf der regionalen Ebene aktiv sind, als auch solchen, die direkt im lokalen Umfeld der Megaprojekte arbeiten.[2]

---

2 Dabei wurden vor allem Vertreter von institutionalisierten Nachbarschaftsvereinigungen (juntas de vecinos) berücksichtigt, weil diese den Kern der zivilgesellschaftlichen Organisation auf lokaler Ebene darstellen und häufig am direktesten in Belange der Kommunalentwicklung einbezogen werden oder es zumindest formalrechtlich sollten.

Eine weitere zentrale Frage bei auf Interviews setzender qualitativer Forschung ist, wann die Einbeziehung weiterer Fälle bzw. Interviewpartner aufhören kann. Glaser und Strauß (1967/1998; zitiert nach FLICK 2007, S. 161) geben dabei das Kriterium der theoretischen Sättigung an. Diese ist im Anschluss an die Autoren dann erreicht, wenn sich aus weiteren Interviews keine neuen Erkenntnisse und Facetten mehr gewinnen lassen. Dieses Stadium wurde in der vorliegenden Arbeit nicht vollständig erreicht. Es war vielmehr der Fall, dass sich der Zugang zu weiteren Interviewpartnern zunehmend schwierig gestaltete, insbesondere mit Blick auf Akteure aus dem privatwirtschaftlichen Bereich einerseits und mit Lokalverantwortlichen aus Colina andererseits. Während einige Personen aus diesem Kreis, die für Interviews angefragt wurden, schlichtweg ablehnten, stellte sich bei anderen im Verlaufe des Interviews heraus, dass sie nicht gewillt waren, Informationen oder auch nur persönliche Einschätzungen über die angesprochenen Zusammenhänge preiszugeben. Aus der Methodenliteratur ist bekannt, dass sich diese Schwierigkeit der Feldforschung vor allem dann zeigen kann, wenn informelle Vorgänge der Verhandlung und Entscheidungsfindung vorliegen. Selten gelingt es dem Forscher, in „solche Prozesse direkt Einblick zu gewinnen, in der Regel muss er sich mit der Feststellung des Ergebnisses begnügen…Was die Beteiligten im Verborgenen halten wollen, bleibt selbstverständlich auch dem Wissenschaftler weitgehend verborgen" (Benz und Seibel 1992, zitiert nach SIMONS 2003, S. 22). Insbesondere die Implementierung der Megaprojekte in Colina scheint in nicht unwesentlichem Maße auf informellen Prozessen und Absprachen basiert zu haben, was den Zugang zu in diese Prozesse involvierten Akteuren schwierig gestaltete und zum Teil unmöglich machte.

Zur inhaltlichen Auswertung der Interviews wurden diese zunächst wortgetreu transkribiert, um sie dann einer qualitativen Inhaltsanalyse zu unterziehen (MAYRING 2003, FLICK 2007, GLÄSER und LAUDEL 2009). GLÄSER und LAUDEL (2009, S. 199) beschreiben die qualitative Inhaltsanalyse als eine systematische Methode zur theoriegeleiteten Extraktion „komplexer Informationen aus Texten" zur „Aufklärung von Kausalmechanismen" (GLÄSER und LAUDEL 2009, S. 199). Zentrales Anliegen ist es, die enorme Informations- und Textfülle, die bei qualitativen Untersuchungen insbesondere durch Interviews entsteht, systematisch nach für den Untersuchungsfall relevanten Informationen zu filtern. Was relevante Informationen sind, bemisst sich dabei einerseits an der Anwendung von Kategorien, die sich aus den theoretischen Vorüberlegungen ergeben haben und an den Text herangetragen werden, und andererseits an Kategorien, die sich aus dem Text selber ergeben, weil sie Aspekte ansprechen, die als zur Aufklärung der Kausalmechanismen wichtig erscheinen. Durch die Extraktion einer Auswahl von Textstellen aus dem „Ursprungstext" (in diesem Fall aller transkribierten Interviews) entlang der deduktiv und induktiv entwickelten Kategorien ergibt sich so ein reduziertes Kernmaterial, welches die textliche und inhaltliche Basis der Interpretation des untersuchten sozialen Phänomens darstellt. Im Rahmen der vorliegenden Arbeit wurde die Auswertung der Interviews durch das Computerprogramm MaxQDA unterstützt.

Der dritte methodische Pfeiler dieser Arbeit ist die Dokumentenanalyse. In der qualitativen Forschung wird nicht davon ausgegangen, „dass Dokumente eine faktische Realität wiedergeben im Vergleich zur eher subjektiven Sicht etwa in Interviews", vielmehr stellen sie „eine spezifische Version von Realitäten dar, die für bestimmte Zwecke konstruiert wurde" (Flick 2007, S. 327). Jedes Dokument wurde von einer Person oder einer Institution für einen bestimmten Zweck und für eine bestimmte Art des Gebrauchs erstellt. Dabei stehen Dokumente nicht isoliert für sich alleine, sondern sind mit anderen Dokumenten auf vielfältige Art und Weise verbunden: in den Regeln, die sie befolgen, in der Art ihres Zugangs, in der Form, in der sie sich auf „allgemeines Wissen" beziehen, in ihrem Jargon, in der spezifischen Art, in der sie Realität konstruieren (Flick 2007, S. 326). Genau hier, in der Art und Weise, wie Dokumente an der Konstruktion von Wirklichkeit beteiligt sind, liegt denn auch die Bedeutung der Dokumentenanalyse für die vorliegende Arbeit, denn in dem beschriebenen Sinne können Dokumente als Zugang zu den „Baustellen der Rationalität" betrachtet werden. Flick (2007, S. 330) führt an, dass Dokumente „Mittel zur Konstruktion einer spezifischen Version von Ereignissen oder Prozessen" sind und – wie im Beispiel für den therapeutischen Bereich ausgeführt wird – dazu genutzt werden, „um aus einer Lebensgeschichte oder einem Prozess einen Fall zu machen – mit dem sich etwa Beratungsbedarf begründen lässt" (Flick 2007, S. 330). In Bezug auf die in dieser Arbeit interessierenden Prozesse haben politische Programme und Pläne der Raumentwicklung eine ähnliche Bedeutung: Durch sie werden Probleme konstruiert, mit denen sich planerischer Handlungsbedarf begründen lässt und in dessen Kontext spezifische Lösungen angeboten werden. Im Sinne der mehr post-strukturalistischen Zugänge ist dabei bedeutsam, dass es einerseits spezifische Akteure sind, die Probleme und Lösungen, also Deutungszusammenhänge, vor dem Hintergrund ganz spezifischer Interessen konstruieren, dass diese aber andererseits in diskursiven Kontexten stattfinden, die eine überindividuelle und gesellschaftliche Komponente haben. Sowohl die Zielvorstellungen als auch die (diskursiven) Strategien von Akteuren sind in spezifische Weltbilder, Normen und Wertvorstellungen eingebunden (Reuber 2012), die bei der Analyse Berücksichtigung finden müssen. Diese Weltbilder, Normen und Wertvorstellungen selber sind dabei gleichermaßen Voraussetzung und Ergebnis von „ideologischen Diskursen", welche im Anschluss an Belina und Dzudzek (2009) als immer untrennbar mit – diskursiv und materiell wirksamen – gesellschaftlichen Macht- und Kräfteverhältnissen verbunden konzeptualisiert werden. Zur Berücksichtigung und Sichtbarmachung (und nicht der Analyse im engeren Sinne) dieser umfassenderen diskursiven Rahmenbedingungen, die über die Grenzen des Sagbaren bestimmen und in dieser Arbeit als „diskursive Landschaft" bezeichnet werden, wurde auf eine große Zahl an weiteren Quellen aus Sekundärliteratur und Lokalpresse zurückgegriffen. Aus der Fülle einzelner diskursiver Interventionen wurde so der Charakter der öffentlichen Debatte um stadtentwicklungspolitische Themen, die mit den Megaprojekten direkt oder indirekt in Verbindung stehen, für bestimmte Zeitpunkte und über den Untersuchungszeitraum rekonstruiert. Dabei handelt es sich in keinem Fall um eine Diskursanalyse im engeren

Sinne, sondern im Anschluss an den Ansatz der poststrukturalistischen Politischen Ökonomie um einen Versuch, sowohl die soziale Konstruiertheit als auch die Materialität von „hegemonialen Raumproduktionen" in den Blick zu nehmen, „in denen sich Herrschafts- und Ausbeutungsverhältnisse spiegeln und mittels derer diese hergestellt, stabilisiert und verändert werden können" (BELINA und DZUDZEK 2009, S.130).

5 Stadtentwicklung in Chile und Santiago in historischer Perspektive

In diesem Kapitel wird der historische und politökonomische Kontext aufgespannt, in welchem sich die jüngeren Prozesse der Privatisierung und Glokalisierung von Stadtentwicklung in Santiago, im weiteren Verlauf der Arbeit untersucht am Beispiel der Megaprojekte in Colina und Pudahuel, verorten. Für Chile lassen sich für das 20. und den Beginn des 21. Jahrhunderts drei relative konsistente Phasen politökonomischer Entwicklung identifizieren:

- die Phase des interventionistischen Entwicklungsstaates und der Importsubstitution (1930-1972),
- die Phase der neoliberalen Militärdiktatur (1973-1989)
- und die Phase des demokratischen (oder real-existierenden) Neoliberalismus (1990-heute).

Die Hauptstadt Santiago spielte in jeder Phase eine spezifische Rolle in den jeweiligen politökonomischen Projekten der herrschenden Eliten, und es lassen sich je dominierende Modi der Raumproduktion identifizieren. Obwohl die Prozesse der Stadterweiterung durch Megaprojekte in die jüngste Phase fallen, liegen deren Ursprünge doch weiter zurück. Um im Sinne der poststrukturalistischen Politischen Ökonomie die Akteurskonstellationen und Macht- und Kräfteverhältnisse in ihren Pfadabhängigkeiten zu untersuchen, ist ein historischer Abriss vonnöten.

5.1 Der Entwicklungsstaat und die Stadt der Massen (1930-1972)

Die Weltwirtschaftskrise von 1929/1930 traf Chile aufgrund seiner extremen Außenhandelsabhängigkeit hart; und wie im übrigen Lateinamerika war sie Auslöser eines tiefgreifenden Paradigmenwandels in der Wirtschaftspolitik: Statt auf die Förderung einer rohstoffbasierten Exportwirtschaft wurde von nun an auf die Politik der importsubstituierenden Industrialisierung (ISI) gesetzt (BORIS 2001, S. 27). Bevor die Krisenstrategie zu greifen begann, kam es zu erheblichen wirtschaftlichen und sozialen Verwerfungen. Mit dem Fallen der Preise für die wichtigsten Exportgüter Kupfer und Salpeter brach auch die Wirtschaftsleistung insgesamt ein, was zu einem dramatischen Anstieg der Arbeitslosigkeit führte. Nur langsam setzte ein Prozess der Industrialisierung ein, der Santiago für die nach Arbeits- und Überlebensmöglichkeiten suchende chilenische Landbevölkerung zunehmend attraktiv machte. Durch bedeutende Migrationsströme aus den nördlichen und südlichen Landesteilen wuchs die Einwohnerzahl von Santiago zwischen den Jahren 1930 und 1970 von 700.000 auf beinahe drei Millionen Einwohner an. In den Worten des chilenischen Historikers Armando DE RAMÓN (2007) entwickelte sich Santiago in dieser Zeit zu einer „Stadt der Massen".

Weil den Zuwanderern aus den ländlichen Landesteilen bei ihrer Ankunft in der Hauptstadt zumeist weder formeller Wohnraum noch anders geartete staatliche Hilfsangebote zur Verfügung standen, wurde sich auf eigene Faust ein Platz zum Leben beschafft. Dies geschah einerseits durch die individuelle und geräuschlose Besetzung von weitgehend „wertlosem" städtischen Grund und Boden, etwa unter Autobahnbrücken und am Ufer von Flüssen oder Abwasserkanälen *(poblaciones callampas)*, oder durch kollektiv organisierte und illegale Invasionen von städtischem Land, insbesondere in der Peripherie Santiagos *(tomas de terreno)* (SPERBERG 2004, S. 142). Im Jahr 1960 lebte etwa ein Drittel der Einwohner Santiagos unter prekären Bedingungen und unzureichender Versorgung in Bezug auf Trinkwasser, Elektrizität, Abwasser und Zugang zum Gesundheits- und Bildungswesen (DE RAMÓN 2007). Zunehmend war die Stadt durch den Gegensatz von wohlhabenden Vierteln im Osten der Stadt und einer prekären Peripherie ringsherum geprägt, was die Wohnungsproblematik bald zu einem zentralen Thema in der öffentlichen Diskussion machte – dies nicht zuletzt, weil sich die städtischen Armen *(pobladores)* in den Marginalsiedlungen *(poblaciones)* zu einer politischen Kraft entwickelten und die politischen Parteien mit ihren Forderungen unter Druck setzten.

Ab dem 1950er Jahren nahm sich der Staat des Themas der Wohnraumproblematik und der Stadtentwicklung in systematischer Weise an. 1953 wurde zunächst die Corporación de la Vivienda gegründet, deren wichtigstes Programm, die „Operación Sitio", 1965 aufgelegt wurde und den Armen mit Basisinfrastruktur ausgestattete Parzellen[1] zur Verfügung stellte. In den 1970er und 1980er wurden umfassende Programme des sozialen Wohnungsbaus mobilisiert, welche die Wohnungsnot zu entschärfen halfen (HIDALGO 2004). Zwischen 1964 und 1973 etwa war der Staat für 60 % der gesamten in Santiago stattfindenden Wohnraum- und Immobilienproduktion verantwortlich (SABATINI und ARENAS 2000).

Insgesamt waren die Jahrzehnte zwischen 1930 und 1970 durch das Idealbild eines starken, interventionistischen Staates geprägt und Themen der Stadtentwicklung wurden im Angesicht des existierenden Problemdrucks, aber auch im Einklang mit den international dominierenden Planungsparadigmen im Kontext der *dependencia*-Theorie und der auto-zentrierten Entwicklung im Kontext der ISI-Strategie zur nationalen Angelegenheit gemacht. SILVA (2008) nennt die Zeit, in der sich der Staat umfassend und aktiv in die verschiedensten Gesellschaftsbereiche einmischte, von der Wirtschaft über die Kultur bis hin zur Stadtentwicklung, die „era of global planning". Neben der Implementierung der schon beschriebenen Programme der Wohnraumversorgung kam es zu einer Zentralisierung von Aufgaben in Bezug auf die räumliche Planung sowie das Bildungs- und Gesundheitswesen – Bereiche, in denen bislang die Kommunen wichtige Kompetenzen innehatten. Ausdruck dieser Zentralisierung waren die Gründung der Oficina de Planifica-

---

1   Landesweit wurden zwischen 1965 und 1970 um die 71.000 Parzellen zur Verfügung gestellt, 51.881 davon in Santiago auf einer Fläche von 1800 ha (HIDALGO 2004, S. 220).

ción Nacional (ODEPLAN) im Jahr 1964 und des Ministerio de Vivienda y Urbanismo (MINVU) im Jahr 1965. In letzterem wurden verschiedene der bestehenden Organisationen und Kompetenzen in Bezug auf die Stadtentwicklung gebündelt (SIAVELIS et al. 2002). Darüber hinaus entwickelte das Ministerio de Obras Públicas (MOP) im Jahr 1960 den ersten Gesamtentwicklungsplan für Santiago (Plan Regulador Intercomunal de Santiago – PRIS). Insbesondere die prospektive Planung der Verkehrsinfrastruktur und des Schnellstraßennetzes haben bis heute Form und Richtung des Stadtwachstums von Santiago stark beeinflusst. Im Jahr 1969 entwickelte das MOP unter der Leitung von Juan Parrochia zusätzlich den Plan de Transporte Metropolitano (PAVEZ 2002).

Bekanntermaßen kulminierte die „era of global planning" im sozialistischen Gesellschaftsmodell unter Präsident Salvador Allende, dessen Kernelemente Verstaatlichungen, Enteignungen und die Erhöhung der Staatsquote vorsahen. Sukzessive spitzte sich zwischen 1970 und 1972 die Konfrontation zwischen Anhängern und Gegnern des sozialistischen Modells zu, bis sich insbesondere die von den Verstaatlichungsmaßnahmen betroffenen Unternehmer mobilisierten und die Putschisten um Pinochet aktiv unterstützten.

5.2 Neoliberale Diktatur und die Kontrolle städtischen Raums (1973-1989)

5.2.1 Wirtschaftspolitik unter den „Chicago Boys"

Mit dem Putsch von General Pinochet am 11. September 1973 wurde in Chile eine repressive Diktatur installiert und ein radikaler Kurswechsel in der Wirtschafts- und Sozialpolitik eingeleitet. Die bis dahin auf den Binnenmarkt ausgerichtete ISI-Politik, mit der eine nachholende Entwicklung induziert werden sollte, wurde zugunsten einer exportorientierten und auf den Weltmarkt ausgerichteten Liberalisierungs- und Freihandelspolitik aufgegeben. Chile war das erste Land weltweit, in welchem die Doktrin des Neoliberalismus als Schocktherapie in die Praxis umgesetzt wurde (HARVEY 2005). Ausführendes „Organ" waren dabei die sogenannten „Chicago Boys", eine Gruppe von chilenischen Ökonomen, die an der strikt neoklassisch ausgerichteten Wirtschaftsfakultät der University Chicago ausgebildet worden waren und denen Pinochet den radikalen Strukturwandel bzw. „the re-foundation of Chilean capitalism" (FERNÁNDEZ JILBERTO 2004, S. 190) anvertraute.

Im Anschluss an PECK und TICKELL (2002) kann der politökonomische Transformationsprozess, der in Chile zwischen 1973 und 1989 und später in ähnlicher, aber weniger radikaler Art und Weise auch in anderen Ländern stattfand, als *Roll-back* und *Roll-out neoliberalism* bezeichnet werden. Einerseits wurden zentrale Institutionen des ISI-Entwicklungsstaates zurückgefahren und andererseits solche institutionellen Arrangements implementiert, welche der Doktrin des Neoliberalismus und den Prinzipien der Deregulierung, Liberalisierung und Privatisierung verpflichtet waren. Zu nennen sind hier der

Abbau von Handelshemmnissen und Preiskontrollen, die Liberalisierung des Kapitalver-
kehrs, die Verkleinerung des öffentlichen Sektors durch Privatisierung von Staatsunternehmen, die Abschaffung von Kündigungsschutz und Streikrecht, die Re-Regulierung
und Öffnung des Finanzmarktes und insgesamt die Einführung markwirtschaftlicher
Grundsätze in den Bereichen Arbeit, Bildung, Gesundheit und Sozialversicherung.

Das Kernstück der neoliberalen Revolution in Chile war die Privatisierung von Staatsunternehmen, die unter Pinochet in zwei Wellen verlief: In der ersten Privatisierungswelle,
welche von 1974 bis 1982 andauerte, wurde eine große Zahl von Staatsunternehmen
veräußert, wovon die meisten erst kurz zuvor von Allende verstaatlicht worden waren.
Nutznießer dieser ersten Welle, die die Privatisierung von 325 Unternehmen umfasste,
waren vor allem die die chilenische Wirtschaft bestimmenden großen ökonomischen
Gruppen (FERNÁNDEZ JILBERTO 2004). Durch das Schmieden von die unterschiedlichs-
ten Wirtschaftssektoren umfassenden Konglomeraten konnten die Gruppen Matte, Angelini, Luksic, Cruzat-Larraín und Vial ihre ohnehin schon erhebliche Machtbasis innerhalb
des Regimes noch ausbauen. Zusätzlich wurde ab 1980 mit der Privatisierung des Ren-
tensystems begonnen, welche das Ziel hatte, „Kapital für die Akkumulation freizusetzen",
und zur Formierung von kapitalkräftigen Pensionsfonds (AFP) führte (FISCHER 2011,
S. 111). Die Konzentration der Wirtschaft in wenigen dominierenden Gruppen war extrem. So waren die Gruppen Vial und Cruzat-Larraín im Jahr 1981 zusammen für 51,9 %
der chilenischen Auslandsschulden, 73,6 % der Pensionsfonds und 81,8 % der Kapitalan-
lagefonds verantwortlich (FERNÁNDEZ JILBERTO 2004, S. 194).

Die 1981 einsetzende Schuldenkrise markierte das Ende der ersten Privatisierungswelle.
Im Rahmen der Liberalisierung der Kapitalverkehrskontrollen hatten sich die privaten
Banken und Finanzinstitute massiv im Ausland überschuldet und drohten die gesamte
Wirtschaft mit in den Abgrund zu reißen. Entgegen der reinen Lehre des Neoliberalismus
wurden die Banken, welche das Rückgrat der großen ökonomischen Gruppen gebildet
hatten, vom Regime verstaatlicht. Die übermächtigen Gruppen Vial und Cruzat-Larraín
wurden damit – gegen erheblichen Widerstand aus dem Unternehmenssektor – unter
staatliche Kontrolle gebracht und – im Falle von Vial – zerschlagen.[2] Nachdem die Schuldenkrise weitestgehend unter Kontrolle gebracht worden war, wurde ab Mitte der 1980er
Jahre dann eine zweite Welle der Privatisierung eingeleitet, und viele Unternehmen wurden nun zum zweiten Male privatisiert. Das Regime verfolgte dabei eine gezielte Strategie der Glokalisierung der Wirtschaft, und transnationale Unternehmen wurden bei ihren
Akquisitionen – insbesondere auf dem Bankensektor – massiv subventioniert (FERNÁN-
DEZ JILBERTO 2004, S. 197).[3]

---

2   Während die dem Nationalisierungskurs offen kritisch begegnende Vial Gruppe vollständig zerschlagen wurde, konnte
    sich die dem Regime nahestehende Cruzat-Larrain teilweise retten, obwohl mehr als 90 % des Konglomerats abgege-
    ben wurden (FERNÁNDEZ JILBERTO 2004).
3   So wurden unter dem Schema des „capitalismo popular" die Banco de Chile, Banco de Santiago sowie die Rentenkas-
    sen Provida und Santa Maria privatisiert und dabei insbesondere die Anteile spanischer Banken stark subventioniert.

Als Gewinner dieser zweiten Welle der Privatisierung können mit FISCHER (2011, S. 119ff.) drei Akteursgruppen identifiziert werden: Zunächst sind hier die alten Familientrusts und ökonomischen Gruppen wie Matte, Angelini und Luksic zu nennen. Diese bauten – oftmals mit Unterstützung internationaler Partner – strategische Bereiche ihrer schon bestehenden Unternehmensaktivitäten aus, so etwa in der Holz- und Papierindustrie, dem Finanz- und Versicherungsgeschäft, dem Kupferbergbau und dem Fischereisektor. Daneben gingen die ausländischen Partner und transnationalen Unternehmen als Gewinner hervor, denn sie konnten zu sehr vorteilhaften Preisen ehemalige Staatsunternehmen entweder vollständig oder als führende Partner in Joint Ventures unter ihre Kontrolle bringen. Als dritte Gruppe, die stark von der zweiten Welle der Privatisierung profitierte, sind kleinere, eng mit dem Pinochet-Regime verbundene ökonomische Gruppen zu nennen. Auf der einen Seite betrifft dies damals schon bestehende Unternehmensgruppen wie etwa Said, Briones und Claro und auf der anderen Seite Unternehmensgruppen, die sich in eben jenem Privatisierungsprozess erst konstituierten. Letztgenannte werden als Neue Ökonomische Gruppen bezeichnet (FERNÁNDEZ JILBERTO 2004). Deren Kernmerkmal war es, dass an ihrer Spitze zentrale Figuren aus dem Machtapparat Pinochets standen, was sowohl ehemalige Minister, Staatssekretäre, Direktoren und Manager von damaligen Staatsunternehmen sowie nicht zuletzt direkte Verwandte Pinochets einschloss (FERNÁNDEZ JILBERTO 2004, MÖNCKEBERG 2001, FAZIO 2000, FISCHER 2006). Weil die Funktionäre des Pinochet-Regimes zu einem wesentlichen Teil aus dem inneren Kreis der Chicago Boys rekrutiert wurden, bedeutete dies, dass sich eine neue Klasse von Technokraten-Unternehmern – welche selber maßgeblich am Design der Privatisierungen beteiligt waren – als neue politökonomische Elite konstituiert hatte.[4]

5.2.2 Die Liberalisierung und De-Regulierung von Stadtentwicklung

Schon ab Mitte der 1970er Jahre wurde auch das Feld der Stadtentwicklung und Planung der neoliberalen Logik des institutionellen *Roll-back* und *Roll-out* unterworfen. Das zentrale Element der Reformen war die 1979 verabschiedete Política Nacional de Desarrollo Urbano (PNDU). Kernstück der Politik war die weitreichende Liberalisierung und Privatisierung der Bodenmärkte, welche auf drei Prinzipien beruhte: Erstens sei städtischer Boden kein knappes, sondern ein elastisches Gut; zweitens sei der Markt, und nicht etwa staatliche Planung, das effizienteste Instrument, um Boden zwischen unterschiedlichen

---

Auch in anderen Wirtschaftsbereichen kam es zu Allianzen zwischen transnationalen und nationalen ökonomischen Gruppen. Die Compañía de Petróleos de Chile (COPEC) wurde von der New Zealand Carter Holt zusammen mit der Angelini Gruppe und die Compañía de Cervecerías Unidas (CCU) von der deutschen Paulaner im Zusammenspiel mit der chilenischen Luksic Gruppe übernommen. Basierend auf ähnlichen Mechanismen wurden große Staatsunternehmen wie Empresa Nacional de Electricidad (ENDESA), Compañía de Acero del Pacífico (CAP), Línea Area Nacional (LAN), Compañía Chilena de Electricidad Región Metropolitana (Chilectra R.M.), Empresa Nacional de Teléfonos (ENTEL), Empresa Nacional de Petróleo (ENAP) und die Sociedad Química y Minera de Chile (SOQUIMICH) privatisiert.

4   Viele von ihnen haben sich gleich nach dem Ende der Pinochet-Diktatur in der UDI-Partei (Unión Democrática Independiente) zusammengeschlossen.

Nutzungsansprüchen zu verteilen; und drittens, so die PNDU, sollten die Schranken für das freie Walten von Marktkräften beseitigt werden (SABATINI 2000, TRIVELLI 2006). Eines der erklärten Ziele der Politik war es, die Entstehung eines effizienten privatwirtschaftlichen Immobiliensektors zu fördern, der die Wohnraumproblematik zu lindern helfen werde.

Die beschriebenen allgemeinen Prinzipien wurden von der Militärregierung mit einer Reihe von konkreten Maßnahmen zu verwirklichen versucht. An vorderster Stelle stand das Decreto 420 des MINVU, mit dem die 1960 mit dem PRIS eingeführte Wachstumsgrenze *(límite urbano)* Santiagos de facto abgeschafft wurde und in dessen Zuge insgesamt fast 65.000 Hektar neues Bauland ausgewiesen wurden. Darüber hinaus wurde eine Reihe von Steuern, etwa für unbebauten Grund und Boden und die Grunderwerbssteuer, zurückgefahren, sowie Grundstücke der öffentlichen Hand verkauft. Ein weiteres Maßnahmenpaket bezog sich auf den Umgang mit den Marginalsiedlungen. Auf der einen Seite wurden dabei eine Reihe von Marginalsiedlungen, die vor 1973 durch illegale Landnahmen oder staatliche Förderprogramme *(Operación Sitio)* entstanden waren, legalisiert; und auf der anderen Seite wurden diejenigen Marginalsiedlungen, die sich in den Kommunen der höheren Einkommensschichten etabliert hatten, aufgelöst und zwangsumgesiedelt *(erradicaciones)*. Zwischen 1979 und 1984 etwa waren davon 30.000 Familien betroffen, die vor allem in periphere Kommunen wie La Granja, Pudahuel, Renca, Puente Alto und Maipú umgesiedelt wurden (GALLEGUILLOS 2007). Die sozial-räumliche Strategie hinter den *erradicaciones* war dabei die Schaffung sozial homogener Raumeinheiten, womit zwei zentrale Politikziele der neoliberalen Militärdiktatur verwirklicht werden sollten: zum einen die territoriale Kontrolle über die hoch politisierten *pobladores* und zum anderen die Etablierung eines privaten Immobiliensektors. Eine sozial-räumlich „geordnete", d.h. sozio-ökonomisch und auch in Bezug auf die Bodenpreise stark segregierte Stadt wurde als Voraussetzung zur Erreichung beider Ziele aufgefasst. Die räumliche Trennung durch die Zwangsumsiedlungen wurde deshalb durch neue administrative Grenzen flankiert. Aus den bis dahin bestehenden 17 Bezirken wurden 34 gemacht, wodurch sich die bis heute nachwirkende Polarisierung zwischen wohlhabenden Kommunen im Zentrum und im Osten der Stadt und weitgehend mittellosen Kommunen im großen Rest etablierte.

Angeführt sei hier noch, dass im Zuge der schweren Banken- und Wirtschaftskrise von 1982/1983 die Chicago Boys mitsamt ihrer extrem orthodoxen Anpassungspolitik in Misskredit gerieten und in Chile ab Mitte der 1980er Jahre eine Wende zu einem „pragmatischen Neoliberalismus" vollzogen wurde. Im Bereich der Stadtentwicklung schlug sich dies in der Verabschiedung einer neuen PNDU im Jahr 1985 nieder, die zu ihrem Vorläufer zumindest rhetorisch einen deutlichen Richtungswechsel anzeigte (TRIVELLI 2006). Boden wurde nun als ein in ökonomischer Hinsicht knappes, d.h. nicht beliebig produzierbares Gut mit unelastischem Angebot verstanden und eine intensive Nutzung desselbigen angestrebt, welche die relativen Kosten für Infrastruktur und Transport reduzieren sollte. Es wurde ein vornehmlich nach innen gerichtetes Stadtwachstum postuliert und Stadtexpansion sollte von planerischer Seite gesteuert werden. Zwar sollte individuelle räumliche Freizügigkeit herrschen, aber die durch Stadt- und Immobilienentwicklung produzierten negativen Externalitäten sollten durch die Verursacher selber finanziell kompensiert werden. Auch wenn die bemerkenswerte konzeptuelle Kehrtwende weitgehend ohne praktische Folgen blieb, weil keine konkreten Schritte eingeleitet wurden, die einen tatsächlichen Wandel in der Stadtentwicklungspolitik bewirkt hätten, wurden einige von den genannten Punkten in späteren Politiken und insbesondere in dem eng mit den Megaprojekten verbundenen Prinzip der Konditionierten Planung wieder aufgenommen.

5.3 Globalisierung und die Privatisierung der Stadt (1990-2012)

5.3.1 Systemtransformation und Demokratisierung

Nachdem sich im Jahr 1988 in einer Volksabstimmung eine knappe Mehrheit gegen eine weitere Amtszeit von Pinochet ausgesprochen hatte, fanden im Dezember 1989 die ersten freien Präsidentschaftswahlen Chiles seit der Wahl Allendes statt. Der Vertreter des Concertación genannten Mitte-Links-Parteienbündnisses aus Christdemokraten (DC), Liberalen, Sozialdemokraten (PPD) und Sozialisten (PS), der Christdemokrat Patricio Aylwin, wurde zu jenem Präsidenten gewählt, welcher den Systemübergang von der Diktatur zur parlamentarischen Demokratie zu organisieren hatte. Schon weit im Vorfeld aber hatte das Pinochet-Regime durch eine ganze Reihe von Maßnahmen – insbesondere durch eine 1980 verabschiedete Verfassung – dafür gesorgt, dass ihr politisches und wirtschaftliches Erbe über das Ende der Herrschaft hinaus Bestand haben werde.[5] Von zentraler Bedeutung war dabei die Aufrechterhaltung des binominalen Wahlsystems, welches bis heute die politische Rechte, die sich aus dem Sammelbecken der Pinochetistas, der Unión Democrática Independiente (UDI) und der etwas gemäßigteren Renovación Nacional (RN) zusammensetzt, begünstigt und ihr für wichtige Gesetzes- und Verfassungsänderungen eine Blockademehrheit sichert, die weit über ihre tatsächlichen landesweiten Stimmenanteile hinausgeht.[6] Hinzu kommt, dass im Rahmen der zwei Privatisierungswellen der Großteil der ehemaligen Staatsunternehmen an Vertreter der Rechten mit UDI und RN-Zugehörigkeit transferiert worden war. Von dieser Gruppe aus einflussreichen Unternehmern sowie ehemaligen und aktuellen Politikern wird in Chile als „poderes fácticos" gesprochen, weil sie de facto einen sehr weitreichenden Einfluss auf Politik und Wirtschaft hat.

---

5   Bis 1998 etwa war Pinochet offizieller Oberbefehlshaber des Heeres und blieb des Weiteren Senator mit Immunität auf Lebenszeit.

6   Das binominale Wahlsystem sieht vor, dass pro Wahlkreise die zwei Kandidaten in das Parlament einziehen, die die meisten Stimmen erhalten, es sei denn, der führende Kandidat erhält doppelt so viele Stimmen wie der zweitplatzierte. De facto bedeutet dies eine fast sichere Pattsituation zwischen den linken und rechten Parteienblöcken, d.h. Concertación auf der einen und UDI und RN auf der anderen Seite. Erst mit der Verfassungsänderung von 2005 konnte dies leicht, aber nicht im Grundsatz modifiziert werden.

Im Rahmen der beschriebenen politischen Macht- und Kräfteverhältnisse und unter dem Eindruck der tiefen Spaltung der chilenischen Gesellschaft in Bezug auf die Bewertung der Zeit der Militärdiktatur (insbesondere ihrer Menschenrechtsverletzungen), setzte Aylwin in seiner Amtszeit (1990-1994) auf die Versöhnung der verfeindeten politischen Lager und eine austarierte Mischung aus Elementen der Kontinuität und des Wandels. Die Kontinuität bezog sich dabei vor allem auf die neoliberale Grundausrichtung in der Wirtschaftspolitik und die gewichtige Rolle der Unternehmerklasse, welche (bis heute) unangetastet blieb. Die Elemente des Wandels bezogen sich auf den Prozess der Re-Demokratisierung, in dessen Mittelpunkt Politiken der Dezentralisierung und die Installation eines „neuen Systems der Partizipation" standen. Auf kommunaler Ebene wurden in diesem Zusammenhang ab Anfang der 1990er Jahre die Direktwahl der Kommunalregierungen wieder eingeführt und neue Elemente einer direkteren Form der Bürgerbeteiligung an der Definition und Bereitstellung von öffentlichen Leistungen verankert, wie etwa in Form des Wirtschafts- und Sozialrates (CESCO). Auch im Bereich der räumlichen Planung wurden wichtige Kompetenzen an die lokale Ebene rückverlagert. Zu nennen sind hier die Instrumente des Plan Regulador Comunal (PRC) und des Plan de Desarrollo Comunal (PLADECO), welche beide einen gewissen Grad an Bürgerbeteiligung vorsehen (vgl. Kap. 8.1.1).

Neben der lokalen Ebene wurde auch die regionale Ebene zu stärken versucht, wobei deutliche demokratische Defizite bis heute bestehen geblieben sind.[7] Anders als in den meisten anderen Metropolen Lateinamerikas existiert in Santiago bis heute keine Stadtregierung im engeren Sinne, was zu erheblichen politischen und planerischen Reibungsverlusten zwischen unterschiedlichen administrativen Ebenen und Sektoren führt.[8] Des Weiteren gibt es auf dieser Ebene keinerlei politische und personelle Kontinuität. Seit der Rückkehr zur Demokratie 1990 hat es insgesamt 14 verschiedene Intendentes gegeben, d. h., die Verweildauer beträgt im Durchschnitt deutlich weniger als zwei Jahre.

5.3.2 Wirtschaftsentwicklung und Professionalisierung des Immobiliensektors

Über die Systemtransformation hinaus hielt in Chile das starke Wirtschaftswachstum an, welches mit den Reformen von 1985 eingesetzt hatte. Bis zur Asienkrise von 1997/1998 gab es Wachstumsraten des BIP von teilweise weit über 5 %. Befeuert wurde diese Dyna-

---

7　Die Regionalregierung (Gobierno Regional, GORE) besteht aus einem Intendente, einem Regionalrat und regionalen Abteilungen der nationalen Ministerien, wobei nur die Mitglieder des Regionalrates durch Wahlen legitimiert sind und auch dies nur indirekt, da sie durch die – direkt vom Volk gewählten – Mitglieder der Kommunalräte gewählt werden. Sowohl der Intendente auf der regionalen Ebene als auch der Gouverneur auf der Ebene der Provinzen werden vom Präsidenten ernannt und bei Bedarf entlassen.

8　Die Region Metropolitana setzt sich aus 52 Kommunen zusammen. Von der Región Metropolitana ist zudem noch einmal der städtische Großraum Santiago im engeren Sinne zu unterscheiden. Die 35 bis 39 Kommunen, die je nach Definition den relativ zusammenhängenden Siedlungskörper Santiagos bilden, werden als Gran Santiago oder Área Metropolitana de Santiago (AMS) bezeichnet. Viele Politiken, Pläne und Programme aus den regionalen oder nationalen Ministerien in Bezug auf Stadt- und Verkehrsentwicklung beziehen sich auf diese Einheiten, welche als eigenständige administrative Einheiten allerdings nicht existieren.

mik von der forcierten Weltmarktöffnung und Freihandelspolitik, die Chile zu einer der offensten Volkswirtschaften weltweit machte. Unter den ersten Concertacións-Regierungen schloss Chile Freihandelsabkommen mit allen wichtigen Wirtschafsnationen und blöcken der Weltwirtschaft ab; zwischen 1990 und 1996 wies man das beste Verhältnis zwischen Direktinvestitionen und Bruttoinlandsprodukt in Lateinamerika auf (DE MATTOS 2004a, S. 20). Im Jahr 2000 flossen dreißigmal mehr Direktinvestitionen in das Land als noch 1985. Als Resultat ist Chile eines der exportstärksten Länder Lateinamerikas, wobei vor allem Kupfer und landwirtschaftliche Produkte wie Wein, Holz und Fischereiprodukte ausgeführt werden. Chile ist mit Abstand der weltgrößte Kupferproduzent und nach Norwegen der zweitgrößte Lachsproduzent. Die ländlichen Regionen im Norden und im Süden des Landes sind in großem Maße durch diese Wirtschaftsbereiche geprägt.

Die Schaltzentrale, von der aus das ressourcenextraktive Entwicklungsmodell Chiles gemanagt wird, ist Santiago, welches eine „secondary node role in the larger global cities network" einnimmt (DOCKENDORFF et al. 2000, vgl. auch PARNREITER et al. 2003, DE MATTOS 2004a). Alle nationalen und internationalen Banken, die großen Unternehmen aus den Bereichen Bergbau und Fischereiwirtschaft sowie 99 % der größten chilenischen Unternehmensgruppen haben ihren Sitz in Santiago (ZEGRAS und GAKENHEIMER 2001). Im Zuge der Asienkrise wurde zudem eine liberale Geld- und Handelspolitik verfolgt, sämtliche Kapitalverkehrskontrollen abgeschafft und Santiago noch stärker zu einem Finanzplatz ausgebaut: „Regierungskampagnen bewarben das Land als Investitionsplattform für den lateinamerikanischen Markt. Insbesondere ostasiatischen Unternehmen soll Chiles Hauptstadt als Drehscheibe für unternehmensbezogene Dienstleistungen dienen" (FISCHER 2010, S. 146). Ungefähr 80 % der chilenischen Finanzdienstleistungen werden in Santiago erbracht. Santiago ist damit der Ort, von dem aus die „Globalisierung der chilenischen Wirtschaft" organisiert und gemanagt wird (PARNREITER et al. 2003).[9] Unmittelbar sichtbar wird diese Entwicklung im neuen *Central Business District* „Sanhatten", der sich ab den späten 1980er Jahren zu etablieren begonnen hat und seitdem sukzessive ausdehnt. Es ist dort ein globalisierter Kern entstanden, der funktional und architektonisch typische Global-City-Merkmale aufweist.

Wie auch andere Metropolen der Region durchläuft Santiago mit dem Übergang von fordistischen zu postfordistischen Akkumulations- und Produktionsweisen einen markanten internen Strukturwandel, der durch Prozesse der Tertiärisierung und relativen Deindustrialisierung geprägt ist (DE MATTOS 2004a). So ist der Anteil des industriellen Sektors an den Beschäftigten in Santiago in den Jahren von 1969 bis 1994 von 30,8 % auf 21,8 % gesunken, während der Dienstleistungssektor seinen Anteil von 30,7 % auf 37,5 % ausweitete (DOCKENDORFF et al. 2000). Besonders unternehmensbezogene Dienstlei-

---

9 Im Zuge von Liberalisierung und Globalisierung hat Santiago seine Bedeutung für die chilenische Wirtschaft sogar noch ausgebaut (PARNREITER und FISCHER 2003). Während Santiago Anfang der 1960er Jahre (1960-1962) für 42,2 % des chilenischen BIP verantwortlich war, waren es 1997 48,1 % (PARNREITER 2003).

stungen und Finanzdienstleistungen haben an Einfluss gewonnen. Im Jahr 2006 waren sie für 28,4 % der Bruttowertschöpfung in der Metropolitanregion verantwortlich, gefolgt von verarbeitender Industrie mit 17,1 % und dem Handel mit 15,7 %. Auf den Bausektor entfielen im selben Jahr 6,8 % des regionalen Bruttoinlandsproduktes. Auch in sozialer Hinsicht zeigten sich in Santiago seit den 1990er Jahren deutliche Transformationsprozesse, die mit der allgemeinen Entwicklung in Chile im Einklang stehen. So sank die Armutsrate in der Metropolitanregion von 38,7 % 1986 auf 14,8 % in 1996 (DOCKENDORFF et al. 2000). Es kam im Zuge dessen zu einer Konsolidierung einer neuen Mittelschicht mit Zugang zu den Sozialsystemen und neuen Möglichkeiten des Konsums, was über den Immobilienmarkt vermittelt erhebliche Auswirkungen auf die sozial-räumliche Struktur der Stadt zeitigt.

Für Santiago lassen sich im Rückblick auf das 20. Jahrhundert verschiedene Phasen der Wohnraumproduktion unterscheiden. Von 1940 bis 1960 dominierten illegale Landbesetzer und kleine privatwirtschaftliche Subdividierer, während der Staat weitestgehend abwesend und ein professioneller privater Immobiliensektor (noch) nicht existent waren (SABATINI 1990, DE RAMÓN 2007). Ab Anfang der 1960er Jahre übernahm der öffentliche Sektor dann die Initiative und wurde durch die aufgelegten Programme zur Wohnraumversorgung zum entscheidenden Akteur der Stadtentwicklung. Ein erklärtes Ziel der neoliberalen Reformen im Bereich von Planung und Stadtentwicklung unter Pinochet war es, einen funktionierenden privaten Immobiliensektor aufzubauen, welcher die Effizienz im sozial und politisch relevanten Bereich der Wohnraumversorgung steigern sollte. Durch die Deregulierung und Liberalisierung der Bodenmärkte sollte die „künstliche Verknappung" von Bauland beendet und durch den Abbau von Steuern und restriktiven Normen die Zugangsbarrieren auf den Boden- und Immobilienmarkt beseitigt werden. Die Politik trug Früchte, und seit den späten 1970er Jahren hat sich in Chile eine professionelle Immobilienindustrie entwickelt, in der auch zunehmend die großen ökonomischen Gruppen Präsenz zeigten (DONOSO und SABATINI 1980, TRIVELLI 1986, SABATINI 1990).[10] Viele der in den 1970er und 1980er Jahren entstandenen Unternehmen gehören noch heute zu den wichtigsten Akteuren im Bereich der Stadtentwicklung.[11]

Heute gibt es in Chile ein ausdifferenziertes Angebot an Immobilienmarktakteuren, Projekten und Finanzierungsmöglichkeiten, so dass der chilenische Immobilienmarkt zu den am besten aufgestellten in Lateinamerika zählt. Einerseits ist der Bau- und Immobilien-

---

10 STOCKINS (2004) identifiziert fünf Typen von Unternehmen, die die „neuen Immobilienunternehmen" auf dem Wohnimmobilienmarkt darstellen: (1) Kleine Immobilienunternehmen, die in den 1960ern entstanden und seitdem kontinuierlich gewachsen sind; (2) Große Unternehmen, die in den 1980er und 1990er Jahren entstanden sind und von Beginn an Bautätigkeit mit Vertrieb verbanden; (3) Unternehmen, die sich ursprünglich auf Bautätigkeiten im öffentlichen Sektor spezialisiert und dann in Richtung Wohnimmobilien diversifiziert haben; (4) Unternehmen, die früher in ganz anderen Branchen tätig waren; und (5) Joint Ventures zwischen einheimischen und ausländischen Unternehmen.
11 Beispiele sind Inmobiliaria Almagro (1977), CB Inversiones Inmobiliarias (1978), Inmobiliaria Manquehue (1979), Constructora DFL2 Aconcagua Limitada (1979), Besalco Viviendas S.A. (1980), Fernández Wood Asociados (1983) und ENACO (1984).

sektor in Santiago dabei durch kapitalkräftige private Akteure geprägt, andererseits ist er in seiner Gesamtheit stark fragmentiert und segmentiert. Hier ist die Differenzierung zwischen den verschiedenen Submärkten von Bedeutung. Auf dem innerstädtischen Büroimmobilien- sowie dem Wohnimmobilienmarkt sind die Einstiegsbarrieren niedrig. Es existiert eine große Anzahl von Entwicklern, von denen einige zu den wichtigsten Immobilienfirmen gehören und von denen andere lediglich eine sehr kleine Zahl von Projekten entwickeln (Arriagada 2009). Anders gelagert ist der Fall im Bereich der Entwicklung von Einfamilienhausprojekten. Auf diesem Feld, welches zunehmend durch Kondominien und Gated Communities geprägt ist, ist die Fragmentierung des Marktes deutlich geringer, da die Zugangsbarrieren höher sind. Häufig sind dies Projekte von wesentlich längerer Planungs- und Laufzeit, und auch das Investitionsvolumen ist deutlich höher. Die Megaprojekte am Stadtrand bilden in dieser Hinsicht noch mal eine ganz eigene Kategorie, die die in Santiago bisher bekannten Maßstäbe vollständig gesprengt haben.

Wie in anderen Metropolen der Region ist in Santiago im Kontext der beschriebenen übergeordneten sozialen, wirtschaftlichen und politischen Transformationsprozesse eine sozial-räumliche Doppelbewegung zu beobachten: innerstädtische Aufwertung und Verdichtung und nach außen gerichtetes Wachstum. Beide Tendenzen sind eng mit dem Aufstieg der Mittelschichten, der Professionalisierung des Immobiliensektors sowie Tendenzen der Privatisierung von Stadtentwicklung und Planung verbunden. Zwei weitere Aspekte sind in Bezug auf die sozial-räumliche Struktur zu nennen: zum einen die Entstehung von Subzentren entlang neuer oder ausgebauter Verkehrsinfrastruktur, oft um Dienstleistungs- und Einkaufszentren herum, und zweitens der Übergang von einem großräumigen zu einem kleinräumigen Muster der Segregation durch die Verbreitung von Kondominien, Gated Communities und Megaprojekten für die Mittel- und Oberschichten in Gebieten, die vorher von unteren Schichten geprägt waren. Es sind diese Tendenzen, die zusammengenommen als Transformation von der polarisierten zur fragmentierten Stadt beschrieben werden.

5.3.3 Stadtentwicklungspolitik und Tendenzen der Privatisierung von Planung

Die Felder der Stadtentwicklungspolitik und Planung gerieten im Zuge der beschriebenen wirtschaftlichen, sozialen und politischen Transformationsprozesse mit der Rückkehr zur Demokratie ebenfalls erheblich in Bewegung. Wie in politischer Hinsicht im Allgemeinen sind auch auf dem Feld der Stadtpolitik und Planung Elemente der Kontinuität und des Wandels zu erkennen. Im Bereich des sozialen Wohnungsbaus wurde die unter Pinochet eingeschlagene Politik der Privatisierung vertieft. Durch Subsidien an die Nachfrage- und nicht die Angebotsseite wurde der soziale Wohnungsbau zu einem nach privatwirtschaftlichen Kriterien funktionierenden Markt umgebaut, was zwei Konsequenzen zeitigte: Zum einen konnte die Zahl der gebauten Wohneinheiten drastisch erhöht werden, was vor allem von den ersten Concertacións-Regierungen als politischer Erfolg und soziale Errungenschaft reklamiert wurde. Auch international wurde das chilenische Modell in Kreisen der internationalen Organisationen und von Stadtpolitikern und Planern zum Vorbild erhoben. Daneben führte die Privatisierung des sozialen Wohnungsbaus zu zwei Tendenzen, die als problematisch erkannt wurden und mit der privatwirtschaftlichen Logik der Kostenminimierung zu tun haben: Zum einen wurden von den auf sozialen Wohnungsbau spezialisierten Unternehmen Projekte äußerst mangelhafter baulicher und sanitärer Qualität errichtet, was Mitte der 1990er Jahre zu einer öffentlichen Debatte und politischen Komplikationen führte. Zum anderen führte die Vermarktwirtschaftlichung des sozialen Wohnungsbaus auch dazu, dass sich die Tendenz der Verlagerung der Projekte an die Peripherie, die unter Pinochet eingesetzt hatte, noch vertiefte, weil dort die Bodenpreise am niedrigsten und damit die Margen für die privaten Entwickler am höchsten waren und sind. In Kommunen wie Puente Alto, Maipú, Peñalolen und Pudahuel entwickelten sich enorme Konzentrationen von Projekten des sozialen Wohnungsbaus, die von prekären Lebensbedingungen und der weitgehenden Abwesenheit von Versorgungsdienstleistungen wie Gesundheit und Bildung geprägt sind. Weil dies für die jeweiligen Lokalregierungen mangels finanzieller Ressourcen bedeutet, in erster Linie Armut verwalten zu müssen, suchten sie zunehmend die Ansiedlung von Immobilienprojekten für die Mittel- und Oberschichten zu forcieren, für die der private Immobiliensektor in Form von Gated Communities und Megaprojekten auf der Suche nach neuen Lokalitäten war. Ab Ende er 1990er Jahre wurden die negativen Aspekte der Privatisierung des Wohnungsbaus von öffentlichen und zivilgesellschaftlichen Akteuren im Rahmen der Debatten um die „los con techo" und die Konstituierung von Ghettos diskutiert, mit der Folge, dass unter der Regierung Bachelet ab 2006 vom MINVU neue Formen der Subsidien etabliert wurden, die die Lokalisierung von sozialem Wohnungsbau auch in zentrumsnahen Quartieren ermöglichen sollten.

Ab Anfang der 1990er Jahre wurde unter Federführung des MOP auch der Bau und Betrieb von zuvor öffentlich bereitgestellter Infrastruktur umfassend privatisiert. Mit dem Argument, dass die öffentliche Hand nicht in der Lage sei, den im Rahmen der dynamischen Wirtschafsentwicklung entstehenden Bedarf zu decken, und ein Infrastrukturdefizit entstanden sei, wurden die Bereiche der Wasserversorgung, Verkehrsinfrastruktur (Autobahnen, Häfen, Flughäfen) sowie später Gefängnisse und Krankenhäuser für privatwirtschaftliche Investoren geöffnet. „Der Markt" mache die Infrastruktur effizienter, und die frei werdenden öffentlichen Mittel könnten in Projekte mit sozialem Mehrwert investiert werden, an denen das Kapital wegen mangelnder Rentabilität nicht interessiert sei, so die Rationalität hinter der Privatisierungspolitik im Bereich der städtischen Infrastruktur. Mitte der 1990er Jahre wurde das Konzessionsprogramm rechtlich formalisiert und institutionalisiert. Das MOP entwarf einen Investitionsplan, gründete die Abteilung Coordinación General de Concesiones (CGC) und begann mit den ersten Ausschreibungen.[12]

---

12 Das Konzessionsprogramm funktioniert unter dem BOT-Schema (Build, Operate, Transfer). Der Staat unter Führung der CGC organisiert Studien, entwirft Investitionsprogramme und führt die Vergabeprozesse durch. Ein Unternehmen

Als erstes innerstädtisches Autobahnprojekt wurde in Santiago zwischen 1997 und 2005 die Costanera Norte realisiert. Während die Costanera Norte von der Lagos-Regierung politisch als das Symbol für die notwendige Modernisierung Santiagos auf dem Weg zur „Stadtregion von Weltklasse" und insgesamt als großer Erfolg vermarktet wurde, führten die Proteste und Mobilisierungen gegen die Autobahn zu einer nachhaltigen Reaktivierung zivilgesellschaftlicher Organisationen in Bezug auf Fragen der Stadtentwicklung (DUCCI 2004, PODUJE 2008). Ende der 1990er und über die 2000er Jahre folgte unter maßgeblicher Beteiligung transnationaler Infrastrukturentwickler der Bau einer Vielzahl weiterer innerstädtischer und intraurbaner Autobahnen, welche die Entwicklung der oben angesprochenen peri-urbanen Subzentren möglich machten und auch aufs engste mit den in den folgenden Kapitel dieser Arbeit darzustellenden Prozessen der Stadterweiterung durch Megaprojekte verbunden sind.

Die Zeit der Systemtransformation Anfang und Mitte der 1990er Jahre war im Allgemeinen eine Zeit, in der eine Reihe von Programmen und Plänen in Bezug auf die stadtregionale Entwicklung in Santiago erarbeitet wurde. Als Ausdruck der Fragmentierung des chilenischen Planungssystem und der Abwesenheit von sowohl übergeordneten Leitlinien nationaler Stadtentwicklungspolitik als auch einer Stadtregierung für Santiago standen diese oftmals unverbunden neben- und teilweise auch in erheblichen Widerspruch zueinander. So kollidierte die vom MINVU verantwortete Einführung des Plan Regulador Metropolitano de Santiago (PRMS) im Jahr 1994, welche für die Hauptstadt eine Politik der Verdichtung und Begrenzung des flächenmäßigen Wachstums vorsah, mit den Investitionsplänen des MOP, die auf der Vision einer poly-zentrischen und weit ins Umland ausgreifenden Stadtregion basierten. Die radikale Kehrtwende des MINVU mit der Modifikation des PRMS und der Einführung des Prinzips der Konditionierten Planung 1997 und der Ausweitung selbiger 2003 und 2006 wiederum kollidierten mit dem Plan de Descontaminación von 1998, welcher mit Blick auf die erheblichen Probleme der Luftqualität in Santiago – ebenso wie die ursprüngliche Politik des MINVU – eine Begrenzung der Ausdehnung von Santiago vorgesehen hatte. Ab dem Jahr 2000 wurde in Santiago auch damit begonnen, die Transformation des Systems des öffentlichen Nahverkehrs vorzubereiten, welches ab dem Jahr 2006 unter erheblichen organisatorischen und politischen Problemen implementiert wurde (HÖHNKE 2012).

Neben allen Unterschieden und Widersprüchen teilen die angesprochenen staatlichen Politiken in Bezug auf den sozialen Wohnungsbau, die Infrastrukturversorgung, die Flächennutzungsplanung und den öffentlichen Nahverkehr die Tendenz dazu, private Akteure deutlich stärker als zuvor in die verschiedenen Bereiche der Stadtentwicklung einzubinden und ihnen oftmals vollständig die Initiative zu übertragen (Abb. 4). Durch die Kommodifizierung und die aktive Einbindung von privaten und oftmals transnationalen Akteuren in die Planung und Produktion der gebauten Umwelt konnten so enorme

---

bekommt dann den Zuschlag, baut das jeweilige Projekt und betreibt es für eine Zeit von durchschnittlich 30 Jahren, wonach es an den Staat übergeht.

Neue öffentlich-private Partnerschaften

In verschiedenen Kommunen Santiagos kam es seit Anfang der 1990er Jahre zur Bildung von formal-rechtlichen und auch informellen Partnerschaften zwischen Lokalregierungen und privatwirtschaftlichen Akteuren, insbesondere aus der Immobilienwirtschaft. Vorläufer war die Corporación de Desarrollo de Santiago, die 1992 in der zentralen Kommune aufgelegt wurde. Es folgten ähnliche Projekte in Kommunen wie Huechuraba und Pudahuel und solche mit informellem Charakter in Kommunen wie Las Condes und Lo Barnechea. Letztere haben zum Ziel, die in den Kommunen durch die Immobilienentwicklung notwendig gewordene (Verkehrs-) Infrastruktur zu planen und zu finanzieren.

Politik des sozialen Wohnungsbaus

Im Bereich des sozialen Wohnungsbaus wurde die unter Pinochet eingeschlagene Politik der Privatisierung vertieft. Durch Subventionierung der Käufer wurde der soziale Wohnungsbau zu einem nach privatwirtschaftlichen Kriterien funktionierenden Markt umgebaut, was zwei Konsequenzen zeitigte: Zum einen konnte die Zahl der gebauten Wohneinheiten drastisch erhöht werden, was vor allem von den ersten Mitte-Links-Regierungen als politischer Erfolg und soziale Errungenschaft proklamiert wurde. Auch international wurde das chilenische Modell von internationalen Organisationen und Stadtpolitikern und -planern zum Vorbild erhoben. Zum anderen gab und gibt es aber erhebliche Probleme mit der Qualität und auch peripheren Lokalisierung der Wohnungen, so dass die ersten Projekte ab 2013 rückgebaut werden.

Das Konzessionssystem

Ab Anfang der 1990er Jahre wurde unter Federführung des Ministeriums für Öffentliche Bauten (MOP) der Bau und Betrieb von zuvor öffentlich bereitgestellter Infrastruktur umfassend privatisiert. Mit den Argumenten, dass die öffentliche Hand nicht in der Lage sei, den im Rahmen der dynamischen Wirt-schafsentwicklung entstehenden Bedarf zu decken, und infolgedessen ein Infrastrukturdefizit entstanden war, wurden die Bereiche der Wasserversorgung, Verkehrsinfrastruktur (Autobahnen, Häfen, Flughäfen) sowie später auch Gefängnisse und Krankenhäuser für privatwirtschaftliche Investoren zugänglich gemacht. Als erstes innerstädtisches Autobahnprojekt wurde in Santiago zwischen 1997 und 2005 die Costanera Norte realisiert, gegen die es massive Proteste zivilgesellschaftlicher Gruppen gab. Ende der 1990er und in den 2000er Jahren folgte unter maßgeblicher Beteiligung transnationaler Infrastrukturentwickler der Bau einer Vielzahl weiterer innerstädtischer Autobahnen.

Der regionale Flächennutzungsplan

PRMS Während mit der Einführung des Plan Regulador Metropolitano de Santiago (PRMS) im Jahr 1994 für die Hauptstadt eine Politik der Verdichtung und Begrenzung des flächenmäßigen Wachstums intendiert war, basierten die Investitionspläne des MOP auf der Vision einer polyzentrischen und weit ins Umland ausgreifenden Stadtregion. Im Jahr 1997 leitete das Ministerium für Stadtentwicklung und Wohnungsbau (MINVU) eine radikale Kehrtwende ein: Die Modifikation des PRMS und die Einführung des Prin-zips der Konditionierten Planung sowie ihrer anschließenden Ausweitung 2003 und 2006 ermöglichte die Entwicklung von Megaprojekten.

Mengen an Kapital mobilisiert werden, sodass die Infrastruktur in Santiago eine erhebliche Modernisierung erfuhr. Infrastrukturell, in Bezug auf das Kapital wie auch auf symbolischer Ebene, wurde Santiago sukzessive in globale Ströme eingebunden. Am Beispiel der Megaprojekte und der Konditionierten Planung wird im Folgenden genauer
untersucht, wie und von wem das gemacht wird, welche politischen und ökonomischen
Rationalitäten und Dynamiken zu beobachten sind und wie auftretende Konflikte bearbeitet werden.

Nebenstehend:
Abb. 4: Überlick zu Programmen und Instrumenten der Stadtentwicklungspolitik in Santiago
seit den 1990er Jahren
Quelle: Eigene Zusammenstellung

6   Stadterweiterung durch Megaprojekte: die Fallbeispiele Colina und Pudahuel

In diesem Kapitel wird zunächst ein kurzer allgemeiner Überblick über die sozial-räumlichen Aspekte der Untersuchungskommunen Colina und Pudahuel gegeben. Daran anschließend werden die zentralen Etappen der Planung und Implementierung der Megaprojekte dargestellt. Insgesamt hat dieses Kapitel einen deskriptiven Charakter und bildet die Basis für eine Interpretation der Ereignisse in Colina und Pudahuel aus Sicht der poststrukturalistischen Politischen Ökonomie, welche dann in detaillierter Art und Weise ab Kapitel 7 vorgenommen werden wird.

6.1 Colina und Pudahuel: von der Peripherie ins Zentrum

Colina und Pudahuel stehen insofern stellvertretend für das Schicksal einer Vielzahl von Kommunen im Umland von Santiago, als sie bis zu Anfang der 1990er Jahre insgesamt deutlich ländlich und in ihren jeweiligen Siedlungskernen durch sozialen Wohnungsbau und prekäre Lebensverhältnisse geprägt waren. Beide Kommunen stehen insofern exemplarisch für die sozialen und politischen Problemlagen, die durch zunächst die Politik der *erradicaciones* unter Pinochet und dann durch die Privatisierung des sozialen Wohnungsbaus unter den Concertación-Regierungen verursacht wurden (Kap. 5.2 und 5.3). Bis zum Boom der Megaprojekte gehörten beide eindeutig zur Gruppe der sozial benachteiligten Kommunen der Metropolregion, mit überdurchschnittlich hohen Armutsraten bei unterdurchschnittlicher finanzieller und personeller Ressourcenausstattung der Kommunalregierungen (ORELLANA und FUENTES 2008). Im Kontext der oben beschriebenen sozialräumlichen und immobilienmarktbezogenen Dynamiken in Santiago setzten in Colina und Pudahuel ab Anfang der 1990er Jahre Prozesse der Kolonisierung durch neuartige Immobilienprojekte ein. Während dies in Colina hauptsächlich durch sogenannte Parcelas de Agrado-Projekte stattfand, die sich auch in anderen peri-urbanen Kommunen wie Lampa, Calera de Tango, Talagante verbreiteten, wurden im ländlichen Teil Pudahuels Projekte höherer Bebauungsdichte angesiedelt, die Entwicklungen in Kommunen wie San Bernardo oder Peñalolen vergleichbar sind.

Auf der anderen Seite sind Colina und Pudahuel mit Blick auf die allgemeinen sozialräumlichen und immobilienwirtschaftlichen Dynamiken im Großraum Santiago als Ausnahme- oder Extremfälle zu betrachten, da eben hier der Maßstabssprung der Parcelas de Agrado-Projekte und Gated Communities zu Megaprojekten stattfand. Mit deutlichem Abstand vereinen die beiden Kommunen die größten, komplexesten und ambitioniertesten Immobilienprojekte der Region auf sich (mit Ausnahme des Curauma-Projektes vor den Toren Valparaísos). In beiden Fällen erklärt sich dies durch die besonderen Lagevorteile der Kommunen einerseits und die großen zusammenhängenden und noch nicht urbanisierten Flächen andererseits.

Weil Colina per Luftlinie nur 5 km vom Oberklassebezirk Vitacura (und ca. 30 km vom Stadtzentrum) entfernt liegt, galt es in der lokalen Immobilienszene schon lange vor dem Bau der Megaprojekte als „natürliche Erweiterung des Barrio Alto". Auch die besondere Standortqualität von Pudahuel speist sich aus einer vorteilhaften physisch-geographischen Lage, die durch die Verbesserung der infrastrukturellen Anbindung im Rahmen des Konzessionssystems noch einmal potenziert wurde. Weil Pudahuel einerseits auf dem sehr stark frequentierten Weg zur Küstenagglomeration Valparaíso/Viña del Mar durchquert wird und andererseits den einzigen internationalen Flughafen Chiles beherbergt, gilt Pudahuel als „Tor zu Santiago" und in der chilenischen Planungs- und Immobilienszene als „eine der wertvollsten Ecken Chiles" (ZEGRAS und GAKENHEIMER 2001).

Im Zuge des allgemeinen Wirtschafts- und Immobilienbooms und im Rahmen des Ausbaus der Verkehrsinfrastruktur im Rahmen des Konzessionsprogramms gerieten die Bodenmärkte sowohl in Colina als auch in Pudahuel ab Anfang der 1990er Jahre stark in Bewegung. Innerhalb weniger Jahre wechselten große Flächen den Besitzer, und von Seiten der Landentwickler wurde begonnen, großskalige Immobilienprojekte zu entwickeln. Bei sehr ähnlicher Ausgangslage nahmen die Bestrebungen und öffentlich-privaten Dynamiken der Planung und Implementierung von Megaprojekten in Colina und Pudahuel einen sehr unterschiedlichen Weg und auch (vorläufigen) politischen und sozialräumlichen Ausgang. Im Folgenden werden zunächst für Colina und dann für Pudahuel in chronologischer Abfolge die zentralen Ereignisse und Etappen im Planungs- und Implementierungsprozess präsentiert. Auf Basis dieser Chronologien wird dann ab Kapitel 7 eine eingehende Analyse der politökonomischen Logiken und Dynamiken sowie der Machtverhältnisse vorgenommen.

6.2 Etappen der Planung und Implementierung der Megaprojekte in Colina

In administrativer Hinsicht ist Colina Teil der Provinz Chacabuco, zu welcher außerdem noch die benachbarten Kommunen Lampa und Tiltil zählen. Chacabuco ist eine der ärmsten Provinzen der Region Metropolitana und war bis Ende der 1990er Jahre stark durch landwirtschaftliche Aktivitäten und besonders den Anbau von Obst und Gemüse für den hauptstädtischen Markt geprägt. Wie in den benachbarten Kommunen dominierte auch in Colina ein „urbanes Zentrum" eine relativ große Gemeindefläche, die ansonsten nur wenige kleinere Siedlungskerne umfasste. So konzentrierte sich das Bevölkerungswachstum, welches in Colina ab Ende der 1970er Jahre im Zuge der Politik der *erradicaciones* und der Errichtung von Projekten des sozialen Wohnungsbaus einsetzte, bis Mitte der 1990er Jahre beinahe ausschließlich auf das „urbane Zentrum", wo sich die Einwohnerzahl zwischen 1982 und 1992 von 28.776 auf 52.479 verdoppelte (Municipalidad de Colina 2009). Auch zwischen den Jahren 1992 und 2002 setzte sich das Bevölkerungswachstum fort, in erster Linie weiterhin getragen durch sozialen Wohnungsbau, aber zunehmend auch durch die Besiedlung der Parcelas de Agrado in den ländlichen Sektoren im südlichen Teil der Kommune, insbesondere in den Sektoren Algarrobal und Chicureo. Von den 77.815 Menschen, die Colina im Jahr 2002 aufwies, lebten 15.004 im ländlichen Teil der Kommune (Municipalidad de Colina 2009). Eine weitere neue Entwicklung, die in Colina ab Mitte der 1990er Jahre einsetzte, war die Ansiedlung von kleineren Industriebetrieben entlang der im Rahmen des Konzessionsprogramms ausgebauten Autobahn Los Libertadores, die Santiago mit dem nördlich gelegenen Los Andes und auch Argentinien verbindet. Die Landwirtschaft verlor gleichzeitig sukzessive an Bedeutung. Während 1992 noch 37,2 % der Beschäftigten in der Landwirtschaft tätig gewesen waren, galt dies 2002 für nur noch 16,3 % der Einwohner von Colina (Municipalidad de Colina 2009). Weil im benachbarten Lampa ganz ähnliche Prozesse zu beobachten waren, sind ähnliche Daten für die Provinz Chacabuco als Ganzer anzuführen: Von 1982 bis 2002 sank hier der Anteil der in der Landwirtschaft Beschäftigten von 51,4 % auf 18,6 %, während der Anteil der Industrie von 25 auf 30 % und der des Dienstleistungsbereichs von 35,1 auf 57,0 % stieg (Naranjo 2007, S. 237).

6.2.1 Vorlauf

Ab Anfang der 1990er Jahre begannen im Zuge der hohen gesamtwirtschaftlichen Wachstumsraten und einer geradezu explodierenden Immobilienentwicklung im Großraum Santiago unterschiedliche Landentwickler, Investoren und Einzelpersonen durch den massiven Ankauf von Flächenreserven aktiv Position auf dem Zukunftsmarkt Chicureo zu beziehen. Während sich die bis dahin ebenfalls ländlich geprägten, aber direkt an den gebauten Stadtkörper Santiagos anschließenden Kommunen wie Maipú und Puente Alto zu neuen „Massengemeinden" für die unteren Mittelklassen entwickelten, verbreiteten sich im nördlichen und südlichen ex-urbanen Raum – in Kommunen wie Colina, Lampa, San Bernardo, Calera de Tango und Talagante – die sogenannten Parcelas de Agrado für die oberen Mittelschichten und Teile der Oberschicht, die als „Vorhof der Megaprojekte" bezeichnet wurden (Poduje und Yañez 2000).

Bei den Parcelas de Agrado, was sich in etwa mit „Freizeitparzellen" übersetzen lässt, handelt es sich um Grundstücke im ländlichen Raum, welche eine Fläche von mindestens 5000 m² aufweisen und auf denen – dem Dekret 3.516[1] aus dem Jahr 1980 folgend – ein einzelnes Wohnhaus errichtet werden darf. In Colina und anderen Kommunen des ex-urbanen Raums wurde diese im Großraum Santiago lange ignorierte Regelung von einzelnen Familien „entdeckt", um in Eigeninitiative den Traum vom Haus im Grünen zu verwirklichen. Bald schon erkannte auch die Immobilienindustrie das Marktpotenzial und begann damit, um die Parcelas de Agrado herum Kondominien-Projekte zu entwickeln. Verschiedene Parcelas de Agrado-Flächen wurden dabei gebündelt und als Immo-

---

1 Das Dekret DL 3.516 von 1980 war ursprünglich zur Besiedlung von Patagonien gedacht und sah vor, dass landwirtschaftliche Flächen unter bestimmten Bedingungen parzelliert und bebaut werden können.

bilienprodukt auf den Markt gebracht. Weil es zur Genehmigung der Projekte lediglich der Zustimmung des Servicio Agrícola y Ganadero (SAG) bedurfte und weder die Gemeinden noch das MINVU nennenswerte Zuständigkeiten besaßen, existierten für die Immobilienentwickler keinerlei Auflagen in Bezug auf die Bereitstellung von Ver- und Entsorgungsinfrastruktur. In Colina, und insbesondere in dem als Chicureo bezeichneten Sektor im Süden der Kommune, entwickelte sich so ein erstes Patchwork aus untereinander nicht verbundenen Siedlungseinheiten unterschiedlicher Größe, die insgesamt nur unzureichend urbanisiert waren. Während diese vollkommen unkontrollierte Besiedelung des ländlichen Raums den kommunalen und regional-nationalen Behörden zunehmend Sorgen bereitete, schufen die Immobilienentwickler Portfolios mit immer größeren Projekten und sicherten sich die für deren Entwicklung notwendigen Flächenreserven. Der Megaprojekt-Pionier Inmobiliaria Manquehue etwa kaufte im Jahr 1993 gut 3.000 Hektar Land in Chicureo, auf welchem später u.a. das Piedra-Roja-Projekt entwickelt wurde. Auch die Entwickler der anderen Megaprojekte – wie ECSA, FFV und Patricio Abalos – begannen ab Anfang der 1990er Jahre damit, sich auf dem Zukunftsmarkt Colina Flächenreserven zu sichern.

Zu einer extremen Zunahme der Parzellierung von Grundstücken unter dem Decreto 3.516 kam es in Colina (und auch Lampa) im Zuge der Verabschiedung des PRMS im Jahr 1994, mit welchem der bis dahin gültige PRIS von 1960 und die liberale Flächenpolitik der Militärregierung ersetzt wurden. Die im Großraum Santiago zur Verfügung stehende Urbanisierungsfläche wurde durch die Wiedereinführung der Stadtgrenze, in Santiago als *límite urbano* bezeichnet, radikal beschnitten. Auf diese Art und Weise sollte das weitgehend unkontrollierte Wachstum Santiagos begrenzt und des Weiteren Prozesse der städtischen Verdichtung gefördert werden. Obwohl die Provinz Chacabuco außerhalb des Geltungsbereichs des PRMS lag, hatte dieser hier große Auswirkungen – dies, weil im Rahmen des PRMS von 1994 angekündigt worden war, in naher Zukunft auch Chacabuco in den Geltungsbereich des Flächennutzungsplanes einzubeziehen, um so auch dort das Schlupfloch des Decreto 3.516 zu schließen. Bevor dies in Kraft treten werde, versuchten die Immobilien- und Landentwickler, durch massive Parzellierungen Fakten zu schaffen. Bis zum Inkrafttreten des PRMS von 1997 wurden in Colina insgesamt 837 Grundstücke parzelliert, was 61,5 % der kultivierbaren und 90,8 % der nicht kultivierbaren Gesamtgemeindefläche entsprach (NARANJO 2007, S. 237, 244).[2] Die Tatsache, dass von den 32.635 Hektar, die in den Jahren 1994 und 1995 in Chacabuco als Parcelas de Agrado eingeschrieben wurden, lediglich 4.647 Hektar als Immobilienprojekte auf dem Markt angeboten wurden, ist ein Indiz dafür, dass es sich bei den Vorgängen weitgehend um Strategien der Bodenspekulation handelte (PODUJE und YAÑEZ 2000). Mit der antizi-

---

2   In der gesamten Provinz Chacabuco (Colina, Lampa, Til Til) wurden 1.592 Grundstücke auf einer Fläche von ca. 122.500 Hektar parzelliert, was annähernd 60 % der Gesamtfläche der Provinz entspricht. Im Durchschnitt der Provinz Chacabuco wird jedes Flurstück in 46 Parzellen aufgeteilt, was die Atomisierung der (potentiellen) Eigentumsstruktur belegt (NARANJO 2007, S. 245). Eine landwirtschafte Nutzung war unter diesen Bedingungen nicht mehr möglich.

pierten Öffnung von Chacabuco für die Immobilienentwicklung und dem (Aus-)Bau der Autobahnen im Rahmen des Konzessionssystems würden die Grundstückspreise in die Höhe schießen.

Parallel zur Entwicklung von kleineren Parcelas de Agrado-Projekten, welche auf dem Decreto 3.516 basierten, arbeiteten die in Colina involvierten Landentwickler an Projekten einer neuen Dimension (Tab. 4). In die Kategorie der Megaprojekte im engeren Sinne fallen in Colina die Projekte Piedra Roja, Valle Norte, La Reserva und Santa Elena[3]. Daneben wurden aber auch die Parcelas de Agrado-Projekte zunehmend größer und komplexer, wovon Brisas de Chicureo, Los Algarrobos oder Ayres de Colina Zeugnis ablegen (Abb. 5).

Piedra Roja, Valle Norte und La Reserva sind die drei größten Projekte in Chicureo, die alle dem Prinzip der Master-planned Community folgen. Es gibt jeweils einen Hauptentwickler, der das Projekt initiiert, plant und auf allen Ebenen vorantreibt. Die Basis der Projekte sind private Masterpläne, die den Charakter des jeweiligen Gesamtprojektes sowie die Design- und Ausstattungsmerkmale der einzelnen Teile und Entwicklungsetappen festlegen, in welche die Projekte unterteilt sind. Piedra Roja etwa ist der Name für das ca. 1.000 Hektar umfassende Gesamtprojekt, welches aus einem funktionalen, optischen und frei zugänglichem Zentrum inklusive künstlicher Lagune besteht, um das

Tab.4: Übersicht zu den Landentwicklern und ihren Projekten in Colina

Landentwickler	Projekt	Typus
Inmobiliaria Manquehue	Piedra Roja	ZODUC
	Hacienda Chacabuco	Parcelas de Agrado
	Polo de Manquehue	Parcela de Agrado
	Estancia Liray	AUDP
ECSA	Valle Norte	ZODUC
	El Algarrobal	Parcela de Agrado
	Los Algarrobos	Parcela de Agrado
	El Alba	Parcela de Agrado
Harseim/Cargill	La Reserva	ZODUC
FFV	Brisas de Chicureo	AUDP
	Ayres de Colina	AUDP

Quelle:Eigene Zusammenstellung

---

3 Santa Elena wird in dieser Arbeit nicht en detail berücksichtigt, weil es sich nicht im Sektor Chicureo befindet und auch erst deutlich später mit dem Bau begonnen wurde.

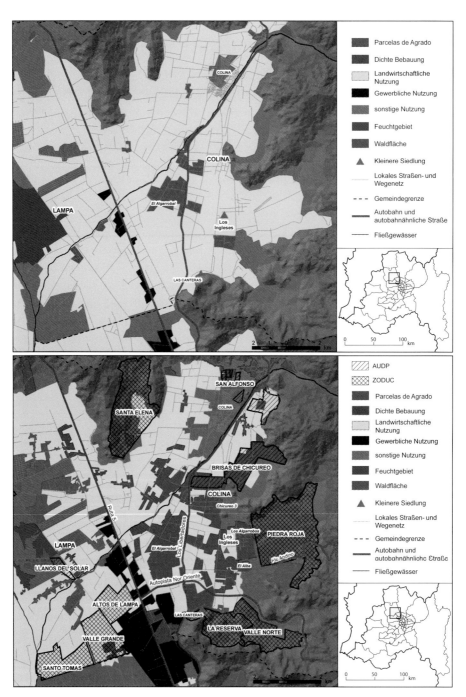

Abb. 5: Raum- und Infrastrukturentwicklung in Colina 1992 (oben) und 2012 (unten)
Quelle: Eigener Entwurf

sich mindestens neun verschiedene, jeweils abgeschlossene und zugangskontrollierte Nachbarschaften (Barrios) angliedern.[4]

Während Inmobiliaria Manquehue der Entwickler des Gesamtprojektes sowie einzelner Nachbarschaften ist, werden die meisten der Barrios als *macrolotes* zur Entwicklung und Vermarktung an andere Immobilienunternehmen weiterverkauft. In das Gesamtprojekt Piedra Roja integriert sind die Parcelas de Agrado-Projekte Polo de Manquehue sowie Hacienda Chicureo. Letzteres ist um einen 18-Loch-Golfplatz herum arrangiert. Während einzelne der Barrios nur einen Haustyp anbieten, ist die Auswahl bei anderen erheblich, und andere wiederum bieten Grundstücke an, die von den Käufern individuell bebaut werden können. Die Gesamtinvestition für den Entwicklungshorizont Piedra Rojas von 20 Jahren beläuft sich auf ca. 1,8 Mrd. US$. Was Piedra Roja von den anderen Megaprojekten in Chicureo unterscheidet, ist das anspruchsvolle städtebauliche Design und die üppige Ausstattung in Bezug auf Versorgungs-, Sozial- und Verkehrsinfrastruktur. Neben den Wohnbereichen sind eine Vielzahl an Schulen, Supermärkten, jeweils zwei Universitäten und Krankenhäuser, eine künstliche Lagune sowie je ein Segel-, Golf- und ein Reitclub geplant. Die etwa vier Hektar große künstliche Lagune bildet den optischen und funktionalen Schwerpunkt der Siedlung, um den herum sich Supermärkte, Restaurants und eine Vielzahl von Geschäften gruppieren, die allesamt öffentlich zugänglich sind. Die einzelnen Barrios hingegen haben je eigene kontrollierte Zugänge und entsprechen dem Prinzip der Gated Community, was essentiell für den Vermarktungserfolg ist.

Wiewohl Piedra Roja das emblematischste der Chicureo-Projekte ist und Inmobiliaria Manquehue als Pionier und Visionär unter den Landentwicklern gelten kann, ist es das Unternehmen ECSA, welches die meisten Projekte in Chicureo entwickelt (Tab. 4). Aushängeschild von ECSA ist Valle Norte (ursprünglich El Chamicero), welches am südlichen Rand von Chicureo liegt, am Fuße der Bergkette, welche Colina von der Kommune Huechuraba trennt. Startschuss für das 700 Mio. US-$ teure Investitionsprojekt war 1995, als die 1.600 Hektar Land, auf dem das Projekt entwickelt wird, erworben wurden (La Tercera, 28.11.2010). Enger Kooperationspartner von ECSA ist das „traditionelle Immobilienunternehmen" Fernandez Wood, mit welchem im Jahr 2001 das Unternehmen El Chamisero Inmobiliaria S.A. gegründet wurde, um die ersten 118 Hektar gemeinsam zu entwickeln (La Tercera, 28.11.2010). Einzelne Entwicklungsetappen und Nachbarschaften werden im Sinne des Prinzips des *mayorista del suelo* an traditionelle Immobilienunternehmen verkauft, etwa an die lokalen Schwergewichte Almagro und Socovesa.[5] Die Infrastruktur der auf 57.000 Einwohner projektierten Siedlung umfasst zwei (internationale) Schulen, ein großes Areal mit Sportanlagen, Einkaufseinrichtungen und einen

---

4   Auf ca. 1.000 Hektar sind insgesamt 12.000 Grundstücke von einer Größe zwischen 350 bis 850 m² für bis zu 60.000 Einwohner vorgesehen. Mit einer Größe zwischen 700-99 m²; Hauswohnflächen zwischen 170 und 227 m² (+ Hacienda Chicureo: 400 Grundstücke; 1.224-4.820 m²; ab 320 m² Wohnfläche).

5   Im Unterschied zu Piedra Roja richtet sich Valle Norte an eine (etwas) weniger kaufkräftige Klientel, die Architektur ist standardisierter und die Grundstücks- (204-570 m²) und Wohnflächen (127-182 m²) etwas kleiner, ebenso wie die Preise etwas tiefer liegen (4.230 – 6.020 UF) (MEYER-KRIESTEN 2006, S. 425).

zentralen Park. Je ein Drittel des Projektes ist zudem für die Erschließung unter der Parcelas de Agrado-Regelung sowie als Naturschutzgebiet ausgewiesen. Neben Valle Norte entwickelt und betreibt ECSA – als Mehrheitseigner an dem Immobilienunternehmen El Algarrobal – eine Reihe weiterer Projekte in Chicureo. Zu nennen sind hier El Algarrobal, Los Algarrobos sowie El Alba, allesamt als Parcelas de Agrado-Kondominien entwickelt, sowie Hacienda Chacabuco am nördlichen Rand von Colina. El Algarrobal ist bei weitem das größte der Parcelas de Agrado-Projekte und kommerzialisiert auf einer Gesamtfläche von 400 Hektar insgesamt 784 Parzellen (à 5.000 m²). Der Verkauf der Grundstücke begann im Juni 1996 zu einem durchschnittlichen Preis von 2.500 UF pro Grundstück (0,5 UF pro Quadratmeter). El Algarrobal wirbt damit, dass die prestigeträchtige Clínica Alemana und der Einzelhändler D&S dort Baugrundstücke erworben hätten.

Die Holding Empresas Harseim entwickelt auf dem 740-Hektar-Grundstück ihrer ehemaligen Sprengstofffabrik 5.000 Grundstücke für die Oberschicht mit einer Gesamtinvestitionssumme von 500 Mio. US-$. Damit ist La Reserva (ursprünglich Pan de Azúcar) das kleinste und exklusivste der drei ZODUC-Projekte in Chicureo. Von den anderen beiden Projekten unterscheidet sich La Reserva insbesondere durch die anvisierte architektonische Vielfalt.[6] Anders als Piedra Roja ist bei La Reserva die gesamte Projektfläche umfriedet. Die projektierte Einwohnerdichte ist mit 16 Einwohnern pro Hektar deutlich geringer als bei den anderen Megaprojekten. Die Infrastrukturausstattung ist weniger umfassend als bei Piedra Roja, Einkaufsmöglichkeiten und Sportanlagen sind lediglich auf 3,5 Hektar geplant.

Schließlich sind noch die Projekte Brisas de Chicureo und Ayres de Colina von Inmobiliaria FFV zu nennen. Brisas de Chicureo umfasst insgesamt 900 Baugrundstücke, welche sich um einen 36-Loch Golfplatz gruppieren und im Jahr 1996 auf den Markt gebracht wurden. Des Weiteren gibt es ein 4.500 m2 großes Clubhaus mit Bars, Restaurants, Tennis- und Fußballplätzen sowie einem Reitplatz. Das Brisas-Projekt, auf dessen Grund und Boden auch eine Schule und eine Kirche existieren, umfasst eine Gesamtinvestition von 250 Mio. US-$.[7]

Während ab Anfang und Mitte der 1990er Jahre auf der Ebene einzelner Projekte wie Piedra Roja, La Reserva oder Valle Grande die Planungen durch inländische und ausländische Planungsfirmen vorangetrieben wurden, wurde auf politischer Ebene bei den zuständigen Ministerien Lobbying für die anvisierte neue Form der integrierten Stadtentwicklung aus privater Hand gemacht (Poduje und Yañez 2000).

---

6   La Reserva unterhält Kooperationsverträge mit 35 Architekturbüros, jeder Käufer kann auf seiner Parzelle ein Haus nach Wunsch (bzw. aus einem Katalog von 100 Modellen) errichten. Darüber hinaus ist das Gelände stark reliefiert und bietet von jedem Grundstück aus eine gute Aussicht (Meyer-Kriesten 2006). In den oberen Lagen können Parzellen von 5.000 m2 entwickelt werden, im „urbaneren" Teil unterhalb davon stehen Grundstücke von 650 bis 1.300 m² zum Verkauf. Die Gesamtpreise bewegen sich zwischen 4.900 und 9.000 UF (Meyer-Kriesten 2006, S. 427).

7   Information nach: http://www.portalinmobiliario.com/diario/noticia.asp?NoticiaID=4825, letzter Zugriff am 17.4.2011

6.2.2 Planung, Verhandlung und Genehmigung

Spätestens seit 1995 arbeitete das MINVU unter dem Titel „Plan Chacabuco" an einer Ausweitung des Geltungsbereichs in Richtung der gleichnamigen Provinz, welche schon im PRMS von 1994 angekündigt worden war. Die knifflige Angelegenheit dabei war, dass der PRMS von 1994 auf dem Leitbild der städtischen Verdichtung und der Einhegung der landschaftlichen Zersiedelungstendenzen basierte. Auf der anderen Seite aber stand das MINVU unter massivem Druck, im Kontext des ökonomischen Höhenfluges von Anfang und Mitte der 1990er Jahre mit Wachstumsraten von weit über 5% neue Flächen der Stadterweiterung freizugeben. Auch stand die MINVU-Politik schon seit dem Inkrafttreten des PRMS 1994 in frappierendem Widerspruch zur Politik des MOP, welche den massiven Ausbau des regionalen Autobahnnetzes und die Entwicklung einer polyzentrischen Stadtregion als Ziel formuliert hatte. Im Kontext dieser komplizierten Gemengelage entfaltete sich seit seinem Bekanntwerden in der Öffentlichkeit im August 1996 eine hitzige Debatte um den Plan Chacabuco, die bis hinauf in allerhöchste politische Sphären geführt wurde (dazu ausführlich in Kap. 8.2.1).

Im September 1996 wurde die umstrittene Modifikation des PRMS und damit der Plan Chacabuco vom Regionalrat (Consejo Regional – CORE) genehmigt, womit die anvisierten privaten Megaprojekte formal-rechtlich auf den Weg gebracht wurden. Neben der Erweiterung des Geltungsbereichs des PRMS in Richtung der Provinz Chacabuco war die zentrale Neuerung die Einführung des Prinzips der Konditionierten Planung. Dieses Prinzip besagt, dass dann großskalige Immobilienprojekte im peri-urbanen entwickelt werden können, wenn bestimmte Auflagen eingehalten werden. Diese Auflagen beziehen sich auf eine festgelegte Mindestgröße der Projekte, auf eine bestimmte Nutzungsmischung der Projekte und darauf, dass die einzelnen Projekte für die umwelt- und verkehrstechnischen Kosten aufkommen müssen, die sie selber verursachen. Es wurden drei Kategorien von Stadterweiterungsgebieten festgelegt: Area Urbanizable de Desarrollo Prioritario (AUDP), Zona de Desarrollo Urbano Condicionado (ZODUC) und Áreas Industriales Exclusivas con Desarrollo Condicionado (AIEDC). Im Detail wurden für die unterschiedlichen Landnutzungskategorien unterschiedliche Auflagen, Anforderungen und Konditionen festgelegt.

Erst mit dem Abflauen der Asienkrise, im Rahmen derer der Immobiliensektor in Chile und Santiago eingebrochen war, und der hernach einsetzenden wirtschaftlichen Erholung wurden im Jahr 2000 die ersten Genehmigungen für spezifische Megaprojekte innerhalb der im PRMS ausgewiesenen Stadterweiterungsgebiete – AUDP, ZODUC und AIEDC – beantragt. Weil im PRMS 1997 kaum verfahrenstechnische Details in Bezug auf den Genehmigungsprozess oder die notwendigen Umwelt- und Verkehrsverträglichkeitsprüfungen festgelegt worden waren, setzte ein komplizierter Such- und Verhandlungsprozess zwischen den beteiligten staatlichen und privatwirtschaftlichen Akteuren ein (Kap. 8.2.2 bis 8.2.4). Auf verschiedenen administrativen Ebenen wurden Kommissionen und runde Tische eingesetzt, innerhalb derer nach Lösungen gesucht wurde. Erst im Dezember 2001 – vier Jahre nach der Verabschiedung des Plan Chacabuco – kam es zur Unterzeichnung eines Vertrages zwischen neun Immobilienunternehmen, dem MINVU und MOP, in welchem die Einzelheiten geregelt wurden und welcher nun endgültig grünes Licht für die Megaprojekte bedeutete.

6.2.3 Implementierung

Im Jahr 2002 begannen die drei ZODUC-Megaprojekte in Chicureo – Piedra Roja, Valle Norte und La Reserva – mit dem Bau der ersten Projektstufen. Seitdem haben sich die einzelnen Projekte sehr unterschiedlich entwickelt. Piedra Roja ist eindeutig das erfolgreichste unter ihnen. Im Jahr 2010 vereinte es 24 % der Verkäufe im oberen Marktsegment (über 5.000UF) in der gesamten RM auf sich und 69 % von denen in Chicureo.[8] Während sich Valle Norte unter den Erwartungen entwickelt hat, hatte La Reserva große Probleme, denn es gab Konflikte mit Anwohnern und daraus resultierend auch mit den ersten Käufern (Kap. 9.2.2). Das vierte ZODUC-Projekt Santa Elena begann erst wesentlich später mit Bau und Verkauf.

Colina ist heute eine der verkehrsmäßig am besten vernetzten Kommunen der gesamten Metropolregion. 2003 wurde die von den Megaprojektentwicklern finanzierte und gebaute Verbindung Pie Andino zwischen La Dehesa und Chicureo fertiggestellt. Mit der Ruta 5, der Ruta 57 und der im Jahr 2009 fertiggestellten Radial Nororiente, ebenfalls in finanzieller und politischer Hinsicht massiv von den Megaprojektentwicklern unterstützt, gibt es drei moderne und kostenpflichtige Autobahnen, die Colina mit dem Zentrum Santiagos verbinden. Insbesondere die Autopista Nororiente hat Colina und den Megaprojekten, die auch jeweils eigene Autobahnabfahrten haben, einen kräftigen Entwicklungsschub verliehen. Die Verkaufszahlen wie die Bodenpreise schossen in die Höhe, und Chicureo ist heute fest im Bewusstsein der Santiaguiner verankert. Insgesamt ist die Bevölkerung in Colina von 76.426 Einwohnern im Jahr 2002 auf 113.340 im Jahr 2012, d. h. um rund 48 % gewachsen, was eine der höchsten Raten der RM darstellt (DE MATTOS et al. 2013).

In sozial-räumlicher und territorialer Hinsicht ist Colina heute ein Paradebeispiel dessen, was in der Literatur zum Thema als fragmentierte Raumstruktur beschrieben wird (BORSDORF und HIDALGO 2010). Die Kommune ist ein Patchwork aus alten und neuen städtebaulichen Elementen, aus immer noch infrastrukturell prekär-ländlichen Wohnsituationen und extrem modernen Master-planned Communities, aus nicht oder nur schlecht asphaltierten Verkehrswegen und hypermodernen Autobahnen, aus Einwohnern, die unter der Armutsgrenze leben, und solchen, die zur ökonomischen und politischen Elite des

---

8 Einer Studie von Collect GFK zufolge, zitiert in http://www.seconstruye.com/webnoticia/asp/interior.asp?m=1&id =29567, letzter Zugriff am 17.5.2012.

Landes gehören. In Colina gibt es heute einige der besten Schulen des Großraums Santiagos, eine Vielzahl an Golf- und Poloplätzen, Luxusrestaurants, verschiedene künstliche Lagunen und Einkaufszentren. Daneben und dazwischen existieren weiterhin die verschiedenen alten ländlichen Ansiedlungen (Santa Luz, Las Canteras etc.) und *poblaciones* (z.B. Los Ingleses), die zumeist in keinerlei Verbindung mit den neuen städtebaulichen Elementen stehen. Bewegt man sich als Ortsfremder in diesem Raum, ist es zunächst unmöglich, ein übergeordnetes Strukturprinzip zu erkennen; im Anschluss an Mike DA-VIS (1994) erscheint der (post-)suburbane Raum hier als ein „Puzzle ohne Sinn".

6.3   Etappen der Planung und Implementierung der Megaprojekte in Pudahuel

Die im Westen Santiagos gelegene Kommune Pudahuel ist in ihren heutigen administrativen Grenzen aus der 1980 erfolgten Teilung der Kommune Barrancas in Pudahuel, Cerro Navía und Lo Prado hervorgegangen. In sozial-räumlicher Hinsicht besteht Pudahuel aus drei relativ stark kontrastierenden Teilen: Pudahuel Norte, Pudahuel Sur und Pudahuel Rural. Pudahuel Norte und Pudahuel Sur sind die verstädterten Teile der Kommune, wo sich 95 % der kommunalen Gesamtbevölkerung konzentrieren. Während Pudahuel Norte der historische Siedlungskern der Kommune ist, hat sich Pudahuel Sur ab Mitte der 1980er explosiv entwickelt. Innerhalb von einer Dekade ist das Gebiet einwohnermäßig mit Pudahuel Norte gleichgezogen, d.h. um fast 100.000 Einwohner gewachsen, was hauptsächlich durch sozialen Wohnungsbau in den 1990er Jahren und ohne die Bereitstellung ausreichender Versorgungsinfrastruktur in Bezug auf Gesundheit, Bildung und Freizeitmöglichkeiten stattfand. Neben dem aus Pudahuel Norte und Pudahuel Sur bestehenden urbanen Kern der Kommune (Pudahuel Urbano), der flächenmäßig nur ca. 12 % der gesamten Gemeindefläche ausmacht, existiert Pudahuel Rural als stark ländlich geprägter Raum, in dem sich nur einige kleine Siedlungskerne befinden. Während das Gebiet um die Siedlung El Noviciado stark landwirtschaftlich geprägt ist, sind die direkt an den 1967 eingeweihten internationalen Flughafen angrenzenden *poblaciones* Peralito, Campo Alegre und Soberanía Urbana durch prekäre Wohn- und Arbeitssituationen geprägt (GARCÍA 2011). In Pudahuel Rural, das 88 % der gesamten Gemeindefläche ausmacht, lebten im Jahr 2000 nicht mehr als 3.400 Einwohner.

6.3.1 Vorlauf

Vergleichbar dem Fall Colina, sicherten sich auch in Pudahuel ab Anfang der 1990er Jahre Landentwickler und Investoren strategische Flächenreserven. Anders als in Colina waren einige große zusammenhängende Grundstücke aber schon seit mehreren Jahrzehnten in der Hand von kapitalkräftigen Unternehmen aus verschiedenen Wirtschaftsbereichen, die ab Anfang der 1990er Jahre begannen, für diese Flächen integrierte Großprojekte zu entwickeln. Hervorzuheben sind hier einerseits die Besitzungen des

Tab.5:   Übersicht zu den Landentwicklern und ihren Projekten in Pudahuel

Landentwickler	Projekt	Typus
CB/El Bosque	Praderas	PDUC
Enersis/Manso de Velasco	ENEA	PDUC
Yaconi-Santa Cruz	Urbanya	PDUC
Universidad de Chile	Parque Científico y Tecnológico	k. A.
GA Inmobiliaria	Ciudad de Los Valles	Derechos Adquiridos
	Lomas de lo Aguirre	Derechos Adquiridos

Quelle:Eigene Zusammenstellung

Unternehmenskonglomerats CB von Manuel Cruzat im äußersten Westen der Kommune, auf welchem sich das Praderas-Projekt in Planung befindet, und andererseits diejenigen der Familie Santa Cruz, Kontrolleur des größten Gasversorgers Chiles, ebenfalls im ländlichen Teil der Kommune, aber in direkter Nähe zum Flughafen gelegen. Hier ist das Urbanya-Projekt in Vorbereitung. Zusammen mit dem ENEA-Entwickler Manso de Velsaco, welcher seit 1996 zum spanischen Energie-Multi Endesa gehört, waren es diese Akteure, die Anfang der 1990er Jahre die strategischsten Positionen bezogen hatten und seitdem die Transformation Pudahuels voranzutreiben suchen. Dazu kommen zwei kleinere abgeschlossene Immobilienprojekte, Ciudad de los Valles und Lomas de lo Aguirre. Ebenfalls seit Beginn der 1990er Jahre ist um die Laguna Carén herum der Parque Tecnológico der Universidad de Chile in Planung (Tab.5 und Abb.6).

Während Praderas und Urbanya weitestgehend dem Modell der für Colina beschriebenen Megaprojekte im Stile der Master-planned Community entsprechen, sind ENEA und der Parque Tecnológico der Universidad de Chile im Wesentlichen als Industrie- und Technologieparks konzipiert. Weil sie daneben aber auch Wohnfunktionen integrieren, können sie als Megaprojekte im hier verstandenen Sinne betrachtet werden. Alle genannten Projekte werden jeweils von einem Hauptentwickler vorangetrieben, der für die Gesamtkonzeption des Projektes und die Erarbeitung der Masterpläne zuständig ist. Wie bei den Projekten in Colina ist anvisiert, einzelne Entwicklungsetappen an andere Immobilienentwickler abzugeben. Praderas ist das größte Projekt im Großraum Santiago, das auf 2.100 Hektar etwas mehr als 28.000 Häuser für insgesamt knapp 115.000 Bewohner plant. Im Vergleich zu Praderas – nicht aber zu den Projekten in Colina – ist das Urbanya-Projekt deutlich kleiner. Auf einer Fläche von ca. 700 Hektar sind Häuser für ca. 70.000 Bewohner geplant. Zu diesen beiden Wohnprojekten kommt ENEA als Mischprojekt.

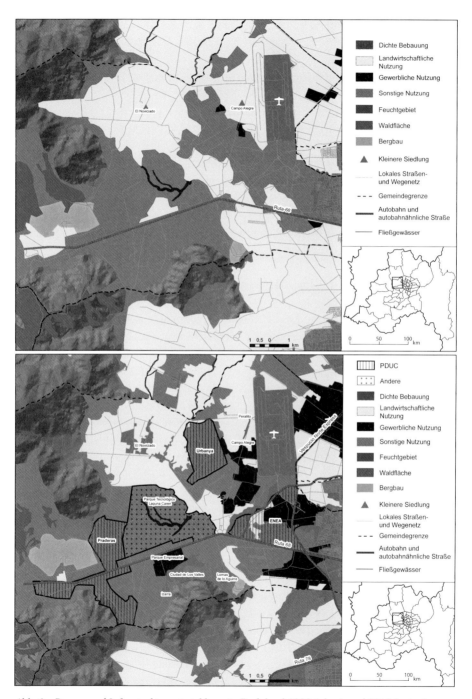

Abb. 6: Raum- und Infrastrukturentwicklung in Pudahuel 1992 (oben) und 2012 (unten)
Quelle: Eigener Entwurf

6.3.2 Planung, Verhandlung und Genehmigung

Anders als in Colina spielten in Pudahuel die Parcelas de Agrado keine Rolle, und es wurden von Beginn an großskalige Projekte geplant. Bis zur Verabschiedung des PRMS im Jahr 1994 stand deren Entwicklung auch nichts im Wege, denn Pudahuel lag vollständig im Geltungsbereich der 1979 unter der Militärregierung deutlich ausgeweiteten Fläche für Stadterweiterung und Immobilienentwicklung. Im Einklang mit der mit dem PRMS von 1994 eingeleiteten Verdichtungspolitik des MINVU verkehrte sich diese Situation aber in ihr Gegenteil, und Pudahuel Rural war seitdem ausdrücklich von der Immobilienentwicklung ausgeschlossen. Die Landnutzungskategorien sahen hier nun die Möglichkeit der Ansiedlung von stadtregional relevanter Ver- und Entsorgungsin-frastruktur wie Müllhalden, Friedhöfen und Kläranlagen vor. Lediglich in einem Teilbereich von Pudahuel Norte, östlich der Ringautobahn Américo Vespucio, war die Ausweitung industrieller Aktivitäten vorgesehen, eben dort, wo ab 1996 der Industriepark ENEA zu entwickeln begonnen wurde.

Sowohl für die Entwickler hinter den Megaprojekten Praderas und Urbanya als auch die Aspirationen der Lokalregierung, die die Bestrebungen der Landentwickler seit jeher unterstützt hatten, bedeutete der PRMS 1994 einen gewaltigen Rückschritt in Bezug auf ihre Ambitionen der Stadterweiterung. Im Rahmen dieser Situation wurden in Pudahuel zwei Strategien verfolgt, um den PRMS zu ändern und eine andere Zukunft für Pudahuel Rural zu ermöglichen. Zum einen kam es kurz vor dem Inkrafttreten des PRMS 1994 und damit der Schließung der planerischen Gestaltungsmöglichkeiten der lokalen Ebene zu einer Reihe von Last-Minute-Landnutzungsänderungen und Baugenehmigungen auf Flächen, die eben vom PRMS ausgeschlossen werden würden. Diese Strategie ist den Last-Minute-Einschreibungen der Parcelas de Agrado kurz vor Inkrafttreten des PRMS von 1997 in Colina vergleichbar. Durch die Genehmigungen sollten Fakten geschaffen werden, auf Basis derer die für Pudahuel restriktive PRMS-Regelung später angefochten werden könnte. Diese Maßnahmen betrafen vor allem jene Flächen, auf denen seit Anfang der 2000er Jahre die Projekte Ciudad de los Valles und Valle lo Aguirre von GA Inmobiliaria zu entwickeln begonnen wurden. Die zweite Strategie, mit der öffentliche und private Akteure gemeinsam versuchten, ihre Visionen für die Raumentwicklung Pudahuels gegen die MINVU-Politik durchzusetzen, war die Bildung einer öffentlich-privaten Allianz zur Stadtentwicklung, der sogenannten Comisión Mixta de Urbanismo de Pudahuel. Basierend auf dem Artikel 49 der LGCU, wonach auf kommunaler Ebene Ad-hoc-Kommissionen einberufen werden können, wurden die Landentwickler von der Lokalregierung dazu eingeladen, sich an der Ausarbeitung eines neuen lokalen Flächennutzungsplanes (Plan Regulador Comunal, PRC) inhaltlich und finanziell zu beteiligen. Das Ziel war es hier, die Planung der Megaprojekte in öffentlich-privater Kooperation voranzutreiben und dem MINVU mittels eines koordinierten PRC die entsprechenden Anträge auf eine Änderung des PRMS vorzulegen (dazu ausführlich in Kapitel 9.1.2).

Schon seit 2001 wurde parallel zu den Aktivitäten der Comisión Mixta in Pudahuel sowie den ZODUC-Verhandlungen in Bezug auf Colina auf ministerialer Ebene an einer neuerlichen Modifikation des PRMS gearbeitet, der das Prinzip der Konditionierten Planung fortschreiben und insbesondere Pudahuel betreffen würde. Im Jahr 2003 wurde der PRMS dann – nach erneut heftigen Auseinandersetzungen zwischen verschiedenen Akteursgruppen um die Frage der „richtigen" Vision der Stadtentwicklung für Santiago (Kap. 8.3.1) – verabschiedet. Die zentrale Neuerung war diesmal die Einführung der Landnutzungskategorie der Proyectos de Desarrollo Urbano Condicionado (PDUC), die auch als ZODUC-flotantes bezeichnet wurden. Letztgenannter Begriff deutet schon an, dass es sich bei den PDUC um eine räumliche Flexibilisierung der ZODUC-Kategorie handelt, welche ja Gültigkeit ausschließlich für die Gemeinden Colina, Lampa und Til Til besaß. Mit den PDUC waren nun Megaprojekte im Prinzip im gesamten peri-urbanen Raum der Metropolitanregion möglich, immer dann, wenn die Auflagen und Anforderungen erfüllt und die Gesamtheit der direkten und indirekten Kosten von den Landentwicklern getragen werden würden. Im Vergleich zu den ZODUC – und auch als Reaktion auf die Kritik an diesen – fielen diese Anforderungen in Bezug auf den Evaluations- und Genehmigungsprozess einzelner Projekte sowie die Spezifizierung der von den Landentwicklern zu übernehmenden Kompensationsleistungen deutlich strenger aus. Auch den lokalen Behörden wurde anders als im Rahmen des Plan Chacabuco nun eine gewisse Mitsprache eingeräumt.

Kurz nach Inkrafttreten des neuen PRMS beantragten die drei Megaprojekte Praderas, Urbanya und ENEA Anfang 2004 die Genehmigung ihrer Bau- und Entwicklungsvorhaben. Unter anderem weil das neue Prozedere extrem komplex ist und die Anforderungen an die technischen Studien hoch sind, hat sich der gesamte Prozess der Evaluierung und Genehmigung extrem in die Länge gezogen und war bis 2013 nicht abgeschlossen (zur Analyse der politischen Dynamiken siehe Kap. 8.3.3).

6.3.3 Implementierung

Von den Megaprojekten, die als PDUC geplant sind, ist nur ENEA seit 1996 tatsächlich in der Entwicklung begriffen. Nur ein kleinerer Teil des Projektes fällt unter die PDUC-Regelung, der größere Teil des Projektes, der im Kern ein Industrie- und Technologiepark ist, war noch vom PRMS 1994 gedeckt. Aufgrund des extrem langen Genehmigungsprozesses ist ENEA Anfang 2011 aus dem PDUC-Prozess ausgestiegen und hat beantragt, die gesamte Fläche als Industriegebiet entwickeln zu können.

Die anderen PDUC-Projekte warten weiterhin auf die endgültigen Genehmigungen. Womit begonnen wurde, ist die Installation der Versorgungsinfrastruktur. Es wurden die projektinternen Straßennetze sowie Trink- und Abwasseranschlüsse angelegt. Dies gilt auch für den Parque Tecnológico der Universidad de Chile, dessen Zukunft am unbestimmtesten erscheint. Im Rahmen des Urbanya-Projektes wurden eine Lagune angelegt sowie eine mit dem Projekt zusammenhängende Sozialsiedlung errichtet (villorio agrícola). Die kleineren Projekte Ciudad de los Valles (12.000 Einwohner) und Valle Lo Aguirre haben sich seit Anfang der 2000er Jahre sehr erfolgreich entwickelt. Sie zeichnen sich dabei durch eine inselhafte Lage aus, d. h., sie stehen zum Rest der Kommune völlig unverbunden im ländlichen Raum.

6.4 Zusammenfassung

Wie gesehen, gibt es sowohl Gemeinsamkeiten als auch Unterschiede zwischen den Prozessen in Colina und Pudahuel. In Colina begann die „Geschichte" der Megaprojekte mit dem Ankauf von Grund und Boden seitens der Landentwicklungsindustrie Anfang der 1990er Jahre und Plänen, großskalige Immobilienprojekte zu entwickeln. In Pudahuel waren die Flächen der beiden wichtigsten Projekte Praderas und Urbanya schon länger in der Hand derjenigen Unternehmen, die dort seit nun über 20 Jahren versuchen, ihre Megaprojekte bauen zu können. Ein zentraler Einschnitt in beiden Fallbeispielen ist die Verabschiedung des PRMS von 1994, welcher die Immobilienentwicklung in großen Teilen des peri-urbanen Raums Santiagos auf Eis legte und zu unterschiedlichen Reaktionen in Colina und Pudahuel führte. In Colina fuhren die Landentwickler mit der Planung ihrer Portfolios und Masterpläne fort und brachten den Staat im Rahmen des Plan Chacabuco dazu, diese in die öffentlichen Pläne, also den PRMS, zu übernehmen. In Pudahuel wurde eine Mehr-Ebenen-Strategie verfolgt. Die Landentwickler finanzierten die Ausarbeitung eines neuen PRC im Rahmen der Comisión Mixta und versuchten hierdurch ebenso wie durch direktes Lobbying, das MINVU zu einer weiteren Änderung des PRMS zu bewegen. Mit der Einführung der PDUC-Regelung wurde dieses Ziel im Jahr 2003 erreicht. Während die Megaprojekte in Colina ungefähr zu jener Zeit mit dem Bau begannen und sich seitdem teilweise explosiv entwickelt haben, warten die PDUC-Projekte in Pudahuel weiterhin auf grünes Licht. In beiden Kommunen ist in sozial-räumlicher Sicht eine starke Fragmentierung der Raumstruktur zu erkennen.

Insgesamt ist bis hierher einerseits zu konstatieren, dass die Raumentwicklung durch privatwirtschaftliche Megaprojekte in Santiago mit dem PRMS und der Konditionierten Planung als Prinzip und offizielle Politik verankert wurde, andererseits aber auch, dass dies keineswegs ein widerspruchsfreier Prozess ist. Im Folgenden werden die politökonomischen Logiken, Dynamiken und Konflikte eingehender untersucht.

7 Die ökonomische Logik der Megaprojekte: Bodenspekulation, Immobilienproduktion und *Capital Switching*

Nachdem im vorhergehenden Kapitel die Megaprojekte in Colina und Pudahuel sowie die Etappen ihrer Planung und Implementierung mehr oder weniger chronologisch dargestellt wurden, stehen in diesem und den beiden folgenden Kapiteln 8 und 9 die kritische Analyse und Interpretation der Mechanismen der sozio-politischen und glokalen Raumproduktion – im Kontext der Megaprojekte – in Santiago im Mittelpunkt. Es wird genauer auf die einzelnen Akteursgruppen – Privatwirtschaft, Staat und Zivilgesellschaft – und ihre Interessen, Strategien und Interaktionen aus der Perspektive der poststrukturalistischen Politischen Ökonomie geschaut. Anhand des theoretisch-konzeptionellen Apparats, der in den Kapiteln 2 und 3 erarbeitet wurde, wird gefragt, wie sich die dort erörterten Zusammenhänge zwischen Globalisierung, Neoliberalismus und Raumentwicklung in Santiago darstellen. Den in Kapitel 4.1 präsentierten Leitfragen folgend werden die mit den Megaprojekten verbundenen ökonomischen und politischen Logiken und Dynamiken dargestellt und in Bezug auf die in ihnen wirksamen Macht- und Kräfteverhältnisse im Kontext der in Kapitel 5 dargestellten übergeordneten politökonomischen Zusammenhängen untersucht.

In diesem Kapitel wird zunächst auf die Interessen und Strategien der privatwirtschaftlichen Akteure fokussiert, welche die treibenden Kräfte hinter den Megaprojekten sind. Nach einem Überblick über die beteiligten Akteure wird auf drei Aspekte bzw. von mit den Megaprojekten verbundenen Sets von Interessen und Strategien fokussiert, die als die zentralen Triebfedern der Megaprojekte identifiziert wurden: Bodenspekulation, Immobilienproduktion und *capital switching*. Die in den Megaprojekten stattfindende spezifische Verschneidung der drei Aspekte wird in dieser Arbeit im Anschluss an LOGAN und MOLOTCH (1987) als „strukturelle Spekulation" bezeichnet (Abb. 7). Wie im methodologischen Teil dargestellt, wird dabei zum Verständnis der Strategien einzelner Entwickler in spezifischen Projekten auf die Initiativen Piedra Roja und Urbanya rekurriert, nicht ohne aber andere Projekte und Dokumente zu berücksichtigen, wenn diese zusätzliche Erkenntnisse versprechen.

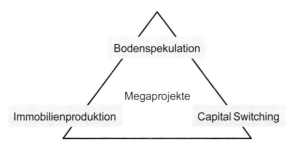

Abb. 7: Elemente der strukturellen Spekulation durch Megaprojekte
Quelle: Eigener Entwurf

Bodenspekulation:

Die Bodenrente (aktiv) in die Höhe treiben oder (passiv) von steigenden Bodenpreisen profitieren; Monopol- und/oder Differentialrenten schaffen und abschöpfen.

Immobilienproduktion:

Durch den Einsatz von Kapital und Arbeit Immobilienprojekte realisieren, für die eine Nachfrage entweder besteht oder geschaffen werden kann.

Capital Switching:

Kapital aus anderen Bereichen in die Produktion der gebauten Umwelt umleiten, um Liquidität zu absorbieren, kurzfristig (Bodenspekulation) oder langfristig (Immobilienproduktion, Infrastruktur) stabile Renditen zu erzielen und die Zirkulation des Kapitals zu gewährleisten.

Abb. 8: Defintion der zentralen mit den Megaprojekten assozierten Interessen, Strategien und Aktionen
Quelle: Eigene Zusammenstellung

7.1 Zur Rollenverteilung in der Landentwicklungsindustrie

Als treibende Akteursgruppe hinter den Megaprojekten in Colina und Pudahuel können zweifellos der Privatsektor im Allgemeinen und die Landentwicklungsindustrie im Besonderen betrachtet werden. Neben den explizit auf die Landerschließung spezialisierten und in Colina und Pudahuel aktiven Unternehmen sind darüber hinaus noch Grundbesitzer, klassische Bau- und Immobilienunternehmen, (multinationale) Infrastrukturentwickler, Finanzdienstleister, Einzelhandelsunternehmen, private Planungsbüros sowie die ökonomischen Gruppen als wichtige privatwirtschaftliche Akteure zu nennen (Tab. 6). Im Sinne von LOGAN und MOLOTCH (1987) eint diese Akteure mit Blick auf die Prozesse der Stadterweiterung zunächst das grundsätzliche Interesse daran, dass Möglichkeiten zur Realisierung von neuen Immobilien-, Bau- und Einzelhandelsprojekten bestehen. Die Megaprojekte sind lediglich eine spezifische Ausprägung und Strategie in Bezug auf das übergeordnete Interesse, „to secure the preconditions of growth" (LOGAN und MOLOTCH 1987), also städtisches Wachstum zu gewährleisten und zu organisieren. Wiewohl die verschiedenen privatwirtschaftlichen Akteure in diesem Sinne als Mitglieder einer Wachstumskoalition zu verstehen sind, bestehen unter ihnen eine Reihe konfligierender Zielvorstellungen und Konflikte. Im Detail spielen die unterschiedlichen Akteure unterschiedliche Rollen, verfolgen unterschiedliche spezifische Interessen und Strategien und stehen in bestimmten Bereichen in Konkurrenz zueinander. Im Folgenden werden diese in zentraler Weise an der Raumproduktion beteiligten privatwirtschaftlichen Akteure mitsamt ihren zentralen Interessen und Strategien überblicksartig vorgestellt, um darauf aufbauend die Logiken der Bodenspekulation, Immobilienproduktion und des *capital switching* im Kontext der Megaprojekte in Santiago eingehender zu untersuchen.

Tab. 6: Überblick zu den beteiligten privatwirtschaftlichen Akteuren

Akteursgruppe	Kerngeschäft/Interesse/Funktion	Akteure
Grundbesitzer	Sowohl Nutz- wie Tauschwertinteressen; einige große Grundbesitzer werden zu Landentwicklern	Privatpersonen, Unternehmen und spezialisierte Akteure
Landentwickler	Steigerung der Bodenrente durch Strukturelle Spekulation	Inmobiliaria Manquehue, ECSA, FFV, CB Inmobiliaria, u. a.
Traditionelle Bau- und Immobilienunternehmen	Die Produktion von Wohnimmobilien für unterschiedliche soziale Schichten	Socovesa, Almagro, Aconcagua, Siena, u. a.
Immobilien- und Pensionsfonds	Hohe Erträge auf Kapitaleinsätze bzw. langfristig stabile Renditen	Fondo Las Américas, Moneda, u. a.
Einzelhandel/Dienstleister	Neue Absatzmöglichkeiten, einige Einzelhändler werden selber im Bereich der Bodenspekulation und Landentwicklung aktiv	Cencosud, Falabella, Grupp Saieh
(Multinationale) Infrastrukturentwickler	Bau und Betrieb von kostenpflichtigen Autobahnen. Die Megaprojekte schaffen eine Nachfrage nach diesen und sorgen für zahlende Kunden auf den Straßen	Infraestructura 2000, Sacyr, Abertis, u. a.
Consultings	Urban Design von Projekten und Masterplänen; Entwicklung von Plänen und Programmen für staatliche Behörden auf lokaler, regionaler und nationaler Ebene; Beratung von lokalen und internationalen Akteuren	URBE, ATISBA, URBANA Valor, Polis, AGS, u. a.
Ökonomische Gruppen	Am Geschäft mit der Bodenrente teilhaben bzw. dieses kontrollieren und orchestrieren; Möglichkeiten für capital switching herstellen/nutzen	Grupos Cruzat, Hurtado Vicuña, Penta, Fernández León, ECSA, u. a.

Quelle: Eigene Zusammenstellung

Grundbesitzer und Landentwickler

Grundbesitzer kontrollieren die zentrale Ressource der Landentwicklung, nämlich Grund und Boden. Im Umland von Santiago – in Colina, Pudahuel und anderen peri-urbanen Kommunen – existiert nach wie vor eine Vielzahl von „kleinen Grundbesitzern", bei denen der Nutzwert von Grund und Boden im Mittelpunkt ihres Interesses steht. Im Wesentlichen trifft dies auf alteingesessene Anwohner in Colina und Pudahuel zu, für die ihr Wohnort und ihre Nachbarschaft eine Ressource in der alltäglichen Organisation ihres Lebens darstellen. Daneben gibt es „große Grundbesitzer", die ausgedehnte Flächenre-

serven entweder als traditionellen Familienbesitz oder im Rahmen von Ankäufen zu Spe-
kulationszwecken besitzen. „Kleine" und „große" Grundbesitzer teilen das Interesse daran, den Tauschwert ihrer Landbesitzungen zu wahren oder zu erhöhen.

Grundsätzlich haben Grundbesitzer angesichts eines steigenden Drucks zur Immobilienentwicklung, wie er in Colina und Pudahuel spätestens seit Anfang der 1990er Jahre zu
beobachten war, drei Optionen: Erstens können sie ihr Land im Zuge des Immobilienbooms in der Peripherie an einen der interessierten Landentwickler verkaufen. Zweitens
können sie das Land halten, entweder zur weiteren Eigennutzung und/oder in der Hoff-
nung darauf, dass die Grundstückspreise im Rahmen des aufgeheizten Marktes weiter
steigen und sie in Zukunft bei einem Verkauf noch höhere Erlöse erzielen werden. Hier
werden die Grundbesitzer – im Sinne der serendipitous entrepreneurs von LOGAN und
MOLOTCH (1987) – selber spekulativ aktiv. Und schließlich können die Grundbesitzer,
drittens, selber zu Land- und Immobilienentwicklern werden und auf ihren Besitzungen,
wenn sie denn groß genug sind, eigene Immobilienprojekte planen und entwickeln. Diese
letztgenannte Strategie ist in Santiago wesentlicher Bestandteil der Dynamik der Stadterweiterung durch Megaprojekte. Die Familien Santa Cruz mit dem Urbanya-Projekt und
Manuel Cruzat mit Praderas in Pudahuel sowie Harseim mit La Reserva in Colina fallen
in diese Kategorie von Grundbesitzern, die zu Landentwicklern werden. Ursprünglich
anderweitig genutzte Flächen, welche sich seit langem im Besitz dieser Familien oder
ökonomischen Gruppen befanden, bekamen mit dem Immobilienboom der 1980er und
1990er Jahre eine neue Wertigkeit, und die Grundbesitzer selber stiegen in das Geschäft
mit dem privaten Städtebau ein und treiben es seitdem maßgeblich voran. Weil diesen
Akteuren zumindest bei ihren ersten Projekten die notwendige Erfahrung und Expertise
fehlt, kooperieren sie häufig frühzeitig mit spezialisierten Land- und Immobilienentwick-
lungsunternehmen.[1] Santa Cruz etwa kooperiert mit Inmobiliaria Manquehue[2], dazu hat
man ein Team um einen erfahrenen Architekten und Manager von öffentlich-privaten
Partnerschaften engagiert. Wichtig anzumerken ist, dass die genannten Akteure – die
Familien Santa Cruz und Harseim sowie die Gruppe um Manuel Cruzat – höchst erfolgreiche Unternehmer auf anderen Geschäftsfeldern sind, also Zugang zu politischen Entscheidungsträgern, unternehmerischen Netzwerken und Finanzkapital haben (Kap. 7.3).

Neben den „ursprünglichen" Grundbesitzern, die zu Landentwicklern werden, hat sich in
Santiago eine Akteursgruppe herausgebildet, deren Kerngeschäft in der Inwertsetzung
von unbebautem Land durch großskalige Immobilienprojekte im Allgemeinen und Mega-

---

1   Der Parque Cousiño Macul wird von der Cousiño-Familie ebenfalls auf den Flächen ihres ehe-maligen Weingutes er-
    richtet. Crillon Inmobiliarios wird dazu gegründet und ist heute auch in andere Projekte involviert. Die Maestranza de
    San Bernardo wird zwischen dem Landeigentümer, der Nationalen Eisenbahngesellschaft (EFE), Besalco und einem
    malaysischen Investor entwickelt (IJM Corporation Berhad).

2   Das erste Großprojekt von dem heute führenden Landentwickler Inmobiliaria Manquehue, Santa Maria de Manquehue,
    wurde ab 1979 auf einem ehemaligen Weingut der Familie Rabat in Lo Barnechea entwickelt. Erst aus diesem ersten
    erfolgreichen Projekt ging das Unternehmen Inmobiliaria Manquehue hervor, welches mit Piedra Roja heute das er-
    folgreichste Megaprojekt überhaupt betreibt.

projekten im Besonderen besteht. Mit Blick auf die Aktivitäten in Colina und Pudahuel sind hier Inmobiliaria Manquehue, FFV und ECSA zu nennen. Ihr unternehmerisches Handeln ist darauf konzentriert, auf die erfolgreiche Manipulation der sozial-räumlichen Struktur der Stadt und eine damit einhergehende Wertsteigerung des Bodens zu spekulieren. Ihr Hauptgeschäftsfeld bezieht sich insofern in erster Linie auf die Ressource Boden und erst in zweiter Linie auf die Immobilienproduktion. Aus Sicht der Landentwickler sind die Megaprojekte in Colina und Pudahuel spezifische unternehmerische Strategien zur Schaffung und Kapitalisierung von Differential- und Monopolrenten. Hier findet eine Reihe von politökonomischen Strategien Anwendung, vom Anlegen von Flächenreserven (*land banks*) über spezifische Formen des *Urban Designs* und *Place Brandings*, das Schmieden unternehmerischer Allianzen, politisches Lobbying und gezielte diskursive Interventionen bis hin zu Politiken der aktiven Wissensproduktion (Kap. 8.4). Einige der Landentwickler sind auch aktiv in das Geschäft mit den konzessionierten Autobahnen eingebunden, was eng mit der Verbesserung der relativen Lage und Wertsteigerung ihrer Landbesitzungen verbunden ist. Darüber hinaus sind einige der wichtigsten Landentwickler in Colina und Pudahuel aufs engste mit den ökonomischen Gruppen verknüpft bzw. mit diesen identisch. In der Asociación de Desarrolladores Inmobiliarios (ADI) haben die Landentwickler seit dem Jahr 2000 ihre eigene Interessenvertretung. Die Landentwickler sind die treibenden Akteure hinter den Megaprojekten und teilen als Akteursgruppe das Interesse daran, die grundsätzlichen Bedingungen für städtisches Wachstum sicherzustellen; untereinander konkurrieren sie aber, denn mit LOGAN und MOLOTCH (1987) geht es bei der Produktion von Monopolrenten auch darum, gleiche Entwicklungen zu begrenzen.

Bau- und Immobilienunternehmen

Die traditionellen Bau- und Immobilienunternehmen übernehmen die Durchführung der Arbeiten, sei es beim Bau von Etappen der Megaprojekte, sei es im Rahmen der konzessionierten Autobahnen. Unternehmen wie Geosal-Aconcagua, Socovesa-Almagro, Fernandez-Wood, Siena, Enaco, Sipsa, Brotec-Icafal oder Besalco sind gleichzeitig bei vielen unterschiedlichen Megaprojekten beteiligt und in unterschiedlichen Gebieten der Stadtregion aktiv, sowohl innerstädtisch wie peri-urban. Für die traditionellen Bau- und Immobilienunternehmen stellen die Megaprojekte lediglich ein Aktivitätsfeld unter vielen anderen dar, ihre Aktivitäten konzentrieren sich nicht auf Colina und/oder Pudahuel, vielmehr sind sie in der ganzen RM und darüber hinaus tätig. Im Vergleich zu den Landentwicklern sind die Interessen der Bau- und Immobilienunternehmen weniger ortsgebunden, und sie haben deutlich breitere Projektportfolios. Ein weiterer Unterschied zu den Landentwicklern – auch wenn einzelne der traditionellen Bau- und Immobilienunternehmen in Einzelfällen als Landentwickler tätig werden – besteht darin, dass ihr Kerngeschäft nicht in der Steigerung der Bodenrente, sondern in der tatsächlichen materiellen Produktion von Elementen der gebauten Umwelt besteht. Sie sind die Abnehmer der „neuen strategischen Lokalitäten" der Immobilienentwicklung, die von den Landentwicklern mittels der Strategien der strukturellen Spekulation geschaffen werden (Kap. 7.1.2). Die Interessenvertretung der traditionellen Bau- und Immobilienunternehmen ist die Cámara Chilena de Construcción (CChC).

Einzelhandelsunternehmen und andere Dienstleister

Einzelhandel und andere Dienstleister sind wichtige, wenn auch keine treibenden Akteure auf dem Feld der Megaprojekte. Ihre Bedeutung besteht im Wesentlichen darin, dass die einzelnen untereinander konkurrierenden Megaprojekte Ankerpunkte und möglichst prestigeträchtige Servicedienstleistungen brauchen. Hier ist zum einen an Malls der bekannten Anbieter von den Gruppen Cencosud, Saieh und Falabella zu denken und andererseits an Privatkliniken, Schulen und Universitäten, mit denen die Megaprojekte als Ankerpunkte werben. Frühzeitig eine bestimmte prestigeträchtige Institution im Rahmen des eigenen Megaprojektes anbieten zu können, kann entscheidende Marktvorteile mit sich bringen. Häufig werden deswegen frühzeitig Grundstücke an Einzelhändler, Schulen und Universitäten zu symbolischen Preisen vergeben, um sich so deren Präsenz zu sichern und für Werbezwecke einzuspannen. Die großen Einzelhändler werden zum Teil auch selber als Landentwickler tätig. Die Familie Solari, deren zentrales Unternehmen die Einzelhandelskette Falabella ist, hat seit 2010 zudem in Inmobiliaria Manquehue und speziell Piedra Roja investiert, was gemeinsam mit der steigenden Bedeutung von Immobilien- und Pensionsfonds als Zeichen einer Finanzialisierung von Stadtentwicklung angesehen werden kann.

Planungs- und Beratungsunternehmen

Die Megaprojekte sind sowohl in unternehmerischer als auch planerischer wie politischer Hinsicht komplexe Angelegenheiten und verlangen nach hochspezialisiertem Know-how – und dies auf unterschiedlichen Ebenen. Auf der Ebene einzelner Projekte selber müssen die Masterpläne entwickelt werden. Dazu engagieren die Landentwickler lokale und internationale Büros, die oftmals aus dem Umfeld der Bewegung des New Urbanism kommen. Über viele Jahre fließen hier enorme finanzielle Ressourcen, was in Santiago zur Entwicklung eines hochspezialisierten Planungs- und Beratungssektors geführt hat. Die privaten Planungs- und Beratungsunternehmen sind dabei nicht nur in die Erstellung von Masterplänen involviert, sie arbeiten gleichzeitig auch für lokale, regionale und nationale Behörden an der Ausarbeitung von (lokalen und regionalen) Flächennutzungsplänen und übergeordneten Programmen. Mit der zunehmenden Komplexität der Projekte und auch der institutionellen Landschaft, die sich im Zuge der neuen Regularien der Konditionierten Planung entwickelt hat, sind die staatlichen Behörden auf den unterschiedlichen Ebenen alleine überfordert und lagern Studien, Pläne und Programme aus. Dies gilt gleichermaßen für den Bereich der Landnutzungsplanung wie für den der Verkehrsplanung. Durch das spezifische institutionelle Design der Konditionierten Planung sind zwischen beiden Feldern neue Schnittstellen entstanden, an denen chilenische Planungs- und Beratungsbüros wie URBE, Atisba, MECSA, Urbana Valor und einige andere mehr sowohl für Landentwickler, Bau- und Immobilienunternehmer, Infrastrukturentwickler, Lobby-organisationen (wie die ADI oder CChC) als auch den Öffentlichen Sektor arbeiten. Zu beobachten sind in Santiago auch zunehmend direkte Verknüpfungen von Planungs- und Beratungsunternehmen und Institutionen des Finanzkapitals und damit den ökonomischen Gruppen. Insgesamt ist zu konstatieren, dass die Planungs- und Beratungsunternehmen eine zunehmend wichtige Rolle spielen (Kap. 8.4).

(Multinationale) Infrastrukturentwickler

In unterschiedlichem Grad, direkt und indirekt, mit den Megaprojekten verbunden sind diejenigen Akteure, die in Santiago im Rahmen des Konzessionsprogramms den Ausbau der Verkehrsinfrastruktur vorantreiben, ausführen und finanzieren. In den späten 1990er und frühen 2000er Jahren hat sich eine gesamte Industrie um das Konzessionssystem herum entwickelt, die sich auf den Bau und Betrieb von Krankenhäusern, Gefängnissen, Häfen, Flughäfen und eben innerstädtische und intraurbane Autobahnen spezialisiert hat. Neben den Institutionen des Finanzkapitals ist es dieses Geschäftsfeld, in welchem der Anteil „ausländischen Kapitals" am höchsten ist und das als direkter Ausdruck der wirtschaftlichen Außenöffnung und chilenischen Freihandelspolitik betrachtet werden kann. Der Bezug zu den Megaprojekten besteht darin, dass diese ob ihrer zunächst peripheren Lage ohne eine verkehrsmäßige Anbindung durch Autobahnen an das Zentrum von Santiago nicht vermarktbar sind. Die Landentwickler haben deswegen großes Interesse daran, dass Investitionen getätigt werden, und intervenieren aktiv in Verhandlungen (Kap. 7.1.2). Die Sicherstellung der verkehrsmäßigen Anbindung ist integraler Bestandteil der Strategien der strukturellen Spekulation. Die Konzessionsnehmer derjenigen Autobahnen, die den (post-)suburbanen Raum betreffen, sind ihrerseits daran interessiert, dass in deren Umfeld die Immobilienentwicklung floriert, weil dies Autos und damit zahlende Kunden auf ihre Straßen bringt. Einige Landentwickler sind auch selber als Konzessionsnehmer in Erscheinung getreten, um diejenigen Autobahnen voranzutreiben, die zur Entwicklung ihrer Megaprojekte notwendig waren. Eine neue Autobahn hat das Potenzial, die sozial-räumliche Struktur einer Stadt zu transformieren, neue strategische Lokalitäten zu schaffen und die Bodenpreise in die Höhe schießen zu lassen. Das prägnanteste Beispiel ist die Autopista Radial Nororiente, die entscheidenden Anteil an der Konsolidierung von Chicureo als neuem Wachstumspol Santiagos hat. Eine ähnliche Rolle könnte in Zukunft die Autopista Santiago-Lampa spielen, die von einem privaten Konsortium geplant wurde und die relative Lage der sich in Lampa und auch Pudahuel befindlichen Megaprojekte entscheidend verbessern wird.

Institutionen des Finanzkapitals

Die Institutionen des Finanzkapitals haben im Kontext der Megaprojekte die Aufgabe, sowohl den Land- wie auch den Infrastrukturentwicklern Kapital zur Projektentwicklung und -finanzierung zur Verfügung zu stellen. Sie selber suchen sichere und langfristig stabile Renditen. Die Institutionen des Finanzkapitals werden ungefähr zu gleichen Teilen von den nationalen ökonomischen Gruppen und ausländischen Gesellschaften und hier vor allem von spanischen und US-amerikanischen Banken kontrolliert.

In Santiago bestimmen sechs Immobilienfonds den Markt (Independencia, Santander, Las Américas, Cimenta, Moneda und Celfin Capital). Aufgelegt und kontrolliert werden diese vor allem von Banken (Santander, BICE) und Investmentgesellschaften (wie Penta und Consorcio). Die Investoren in die Immobilienfonds sind zum überwiegenden Teil institutionelle Investoren wie Pensionsfonds und Versicherungen, die ihrerseits wiederum von den Investmentgesellschaften kontrolliert werden. Bei Letzteren laufen also gewissermaßen die Fäden zusammen. Die Immobilienfonds streuen ihre Investitionen breit, um so die Rendite zu maximieren und das Risiko zu minimieren. Die Megaprojekte und Autobahnen stellen ein Investitionsziel unter anderen dar, allerdings ein zunehmend wichtiges. Der Immobilienfonds Moneda etwa, der fünftgrößte am Markt und von Consorcio um die neuen ökonomischen Gruppen Fernandez León und Hurtado Vicuña kontrolliert, die selber auch als Landentwickler in Erscheinung treten, konzentriert 25 % seines gesamten Investitionsvolumens in Colina, vor allem in Piedra Roja. Eine relativ neue Entwicklung ist, dass Immobilienfonds auch direkt in die Bodenspekulation involviert sind und selber *land banks* anlegen (TRIVELLI 2006). Eine ebenso relativ neue Entwicklung ist, dass Investmentgesellschaften in die an die Börse gehenden Bau- und Immobilien investieren. Hier ist eine zunehmende Finanzialisierung von Stadtentwicklung im Sinne von HARVEY (2011) zu erkennen.

Ein weiterer wichtiger Akteur des Finanzkapitals sind die Pensionsfonds (AFPs). Neben den Investitionen in die Immobilienfonds, die für die Pensionsfonds gesetzlich nicht mehr als 10 % ihres Gesamtvolumens betragen dürfen, investieren diese auch in Hypothekenbriefe und Infrastrukturbonds. So werden 75 % aller Hypothekenbriefe und 95 % aller emittierten Infrastrukturbonds von den Pensionsfonds gehalten. Im Jahr 2004 hatten die Pensionsfonds insgesamt 4,5 Mrd. US$ in die verschiedenen Bereiche des Bau- und Immobiliensektors investiert.

Ökonomische Gruppen

Bei den ökonomischen Gruppen, die in Chile mittels ihrer komplexen Holdings die politische und ökonomische Landschaft dominieren, laufen auch die Fäden der Stadterweiterung zusammen. Bei einem genauen Blick auf die komplexen Beteiligungsverhältnisse wird deutlich, dass es sich dabei im Besonderen um diejenigen Gruppen handelt, die aus der zweiten Welle der Privatisierung Ende der 1980er Jahre und Anfang der 1990er Jahre hervorgegangen sind. Es sind die Holdings der Technokraten-Unternehmer, die zum engen Kreis der Chicago Boys zählten, die ab Anfang der 1990er Jahre entweder direkt auf dem Feld der strukturellen Spekulation oder durch Beteiligungen und Finanzierungen aktiv wurden. Dazu zählen die Unternehmensgruppen von Manuel Cruzat, Eduardo

Fernandez León, Juan Hurtado Vicuña sowie die Penta-Gruppe.[3] Zieht man in Betracht, dass es eben diese Unternehmen waren, die Anfang der 1990er Jahre die privatisierten ehemaligen Staatsunternehmen an transnationale Konzerne verkauften, dabei enorme Gewinne machten und ungefähr zur gleichen Zeit massiv in die gebaute Umwelt zu investieren begannen oder ihre Investitionen stark intensivierten, kann hier durchaus von einem systematischen *capital switching* gesprochen werden, für die die Megaprojekte als Vehikel dienten. In Kapitel 7.1.3 wird dieser Zusammenhang ausführlicher dargestellt.

Mit Blick auf die hier beschriebenen Akteursgruppen kann zusammenfassend gesagt werden, dass die verschiedenen genannten Akteure einerseits ein Interesse daran teilen, dass grundsätzlich Möglichkeiten zur Realisierung von Immobilienprojekten bestehen. Andererseits aber stehen die einzelnen Akteure, die zusammengenommen die Landentwicklungsindustrie bilden, in Konkurrenz zueinander. Abbildung 9 verdeutlicht das komplexe Beziehungsgefüge innerhalb der Landentwicklungsindustrie. Neben den Beziehungen der Konkurrenz, Kooperation und Investition/Kontrolle zwischen den einzelnen Akteursgruppen, die in der Abbildung dargestellt werden und weiter oben beschrieben wurden, ist wichtig anzumerken, dass Akteure der einzelnen Akteursgruppen oftmals untereinander konkurrieren. Die einzelnen Landentwickler in Colina etwa konkurrieren darum, dass ihre eigenen Projekte florieren und sich besser verkaufen als die der Konkurrenz. Als es Anfang der 1990er Jahre darum ging, wohin sich die Stadt ausdehnen würde und entsprechendes Lobbying und später Verhandlung stattfand, saßen sie allerdings in einem Boot. Dasselbe gilt für die Landentwickler in Pudahuel. Sie teilen das Interesse daran, dass Pudahuel als Stadterweiterungsgebiet deklariert wird. Sobald dem aber so ist, stehen etwa die Projekte Praderas und Urbanya in Konkurrenz zueinander.

---

3 Von den traditionellen Gruppen ist lediglich die Matte-Gruppe in nennenswertem Maße an denMegaprojekten beteiligt. Im Jahr 2011 hatte die Matte-Gruppe über BiceCorp (Bice Renta Urbana und BICE Vida) 300 Mio. US$ in verschiedene Bereiche der gebauten Umwelt investiert und vergibt jährlich etwa 30 Mio. US$ an Hypothekenkrediten (Bice hipotecaria). Der größte Teil der Immobilieninvestitionen ist in Boden investiert (35%). In Bezug auf die Megaprojekte ist die Matte-Gruppe an Piedra Roja und Valle Grande (Novaterra, Vida Corp und Consorcio) beteiligt.

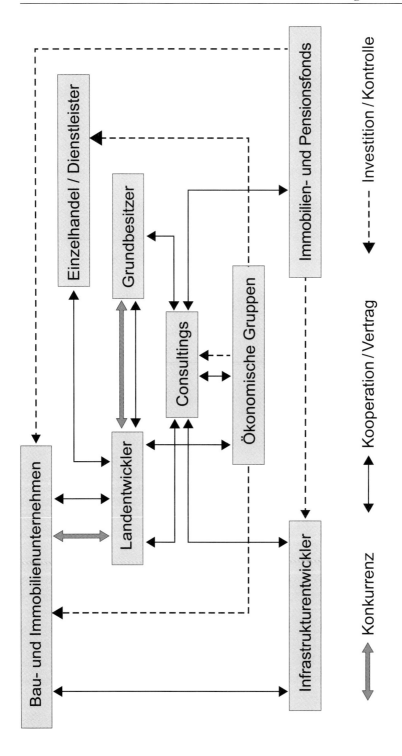

Abb. 9: Beziehungen innerhalb der Landentwicklungsindustrie
Quelle: Eigener Entwurf

7.2 Megaprojekte als Strategie der Bodenspekulation und Immobilienproduktion

Die Megaprojekte in Santiago stellen einen neuen Maßstab dar, auf dem privater Städtebau stattfindet und – im Zusammenhang mit der Konditionierten Planung – eine neue institutionelle Form, durch die er organisiert wird. Zentral zum Verständnis des Booms von Megaprojekten in Santiago und der Dynamik der Prozesse ihrer Planung und Implementierung ist die Tatsache, dass es sich bei den Megaprojekten um eine neue und spezifische Kombination der Strategien und Prozesse der Bodenspekulation, Immobilienproduktion und des *capital switching* handelt. In diesem Sinne sind die Megaprojekte die jüngste Variante von Strategien und Prozessen auf dem Feld der Stadtentwicklung, die eine lange Geschichte vorweisen. Bodenspekulation, Immobilienproduktion und *capital switching* fanden als Strategien auch schon im frühen 20. Jahrhundert statt, haben sich im Kontext der Prozesse von Globalisierung und Neoliberalisierung aber stark gewandelt. Dies wird im Folgenden dargestellt.

7.2.1 Die Evolution von Großprojekten und das Prinzip des „mayorista de suelo"

Wie in Kapitel 5.3.2 angesprochen, lassen sich mit Blick auf das 20. Jahrhundert verschiedene Modi der Wohnraumproduktion unterscheiden, denen verschiedene Akteurskonstellationen sowie privatwirtschaftliche Interessen und Strategien zugrunde lagen. SABATINI und CÁCERES (2005) arbeiten (allerdings anhand anderer Begrifflichkeiten und mit Blick auf lateinamerikanische Metropolen insgesamt) heraus, inwiefern sich im Rahmen dieser Modi das Verhältnis von Prozessen und Akteuren der Bodenspekulation, Immobilienproduktion und des *capital switching* gewandelt hat. In theoretischer Hinsicht gehen sie dabei davon aus, dass es bei der Wohnraumproduktion grundsätzlich drei „Profitkategorien" gibt: erstens Gewinne durch den Bau- und Verkauf von Immobilien, zweitens Erträge des Finanzkapitals (in Form von Zinsen auf Kredite an die Angebots- und Nachfrageseite) und drittens die Bodenrente. Zum Verständnis der Dynamik der Megaprojekte in Santiago und im Lichte der empirischen Erhebungen im Rahmen dieser Arbeit hat dies hohen Erklärungswert.

Von der Ex-post- zur Ex-ante-Integration verschiedener Märkte
In einer ersten Phase dominierten demnach in den ersten Jahrzehnten des 20. Jahrhunderts kleinere Subdividierer und illegale Landnahmen. Von Grundbesitzern wurden Flächen und Wohnungen an Arbeiter und Immigranten vermietet. Auch kam es zu ersten Prozessen der Suburbanisierung der Eliten (STOCKINS 2009, S. 105; RAMÓN 2007: 139 ff.). Dabei nahmen die (ursprünglichen) Grundbesitzer die Flurteilung vor und verkauften dann einzelne Grundstücke an wohlhabende Privatpersonen zu deren Eigennutzung. Diese Mitglieder der Oberklasse gaben dann bei einheimischen Architekten den Bau von einzelnen Häusern und Villen auf den großzügig bemessenen Grundstücken in

Auftrag, was gewissermaßen einer Frühform der Parcelas de Agrado entsprach. Zu dieser Zeit formierte sich ein Bodenmarkt – aber noch kein Immobilienmarkt im eigentlichen Sinne.

In einer zweiten Phase formierte sich dann ein Immobilienmarkt, d. h. ein Markt, auf dem Wohnimmobilien zu ihrem Verkauf produziert und gehandelt wurden. Es traten erste spezialisierte Anbieter und Intermediäre wie Banken und Makler auf den Plan. SABATINI und CÁCERES (2005) zufolge war diese zweite Phase dadurch geprägt, dass die Integration von Boden-, Immobilien- und Finanzkapitalmärkten *ex post* stattfand, d. h. durch die Kaufentscheidungen der Konsumenten. Die Akteure der Angebotsseite konzentrierten sich demnach auf lediglich jeweils einen Aspekt der Wohnraumproduktion: die Grundbesitzer auf die Zurverfügungstellung von Grund und Boden, die Immobilienentwickler auf Bau und Vertrieb von Immobilien und Banken sowie andere Investoren auf mögliche Kapitalerträge. Jede der drei Akteursgruppen konzentrierte sich also auf jeweils eine der weiter oben angeführten Profitkategorien. Für diese Phase ist noch anzumerken, dass der Staat durch die Produktion von sozialem Wohnungsbau ein wichtiger Akteur auf dem Immobilienmarkt war.

In einer dritten Phase dann, ab den späten 1970er Jahren, setzte ein Transformationsprozess ein, der sich mit dem Immobilienboom zu Beginn der 1980er Jahre als neues „System der Immobilienproduktion" *(Sistema de Producción Inmobiliaria,* SABATINI 190, S. 64) institutionalisierte. Es kam nun zu einem wesentlich stärkeren Einstieg von inländischem und ausländischem Finanzkapital; und dies war auch der Moment, wo das Feld der Stadtentwicklung von den ökonomischen Gruppen entdeckt und usurpiert wurde – dies einerseits, um tatsächlich Immobilienprojekte zu entwickeln, und andererseits, um Spekulationsgewinne auf dem Bodenmarkt zu erzielen. SABATINI (1990) beschreibt etwa, wie es kurz vor der Verabschiedung der Liberalisierungsmaßnahmen der Militärregierung 1979 zu einem beispiellosen *Run* auf Flächen in der Peripherie Santiagos kam und dabei durch den Landnutzungswandel gigantische Spekulationsgewinne realisiert wurden. Entscheidend war hier (und ist es bis heute), dass die Gewinne des Finanzkapitals bei der Bodenspekulation höher waren als bei Investitionen auf den Kapitalmärkten.

Von nun an dominierte die Strategie der Ex-ante-Integration, und es entstanden integrierte Immobilien- und Landentwicklungsunternehmen (Tab. 7). Land und Kapital sind dabei in derselben Hand, was es erlaubt, die verschiedenen Profitkategorien ebenfalls in einer Hand zu bündeln. Den Grund für diese Entwicklung sieht SABATINI (1990) darin, dass Immobilienentwickler und Finanzkapital einen größeren Teil der Bodenrente einstreichen bzw. deren Aufteilung ganz kontrollieren. Unter dem Modell der Ex-post-Integration waren es die Grundbesitzer gewesen, die den größten Teil der Bodenrente einstrichen, während die Immobilien- und Landentwickler einen erheblichen Teil ihres potenziellen Gewinns an die Grundbesitzer abgaben. Um dies zu vermeiden, begannen Immobilienun-

Tab. 7: Phasen und Modi der Wohnraumproduktion

Art der Integration		Verflechtung	Dominierende Akteursgruppen	Typen von Großprojekten
Ex-Post	1920 – 1960	die drei Bereiche laufen getrennt voneinander	Keine; es koexistieren Grundbesitzer, Subdividierer und pobladores, die illegal Land besetzen	Individueller Bau von Wohnimmobilien, Kleinere Immobilienprojekte
	1960 – 1973		Staat	Großprojekte des sozialen Wohnungsbaus
	1974 – 1978		Große Bauunternehmen	
Ex-Ante	1979 – 1992	vertikal und horizontale Integration; Bodenrente rückt ins Zentrum des Interesses	Bau- und Immobilienunternehmen sowie Landentwickler mit direkten Verbindungen zum Finanzkapital	Kleinere und größere Gated Communities im *Barrio Alto*, Großsiedlungen in Kommunen wie Maipú und Puente Alto
	1992 – heute	Wie oben, dazu zunehmend die Strategie der ´Social Modification of Place'	Bau- und Immobilienunternehmen sowie Landentwickler mit direkten Verbindungen zum Finanzkapital	Parcelas-de-Agrado-Projekte im peri-urbanen Raum, Großprojekte
	1997 – heute	Prinzip des Mayorista de Suelo	Etablierte Landentwickler und neue ökonomische Gruppen	Megaprojekte vom Typ ZODUC, AUDP und PDUC

Quelle: Erweiterte Zusammenstellung auf Basis von SABATINI *1990 u.* SABATINI/CÁCERES *2005*

ternehmen und Landentwickler ab Anfang der 1980er Jahre, *land banks* anzulegen. Sie kauften Land in der Peripherie zusammen und versuchten so die Kontrolle über den Faktor Boden zu erlangen. Um dies tun zu können, braucht es große Summen an Kapital, was erklärt, dass es finanzmarktbasierte Akteure waren, die diese Strategie verfolgten. DONOSO und SABATINI (1980, S. 51) beschreiben, wie sich zu jener Zeit eine Logik etablierte, in der die Steigerung der Bodenrente gegenüber dem Gewinn aus Bau und Verkauf von Immobilien an Vorrang gewann und sich im Allgemeinen eine Rationalität der Spekulation etablierte. Mit den Landentwicklern gibt es nun einen Akteur, der die verschiedenen Phasen der Landentwicklung und Immobilienproduktion koordiniert bzw. kontrolliert und so auch die Margen für die anderen beteiligten Akteure festlegt. SABATINI und CÁCERES (2005, S. 12) sprechen hier von „residueller Rationalität": „Durch das Vorantreiben eines Landnutzungswandels von landwirtschaftlich zu städtisch, von Einfamilienhäusern zu Mehrfamilienhäusern, von einer sozialen Schicht zu einer anderen kapitalisiert der Landentwickler einen großen Teil der Bodenrente durch die so erreichte Preissteigerung des Bodens" (SABATINI 1990, S. 70).

Evolution von immobilienwirtschaftlichen Großprojekten

Zunächst konzentrierten sich die Land- und Immobilienentwickler auf die Entwicklung des Barrio Alto, wo die Bodenpreise hoch waren und es Kunden gab, die die entsprechenden Preise bezahlen konnten (SABATINI 1990). Einen maßgeblichen Anteil an dieser Strategie in Bezug auf das Barrio Alto hatten Großprojekte. Pionier war hier das 1979 initiierte Luxuswohnprojekt Santa Maria de Manquehue auf dem Gelände des Fundo Santa Adela der Familie Rabat in Lo Barnechea. Das hatte grünes Licht mit dem neuen PRMS von 1979 bekommen, der ganz Lo Barnechea als Fläche der Stadterweiterung auswies. Zu Baubeginn – ebenso wie Colina und Pudahuel – noch weit vor den Toren der Stadt gelegen, stellte das Projekt den Startschuss für die systematische Erschließung des heutigen Barrio Alto dar. In den 1980er Jahren etablierte sich der gesetzte Standard, und eine Reihe von anderen Immobilienunternehmen entwickelte Projekte ähnlichen Typs[4], welche allesamt weitgehend nordamerikanischen Vorbildern folgten. Der Sektor Los Trapenses in Lo Barnechea etablierte sich als Wohnort der Oberklasse und ist heute ein Mosaik aus in sich abgeschlossenen Vierteln, Gated Communities, die durch weiträumige Grünflächen, luxuriöse Ausstattung und eine extrem homogene Bevölkerungsstruktur geprägt sind.

Neben der Ausweitung und Konsolidierung des Oberschichtenviertels im Osten der Stadt spielten großskalige Immobilienprojekte auch eine wichtige Rolle in der Erschließung der westlichen und südlichen Semiperipherie Santiagos. In den bis in die 1990er Jahre deutlich ländlich geprägten Kommunen Maipú, La Florida und Puente Alto, welche heute die drei bevölkerungsreichsten in ganz Santiago sind, boten „traditionelle Immobilienunternehmen" wie Socovesa, Besalco, Almagro und andere pro Entwicklungsprojekt bis zu 20.000 Einfamilienhäuser an, die sich an die unteren Mittelschichten richteten.[5] In starkem Kontrast zu den Großprojekten in Las Condes, Vitacura und Lo Barnechea handelte es sich hierbei um monotone Serienproduktionen der Stadterweiterung, quasi ohne jegliche Bereitstellung von städtischer Infrastruktur oder Dienstleistungen.

---

4 Zu denken ist hier etwa an die Projekte Santuario del Valle durch Manso de Velasco, an Los Monjes und Los Bravos durch Socovesa und verschiedene Kondominien durch Almagro in Las Pataguas. Mit den emblematischen Projekten El Golf de Manquehue und Valle Escondido in La Dehesa etablierte sich eine neue Qualität von Immobilienprojekt im Hinblick auf die luxuriöse Infrastruktur, die quasi ab Werk mitangeboten wurde. Valle Escondido etwa, welches 1994 von den chilenischen Wirtschaftsclans Cueto, Martínez und dem heutigen Präsidenten Sebastián Piñera initiiert wurde, ist ein um einen 18-Loch-Golfplatz angelegtes Resort für Superreiche, malerisch in einem Tal der Andenkordilliere gelegen. An anderen Stellen des Barrio Alto setzte hingegen ein Prozess der Verdichtung durch vertikale Kondominienprojekte ein, wie etwa Valle La Dehesa. Während dies einerseits eine relative Abwertung in Bezug auf die Exklusivität einzelner Sektoren des Barrio Alto bedeutete, erhöhte es andererseits die Margen pro Quadratmeter, die von den Immobilienentwicklern erzielt werden konnten.

5 Zu nennen sind hier etwa die Ciudad Satélite de Maipú von Socovesa, mit deren Entwicklung 1988 begonnen wurde, oder Besalco mit dem Projekt Lomas de Maipú.

Ende der 1980er und Anfang der 1990er Jahre gab es im Rahmen des Wirtschaftsbooms erneut starken Druck auf die Peripherie. Ein Trend, der zu jener Zeit einsetzte, war das Eindringen von zumeist abgeschlossenen und umzäunten kleineren Kondominien und vor allem abgeschlossenen Großprojekten für die oberen Mittelschichten sowie, in einzelnen Fällen, für die Oberschicht in bis dahin vor allem durch sozialen Wohnungsbau und/oder stark ländlich geprägte Kommunen wie Peñalolén, Huechuraba, Quilicura, San Bernardo, Pirque, Calera de Tango, sowie die Untersuchungskommunen dieser Arbeit, Colina und Pudahuel. Das sind die Kommunen, auf die sich in ihrer Mehrheit die Studien zur Fragmentierung der Stadt in Santiago beziehen, weil es hier seit den 1990er Jahren durch die sozial-räumlichen Strategien der Land- und Immobilienwirtschaft zu einem Nebeneinander von unterschiedlichen sozialen Schichten gekommen ist (SALCEDO und TORRES 2004, SABATINI und CÁCERES 2004).

Alle genannten Kommunen weichen in ihrer sozial-räumlichen Struktur von den klassischen Wohngebieten der Ober- und Mittelschicht ab. Für spezialisierte Land- und Immobilienentwickler ist dies eine Chance, weil, wenn man aktuelle und mögliche Nutzung sowie das entsprechende Preisniveau vergleicht, die *Rent Gap* besonders groß ist. Die ersten Landentwickler, die aktiv werden, sind besonders bevorteilt, weil sie zu noch sehr niedrigen Preisen Land erwerben können. Um allerdings ein Immobilienprojekt für die Mittel- und Oberklasse erfolgreich in einem solchen Gebiet zu entwickeln, sind sehr große Projekte notwendig, die die sozioökonomische Struktur und deren gesellschaftliche Wahrnehmung „aufbrechen" können. Das ist das, was SABATINI (2000) als die Strategie der „social modification of place" bezeichnet. Dabei werden städtische Teilräume physisch-materiell und symbolisch transformiert, um so neue Orte und strategische Lokalitäten zu schaffen. Dazu sind große Projekte notwendig, die wiederum nur große Entwickler tätigen können. Kleinere Entwickler haben nicht den direkten Zugang zum Finanzkapital und damit zu den Mitteln, die notwendig sind, um die enormen Kosten und Risiken in Kauf zu nehmen, die es bedeutet, mit Hilfe einer langfristigen Strategie die Bodennutzung eines bestimmten Gebietes deutlich aufzuwerten (SABATINI 1990, S. 66). Um dabei erfolgreich zu sein, muss etwa Infrastruktur zur Verfügung gestellt werden, die zum sozialen Status der anvisierten neuen Bewohner passt. Darüber hinaus muss massiv in Werbung investiert werden, damit der Wandel des sozialen Status eines bestimmten Sektors innerhalb einer vorher sozial stigmatisierten Kommune sich bis zu den Konsumenten der Mittel- und der Oberschicht herumspricht. Diese Strategie hat sich in Santiago in den Jahren des Wirtschaftsbooms Mitte der 1990er Jahren etabliert. Inmobiliaria Manquehue war dabei immer wieder Vorreiter und hat seinen Aktionsradius mit Projekten zunächst in Lo Barnechea, dann in Quilicura und Huechuraba und heute in Colina sukzessive (in Richtung Norden) ausgedehnt. Weil Inmobiliaria Manquehue jeweils der Pionier in den genannten Kommunen war und ein großes Risiko einging, waren die Gewinnmargen entsprechend hoch. Durch emblematische Projekte, die die ererbte sozial-räumliche Struktur von peri-urbanen Kommunen aufbrechen, werden Monopolrenten geschaffen und kapitalisiert. Nur spekuliert werden kann an dieser Stelle, dass Unternehmen wie Manquehue eigene Stadtentwicklungspläne im Sinne SHATKINS (2008) haben, die sie über Jahre und Jahrzehnte verfolgen.

Der Maßstabssprung zum Megaprojekt

Ein entscheidender Maßstabssprung in Bezug auf die realisierten Projekte sowie die Form ihrer Organisation erfolgte allerdings nicht durch Inmobiliaria Manquehue, sondern mit dem Curauma-Projekt von CB Inmobiliaria, vor den Toren Valparaísos und Viña del Mar gelegen, das erste Megaprojekt im engeren Sinne, das auch als Vorbild für Colina und Pudahuel diente. Mit Curauma etablierten sich zwei Innovationen: zum einen, dass die Megaprojekte mehrere zuvor getrennt bereitgestellte Dienstleistungen von Beginn im Rahmen eines vom Landentwickler kontrollierten Masterplans bündeln. Die andere unternehmerisch-organisatorische Innovation von Curauma bestand darin, dass wie auch bei den frühen Megaprojekten im Barrio Alto ein einzelnes Landentwicklungsunternehmen für die Beschaffung der Genehmigungen, die Planung und das Design des Gesamtprojektes verantwortlich zeichnet, dann aber einzelne Projektteile und Entwicklungsabschnitte an andere, traditionelle Immobilienentwickler weiterverkauft werden. In Santiago hat sich für dieses Prinzip der Begriff des „*Mayorista del Suelo*" etabliert, was übersetzt so viel wie Flächengroßhändler bedeutet (PODUJE und YAÑEZ 2000).

Nach eigenen Aussagen besteht das Geschäftsmodell des Pionierprojektes Curauma dabei darin, „den Immobilienentwicklern und Dienstleistungsanbietern strategische Lokalitäten in ihren objektiven Zielgruppen bereitzustellen" (Homepage Curauma, 20.10.2011).[6] Das Kernprinzip der Landentwickler, die auf Megaprojekte und das Prinzip des Mayorista del Suelo setzen, basiert also darauf, die traditionellen Immobilienunternehmen und Dienstleistungsversorger mit „strategischen Lokalitäten" zu versorgen. Gemeint sind damit solche Lokalitäten, auf denen die Kunden der Landentwickler – die traditionellen Immobilienunternehmen und Dienstleistungsversorger – durch Bau und Verkauf von Immobilienprojekten einerseits und die Entwicklung von Supermärkten, Schulen, Universitäten und Kliniken andererseits interessante Profite realisieren können. Dies ist natürlich nur dann attraktiv, wenn im Hintergrund eine Nachfrage besteht oder geschaffen werden kann.

Mit den Megaprojekten wurde so eine in Santiago existierende Tendenz fortgeschrieben, aber auf eine neue Ebene gehoben. Strukturelle Spekulation wird nun zu einem offiziellen Geschäftszweig. Ein Blick auf die Selbstbeschreibung Curaumas ist hier erneut erhellend: „Die kommerzielle Strategie des Unternehmens besteht darin, sich als ‚Immobiliengroßhändler' zu definieren und sich auf das Managements des Raums (gran territorio) mit

---

6   „En proveer a los desarrollistas inmobiliarios y de equipamientos, ubicaciones estratégicas en los segmentos objetivos de su interés" (Homepage Curauma, 20.10.2011)

langfristiger Vision zu konzentrieren. Das Ziel ist die Maximierung des Bodenpreises (valor del suelo) in Curauma, weswegen Großgrundstücke (macro lotes) zwischen 4 und 60 Hektar an in ihren jeweiligen Segmenten führende Immobilienunternehmen verkauft werden. Im Einklang mit dem geltenden Plan Regulador Comunal bauen und verkaufen diese dann Häuser in dieser neuen Stadt…Es ist wert darauf hinzuweisen, dass in Curauma führende Immobilienmarktakteure des Landes aktiv sind und dass sich Curauma zu einem großen ‚Immobilienkaufhaus' (mall inmobiliario) der Macro-Zona Central entwickelt hat, in der die großen Baufirmen rentable Projekte realisieren können, wobei von einem gemeinsamen Image und dem ‚Konzept Curauma' Gebrauch gemacht wird" (Homepage Curauma, 20.10.2011).[7]

Der Landentwickler konzentriert sich also auf die Verwaltung bzw. das Management der neu geschaffenen Lokalität und dies mit langfristiger Perspektive, da die Megaprojekte im Schnitt einen Entwicklungshorizont von 30 Jahren aufweisen. Das spezifische Interesse der Landentwickler ist es, über diesen Zeitraum die Grundrente kontinuierlich zu steigern, es geht ihnen also um eine langfristige Strategie der Aufwertung von bestimmten Gebieten (weswegen in diesem Zusammenhang mitunter auch von Gentrifizierung gesprochen wird). Von Bedeutung in diesem Prozess sind eine Vielzahl von Elementen, etwa die allgemeine Qualität des Projektes, das interne städtebauliche Design durch den Masterplan, die Belegung des Projektes mit einer spezifischen Bedeutung, die richtigen Partner sowie die infrastrukturelle Anbindung. Wichtig hervorzuheben ist, dass einiges davon nur in Kooperation mit anderen Akteuren der Landentwicklungsindustrie erreicht werden kann, dass aber andererseits zwischen den Akteuren eine Konkurrenzsituation besteht, weil gleiche Entwicklungen begrenzt werden müssen. Monopolrenten basieren auf der „Knappheit der Ware ‚Immobilie'" sowie darauf, „einen Raum mit unverwechselbaren Eigenschaften zu schaffen" (HEEG 2008, S. 101f.).

Auch Inmobiliaria Manquehue sieht in der Entwicklung von integrierten Megaprojekten und damit der strukturellen Spekulation sein zentrales Betätigungsfeld.[8] Im Jahresbericht von Inmobiliaria Manquehue aus dem Jahre 2009 wird die Strategie des Unternehmens als „Fokussierung auf immobilienwirtschaftliche Großprojekte mit langfristiger Perspektive" beschrieben, welche „ihre positiven Externalitäten zugunsten des Unternehmensge-

---

7   "La estrategia comercial de la Inmobiliaria ha sido definirse como 'Mayorista Inmobiliario" y focalizarse en la administración del gran territorio con una visión de largo plazo, con el objetivo de maximizar el valor del suelo en Curauma, para lo cual vende macro lotes, de superficies de entre 4 y 60 hectáreas, a Gestores Inmobiliarios líderes en sus segmentos, para que ellos construyan y vendan viviendas en esta nueva ciudad de acuerdo al marco normativo del Plan Regulador Comunal vigente… Vale decir, en Curauma están presentes grandes actores inmobiliarios del país y se constituye como un gran 'Mall Inmobiliario' de la macrozona central, en que las principales constructoras pueden generar proyectos rentables, aprovechando una imagen común y el 'Concepto Curauma'" (Homepage Curauma).

8   Das Unternehmen ist vertikal integriert und „presente en todo el proceso de creación de valor del negocio inmobiliario, esto es, en la identificación de oportunidades de negocios, desarrollo de proyectos, construcción, venta y posventa de sus viviendas" (Inmobiliaria Manquehue 2009, S. 10)

winns abschöpfen".[9] Und mit Bezug auf die Logik dieses Geschäftsprinzips wird angeführt, dass

> „die Entwicklung von Projekten großen Maßstabs erlaubt, zwischen den einzelnen Entwicklungsphasen die Gewinne der seit Beginn getätigten Investitionen zu verschieben, um so den Mehrwert der noch zu entwickelnden Grundstücke zu steigern" (Interview IN33).[10]

Im Interview führt der Manager von Piedra Roja dies weiter aus. Die Megaprojekte würden nach dem Schneeballprinzip funktionieren, als ein sich selbst verstärkender Prozess. Er beschreibt den Vorteil des Verkaufs von *Macro Lotes* damit, dass dies erlaube

> „schnell voranzukommen, ein großes Projekt zu konsolidieren, bei dem es mehrere Akteure gibt, bei dem die Summe wahrscheinlich mehr ist als die einzelnen Teile. So ist es möglich, mehr vom Markt abzuschöpfen, weil es doppelte Werbemaßnahmen gibt, ein doppeltes Angebot, eine doppelte Diversität von Hausmodellen, eine Diversität an kommerziellen Strategien und wenn all dies gut strukturiert wird, trägt dies zum Erfolg des Gesamtprojektes bei" (Interview IN33).[11]

Hier kommt ins Spiel, was Logan und Molotch (1987) als die Schaffung von *synergistic rents* beschreiben. Neben dem Streben nach Differential- und Monopolrenten durch die Generierung relativer Lagevorteile einzelner Stadtteile oder Megaprojekte in Relation zu anderen Stadtteilen oder Megaprojekten (etwa durch privilegierte Verkehrsanbindung, siehe unten), dem Kern der strukturellen Spekulation an sich, können durch den Maßstab und die interne Differenzierung der Projekte zusätzliche Gewinnmöglichkeiten geschaffen werden: „If projects are large and internally diverse, they *contain* in themselves a set of spatial relations that can be manipulated to push up the total rent" (LOGAN und MOLOTCH 1987, S. 237, Hervorhebung im Original).

In Übereinstimmung mit der Selbstbeschreibung von Curauma als *Mall Inmobiliario* und mit Blick auf die Emergenz von Master-planned Communities in den USA führen LOGAN und MOLOTCH (1987) die amerikanische Shopping Mall als Prototyp des Selbstverstärkungseffektes an: „The American shopping mall is the prototypical case...maintaining the proper 'tenant mix' is an important part of the management art. The positive effects of each function are caught by other businesses, all operating on the same owner's site" (LOGAN und MOLOTCH 1987, S. 237).

---

9   „Focalización en macroproyectos inmobiliarios de largo plazo, que capturen sus externalidades positivas para el beneficio del negocio".

10 „El desarrollo de proyectos a gran escala permite transferir entre etapas los beneficios de las inversiones realizadas desde un comienzo, generando con ello plusvalías en los saldos de terrenos por desarrollar" (Interview IN33)

11 „Te permite avanzar rápido, ir consolidando un gran proyecto, en que hay otros actores, en que la suma de uno más uno, probablemente da más dos. O sea, uno puede ser capaz de captar más mercado, porque van a haber doble campañas publicitarias, van a haber un doble de ofertas, van a haber un doble de diversidad de modelos de casas, diversidad de estrategias comerciales, en que si están bien reguladas contribuyen al macro proyecto" (Interview IN33)

Das Kerngeschäft der Hauptentwickler besteht also in der Generierung einer Wertsteigerung des Bodens, welche durch die Weitergabe des neu geschaffenen Preisniveaus an die Entwickler der einzelnen Projektentwicklungsstufen kapitalisiert wird. Voraussetzung für die Rentabilität dieses Modells der Landentwicklung ist einerseits eine hohe Bebauungsdichte und andererseits eine gewisse Mindestgesamtgröße der Projekte, da sich erst ab dieser die immensen Anfangsinvestitionen durch den Hauptentwickler etwa für die Bereitstellung von Verkehrs- und Versorgungsinfrastruktur lohnen. So lässt sich das Interesse der Landentwickler daran erklären, neben den Parcelas de Agrado in Colina auch Megaprojekte mit einer weit höheren Bebauungsdichte und einem insgesamt höheren Volumen möglich zu machen: „A developer owning 10 hectares can build a suburban block, with 100 hectares, an entire suburb; but with 1000 hectares or more, a new town" (DICK und RIMMER 1998, S. 2312).

> „Der Maßstab ist wichtig", wie es der Manager von Piedra Roja im Interview ausdrückt, "weil er es erlaubt, bestimmte allgemeine Bauten zu realisieren, die bei kleineren Projekten nicht möglich wären, die Lagune zum Beispiel. Wenn wir weniger Fläche zur Verfügung hätten, wäre dieses Projekt wahrscheinlich nicht möglich. Wenn hingegen eine große Fläche zur Verfügung steht, sind Investitionen möglich, die sich erst langfristig auszahlen und bei denen ein Risiko besteht" (Interview IN33).[12]

Und um den neuen Maßstab der Projekte zu verwirklichen, sind große zusammenhängende Flächen notwendig, weswegen es für die Landentwickler fundamental ist, die Ressource Land zu kontrollieren. Sobald die ursprünglichen Landbesitzer erahnen, dass ein Gebiet im städtischen Umland attraktiv für die größeren Land- und Immobilienentwickler werden könnte, wird das Land gehalten, oder es werden wesentlich höhere Preise als die zu jener Zeit marktüblichen gefordert. Wenn die Landentwickler zu den erhöhten Preisen kaufen, geben sie zum Teil beträchtliche Teile ihres potenziellen Gewinns ab, weil die Grundbesitzer die Wertsteigerung antizipiert haben.

Eine Strategie, um dies zu verhindern, ist das Anlegen von *land banks*, d. h. dem Ankauf von großen Landreserven zu einem frühen Zeitpunkt. So ist zu erklären, dass die Bodenmärkte in Colina und Pudahuel schon einige Jahre vor der Entwicklung der Megaprojekte in Bewegung gerieten. Inmobiliaria Manquehue hat die größten Flächenreserven 1993 aufgekauft, AGSA (Alabos) im Jahr 1994 und ECSA im Jahr 1995, wobei sich im letzteren Fall vor allem in schon bestehende Initiativen eingekauft wurde. Auch haben sich Unternehmen etabliert, die auf den An- und Verkauf von Land spezialisiert sind. Wo die Möglichkeit, große Flächen komplett zu übernehmen, nicht mehr besteht, eben weil der

---

12 „La escala importa porque permite hacer ciertas obras generales que si son muy pequeños no soncapaces de abordar, la misma laguna, por ejemplo. Si uno tuviese una menor cantidad de tierra, probablemente, ese proyecto no es viable porque no puede pagarlo. En cambio, cuando hay un tamaño importante si permiten absorber ese tipo de inversiones que tienen un retorno largo, hay riesgo entremedio" (Interview IN33).

Markt schon aktiviert ist, gehen die Landentwickler oft Joint Ventures mit den ursprünglichen Landbesitzern ein. Auch im Fall von Piedra Roja war einer der ursprünglichen
Landbesitzer – die Familie Bouchon – zumindest mit einer Minderheit am Projekt beteiligt, ebenso wie bei ENEA die Familie Guzman, die mit dem Land- und Immobilienentwickler Manso de Velasco bzw. Enersis, der für die tatsächliche Entwicklung des Industrieparks zuständig ist, kooperiert. Urbanya wird von der Familie Santa Cruz (Grupo
Yaconi-Santa Cruz, Lipigas und Metrogas) auf ihrem bis vor wenigen Jahren landwirtschaftlich genutzten Gut in Pudahuel entwickelt, wozu das Unternehmen Inmobiliaria
Las Lilas gegründet wurde. Erst später wurde sich für Inmobiliaria Manquehue als strategischen Partner entschieden. Auch im Falle von La Reserva ist die Familie Harseim eher
als *serendipitous entrepreneur* zu sehen, die auf einer zuvor von ihr selber anders genutzten Fläche ein Megaprojekt zu entwickeln begann und sich erst nach einigen Jahren
mit Cargill einen strategischen und international operierenden Partner suchte.

Die Strategie der Landentwickler besteht also darin basierend auf einer langfristigen Vision und mit Hilfe hoher Anfangsinvestitionen eine strategische Lage für die Immobilienentwicklung zu kreieren, wo diese zuvor nicht bestanden hat. Vor nur zwanzig Jahren
waren weder Pudahuel noch Chicureo ein Begriff, sie waren abgeschnitten von den Zentren Santiagos und deutlich ländlich geprägt. Diese heute attraktiven Standorte mussten
erst zu solchen gemacht werden. Sobald dies geschafft ist, durch *Place Branding* und
infrastrukturelle Anbindung (Kap. 7.2.2 und 7.2.3), wird die neu geschaffene strategische
Lage inklusive der von den Landentwicklern finanzierten Infrastruktur dann in Form von
Macro Lotes, d. h. großen Baugrundstücken innerhalb des Gesamtprojektes, an einzelne
Immobilienentwickler und Dienstleistungsunternehmen mit hohem Gewinn weiterverkauft (Diario Estrategia, 16.4.2012).

7.2.2 Die Praxis des *Place Making* durch Megaprojekte: Das Beispiel Piedra Roja

Zentrale Elemente des *Place Making* sind die Imagebildung durch Urban Design und
die Anwendungen von Prinzipien des New Urbanism. Paul Knox weist darauf hin, dass
„new urbanism manages to match maximum planning with maximum speculation"
(KNOX 2008, S. 110). Diese Kombination aus Planung und Spekulation bzw. Flexibilität wird im Rahmen der Megaprojekte durch die Erstellung von Masterplänen sichergestellt. Einerseits stellen diese vom Landentwickler verantworteten Masterpläne eine
verbindliche Grundlage der Projekte dar, die den beteiligten Akteuren eine gewisse
Planungssicherheit garantiert, andererseits sind die Masterpläne im Detail flexibel, können also neuen Entwicklungen und der sich wandelnden Nachfragesituation angepasst
werden. Für die Landentwickler ist ein bestimmtes Merkmal des New Urbanism von
besonderer Bedeutung, nämlich dass er mit einem Wandel der Planungsphilosophie von
großräumiger staatlicher Flächenzonierung zu einer Identifizierung von Entwicklungs-
gebieten übergeht, in denen dann statt strikter Landnutzungskategorien flexiblere *Codes*
gelten (BEN-JOSEPH 2009). Die Konditionierte Planung ist die chilenische Variante die-

ser Prinzipien, indem durch die ZODUC und PDUC-Regelungen große Flächen der Stadterweiterung ausgewiesen werden können, innerhalb derer die privaten Landentwickler dann unter allgemeinen Auflagen nach ihren eigenen Rentabilitätskriterien Masterpläne für Gebiete erstellen können, die oftmals die Größe ganzer Stadtbezirke haben. Piedra Roja etwa hat die Größe des Stadtbezirks Vitacura. Während aber die Immobilien- und Landentwickler in Vitacura bei der Kolonisierung der Kommune die Steigerungen der Bodenrenten mit den Landbesitzern teilen mussten und dazu noch die Lokalregierungen die Hoheit über die lokalen Planungsinstrumente innehatten, ist es im Rahmen von ZODUC-Projekten zumeist ein einzelner Landentwickler, der die planerische und betriebswirtschaftliche Kontrolle hat. Die ZODUC und PDUC-Regelungen legen zwar eine Reihe von Auflagen in Bezug auf die Einwohnerdichte und die zur Verfügung zu stellende Sozialinfrastruktur fest, allerdings für die Projekte als Ganze. Wie die Elemente auf das entsprechende Gebiet bzw. die Projektfläche verteilt werden, bleibt den Landentwicklern überlassen. Die Masterpläne erlauben so beides: die Schaffung von internen Differential- und Synergierenten durch die strategische Anordnung der verschiedenen Elemente der gebauten Umwelt innerhalb des Projektes und die Schaffung von Monopolrenten durch ein übergeordnetes, das gesamte Projekt strukturierendes Leitbild. Es geht dabei um die Produktion eines unverwechselbaren Produktes, eines Ortes als Marke, der sich klar von anderen Produkten, Orten und Marken unterscheidet. Wiewohl im Rahmen der Strategie des *Mayorista de Suelo* einzelne Entwicklungsabschnitte der Projekte an Immobilienentwickler abgegeben werden, ist es der Landentwickler, der den Charakter des Gesamtprojektes sowie der einzelnen Bauabschnitte und Barrios definiert:

> „Der Verkauf von Großgrundstücken ist an bestimmte Bedingungen geknüpft, es sind nicht Großgrundstücke, bei denen gilt: ‚mach was du willst'. Es gibt Bedingungen und es müssen der Geist und das Konzept des Gesamtprojektes gewahrt bleiben. Es geht um die Nutzung der Marke Piedra Roja" (Interview IN33).[13]

Der Manager von Piedra Roja beschreibt im Interview die Vorgehensweise bei der Produktion der „Marke Piedra Roja". Zunächst habe man sich gefragt, wer die Leute seien, die in Piedra Roja leben würden und was die Charakteristika seien, die das Projekt bzw. den zu schaffenden Ort für die Zielgruppe attraktiv machen würden:

> „Wir haben mit dem Gedanken begonnen: warum ist es interessant, hier zu leben? Das war die erste Frage, die wir uns gestellt haben, als wir dieses Land gesehen haben, das keine besonderen Attraktionen hatte, es gab ja nur Dornbüsche. Und dieses Grundstück war dem danebem genau gleich. Warum sollte

---

13 „Yo voy vendiendo un macro lote con ciertas condiciones, no son macro lotes 'haga lo que quiera'. Tienen condiciones y tienen que mantener el espíritu y concepto del proyecto. Se trata del uso de la marca Piedra Roja" (Interview IN33).

also jemand genau hier leben wollen und nicht nebenan, wo es doch genau
gleich aussah? Mit dieser Frage im Kopf sagten wir: ‚Ok, wer sind überhaupt
die Menschen, die sich vorstellen können, hier zu leben?'" (Interview IN33).[14]

Die zentrale Idee war dabei, „einen modernen Ort zu haben, einen Ort, der bekannt ist,
schon vorab" (Interview IN33).[15] Ein moderner, attraktiver Ort, der im doppelten Sinne
im Voraus bekannt sein würde: Zum einen bezieht sich der Interviewpartner in seinen
weiteren Ausführungen hier auf die Werbung, mit der die Marke Piedra Roja bekannt
gemacht wird, und zum anderen auf eine Verlässlichkeit in Bezug auf den Charakter und
die Entwicklung des Projektes. Er beschreibt, dass als Zielgruppe Bewohner des etablierten *Barrio Alto* anvisiert wurden, die unter einer gewissen Unsicherheit in Bezug darauf
leiden würden, was in einigen Jahren aus Bezirken wie Las Condes oder Lo Barnechea
werden würde. Die genannten Bezirke hatten damals keine gültigen Flächennutzungspla-
ne, weshalb die Befürchtung bestand, dass sich eine reine Wohngegend in eine Dienst-
leistungsgegend verwandeln oder durch weitere Immobilienentwicklung stark verdichtet
würde. Eben dagegen setzten die Landentwickler das Angebot einer vorab geplanten
Stadt. Piedra Roja könne den Kunden die Sicherheit geben, „am morgigen Tag auf weniger Überraschungen zu treffen" (Interview IN33).[16]

Das Thema Sicherheit war auch noch in anderer Weise relevant, verknüpft mit dem Konzept eines traditionellen Nachbarschaftslebens, für das Piedra Roja von Beginn an stehen
sollte. Der Manager beschreibt, wie bei der Zielgruppe ein „Wunsch nach einem traditionellen Nachbarschaftsleben"[17] identifiziert wurde,

> „einem Nachbarschaftsleben, bei dem es kein Unsicherheitsempfinden geben
> würde. Sicherheit war ein extrem wichtiges Element. In den Studien, die wir
> durchführten, wurde klar, dass die Leute wegen dem Thema der Sicherheit in
> Kondominien leben wollen" (Interview IN33).[18]

Eine weitere Strategie, welche die Planung von Piedra Roja anleitete und in engem Zusammenhang mit den Themen des Nachbarschaftsleben und der Sicherheit steht, war es,
eine persönlich-emotionale Bindung der Bewohner zu ihrem Wohnort bzw. der „Marke"
herzustellen. In diesem Sinne war die Lagune von Piedra Roja nicht nur eine landschafts-
planerische Innovation, die Signalwirkung nach außen haben sollte, sondern auch nach
innen als Identitätsstiftend wirken würde:

---

14 „Partimos pensando: ¿por qué es interesante vivir acá? Fue la primera pregunta que nos hicimos todos cuando veíamos
   un potrero, que no tenía mayores atractivos, puros espinos. Esto era igual a lo del al lado. O sea, por qué alguien se va
   a venir a vivir acá y no exactamente a lo del al lado porque era exactamente igual. Con esa pregunta en mente dijimos:
   ¿bueno, primero, quienes o quien son las personas que están dispuestas a vivir acá?'" (Interview IN33).
15 „Tener un lugar moderno, tener un lugar que fuese conocido, digamos, con anticipación" (Interview IN33).
16 „La seguridad de que te vas a encontrar con menos sorpresas el día de mañana" (InterviewIN33).
17 „Deseo de la vida tradicional de barrio" (InterviewIN33).
18 „Esta vida de barrio donde no había una percepción de inseguridad… la seguridad fue unelemento tremendamente
   potente, en los estudios que hacíamos, la gente quería condominios por un tema de seguridad" (Interview IN33)..

> „Die Lagune hat reinen Erhohlungscharakter. Man kann in schöner Umgebung
> Boot fahren, wobei wir wollen, dass sich jeder Bewohner als Eigentümer fühlt,
> es ist ihre Lagune. Das ist die Lagune von Piedra Roja und sie gehört allen
> Bewohnern, sie sollen sich darum kümmern. Wir haben Informationstafeln
> zur Fauna aufgestellt, immer mit der Message, unsere Lagune zu pflegen,
> denn sie gehört zu diesem Ort" (Interview IN33).[19]

Neben der Lagune wurden weitere Elemente in das Design des Projektes gewoben, die
für die Identifikation der Bewohner und das Gefühl einer auf Prinzipien der Nachbarschaft, Gemeinschaft und Nachhaltigkeit basierenden Lebensqualität sorgen sollten. So
wird auf der Homepage angeführt, dass „eines der charakteristischen Elemente von Piedra Roja der sogenannte New Urbanism ist, eine neue Richtung der Planung von Städten
nach menschlichem Maßstab, auf die Menschen gerichtet, bei der die Dienstleistungsan-
gebote in Laufweite angesiedelt sind und bei der die Familie eine zentrale Rolle spielt. So
beinhaltet das Projekt in seinem Design ein Netz von Fahrradwegen, damit das Auto innerhalb von Piedra Roja keine Notwendigkeit ist" (Homepage Piedra Roja, abgerufen am
20.10.2011).[20]

Während Inmobiliaria Manquehue als Landentwickler für diese Überlegungen und ihre
Umsetzung verantwortlich zeichnete, waren an der Planung des Projektes auch externe
Akteure beteiligt (Abb. 10). Insbesondere im Bereich der Landschaftsplanung und des
Urban Design umfasste dies auch ausländische Planungsbüros aus dem Umfeld der Be-
wegung des New Urbanism. Sowohl der Piedra-Roja-Manager als auch der Manager des
Urbanya-Projektes wiesen allerdings im Interview darauf hin, dass die Ideen der auslän-
dischen Berater und Planer im Endeffekt stark an die lokalen Gegebenheiten angepasst
worden seien.

Ein weiterer Faktor, der direkt als Verkaufsargument in der Werbung eingesetzt wird und
dazu einen Kernpunkt der strukturellen Spekulation an sich berührt, ist die Verkehrsinfrastruktur, welche die Megaprojekte an das Stadtzentrum anbindet und so ihre relative Lage
bestimmt. Der Piedra Roja-Manager beschreibt dies folgendermaßen:

> „Die Anbindung ist immer sehr wichtig. Egal wie attraktiv die Projekte sein
> mögen, wenn sie nicht gut an den Rest der Stadt angebunden sind, funktionie-
> ren sie nicht. Als eines der ersten Dinge haben wir deswegen den Juan Pablo

---

19 „La laguna tiene un concepto netamente recreacional. Se puede navegar en velerito en un en torno muy bonito. Queremos que se asocie a que cada uno de las personas que viven son dueños de esto, es su laguna. Esto es la laguna de Piedra
Roja y es de todos los habitantes y que la cui-den. Hemos puesto letreros con lo que es la fauna y siempre el mensaje
de cuidemos nuestra laguna, eso es algo que es de este lugar" (Interview IN33).
20 „Uno de los elementos característicos del proyecto de Piedra Roja es el llamado nuevo urbanismo, una original tenden-
cia de planificación de ciudades, a escala humana, orientada a las perso-nas, donde los equipamientos están ubicados
a distancias caminables y donde la familia juega un rol protagónico. Es así, como el proyecto contempla una red de
ciclovías como parte del diseño orientado a evitar que dentro de Piedra Roja, el automóvil sea una prioridad." (Homepage Piedra Roja, abgerufen am 20.10.2011).

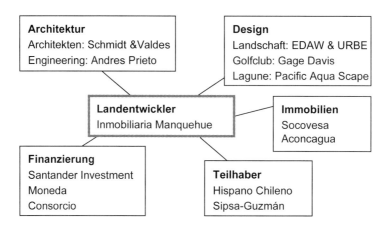

Abb. 10: An der Planung und Implementierung von Piedra Roja beteiligte Akteure
Quelle: Eigene Zusammenstellung auf Basis verschiedener Quellen

Segundo (Pie Andino, M.L) gebaut, der erlaubt hat, uns an den Sektor Lo Barnechea anzubinden. Und innerhalb des Rahmenvertrags zur Transportinfrastruktur wurden Zuschüsse zur Autobahn Radial Nororiente geleistet, die dieses Jahr eingeweiht wurde. Würde die Autobahn oder die andere Anbindung nicht existieren wäre es sehr schwer gewesen, das Projekt zum Laufen zu bringen. Es war eine Voraussetzung, diese Anbindung sicherstellen zu können. Es war immer ein langfristiges Projekt, aber ohne das, wahrscheinlich hätte sich alles verschoben" (Interview IN33).[21]

Tatsächlich sind die Verkaufszahlen von Piedra Roja nach der Inbetriebnahme des Acceso Nororiente in die Höhe geschossen, und das Zitat macht deutlich, dass davon immer ausgegangen worden war. So erklärt sich auch die hohe Bedeutung, die die Verhandlungen über den genauen Zuschnitt der Kompensationsleistungen für die Landentwickler hatten (dazu ausführlich Kap. 8.2). Erst durch die infrastrukturelle Anbindung wurde Chicureo zu dem, was es heute ist: eine attraktive Alternative zu Vitacura und La Dehesa, weil es nicht länger zu den Arbeitsplätzen ins Stadtzentrum braucht und noch dazu in Bezug auf die Immobilienpreise für die Nachfrageseite deutlich kostengünstiger ist. Der Piedra Roja-Manager macht deutlich, was der eigentliche Sinn der Kompensationszahlungen war:

---

21 „Siempre la conectividad es muy necesaria. O sea, estos proyectos por muy atractivos que sean, ino están conectados con el resto de la ciudad, no funcionan. Una de las primeras cosas que hicimos fue el camino Juan Pablo Segundo [Pie Andino, M.L.], que nos permitió conectarnos con el sector de Lo Barnechea. Y se hicieron aportes dentro de este convenio de marco vial para la otra autopista que acaban de inaugurar este año que es la Radial Nororiente. O sea, si no existiese la Radial o no hubiese existido esta conexión, probablemente, este desarrollo hubiese sido bas-tante más difícil echarlo andar. O sea, fue condición poder asegurar este camino…sabiendo que esto era más larga data, pero este, si no salía probablemente, el proyecto se hubiera postergado" (Interview IN33).

„Im Grunde war es ein Zuschuss zur Konzession, um die Rentabilität zu erhöhen, und damit der Konzessionsnehmer zu investieren bereit ist" (Interview
IN33).[22]

In diesem Zusammenhang wird deutlich, inwiefern die verschiedenen Landentwickler
einerseits Konkurrenten und andererseits Partner sind, die sich in gewissen Angelegenheiten und zu gewissen Zeitpunkten Aufgaben teilen. In Bezug auf Colina hat Inmobiliaria Manquehue mit Piedra Roja das eindeutig ambitionierteste Projekt entwickelt, welches eine positive Ausstrahlungswirkung auf die anderen Projekte zeigt. Auch La
Reserva wirbt zum Beispiel mit der Lagune und dem Shopping Center in Piedra Roja.
Während Manquehue also in dieser Hinsicht durch das ambitionierte Design gewissermaßen in Vorleistung für alle anderen Landentwickler in Colina gegangen ist, hat ECSA zu
Beginn des Megaprojektbooms die Aufgabe übernommen, das Thema der Verkehrsinfrastruktur voranzutreiben.

Neben den beschriebenen Parcelas-de-Agrado- und Megaprojekten stieg ECSA ab spätestens 1996 auch in das Geschäft der Autobahnkonzessionen ein. So war ECSA an den
Konsortien beteiligt, die dem MOP sowohl die Autopista Los Libertadores wie auch den
Acceso Nororiente zum Bau und zur Konzession vorschlugen. Nach Erhalt eines solchen
privaten Vorschlags muss das MOP entscheiden, ob das entsprechende Projekt im öffentlichen Interesse ist, und, wenn dem so ist, das Projekt zur Auktion ausschreiben. Während
der Prozess der Konzessionsnahme der Autopista Los Libertadores[23] für ECSA und das
MOP problemlos verlief und das Konsortium INECSA DOS MIL S.A. 1996 – bestehend
aus Endesa und ECSA – den Zuschlag bekam, war die Angelegenheit bei dem für die
Chicureo-Projekte so zentralen Acceso Nororiente deutlich komplizierter, vor allem, weil
ECSA hoch pokerte, um den Staat zu Subventionen zu bewegen. In Kapitel 8.2.3 wird
darauf zurückgekommen.

7.3 Megaprojekte als Ausdruck und Vehikel von *Capital Switching*

Im vorherigen Abschnitt wurde dargestellt, auf welche Weise die Landentwicklungsindustrie mithilfe verschiedener Strategien versucht, spezifische Räume inwertzusetzen, um
so Profite durch die Steigerung der Boden- und Immobilienpreise zu erzielen. Bodenspekulation und Immobilienproduktion sind allerdings nur eine Seite der strukturellen Spekulation. Wie HARVEY (2008, 2011), DE MATTOS (2007) und andere Autoren postulieren,
sind die Prozesse der Stadtentwicklung zunehmend von globalen Akteuren, Interessen
und Handlungslogiken im Allgemeinen und dem Finanzkapital im Besonderen durch-

---

22 „En el fondo, fue un aporte a la concesión, en forma tal de mejorar la rentabilidad para concesionar y así el concesionario está dispuesto a invertir" (Interview IN33).
23 Die Autopista Los Libertadores wurde im Jahr 2000 eingeweiht. Heute gehört sie zu ALLSA, die vom spanischen
Infrastrukturmulti OHL betrieben wird.

drungen. Auch LOGAN und MOLOTCH (1987) deuten dies mit ihrem Konzept der *corpo-rate property entrepreuneurs* an. Um zu untersuchen, inwiefern dies in Santiago der Fall ist und inwiefern also die Stadterweiterung mit Globalisierungsprozessen verbunden ist, wird das Phänomen der Megaprojekte im Kontext von umfassenderen politökonomischen Prozessen betrachtet, wobei die involvierten privatwirtschaftlichen Akteure der Landent-wicklungsindustrie weiterhin im Mittelpunkt stehen.

7.3.1 Die Privatisierung und Glokalisierung von Stadtentwicklung als Projekt

Hinter einigen der emblematischsten Megaprojekte in Colina und Pudahuel stehen die ökonomischen Gruppen und dabei insbesondere diejenigen, die aus der zweiten Welle der Privatisierung hervorgegangen sind. Es waren diese Akteure, die Technokraten-Unter-nehmer, die in Chile die Agenda der Glokalisierung und Privatisierung vorangetrieben haben, zunächst unter Pinochet mit Bezug auf die Wirtschaft im Allgemeinen und dann, unter den demokratischen Concertacións-Regierungen und im Zuge der hohen Wachs-tumsraten zu Beginn der 1990er Jahre, mit Bezug auf die Stadtentwicklung im Besonde-ren. In diesem Sinne kann die Privatisierung und Glokalisierung von Stadtentwicklung, welche die Megaprojekte repräsentieren, als Erweiterung des neoliberalen Klassenpro-jekts im Harvey'schen Sinne und als dritte große Welle der Privatisierung verstanden werden. Mit der gebauten Umwelt wurde – neben den Energie-, Wasser-, Pensions- und Infrastruktursektoren – ein weiteres Feld der Kapitalakkumulation und zirkulation eröff-net. Wie genau lässt sich dies erklären und was bedeutet es?

Die ersten beiden Wellen der Privatisierung in Chile waren sehr erfolgreich und haben enorme individuelle Reichtümer produziert und zum Aufstieg neuer ökonomischer Grup-pen geführt (FAZIO 2000, MÖNCKEBERG 2001). Es wurden komplexe Investmentgesell-schaften aufgebaut, die in den verschiedensten Wirtschaftsbereichen gleichzeitig aktiv sind. Zudem waren und sind diese Gruppen aufs engste mit transnationalen Akteuren verknüpft, etwa in Form von Joint Ventures, die zur Übernahme der Staatsunternehmen und zu deren späterem Betrieb gegründet wurden. Eine weitere Strategie bestand in der kompletten Übernahme der ehemaligen Staatsunternehmen durch die chilenischen Grup-pen und ihrem baldigen Weiterkauf, insbesondere an transnationale Unternehmen. Dies häufte sich Anfang und Mitte der 1990er Jahre und löste zusammen mit den Freihandels-verträgen einen neuerlichen Schub der Transnationalisierung der chilenischen Wirtschaft aus, insbesondere im Versicherungs-, Energie- und Telekommunikationssektor (FISCHER 2011). „Dadurch überrundeten die Investitionen im Dienstleistungsbereich erstmals jene im Bergbau, obwohl auch die *gran minería* zu zwei Dritteln privatisiert wurde und an transnationale Konzerne ging. Erst nach der Jahrtausendwende wurde der Primärsektor wieder zum attraktivsten Anziehungspunkt für ausländisches Kapital: Sämtliche Dienst-leistungsunternehmen waren privatisiert, und Kupfer erzielte neue Höchstpreise am Welt-markt" (FISCHER 2011, S. 147).

Wichtig anzumerken ist, dass die ökonomischen Gruppen die Kontrolle über wichtige Wirtschaftsbereiche behielten, etwa den Bankensektor. Im Kontext der „financialisation of everything" (HARVEY 2005) und eines finanzmarktbasierten Kapitalismus ist die Kontrolle über diesen Sektor von höchster strategischer Bedeutung. Die Transnationalisierung erfolgte also mit Kalkül: „Wenn die chilenischen Eigentümer ihre gut positionierten Firmen an die Spanier verkauften, dann nicht aus Not, sondern aus strategischen Überlegungen. Die Erlöse verwendeten sie für neue Projekte" (FISCHER 2011, S. 155).

Zum einen war die Kombination aus Privatisierungspolitik und Transnationalisierung das Sprungbrett für einige der bemerkenswertesten Aufstiege im chilenischen Unternehmenssektor, und zum anderen ist sie ein Schlüssel zum Verständnis der Dynamik der Privatisierung der gebauten Umwelt in Chile, denn es war unter anderem Kapital aus den strategischen Verkäufen ins Ausland, welches von den Technokraten-Unternehmern und ökonomischen Gruppen zu Beginn der 1990er Jahre verstärkt in die gebaute Umwelt, d. h. den Immobiliensektor, die Landerschließung und die Infrastrukturproduktion zu investieren begonnen wurde (SABATINI 1990, MÖNCKEBERG 2001, FISCHER 2011). „Die lokale Wirtschaftselite behauptete trotz der transnationalen Durchdringung der chilenischen Ökonomie ihre Position. Sie ist unverändert stark in den Exportsektoren und intensivierte ihre Finanz, Versicherungs- und Immobiliengeschäfte" (FISCHER 2011).

Das Verwenden der Erlöse für neue Projekte und die Intensivierung der Geschäfte im Immobiliensektor kann als *capital switching* verstanden werden, als Teil des globalen *spatial* und *scalar fixes*, von dem in der Radical Geography die Rede ist (HARVEY 2008, KNOX 2008). In Bezug auf die Megaprojekte lässt sich festhalten, dass es in Chile eben jene Gruppen waren, die einige der Staatsunternehmen übernommen hatten, welche dann im Laufe der 1990er Jahre an transnationale Unternehmen abgestoßen wurden, die massiv in das Geschäft mit der gebauten Umwelt eingestiegen sind. Die Gruppen um Cruzat, Fernandez-León, Hurtado-Vicuña, Sergio de Castro, Carlos Alberto Delano und Alvaro Saieh, die allesamt als Technokraten-Unternehmer bezeichnet werden können und mit den Privatisierungen ihre Unternehmerkarriere anstießen, gehören in diese Kategorie. Zusammengenommen sind diese Gruppen für einige der wichtigsten Megaprojekte und Autobahnen in Colina, Lampa und Pudahuel sowie anderen Bereichen der Metropolitanregion Santiagos verantwortlich (Tab. 8). Mit Harvey kann dies als Antwort auf Probleme der Überakkumulation oder zumindest einer *excess liquidity* im Kontext mangelnder Anlagemöglichkeiten im primären Kreislauf verstanden werden (die wichtigsten Sektoren der chilenischen Wirtschaft waren und sind in der Hand der großen ökonomischen Gruppen Luksic, Angelini und Matte). In diesem Sinne sind die Prozesse der Stadterweiterung durch Megaprojekte Ausdruck einer räumlichen Lösung, eines *spatial fix*, für Probleme des Großkapitals bzw. spezifische Kapitalfraktionen. Auch in anderen geographischen Kontexten – etwa in Russland, Mexiko oder Indonesien – sind es die Gewinner der neoliberalen Privatisierungsprozesse, die überschüssiges Kapital in die Produktion der gebauten Umwelt lenken (HARVEY 2005).

In die Bau-, Immobilien- und Landentwicklung wird allerdings nicht nur deswegen investiert, weil im produktiven Sektor dazu keine Gelegenheit besteht, sondern auch, weil
hier selber interessante Möglichkeiten der Kapitalakkumulation liegen. CHARNEY (2001,
S. 741) weist in diesem Zusammenhang darauf hin, dass der Bau- und Immobiliensektor
„an investment channel in its own right" ist. Im vorangehenden Unterkapitel wurde dies
anhand der strukturellen Spekulation durch Megaprojekte aufgezeigt. Von den Landentwicklern werden Lokalitäten produziert, die in Zusammenarbeit mit etablierten Bau- und
Immobilienunternehmen vermarktet werden. Unternehmen wie FFV oder Aconcagua,
die im Bereich des innerstädtischen Büroimmobilien- und Appartmenthochhausmarktes
aktiv waren, verlegen sich zunehmend auf diesen neuen Bereich der Immobilienproduktion, auf ein neues Segment (Einfamilienhaus-Kondominien gegenüber Büro- und Ap-
partmentimmobilien) einerseits und auf eine neue Lage (peri-urban gegenüber innerstädtisch) andererseits. Mit CHARNEY (2001) lässt sich das auch als *capital switching*
innerhalb des Immobiliensektors verstehen.

Insgesamt ermöglicht die Öffnung der Peripherie für großskalige Immobilienprojekte
völlig neue Möglichkeiten der Kapitalzirkulation: vom ersten in den zweiten Kreislauf,
innerhalb des zweiten Kreislaufs und wieder zurück. Weil viele der Landentwickler und
auch einzelne Projekte sowie einzelne Projektteile (Barrios) zunehmend als Aktiengesell-
schaften organisiert werden, kann vom Finanzkapital sehr diversifiziert und gleichzeitig
gezielt investiert werden. Nach dem Börsengang von Piedra Roja sind denn im Jahr 2007
auch die Finanzmarktschwergewichte Bice Vida (Grupo Matte) und Consorcio (Grupo
Hurtado Vicuña und Fernández León) mit zusammen 27,32 % in das Projekt eingestiegen
(El Mercurio, 24.7.2007). Über den Immobilienfonds La Moneda hält Consorcio zudem
Anteile an verschiedenen Barrios von Piedra Roja (La Fuente, Los Portones). Die Matte-
Gruppe hält über ihren Immobilienfonds ebenfalls Anteile an einzelnen Barrios (La
Fuente, Los Candiles). Die Solari-Familie wiederum, welche die mächtige Einzelhan-
delsgruppe Falabella kontrolliert, stieg 2009 mit 15 % in das Unternehmen Inmobiliaria
Manquehue selber ein (La Tercera, 23.12.2009). Es sind diese Kapitalflüsse, die es Piedra
Roja erlauben anzukündigen, dass zwischen 2010 und 2012 insgesamt 300 Mio. US$ in
neue Barrios investiert würden (El Mercurio, 11.10.2010).[24]

7.3.2 Die Rolle politökonomischer Netzwerke

Schon 1986 konstatierte Pablo Trivelli mit Bezug auf den Immobiliensektor "a tendency
for these economic agents to integrate into relatively stable arrangements for the implementation of urban projects. These initiatives have required the development of new
managerial skills and abilities to carry out large scale, complex projects. The logic of integration stems from the possibility of minimizing risks for each individual agent while
maximizing profits for each and every one of them" (TRIVELLI 1986: 109). YAÑEZ et al.

---

24 Vier davon wird Inmobiliaria Manquehue selber entwickeln (es sind die oben genannten), drei werden von anderen
   Unternehmen entwickelt (Siena, Socovesa und Aconcagua).

Tab.8: Mit Megaprojekten eng verbundene (neue) ökonomische Gruppen

Gruppen	Hintergrund und Rolle in Diktatur	Geschäftsfelder (seit Anfang der 1990er Jahre)	Aktivitäten im Bereich der gebauten Umwelt	Strategische Partner
Manuel Cruzat (Grupo CB)	Kontrolliert in 1970ern wichtigste Unternehmensgruppe des Landes (Cruzat-Larrain); Mitarbeit am El Ladrillo-Programm; Chicago-Ökonom	Forstwirtschaft, Kupferbergbau, Investment, Internet	Autobahnen, Eisenbahn, Megaprojekte in Valparaíso (Curauma) und Pudahuel (Praderas)	Fernández León, Hurtado Vicuña
Sergio de Castro, Sergio Reiss, Juan Carlos Latorre (ECSA)	De Castro ist Chicago-Ökonom, gilt als Vater der Chicago Boys; erster Finanzminister unter Pinochet, Dekan der WiWi-Fakultät der Universidad Católica	Metall, Banken, Medien (COPSA), Pensionsfonds	Autobahnen, Megaprojekte in Colina (Valle Grande, Algarrobal)	Saieh
Eduardo Fernández León	Mitarbeit bei Cruzat-Larraín	Finanzinvestment (Almendral, Consorcio), Energie (Chilquinta), Bergbau, Versicherungen, Gesundheit, Telekommunikation (Entel)	Büroimmobilien in Sanhatten, Megaprojekte in Colina (Brisas de Chicureo, Ayres de Chicureo) und Lampa (Alto Lampa); Immobilienfonds Moneda	Hurtado Vicuña, Cruzat, Penta
Juan Hurtado Vicuña	Mitarbeit bei Cruzat-Larraín, gilt als einer der Männer der Privatisierung	Finanzinvestment (Almendral, Consorcio), Energie (Chilquinta), Bergbau, Versicherungen, Gesundheit, Telekommunikation (Entel)	Megaprojekte in Colina, Pudahuel und Lampa; Immobilienfonds Moneda	Cruzat, Penta, Fernández León
Carlos Alberto Delano, Carlos Eugenio Lavín (Grupo Penta)	Mitarbeit bei Cruzat-Larraín,	Versicherungen, Banken, Gesundheit, Pensionsfonds (AFP Cuprum)	Immobilien- und Infrastrukturfonds Las Ámericas	Cruzat, Fernández León
Álvaro Saieh	Chicago-Ökonom; Dekan der WiWi-Fakultät der Universidad de Chile	Banken, Versicherungen	Malls (Parque Arauco), Megaprojekte in Lampa und San Bernardo	ECSA

Quelle: Eigene Zusammenstellung auf Basis von MÖNCKEBERG 2001, FISCHER 2011 *und Internet- sowie Medienrecherchen*

(2010) haben diese Allianzen im chilenischen Immobiliensektor genauer untersucht und festgestellt, dass sie über rein unternehmerische Netzwerke hinausgehen und Akteure mit finanziellem, politischem und kulturellem Kapital umfassen. Die Autoren unterscheiden dabei zwischen solchen Allianzen, die geschmiedet werden, um spezifische und einmalige (Groß-)Projekte zu realisieren, und solchen, die in mehreren (Mega-) Projekten wiederholt werden, erfolgreich erprobt sind und Dauerhaftigkeit erlangen. Diese dauerhaften Allianzen lassen sich als sich überlappende politökonomische Netzwerke verstehen.

Im Zusammenhang mit den Megaprojekten in Colina und Pudahuel sind beide Typen zu beobachten: sowohl sich wiederholende projektbezogene Allianzen als auch umfassendere politökonomische Netzwerke. Einige der Gründungsmitglieder von Piedra Roja etwa haben schon bei der Entwicklung des Industrieparks Ciudad Empresarial in Huechuraba zusammengearbeitet. Ebenso werden aber Netzwerke sichtbar, die weit über die Aktivitäten im Bereich der Landentwicklung und Immobilienproduktion hinausgehen. Sie basieren auf personellen (Freundschaft, Verwandtschaft), politischen und komplexen finanziellen Verflechtungen. Sowohl in Colina als in Pudahuel ist die Präsenz dieser politökonomischen Netzwerke, die vor allem von den zu Unternehmern gewordenen Chicago Boys getragen werden, sehr deutlich. In diesem Sinne emblematisch sind die politökonomischen Netzwerke um Manuel Cruzat und Sergio de Castro, die einige Gemeinsamkeiten aufweisen.

Sowohl Cruzat als auch de Castro waren zentrale Figuren unter Pinochet. Beide waren politisch wie unternehmerisch aktiv. Beide stiegen Ende der 1980er und Anfang der 1990er Jahre in den Bereich der Produktion der gebauten Umwelt ein und bezogen in Colina und Pudahuel sowie im Bereich der konzessionierten Autobahnen Position. Beide haben auch gemeinsam, dass sie mittlerweile bankrott sind und dass die Projekte, die sie angestoßen haben, von Teilen ihrer Netzwerke weitergeführt werden. Durch einen Blick auf diese Netzwerke kann dem Ansatz, der Globalisierung als einen Prozess ohne Subjekt versteht, etwas entgegengesetzt werden. Es sind konkrete Persönlichkeiten, Unternehmen und Netzwerke, die die Neoliberalisierung, Glokalisierung und Privatisierung von Stadtentwicklung vorantreiben. Und dabei spielen Großkonzerne eine entscheidende Rolle, weil sie die Globalisierung und Neoliberalisierung bestimmter Wirtschaftsbereiche und Politikfelder vorantreiben und dabei direkt davon profitieren (CROUCH 2011). Am Beispiel des Netzwerkes um Manuel Cruzat wird dies im Folgenden dargestellt.

Das Netzwerk um Cruzat, Hurtado Vicuña und Fernandez León

Manuel Cruzat Infante ist eine der schillerndsten Unternehmerpersönlichkeiten Chiles und Mitglied der wirtschaftlichen und politischen Elite des Landes. In den 1970ern baute er zusammen mit Fernando Larraín Peña ein Firmenimperium mit mehr als 100 Unternehmen auf, die Cruzat-Larraín-Gruppe, die sich durch engste Verbindungen zur Junta und den neoliberalen Technokraten auszeichnete (FAZIO 1997). Selber Chicago-Ökonom, gehörte Cruzat zu den Verfassern des El-Ladrillo-Programms[25], in welchem – unter Federführung von Sergio de Castro – die Grundzüge der später von Pinochet verfolgten neoliberalen Strukturanpassung ausgearbeitet worden waren. Die Unternehmensgruppe von Cruzat – und insbesondere dessen Studienabteilung – war ein Sammelbecken und Sprungbrett für talentierte neoliberale Ökonomen und historischer Ort der Konstitution eines Netzwerkes, das noch heute Bestand hat (FISCHER 2008). Anfang der 1980er Jahre wurde die Cruzat-Larrain-Gruppe im Zuge der Überschuldungskrise zerschlagen; Cruzat verblieb mit einigen wenigen Unternehmen unter seiner Kontrolle. Zu diesen gehörten einerseits das Forstwirtschaftsunternehmen Forestal Valparaíso und zum anderen die Bergbaugesellschaft Minera Lo Aguirre. Neben den eigentlichen Kernaktivitäten dieser beiden Unternehmen bestand der Wert, den Cruzat in ihnen sah, vor allem im ausgedehnten Grundbesitz der Unternehmen.[26] Zum einen handelte es sich um 8.000 Hektar Land vor den Toren Valparaísos und direkt an der Ruta 68 gelegen und zum anderen um 4.000 Hektar Land im äußersten Westen Pudahuels. Es sind diese Flächen, auf denen seit Anfang der 1990er mit unterschiedlichem Erfolg und basierend auf Strategien der strukturellen Spekulation die Megaprojekte Curauma und Praderas entwickelt werden. Wirft man einen genaueren Blick auf die Entwicklungen dieser beiden Megaprojekte und folgt zudem anderen Aktivitäten der beteiligten Akteure, wird bald ein spezifisches politökonomisches Netzwerk sichtbar, welches sich durch dauerhafte personelle, politische und ökonomische Verflechtungen auszeichnet und massiv in das Geschäft mit den Megaprojekten sowohl in Colina als auch Pudahuel eingebunden ist und hier massive finanzielle und politische Ressourcen mobilisiert.

Wie in Kapitel 7.1 angesprochen, gehören zu dem Netzwerk einige Technokraten-Unternehmer, die über ihre ökonomischen Gruppen Teile des Finanzkapitals kontrollieren. Im Speziellen und mit Blick auf die Megaprojekte sind hier Juan Hurtado Vicuña, Eduardo Fernandez León, Carlos Eugenio Lavín und Carlos Alberto Delano zu nennen. Hurtado Vicuña und Fernandez León wurden ebenfalls mit den Privatisierungen groß und kontrollieren neben je eigenen Geschäften gemeinsam die Investmentgruppen El Almendral und Consorcio. Über Almendral wird zusammen mit der Matte-Gruppe der Telekommunikationsgigant Entel kontrolliert, während Consorcio ein milliardenschwerer Finanzdienstleister und institutioneller Investor ist. Insbesondere Hurtado Vicuña hatte in den 1980er Jahren auch ein markantes techno-politisches Profil, er galt als einer der sogenannten „Männer der Privatisierung" (MÖNCKEBERG 2001). Auch nach dem Übergang zur Demokratie blieb er den alten Weggefährten treu und war an maßgeblicher Stelle an den Präsidentschaftskampagnen der UDI-Kandidaten Hermán Buechi und Joaquin Lavín beteiligt. Letzterer war zwischen 1992 und 2004 Bürgermeister in Las Condes, dort also, wo Edu-

---

25 El Ladrillo gilt als politökonomisches Manifest des inneren Kreises der Chicago Boys.

26 Dazu erwarben sie mehr als 2.000 Hektar Land in La Florida, Puente Alto, San Carlos de Apoquindo und La Dehesa. Nach eigenen Aussagen ist CB heute der Immobilienentwickler in Chile mit den größten Reserven an urbanisierbarem Land, allein 4.300 in der Region Valparaíso (Projekt Curauma plus 8.000 Hektar direkt angrenzende Forstwirtschaftsfläche) und 4.000 Hektar in Pudahuel (eigene Website).

ardo Fernandez León mit seiner Immobilienfirma FFV in derselben Zeit eine große Zahl an großskaligen Immobilienprojekten entwickelte. Hier gibt es Anzeichen für die Existenz einer lokalen Wachstumskoalition im Sinne der Regimetheorie (STONE 1989, 1993), die um die Immobilienentwicklung herum organisiert ist. Delano und Carlos Eugenio Lavín wiederum kontrollieren die mächtige Penta-Gruppe, durch die sie wichtige Pensions- und Immobilienfonds steuern. Penta ist schon relativ lange im Geschäft mit der gebauten Umwelt, so wurde 1992 der Investmentfonds Fondo de Inversión Las Américas gegründet (der etwa in das Brisas-Projekt von FFV in Chicureo sowie den Autobahnbau von Infraestructura 2000 investiert), 1996 der Hypothekenkreditableger Compañia de Créditos Hipotecarios Las Américas und im Jahr 2000 die Immobiliengesellschaft Penta Inmobiliaria. Zudem kontrolliert Penta den Pensionsfonds AFP Cuprum. In politischer Hinsicht ist Penta aufs engste mit der rechten Partei UDI verknüpft, und mit Joaquin Lavín etwa wurde die Universidad de Desarrollo gegründet. Neben der politischen Ausrichtung haben alle genannten Akteure eine Vergangenheit in der Studiengruppe von Cruzat gemein, zusätzlich bestehen einige enge Verwandtschaftsbeziehungen (MÖNCKEBERG 2001).

In Bezug auf die Megaprojekte, die, wie gesehen, strukturelle Spekulation ungekannten Ausmaßes erfordern und fördern, ist zunächst die Zahl an Projekten eindrucksvoll, an denen das Netzwerk beteiligt ist. Neben dem Flaggschiff Curauma handelt es sich des Weiteren mindestens um Praderas in Pudahuel, Piedra Roja, Brisas de Chicureo und Ayres de Colina in Colina sowie Alto Lampa in der gleichnamigen Kommune. Wichtig ist des Weiteren, auf welche Art und Weise sie an den unterschiedlichen Projekten beteiligt sind. Während bei Curauma und Praderas zunächst Cruzat als Landentwickler und struktureller Spekulant par excellence verantwortlich war, wurden diese Projekte im Laufe der Zeit sukzessive von Hurtado Vicuña übernommen. Hinter Brisas de Chicureo, Ayres de Colina und Alto Lampa fungierte wiederum FFV als Landentwickler. Die anderen Partner aus der Gruppe fungieren in diesen Projekten auf unterschiedliche Art und Weise als Partner, entweder direkt oder über indirekte Beteiligungen über eine der Finanzholdings. Von besonderer Bedeutung ist in Bezug auf den letzten Punkt, dass das Netzwerk wesentliche Kontroll- und Steuerungsmacht über zwei der wichtigsten Immobilien- und Infrastrukturfonds auf dem chilenischen Markt vereint, welche just diejenigen Fonds sind, die von allen Fonds am stärksten in die zwei wesentlichen Bereiche der Stadterweiterung investieren: Megaprojekte und konzessionierte Autobahnen. Während Penta den Fonds Las Américas kontrolliert, ist Consorcio mit 25 % und als strategischer Partner bei Moneda beteiligt. Bei den Moneda-Fonds (Moneda und Toesca) sitzt des Weiteren Felix de Amesti im Direktorium, Architekt und Chef des größten Planungsbüros in Chile, URBE, welches maßgeblich durch Cruzat gefördert aus dem Curauma-Projekt hervorgegangen ist. Moneda investiert 25 % des Gesamtvolumens in Colina und hier im Speziellen in Piedra Roja, wo es maßgeblich an den Barrios Los Portones, La Fuente und Las Flores beteiligt ist. Las Américas, von Penta kontrolliert und aus fünf unterschiedlichen Immo-

bilien- und Infrastrukturfonds bestehend, investiert unter anderem in den Konzessionsnehmer Infraestructura Dos Mil S.A. und die Autobahnen Autopista del Sol, Autopista
Los Libertadores sowie das Megaprojekt Brisas de Chicureo.

Was diese detaillierte Darstellung zeigt, ist, dass das beschriebene Netzwerk die Kontrolle über verschiedene Aspekte der Landentwicklung und ihrer Finanzierung hat. Die Tatsache, dass direkt aus den Gruppen heraus Megaprojekte angeschoben werden können –
durch die Landenwtickler CB Inmobiliaria von Cruzat, FFV von Fernandez-León, Penta
Inmobiliaria und El Bosque von Hurtado Vicuña – und gleichzeitig Entscheidungsgewalt
sowohl über Pensionsfonds als auch Infrastruktur- und Immobilienfonds besteht, verleiht
diesen Akteuren enorme Macht dazu, Kapital zu mobilisieren und *capital switching* zu
orchestrieren. Wiewohl die privatwirtschaftlichen Entscheidungsträger, die die AFPs
steuern, an strikte Regeln in Bezug auf ihr Investitionsverhalten gebunden sind, haben
sie sehr wohl gewisse Freiheiten in Bezug darauf, über die großen Summen von Anlage-
kapital zu verfügen und solche Projekte zu unterstützen, die nicht nur stabile Renditen
garantieren, sondern auch in eigenem Interesse sind.

Widersprüche der strukturellen Spekulation und der Fall von Cruzat

Ein Blick auf das Schicksal von Cruzat, dem Ambitioniertesten unter allen Landentwicklern, zeigt, dass das Geschäft mit der strukturellen Spekulation durch Megaprojekte trotz
aller verfügbaren wirtschaftlichen und politischen Ressourcen sehr risikoreich ist. Schon
zu Beginn war das Problem von Curauma, dass die Verkaufszahlen hinter den Erwartungen zurückblieben. Mit der Asienkrise und dem Einbruch des Bau- und Immobilienmarktes 1997 und 1998 drehten die Banken Cruzat den Geldhahn vorläufig zu. Um die
drohende Zahlungsunfähigkeit abzuwenden, verkaufte Cruzat ein Unternehmen seiner
CB-Holding, das Versicherungsunternehmen Cruz Blanca Previsión y Seguros, an seinen
Partner Hurtado Vicuña. Die Erlöse konnte Cruzat in die Schuldentilgung und Curauma
stecken. 2002 hat Cruzat dann erneut Probleme mit wachsenden Kreditraten, die er selber
nicht mehr tilgen kann. Dies ist der Moment, an dem Hurtado Vicuña auch die Mehrheit
an Inmobiliaria El Bosque übernimmt, über die das Praderas-Projekt in Pudahuel gesteuert wird. In einem Artikel über den Deal wird der Zusammenhang zwischen Bodenspekulation, Immobilienproduktion und *capital switching* in Reinform artikuliert: „Juan Hurtado hat das im Überfluss, was Manuel Cruzat fehlt: Liquidität. Manuel Cruzat hat das, was
Juan Hurtado sucht: Geschäfte mit Potenzial" (La Tercera, 28.12.2003).[27] Mit Blick auf
das hier interessierende Thema des *capital switching* der ökonomischen Gruppen und
speziell der Technokraten-Unternehmer ist besonders relevant, dass Hurtado Vicuña kurz
zuvor Anteile an den ehemaligen Staatsunternehmen Entel, Enerquinta und Banco de
Chile verkauft hatte und dabei gewaltige Erlöse erzielt hatte. Er stieg darauf hin in den
Bergbau-, den Sanitär- und eben den Immobiliensektor ein (La Tercera, 28.12.2003).

---

27 „A Juan Hurtado le sobra lo que a Manuel Cruzat le falta: liquidez. Manuel Cruzat tiene algo que Juan Hurtado quiere:
    negocios con potencial" (La Tercera, 28.12.2003).

Dies ist der Moment, in dem die gebaute Umwelt im Harvey'schen Sinne zur Senke für überschüssiges Kapital wird, welches erst durch Globalisierungs- und Neoliberalisierungsprozesse akkumuliert wurde.

Auch durch die Abgabe der Kontrolle des sich verzögernden PDUC-Projektes Praderas in Pudahuel und die mittlerweile fast ausschließliche Konzentration auf sein Flaggschiff Curauma konnte sich Cruzat nicht dauerhaft über Wasser halten. 2011 geriet er erneut in erhebliche Zahlungsschwierigkeiten. Der Ökonom Luis Eduardo Escobar beschreibt, „dass der Typ [Manuel Cruzat] einen großen Einsatz darauf gemacht hat, dass er in der Lage sein wird, Curauma zu entwickeln und es mit großem Gewinn zu verkaufen. Diese Einsätze haben immer Zeitrahmen und offenbar zog es sich in die Länge. Und er selber hat nicht den finanziellen Rückhalt, um die Investitionen aufrechtzuerhalten, die notwendig sind, um Curauma zu entwickeln" (Cambio 21, 4.5.2012).[28]

LOGAN und MOLOTCH (1987) beschreiben, dass die strukturellen Spekulanten auf ihre Fähigkeiten spekulieren, durch den Einsatz erheblicher wirtschaftlicher und politischer Mittel große Projekte gegen Widerstände durchsetzen zu können, und dabei erhebliche Risiken in Kauf nehmen. Aus unterschiedlichen Gründen hat sich Cruzat nicht durchsetzen können. Als letztes Mittel legte Cruzat noch ein System illegaler Quersubventionen an, bei dem von anderen Unternehmen seiner Holding Geld in Curauma umgeleitet wurde, um hier die Schulden zu tilgen (Cambio 21, 4.5.2012). Die Geschädigten waren Falabella und auch Inmobiliaria Manquehue, die Cruzat vor Gericht und damit endgültig zu Fall brachten. Interessant ist es hier noch anzumerken, dass Cruzat zu seiner Rettung und als Kapitalbeschaffungsmaßnahme eine AFP gründen wollte, was ihm von den zuständigen Behörden aber versagt wurde.

---

28 "(…) que el tipo [Manuel Cruzat, M.L.] hizo una apuesta muy grande a que él era capaz de desarrollar Curauma y
    venderlo con grandes utilidades. Ahora, estas apuestas siempre tienen plazos y, al parecer, estos se le fueron alargando.
    Y él no tiene las espaldas financieras propias para poder sostener el esfuerzo de inversión que significaba desarrollar
    Curauma" (Cambio 21, 4.5.2012).

8 „Baustellen der Rationalität": Genealogie der Konditionierten Planung

Im vorhergehenden Kapitel wurde gezeigt, dass die Megaprojekte insofern als Instrumente der strukturellen Spekulation (und damit auch Vehikel des *capital switching*) betrachtet werden können, als dahinter ökonomische Gruppen stehen, die nach neuen Möglichkeiten der Absorption von Kapitalüberschüssen – *excess liquidity* im Harvey'schen Sinne – auf der Suche waren, welche unter anderem durch den Verkauf der privatisierten Staatsunternehmen an transnationale Akteure generiert worden waren. Den gesamten Bereich der gebauten Umwelt in Santiago für die Kapitalzirkulation verfügbar zu machen, kann in diesem Zusammenhang als eine gezielte Strategie von in transnationale Netzwerke eingebundenen Akteuren verstanden werden, deren lokal-territoriale politische und institutionelle Basis die Konditionierte Planung auf der einen Seite und das Konzessionssystem auf der anderen Seite ist. Beide Planungsmechanismen, die ab Mitte der 1990er Jahre eingeführt wurden, stehen für Prozesse der Privatisierung, Glokalisierung und Finanzialisierung von Stadtentwicklung im Allgemeinen und die (transnationale) Inwertsetzung des Stadtrands von Santiago im Besonderen. Auch wenn die PDUC-Projekte in Pudahuel immer noch auf das (grüne) Licht am Ende des Tunnels warten, wurden die aus dem Privatsektor kommenden Megaprojekte mit der Konditionierten Planung doch als offizielle Politik und als „rationale" Form der Stadtentwicklung verankert – dies nicht nur in Colina und Pudahuel, sondern für die gesamte Stadtregion.

Private Interessen schreiben sich allerdings nicht automatisch, konfliktfrei oder in Reinform in die jeweilige diskursive und institutionelle Landschaft ein, sie konkurrieren mit alternativen Diskursen, Interessen und Entwürfen und müssen gegenüber diesen durchgesetzt werden. Auch stehen einzelne Landentwickler in Konkurrenz zueinander, weil – wie oben gezeigt – zur Schaffung von Monopolrenten gleiche Entwicklungen begrenzt werden müssen. Im Folgenden wird deshalb auf die „Baustellen der Rationalität" fokussiert, d. h. die institutionellen, diskursiven und technologischen Momente und Praktiken, durch die bestimmte Sichtweisen und bestimmte Praktiken – in diesem Fall die Konditionierte Planung – roduziert werden. Einerseits muss dabei detailliert auf das Feld der räumlichen Planung und dessen Institutionen und Akteure geschaut werden, andererseits muss das, was dort passiert, mit den politischen und ökonomischen Konjunkturen, der Diskurslandschaft sowie den herrschenden Macht- und Kräfteverhältnissen in Chile im Allgemeinen in Verbindung gesetzt werden.

8.1 Institutionelle Arenen und Akteure der Diskursproduktion

8.1.1 Institutionelle Arenen: MOP, Minvu und das System räumlicher Planung

Das Feld der stadtregionalen Planung kann als institutionelle Arena verstanden werden, in welcher eine Vielzahl von Akteuren, Diskursen und Praktiken um Deutungshoheit und Hegemonie ringt (FLYVBJERG und RICHARDSON 2002). Nominell ist es der Staat, der auf

Tab.9:   Instrumente der Stadtentwicklungs- und Landnutzungsplanung

Ebene	Instrument	Beschreibung	Zuständige Behörde
National	Ley General de Construcción y Urbanismo	Gesetz, das die übergeordneten Regeln der Bau- und Immobilienentwicklung sowie die Struktur des Planungssystems festlegt.	Parlament
	Política Nacional de Desarrollo Urbano	Indikatives Instrument, das die nationalen Leitlinien für die Stadtentwicklungspolitik festlegt	MINVU
Regional	Plan Regional de Desarrollo Urbano	Indikatives Instrument, das Leitlinien für die städtische Entwicklung einzelner Regionen festlegt	Seremi-MINVU, wird nach Umweltprüfung im SEA vom CORE verabschiedet
	Plan Regulador Intercomunal (Metropolitano)	Verbindliches Instrument der regionalen Flächennutzungsplanung, dem sich die kommunalen Flächennutzungspläne unterordnen (kein Gegenstromprinzip)	Seremi-MINVU, wird nach Umweltprüfung im SEA vom CORE verabschiedet und von der Contraloría geprüft
	Estrategia de Desarrollo Regional	Indikatives Instrument, das Leitlinien für die regionale Entwicklung festlegt	GORE/Serplac
Lokal	Plan Regulador Comunal	Verbindliches Instrument der kommunalen Flächennutzungsplanung	Municipio, wird vom CORE genehmigt
	Plan de Desarrollo Comunal	Indikatives Instrument, das Leitlinien der kommunalen Entwicklung festlegt	Municipio

Quelle: Eigene Zusammenstellung

dem Feld der stadtregionalen Planung auf unterschiedlichen Ebenen die Entscheidungskompetenz über die übergeordneten Leitlinien sowie spezifische Pläne, Programme und Institutionen in Bezug auf die unterschiedlichen Fragen von Stadtentwicklung hat (Tab. 9). Mit seiner Tradition des Zentralismus sind es in Chile in erster Linie die nationalen Ministerien, die für Fragen der Stadtentwicklung in Santiago entscheidend sind – und hier insbesondere die Ministerien des MOP und des MINVU. Wiewohl die Regionalregierung nominell für einige Angelegenheiten der räumlichen Planung zuständig ist, werden die Bereiche der Infrastruktur- und Stadtentwicklungsplanung de facto von den nationalen Ministerien dominiert. Bei ihnen liegen die Kompetenzen dazu, in diesen Bereichen Pläne und Programme zu erarbeiten. Traditionell besteht zwischen den beiden Bereichen nur geringe Koordination und oftmals sind die Beziehungen auch von offener Rivalität geprägt (DUCCI 2004).

In Kapitel 5 dieser Arbeit wurde gezeigt, dass die Interpretation und Gewichtung verschiedener Themen und Probleme der Stadtentwicklung in Chile und Santiago im Laufe der Zeit mehrere Wandel erfahren hat. Von der sich weitgehend selbst regulierenden „Stadt der Massen" (De RAMÓN 2007) wurde im Rahmen des Modells des ISI-Entwicklungsstaates in den 1960er Jahren zu massiver staatlicher Intervention im Bereich des Wohnungsbaus sowie der Infrastrukturversorgung übergegangen. Im Rahmen des Neoliberalisierungsprojektes unter Pinochet wiederum standen einerseits die politisch-territoriale Kontrolle städtischen Raums, insbesondere der *pobladores*, und andererseits die Liberalisierung und Deregulierung der Bodenmärkte im Zentrum der Politik. Hier wurde der Grundstein für die Ausdifferenzierung und Professionalisierung des Immobiliensektors sowie die Verschmelzung von Immobilienwirtschaft und Finanzkapital gelegt. Unter den ersten demokratischen Regierungen rückte die Stadtentwicklung politisch und wirtschaftlich dann noch wesentlich stärker ins Zentrum des Interesses.

Unter Federführung des MOP und des von ihm verantworteten Konzessionsprogramms wurde eine Politik der infrastrukturellen Modernisierung verfolgt, die stark auf private Investitionen setzte, was die Produktion eines wichtigen Elements der gebauten Umwelt für transnationale Investoren zugänglich machte. Das MINVU verfolgte zu jener Zeit mit dem 1994 eingeführten PRMS eine Politik der Verdichtung Santiagos, die stark von der Vision der polyzentrischen Stadtregion des MOP abwich. Ein anderes Beispiel für die sich oftmals wiedersprechenden Politiken einzelner Ministerien und Behörden – mit direktem Bezug zu den Megaprojekten – ist, dass das Comité de Inversiones Extranjeras Mitte der 1990er Jahre die Investition eines malaysischen Investors in ein geplantes Megaprojekt in Pirque (El Principal) genehmigt hatte, obwohl dies im PRMS nicht vorgesehen war. Die Malaysier brachten Chile vor ein internationales Schiedsgericht zur Schlichtung von Investitionsdisputen im Rahmen bilateraler Freihandelsverträge, wo Chile zur Zahlung einer Strafe in Höhe von 10 Mio.US$ verurteilt wurde. Dies kann als Beispiel für die mit der Glokalisierung und Privatisierung von Stadtentwicklung einhergehenden neuen Akteurskonstellationen und Komplikationen in einem Kontext angesehen werden, in dem der Staat selber von Interessenkonflikten durchzogen ist.

Insgesamt ist mit Blick auf die Politiken und Instrumente in Bezug auf die Stadtentwicklung in Santiago die Abwesenheit einer Nationalen Stadtentwicklungspolitik (PNDU), d. h. von einem Set von mehr oder weniger als verbindlich anerkannten Leitlinien um ein zentrales Leitbild herum zentral. Die seit 1985 existierende – aber auch schon wirkungslose – PNDU wurde im Jahr 2000 endgültig entsorgt. Seitdem hat es verschiedene Initiativen gegeben, eine neue PNDU auf den Weg zu bringen, bislang aber ohne Erfolg.[1] In der Praxis werden Politiken in Bezug auf die Stadtentwicklung effektiv von einzelnen Ministerien gemacht, die weitgehend unkoordiniert handeln und deren Instrumente und Programme teilweise in krassem Gegensatz zueinander stehen. Das macht das Feld der Stadtentwicklung besonders empfänglich für die Einflussnahme von außen, insbesondere durch den Privatsektor.

8.1.2 Akteure der zivilgesellschaftlichen Diskurs- und Wissensproduktion

GRAMSCI (1991) spricht davon, dass in bürgerlich-kapitalistischen Gesellschaften Macht und Herrschaft nicht ausschließlich und nicht in erster Linie durch (staatlichen) Zwang hergestellt werden, sondern dass dies auf dem Feld der Zivilgesellschaft geschieht, welche als Erweiterung des Staates verstanden wird (Kap. 3.3.2). Hier wird von unterschiedlichen Akteuren – z.B. Parteien, Verbänden, Unternehmen, Medien, NGOs, Think Tanks – um Hegemonie gerungen und zwar durch Einsatz „ideologischer Diskurse"[2] (BELINA und DZUDZEK 2009). In Chile ist in diesem Zusammenhang seit den späten 1960er Jahren eine Polarisierung zwischen zwei ideologischen Positionen und Akteursgruppen zu beobachten: Gemeint ist die Polarisierung zwischen „Neoliberalen" und „Progressiven", die sich in Chile auf allgemeiner Ebene, aber auch mit Bezug zu Fragen der Stadtentwicklung zeigt (GARRETÓN 2012, SMOLKA und SABATINI 2000, TRIVELLI 2006). Fragen wie jene, was unter Stadt verstanden wird, wie städtische Teilsysteme und Bodenmärkte funktionieren, welches Leitbild von Stadt angestrebt werden soll und wie die Rollenverteilung zwischen Staat und Markt auf dem Weg dorthin zu organisieren sei, werden dabei von den unterschiedlichen Gruppen völlig unterschiedlich beantwortet.

Beide Gruppen hatten zu unterschiedlichen Zeiten die Kontrolle über die Staats- und Regierungsapparate inne, von denen aus konkrete Politiken und politökonomische Projekte umgesetzt wurden, beide haben auch außerparlamentarische Organisationsformen, mit denen auf dem Feld der Zivilgesellschaft um Hegemonie gerungen wird. Das Besondere am chilenischen Fall ist, dass die neoliberale Fraktion auch nach der Rückkehr zur Demokratie in wichtigen gesellschaftlichen Bereichen die Deutungshoheit (und faktische Macht) behalten hat und dass nach 1990 Politiken umgesetzt wurden, die weitestgehend ihren Interessen und ideologischen Positionen entsprachen, obwohl mit der Concertación – bis 2010 – nominell progressive Regierungen am Zepter waren. Ein Grundverständnis der soziopolitischen Gemengelage und gesellschaftlichen Macht- und Kräfteverhältnisse, die diesem Sachverhalt zugrunde liegen, ist auch der Weg zur Entschlüsselung von Genealogie und Evolution der Konditionierten Planung.

---

1   Eine neue PNDU wurde schliesslich Anfang 2014 verabschiedet, nach Fertigstellung dieser Forschungsarbeit.

2   „Ideologisch sind Diskurse, wenn sie als Sachzwänge, naturalisiert, neutral, evident etc. erscheinen. Dann wirken sie als ‚irreduzibler Teil der Wirklichkeit'" (Fairclough 2001, S. 336) (BELINA und DZUDZEK 2009, S. 137).

Mit Blick auf die Bedingungen für die Implementation des neoliberalen Projektes in Chile identifiziert der chilenische Soziologe Manuel GARRETÓN (2012) zwei Pfeiler: die Suspendierung der Demokratie und die Zurückdrängung (und auch Eliminierung) progressiver Elemente in Politik, Wirtschaft und Gesellschaft einerseits und die Konstitution eines „hegemonialen Kerns" zur Steuerung des Staatsapparates andererseits, welcher der Militärregierung ein politisches Projekt an die Hand gab, welches diese zunächst nicht besaß. Wiewohl wichtige Teile der chilenischen Unternehmerschaft die Diktatur von Beginn an unterstützt hatten, war doch völlig unklar, in welche Richtung die Wirtschaftspolitik gehen würde. Erst 1975 konstituierte sich die Allianz aus dem Militär, den Chicago-Ökonomen und den sogenannten Gremialistas[3]. Die Chicago Boys waren in dem Bündnis für die Wirtschaftspolitik zuständig, die Gremialistas für den sozio-kulturellen Bereich und die Militärs – etwas zugespitzt – für die Repression. Was diesen Block einte, war die Zurückweisung einer „Überpolitisierung" von Wirtschaft und Gesellschaft, die mit Allende und den von ihm eingeleiteten Verstaatlichungen ihren Höhepunkt erreicht hatte. Von verschiedenen gesellschaftlichen Gruppen gab es so eine Kritik an Politik im Allgemeinen, weil diese mit Konflikt gleichgesetzt wurde, während eigentlich Wachstum und Entwicklung im Mittelpunkt stehen müssten. Es ist dieser antipolitische Diskurs, der in Chile den Grundstein für ein die politische Kultur des Landes bis heute bestimmendes Merkmal gelegt hat: den Technokratismus. Nach FISCHER (2011) kann Technokratismus oder Technokratie kann als eine spezifische Form der Regierung betrachtet werden, bei der Experten und dem von ihnen verkörperten wissenschaftlichen Wissen eine herausgehobene Bedeutung zukommt: „Technokraten rechtfertigen sich dadurch, dass sie an technische Expertise appellieren, die auf wissenschaftlichem Wissen basiert, dabei argumentierend, dass sie technische Lösungen zu politischen Problemen liefern können" (Fischer 1990, zitiert in SILVA 2006, S. 178).[4]

Im Chile unter Pinochet waren für die „Technifizierung politischer Entscheidungsfindung" (FISCHER 2011) hauptsächlich die Chicago Boys zuständig, deren spätere Macht auf Strategien der Diskurs- und Wissenspolitik basierte. So existierte seit den 1960er Jahren eine Kooperation zwischen den wirtschaftswissenschaftlichen Fakultäten der Pontificia Universidad Católica (PUC) und der University of Chicago (Project Chile), in deren Rahmen bis in die 1970er Jahre mehr als 150 junge chilenische Ökonomen ausgebildet wurden, was FISCHER (2011) als „organisierten Ideologietransfer" beschreibt. Aus dieser Gruppe heraus wurde noch zu Zeiten der Unidad Popular (UP) mit El Ladrillo ein Programm ausgearbeitet (an dem die strukturellen Spekulanten Manuel Cruzat und Sergio de Castro maßgeblich beteiligt waren). Darin wurde dem politischen und wirtschaftlichen Chaos eine neoliberale Grundausrichtung als Lösung gegenübergestellt – als rati-

---

3   Die Gremialistas waren eine ab Mitte der 1960er Jahre sehr einflussreiche katholische Studenten- und Sozialbewegung, deren Chefideologe der 1991 ermordete Jaime Guzmán war.

4   „Tecnócratas se justifican a sí mismos haciendo un llamado al expertise técnico basado en formas científicas del conocimiento, argumentando que ellos pueden entregar soluciones técnicas a problemas políticos" (Fischer 1990, zitiert in SILVA 2006, S.178).

onalste Form, Wirtschaft und Gesellschaft im Sinne des Gemeinwohls zu organisieren. Der Putsch bot dann die Gelegenheit, das El Ladrillo-Programm in politische Praxis umzusetzen und viele Personen aus dem Kreis der Chicago Boys rückten in hohe Regierungsämter sowie in Führungspositionen in Wirtschaft, Wissenschaft und Gesellschaft. Die Studienabteilung der Cruzat-Larrain-Gruppe war dabei das zentrale Sammelbecken, aus der die späteren Technokraten-Unternehmer hervorgingen. FISCHER (2011, S. 22) weist darauf hin, dass „jede historische Periode eine eigene ‚politische Expertokratie'" hervorbringt, und dass jede gesellschaftliche Gruppe ihre eigenen Intellektuellen bildet, „die eine klassengebundene Weltsicht formulieren".

Es sind diese Experten, die GRAMSCI (1991) als organische Intellektuelle bezeichnet und als für die Hegemonieproduktion verantwortlich identifiziert, weil sie dafür sorgen, dass ihre klassengebundene Weltsicht als allgemeingültig anerkannt wird. Die als Chicago Boys bezeichnete Gruppe von neoliberalen Technokraten kann in diesem Sinne als Gruppe von organischen Intellektuellen bezeichnet werden, die nicht nur die Militärregierung mit einem Programm versorgten und zur Ausbildung einer neuen Unternehmerklasse beitrugen, sondern auch einen neuen gesamtgesellschaftlichen „common sense" und damit die „kulturelle Hegemonie" des Neoliberalismus herstellten (SOLIMANO 2012, S. 66).

Mit der Rückkehr zur Demokratie bestand in Chile – zumindest theoretisch – die Möglichkeit eines Regime- und Systemwechsels, waren die „Progressiven" nun doch an der Macht. Schon schnell aber stellte sich heraus, dass der Neoliberalismus auf unterschiedlichen Ebenen tief verankert war (GARRETÓN 2012, SOLIMANO 2012). Zum einen bezieht sich dies auf die Institutionalisierung des Modells durch die Prozesse der neoliberalen Staatsformation, d. h. den in der Verfassung verankerten autoritären Enklaven auf der einen und die de facto-Macht *(poder fáctico)* der ökonomischen Gruppen auf der anderen Seite. Zum anderen bezieht es sich auf die Hegemonie des Neoliberalismus auf der kulturellen Ebene und dem Feld der Zivilgesellschaft.

Tatsächlich bestand eine der Kernstrategien der neoliberalen Elite im Prozess der Systemtransformation darin, ihre Macht im Bereich der zivilgesellschaftlichen Wissens- und Diskursproduktion aufrechtzuerhalten und sogar auszubauen (FISCHER 2008, 2011). Einerseits unterrichten viele der schon unter Pinochet einflussreichen neoliberalen Intellektuellen (d. h. den Chicago Boys) an zum Teil von ihnen selbst gegründeten Universitäten (Universidad del Desarrollo, Universidad Adolfo Ibañez, Universidad Andrés Bello, Universidad de los Andes, Universidad Finis Terrae) oder der etablierten Kaderschmiede Pontificia Universidad Católica (PUC). Andererseits sind die neoliberalen Intellektuellen als Publizisten und Kommentatoren aktiv und in der – von den ökonomischen Gruppen kontrollierten – medialen Öffentlichkeit präsent. Um darüber hinaus systematisch „Personen und Ressourcen zusammenzubringen" (FISCHER 2011), wurden eine Reihe von neoliberalen Think Tanks gegründet. Die einflussreichsten sind bis heute das Instituto

Libertad y Desarrollo (LyD) und das Centro de Estudios Públicos (CEP), beide wesentlich finanziert durch Zuwendungen der ökonomischen Gruppen des Landes.[5] Was Fischer (2011) als die Rolle der Think Tanks in Bezug auf die Gesellschaft im Allgemeinen bezeichnet, gilt auch für den Bereich der Stadtentwicklung:

„Die Think Tanks festigen zum einen die sozialen Netzwerke, die sich aus der Wirtschaftselite, der Wissenschaft und der politischen Expertokratie rekrutieren. Zum anderen wird dort jenes Wissen produziert, mit dem die chilenischen Neoliberalen in die politische und zivile Gesellschaft intervenieren" (Fischer 2011).

In dem Moment, wo Stadtentwicklung zunehmend in das Blickfeld der ökonomischen Gruppen rückte, wurde es auch zu einem strategischen Feld der Wissensproduktion, und so wurden sowohl LyD als auch das CEP ab Anfang/Mitte der 1990er Jahre zunehmend auf diesem Feld aktiv. Ebenso wie die einflussreiche Cámara Chilena de Construcción (CChC), die eine ressourcenstarke Studienabteilung betreibt, sind es diese Organisationen, aus denen heraus ideologische Diskurse und Wissen in Bezug auf Fragen der Stadtentwicklung produziert werden (Trivelli 2006). Dabei stoßen sie in die Lücken, die die gleichzeitig zentralisierte und fragmentierte Struktur des Planungssystems bei Abwesenheit übergeordneter Leitlinien bereitstellt. Verschiedene Autoren weisen auf die große Macht hin, die in Chile die Think Tanks und ihre Experten auch unter den Concertacións-Regierungen innehatten (Silva 2008, Fischer 2011, Garretón 2012). Erklärt wird dies mit der zu jener Zeit weiterhin extremen politischen Polarisierung zwischen Regierung und Opposition. Innerhalb der Concertación wurde in Bezug darauf davon ausgegangen, dass die einzige Möglichkeit, die Systemtransformation friedlich zu organisieren, darin bestand, die Demokratie zu stärken, ohne aber das (neoliberale) sozioökonomische System in Frage zu stellen. Aylwin etwa setzte sich zum Ziel, die Polarisierung und Konfrontation zu überwinden und ein „Präsident aller Chilenen" zu sein und für Gerechtigkeit zu sorgen, allerdings „im Rahmen des Möglichen" (Garretón 2012). In diesem Zusammenhang ist zu verstehen, dass wichtige Regierungspositionen mit nominell a-politischen und jenseits von links und rechts stehenden Experten besetzt wurden.

Wichtig ist auch anzumerken, dass die Concertación kein eigenes, alternatives Programm für ein den Neoliberalismus ersetzendes Gesellschaftsmodell hatte, sondern dass viele unterschiedliche Stimmen und Strömungen innerhalb der Concertación existierten. Garretón (2012) identifiziert in diesem Zusammenhang drei konkurrierende Gruppen innerhalb der Concertación: (neo-)liberale Kräfte, progressive Kräfte und solche, die zwischen beiden Positionen standen. Auch hier brauchte es deswegen Experten und Technokraten, die die politischen Spannungen in technische Probleme übersetzten. Das Festhalten am

---

5 Gründer und Ratsmitglied des CEP ist Sergio de Castro, Chicago Boy der ersten Stunde, erster Finanzminister unter Pinochet und als Teilhaber von ECSA einer der wichtigsten strukturellen Spekulanten in Santiago im Kontext der Megaprojekte.

neoliberalen Modell wurde als einzig gangbarer Weg beschrieben, allerdings mit Korrekturen. Diese Form des Dritten Wegs wurde im Laufe der Concertacións-Regierungen
hegemonial; und den sie vertretenden Experten kam eine herausgehobene Bedeutung zu.
Diese werden denn auch als „transversale Partei" (partido transversal) bezeichnet, als
Architekten eines Politikmodells, welches GARRETÓN (2012) als „korrigierten Neoliberalismus" (neoliberalismo corregido) beschreibt. Dieser sei durch die Spannung zwischen
sozialdemokratischer Rhetorik und neoliberaler Politikpraxis gekennzeichnet.

Im Folgenden wird gezeigt, inwiefern dies auch für die Konditionierte Planung zutrifft.
Auch mit Blick auf das System der räumlichen Planung und die Entwicklung von Santiago lässt sich klar feststellen, dass es kein übergeordnetes und kohärentes staatliches Projekt gab. Auch auf diesem Feld standen und stehen sich „Neoliberale" und „Progressive"
gegenüber, die um Deutungshoheit kämpfen, zwischen Regierung und Opposition, innerhalb der Concertacións-Regierungen und auf dem Feld der Zivilgesellschaft. Und auch
hier sind es – häufig den ökonomischen Gruppen nahestehende – Experten und Technokraten, die die politischen Problemlagen letztendlich in technische Fragen und Lösungen
übersetzen und die tatsächliche Ausgestaltung und Umsetzung entscheidender Fragen in
Bezug auf Stadtentwicklungsprozesse wesentlich beeinflussen. Die Konditionierte Planung kann in diesem Sinne ganz grundsätzlich als Politik des Dritten Wegs im Bereich
der Stadtentwicklung verstanden werden. Ihre tatsächliche Ausgestaltung und Implementierung ist dabei von spezifischen Macht- und Kräfteverhältnissen und sowohl diskursiven als auch materiellen Praktiken auf unterschiedlichen Ebenen geformt worden, ganz
im Sinne des Konzeptes eines „real-existierenden Neoliberalismus" (BRENNER und THE-
ODORE 2002).

8.2 Die Einfuehrung der Konditionierten Planung: Plan Chacabuco und
   der PRMS 1997

Wie im Verlaufe der Arbeit schon angesprochen, standen sich zu Beginn der 1990er Jahre
verschiedene Pläne und Projekte für die sozial-räumliche Entwicklung Santiagos gegenüber (Tab. 10). Auf der einen Seite ist hier „das neoliberale Projekt" zu nennen, welches
noch aus der Zeit der Militärregierung stammte und auf eine weitgehende Liberalisierung
der Bodenmärkte und eine weit in ihr Umland ausgreifende Stadt setzte. Auch für Fragen
der Stadtentwicklung sollten die allgemeinen Prinzipien der neoliberalen Theorie gelten,
d. h. ein unangefochtenes Primat privaten Eigentums, eine subsidiäre Rolle des Staates
und insgesamt eine gesellschaftliche und räumliche Entwicklung, die den Marktkräften
folgt. Auf der anderen Seite gab es Anfang der 1990 Jahre von Seiten progressiver Kräfte
innerhalb und außerhalb der Concertación Bemühungen, dem Staat wieder mehr Ein-
griffsmöglichkeiten in die Stadtentwicklung zu garantieren. Im Folgenden wird das Span-
nungsverhältnis zwischen beiden Positionen im Kontext der Diskussion um die Megaprojekte und der Konditionierten Planung dargestellt. Es wird dabei gezeigt, dass die

Tab. 10: Wichtige Pläne der stadtregionalen Entwicklung in den 1990er Jahren

Plan/Instrument/ Politik	Jahr	Verantwort- lich	Leitbild	
			Steuerung	Städtische Form
PRMS	1994	MINVU	Staat	Kompakt
PTUS	1995	SECTRA	Staat	Polyzentrisch
Plan Macro Zona-Central	1995	MOP	Markt	Polyzentr.-diffus
PRMS (Plan Chacabuco)	1997	MINVU	Staat und Markt	Polyzentrisch
PRMS (Modificación 48)	2003/2006	MINVU	Markt	Polyzentr.-diffus
PRMS 100	ab 2008	MINVU	Staat	Kein Leitbild

Quelle: Eigene Zusammenstellung

Konditionierte Planung auf diskursiver Ebene einen Kompromiss zwischen den konfligierenden Interessen darstellte, in der Praxis aber weitgehend den Interessen der strukturellen Spekulanten entsprach. Die Lücke zwischen Anspruch und Wirklichkeit kann als Ausdruck von Machtverhältnissen verstanden werden, wobei das detaillierte institutionelle Design als „Baustelle der Rationalität" eine entscheidende Rolle spielt. Es ist dies der Punkt, an dem der sich herausschälende Diskurs eines Dritten Wegs in der Stadtentwicklung in eine „institutionelle Materialität" gegossen wurde und so seine Machtwirkung entfalten konnte.

8.2.1 Die Debattenlage zu Beginn der 1990er und der Konflikt um den Plan Chacabuco

Pro-Wachstum: die Studien RECAP und Macro-Zona Central
Exemplarisch für die oben angesprochene zivilgesellschaftliche Diskurs- und Wissensproduktion aus dem neoliberalen Lager sind die Aktivitäten des strukturellen Spekulanten Manuel Cruzat. Wie dargelegt, war Cruzat einer der Köpfe hinter dem El Ladrillo-Programm und die Studienabteilung seiner Unternehmensgruppe war aktiv in die neoliberale Diskurs- und Wissensproduktion der Chicago Boys involviert. Darüber hinaus diente die Studiengruppe auch als wichtiger Knotenpunkt im Netzwerk der neoliberalen Kreise aus Politik und Wirtschaft (FISCHER 2011). Ende der 1980er und Anfang der 1990er stiegen Manuel Cruzat und andere Technokraten-Unternehmer (Kapitel 5.2) in das Geschäft mit der gebauten Umwelt ein und begannen zeitgleich auch damit, in die in diesem Zusammenhang einschlägigen Felder der Wissensproduktion zu investieren. Zum einen gab Cruzat Studien und Berichte zu Fragen der Stadtentwicklung in Auftrag, die die Interessen der strukturellen Spekulanten wissenschaftlich unterlegen sollten, zum anderen wurde die Ausbildung von Experten im Bereich von Planung und Urban Design

finanziert. In Bezug auf beide Aspekte stand dem von Cruzat repräsentierten neoliberalen Lager wie schon in den 1960er und 1970er Jahren die PUC als Partner zur Seite. Hier wurden Ende der 1980er Jahre durch das von Cruzat kontrollierte Unternehmen Forestal Valparaíso zunächst eine groß angelegte Studie zur stadtregionalen Entwicklung Zentralchiles in Auftrag gegeben und später ein Kooperationsabkommen mit der Harvard University finanziert, das sich auf Fragen der Stadtentwicklung konzentrierte.

Die Studie, die Ende der 1980er Jahre beim Instituto de Estudios Urbanos der PUC in Auftrag gegeben worden war, trug den Titel „Región Capital Chile" (RECAP) (MINGO et al. 1989). RECAP war als Bestandsaufnahme in Bezug auf die Zentralisierung der sozialräumlichen Struktur Chiles angelegt und umfasste die Analyse ökonomischer, sozialräumlicher und politischer Aspekte. Das Ziel war es „die Entwicklung der alternativ zu Santiago rentabelsten Räume der Macro Región Central zu potenzieren und das Funktionieren der städtischen Struktur Santiagos mit dem Ziel zu rationalisieren, Ressourcen für die Regionalentwicklung freizumachen und die Externalitäten Santiagos dem Rest der Hauptstadtregion verfügbar zu machen" (MINGO et al. 1990, S. 7).[6]

Hinter diesem Ziel stand die Grundidee, in der Stadtentwicklung die „Prinzipien der Rentabilität und Gleichheit" zu versöhnen. Die Studie fällt im Allgemeinen differenziert aus und kommt am Ende zu einer Reihe von Politikempfehlungen. Eine der zentralen Aussagen ist dabei, dass zum Erreichen der anvisierten dezentralen Konzentration der Ausbau des intraurbanen Autobahnnetzes zu fördern sei. Mit Blick auf den Diskurs der Stadtentwicklung wurden mit der Studie zwei Dinge erreicht, die im Interesse der Landentwicklungsindustrie waren: zum einen die Rolle der Infrastruktur und die Notwendigkeit ihres Ausbaus in den Vordergrund zu rücken; und zum anderen, eine makro-regionale Perspektive auf Santiago etabliert zu haben. Analog zu dem, was HARVEY (2011) für Paris und New York festgestellt hat, wurde auch hier der Maßstab verändert, auf dem über die Zukunft von Santiago (und auch Valparaíso) nachgedacht und diskutiert wurde. Der massive Ausbau des intraurbanen Autobahnnetzes durch das Konzessionssystem und die späteren Megaprojekte wurden an dieser „Baustelle der Rationalität" diskursiv vorbereitet.

Eine Fortsetzung dieser spezifischen Linie der Konzeptualisierung der Stadtregion ist die einflussreiche Studie „Macrozona Central de Chile – Regiones V, VI y Metropolitana" (MZC), die von Marcial Echenique 1993 im Auftrag des Comité Interministerial de Infraestructura durchgeführt wurde. Der Auftrag von Echenique bestand darin, den zukünftigen Bedarf an Infrastruktur für die nun Macrozona Central genannte Region zu eruieren, was als Basis für den Investitions- und Konzessionsplan des MOP dienen würde (ECHE-

---

6   „Potenciar el desarrollo de los espacios más rentables de la Macro Región Central alternativos a Santiago y racionalizar el funcionamiento de la estructura urbana de la ciudad de Santiago, con el objetivo de liberar recursos que puedan ser destinados al desarrollo regional e incorporar las externalidades de Santiago al resto de la Región Capital" (MINGO et al. 1990, S. 7)

NIQUE 1994). Für Santiago wurden insgesamt sieben Großprojekte und ein zweiter Autobahnring (Orbital) definiert (vgl. ZEGRAS und GAKENHEIMER 20010, S. 81 f.; PAVEZ 2006, S. 342 f.).[7] Der Grundansatz von Echenique war, dass Anreize für die Ausdehnung der Stadt und die Verbreitung des individuellen Personenverkehrs durch den Ausbau intraurbaner Autobahnen sozialen Mehrwert schaffen würden (ECHENIQUE 1996, PAVEZ 2006, S. 343). Stadtwachstum sei ein Zeichen sozialen und ökonomischen Fortschritts, weswegen es zu fördern und nicht zu hemmen sei. Hier wurde in Richtung des Leitbildes einer diffusen Stadt argumentiert und dem individuellen motorisierten Verkehr, also dem Auto, klar der Vorzug vor dem öffentlichen Nahverkehr gegeben. Echenique ist bis heute einer der einflussreichsten Experten im Bereich der stadtregionalen Entwicklung und das, was in den Studien Anfang der 1990er Jahre diskursiv und planerisch vorbereitet wurde, wurde in den folgenden Jahren weitgehend umgesetzt.

Neben diesen konkreten Plänen und Programmen gab es auch rege akademische Publikationstätigkeit, was insbesondere auf das von Cruzat finanzierte Kooperationsabkommen zwischen der PUC und der Harvard University zurückgeführt werden kann. Neben der Kooperation zwischen den auf Stadtplanung fokussierten Instituten aus Chile und den USA ist hier auch die produktive Arbeitslinie „Stadt- und Regionalökonomie" des wirtschaftswissenschaftlichen Instituts der PUC zu nennen, ebenfalls durch eine Spende von Forestal Valparaíso gefördert. In den daraus hervorgehenden Publikationen wurden Fragen der Stadtentwicklung aus dezidiert neoklassischer Perspektive diskutiert, womit, so kann argumentiert werden, spezifische Verwertungsinteressen in Bezug auf Stadtentwicklungsprozesse einerseits und politisch-ideologische Positionen andererseits wissenschaftlich fundiert wurden. Im Anschluss an FLYVBJERG und RICHARDSON (2002) kann hier auch davon gesprochen werden, dass „Wahrheiten" produziert wurden. Spezifische Themen, die in diesem Zusammenhang diskutiert wurden, waren etwa die Notwendigkeit der räumlichen Neutralität des Staates, die mögliche Ersetzung der als staatlich-restriktiv empfundenen Zonierung durch marktkompatiblere Formen der flexiblen Planung wie *Impacts Fees* und *Exactions* sowie Mechanismen zur Internalisierung von Externalitäten im Rahmen von Bau- und Immobilienprojekten (BRAUN 1989, EDWARDS 1994, EDWARDS et al. 1994). Vieles davon floss dann später tatsächlich in das Design des institutionellen Rahmens der Konditionierten Planung ein. Insgesamt ist für die späten 1980er und frühen 1990er Jahre eine zunehmende Ökonomisierung des Planungsdiskurses festzustellen, hinter der nicht nur bestimmte ideologische Positionen, sondern auch die ganz konkreten Interessen der Landentwickler im Allgemeinen und strukturellen Spekulanten im Besonderen standen.

Interessant ist, dass es selbst von Stimmen, die selber eher dem neoliberalen Lager zuzurechnen sind, Kritik an der eindeutig interessengeleiteten Wissensproduktion gab. Anto-

---

7 Die sieben Projekte sind folgende: Costanera Norte, Radial Nororiente, Vespucio Norte, Vespucio Sur, Anillo Intermedio, Acceso Sur und Autopista Central (PAVEZ 2006, S. 342).

nio DAHER (1989, 1994) etwa, ein Stadtökonom der PUC, der durchaus für wesentlich
mehr Markt im Bereich der Stadtentwicklung stand und Santiago als „das größte Unternehmen" Chiles bezeichnete, welches wie andere wichtige Wirtschaftsbereiche privatisiert werden müsse, übte scharfe Kritik an der Macro-Zona-Central-Studie von ECHE-
NIQUE (1994). Insbesondere wurden die unrealistischen Zahlen und Annahmen kritisiert,
die der Modellierung von zukünftiger Flächen- und Transportnetzentwicklung zugrunde
lagen. Diese würden zu einer Überbewertung des Bedarfs an Infrastruktur führen und die
Realität verzerren. Auch die Umweltbelastung, die durch die – von Echenique propagier-
te – Stadtexpansion unweigerlich entstehen werde, bliebe außen vor. Des Weiteren wurde
angemerkt, dass die anvisierten Megaprojekte keine selbsttragenden Subzentren, sondern
vielmehr Satellitenstädte seien, die zusätzlichen Verkehr und damit zusätzliche Umweltbelastung verursachen würden. Aus dem Lager der neoklassischen Stadtökonomen selber
gab es also Kritik an der mangelnden Rigorosität einer Argumentation, die sich im Ge-
wand von „objektivem" Wissen kleidete. Insbesondere die Kritik am systematischen Auf-
blasen von Zahlenmaterial scheint auf eine Strategie hinzuweisen, die wiederholt Anwendung findet (TRIVELLI 2006) und deswegen in den Blick genommen werden muss, weil
sie performativ wirken kann. Die übertriebenen Bevölkerungsprognosen für Chacabuco
etwa haben dazu geführt, dass Verkehrsinfrastruktur gebaut wurde, für die eigentlich keine Nachfrage bestand, die aber – zumindest zum Teil – durch den sich materialisiert ha-
benden Diskurs (also die Verkehrsinfrastruktur) selber geschaffen wird. In diesem Sinne
können technische Studien im Sinne einer „Baustelle der Rationalität" als *self-fulfilling
prophecy* oder performativer Diskurs wirken und systematisch das hervorbringen, von
dem gesprochen wird (FLYVBJERG und RICHARDSON 2002). So waren die Studien Eche-
niques tatsächlich die Grundlage, auf der Anfang der 1990er Jahre das Autobahnnetz der
RM geplant und implementiert wurde.

Slow-Growth: PRMS 1994 und PTUS

Anfang und Mitte der 1990er Jahre gab es in Bezug auf die Planung der stadtregionalen
Entwicklung auch Bewegung mit entgegengesetzten Vorzeichen. Während aus dem neoliberalen Lager argumentiert wurde, Santiago „zu privatisieren" und durch infrastrukturelle Megaprojekte in sein Umland wachsen zu lassen, schuf das MINVU im Jahr 1994
durch die Einführung des PRMS Fakten, die dem diametral zuwiderliefen. Ganz im Sinne
der von Präsident Aylwin verfolgten Politik von „Wachstum und Gerechtigkeit" waren
progressive Themen wie die sozialen und ökologischen Probleme des Stadtwachstums in
den Mittelpunkt der staatlichen Planungsagenda gerückt. Überhaupt sollte sich der Staat
wieder aktiver der Raumentwicklung annehmen, diese durch Flächenzonierung regulie-
ren und so zu einer klar definierten Raumstruktur beitragen (PODUJE 2006, S. 246). Dem
Leitbild einer Stadt, die sich den Marktkräften folgend in ihr Umland ausdehnt, wurde in
diesem Zusammenhang von Seiten des öffentlichen Sektors das Leitbild einer kompakten
Stadt entgegengesetzt. Um die Zersiedelung der Landschaft vor allem durch die Parcelas
de Agrado zu stoppen, wurde das Instrument der Stadtgrenze *(límite urbano)* wieder ein-

geführt, womit die im Geltungsbereich des PRMS bebaubare Fläche von 100.000 Hektar auf ca. 60.000 Hektar verringert wurde[8]. Des Weiteren wurde festgelegt, dass die Stadtgrenze bis zum Jahr 2020 eingefroren werde. Für mindestens 25 Jahre also sollte kein zusätzliches Bauland zur Verfügung gestellt werden und sich die durchschnittliche Bevölkerungsdichte in Santiago von 96,5 Einw./ha auf 150 Einw./ha erhöhen (PODUJE 2006, S. 246). Dem Prinzip der dezentralen Konzentration folgend wurden zudem elf Subzentren identifiziert, deren Entwicklung gefördert werden sollte. Mit Blick auf die Megaprojekte in Colina ist anzumerken, dass eine zukünftige Ausweitung des Geltungsbereichs des PRMS in Richtung Chacabuco angekündigt wurde. Zum anderen wurden auch die geplanten – und von Seiten der Gemeinde beantragten – Megaprojekte in Pudahuel angesprochen, deren Realisierbarkeit geprüft werde.

Neben dem PRMS von 1994, der sicherlich den weitreichendsten Einfluss auf die politischen Dynamiken der Zeit hatte, gab es auch anderweitige planerische Vorstöße, die „progressiven" Charakter hatten. Zu nennen ist hier etwa der Transport- und Verkehrswegeplan für Groß Santiago (Plan de Desarrollo del Sistema de Transporte Urbano Gran Santiago, 1995-2010, PTUS), der von SECTRA im Jahr 1995 präsentiert worden war. Im Mittelpunkt standen hier Strategien und Investitionen in Bezug auf den Ausbau der Verkehrsinfrastruktur, neue Prioritäten im Bussystem, die Entwicklung von Subzentren, den Ausbau der Fahrradinfrastruktur sowie die Stärkung der Metro und Nahverkehrszüge mit einem Planungshorizont bis 2010. Typisch für die Fragmentierung des chilenischen Planungssystem gab es allerdings kaum Koordination mit anderen Plänen, Programmen oder Institutionen (ZEGRAS und GAKENHEIMER 2001, S. 80f; PAVEZ 2006, S. 340ff.).[9]

Der Plan Chacabuco und die Einführung der Konditionierten Planung
Wie die Gegenüberstellung von Pro-Growth- und Slow-Growth-Positionen zeigt, gab es zu Beginn der 1990er Jahre sehr unterschiedliche Pläne, Programme und Projekte für die Entwicklung Santiagos bzw. der Macro-Zona Central. Dahinter standen unterschiedliche ideologische Positionen und spezifische Interessenlagen – dies zu eben jener Zeit, als die Wirtschaft wuchs wie selten zuvor, als eine Vielzahl von Freihandelsverträgen abgeschlossen und die Transnationalisierung der Wirtschaft systematisch vorangetrieben wurde. Gleichzeitig begannen die ökonomischen Gruppen in die strukturelle Spekulation und damit auch in Prozesse der Wissensproduktion einzusteigen, wie Manuel Cruzat mit der Finanzierung der RECAP-Studie und dem PUC-Harvard-Kooperationsabkommen versinnbildlicht. Während vom Privatsektor alle Zeichen auf Stadterweiterung und Mega-

---

8 Wichtig festzuhalten ist an dieser Stelle, dass dennoch große Flächen für die Stadterweiterung zur Verfügung standen, etwa in Puente Alto und Maipú.

9 Ähnlich wie im Bereich der räumlichen Planung und Stadtentwicklungspolitik gibt es keine verbindliche übergeordnete Leitlinie für die Verkehrsplanung. Vielmehr haben eine Reihe von Institutionen Zuständigkeiten für die Verkehrsplanung – MTT, MINVU, MOP und SECTRA –, ohne dass diese aber klar voneinander abgegrenzt wären oder eine systematische Zusammenarbeit zwischen ihnen bestünde. So ko-existieren verschiedene verkehrspolitische Agenden (ZEGRAS und GAKENHEIMER 2001, S. 9f.).

projekte gesetzt und sich die großen Flächenreserven in Colina und Pudahuel gesichert wurden, machte das MINVU mit seiner Politik der Verdichtung und dem PRMS 1994 eben jenen privatwirtschaftlichen Ambitionen einen Strich durch die Rechnung. Allerdings, und das ist wichtig, wurde bei aller Rhetorik in Richtung einer kompakten Stadt schon im Rahmen des PRMS 1994 angekündigt, dass sich das MINVU in naher Zukunft der Situation in der Provinz Chacabuco – der Zersiedelung durch Parcelas de Agrado – wie auch der Situation in Pudahuel – der Zukunft der Megaprojekte, die im Rahmen der Comisión Mixta geplant wurden – widmen werde. Die strukturellen Spekulanten waren also vertröstet worden, konnten aber weiter hoffen. Gleich nach der Verabschiedung des PRMS 1994 begann das MINVU denn auch mit der Arbeit an einer „Lösung" der Konfrontation zwischen Gegnern und Befürwortern des Stadtwachstums und dem Druck, unter den es von Seiten der ökonomischen Gruppen und *poderes fácticos* gesetzt wurde. Das Ergebnis dieser Arbeit war der Plan Chacabuco, mit dem der Geltungsbereich des PRMS im Jahr 1997 in die gleichnamige Provinz ausgeweitet und die Konditionierte Planung eingeführt wurden. Die Konditionierte Planung stellte einen Paradigmenwechsel dar, weil nun neben totaler Liberalisierung und dem als restriktiv empfundenem *límite urbano* ein „Dritter Weg" eingeschlagen wurde, bei dem Bauland in Megaprojekten freigegeben, dabei allerdings an detaillierte staatliche Auflagen geknüpft wurde. Gemäß dem MINVU verfolgte der Plan Chacabuco drei Anliegen: „das Wachstum von Santiago zu begrenzen, den wertvollen Ackerboden zu schützen und den Bewohnern der Provinz Chacabuco Entwicklungsmöglichkeiten zu bieten" (El Mercurio, 23.8.1996). Durch die Mechanismen der Konditionierten Planung würden autonome Siedlungen am Stadtrand geschaffen, die zudem noch sozialen Wohnungsbau beinhalten und so die Segregation mindern helfen würden:

„Es wurden die Interessen des Marktes mit den lokalen Prioritäten kombiniert, um die Entwicklung einer jeden Kommune zu unterstützen" (El Mercurio, 21.8.1996). Was dabei beachtet werden müsse sei, „dass die Entwicklung, die wir in diesen Provinzen anstoßen, sicherstellt, dass nicht eine solche Ausdehnung von Santiago produziert wird, wie wir sie nicht wollen, und dass Chacabuco und Melipilla Teil von Santiago werden" (El Mercurio, 21.8.1996).

Typisch für die Autonomie der Technokraten unter Präsident Frei war (GARRETÓN 2012), dass das MINVU beim Pan Chacabuco alleine vorging. Es gab so gut wie keine Abstimmung mit anderen Ministerien, Institutionen oder Parteien. Als die MINVU-Planungen dann noch vor ihrem eigentlichen Abschluss und ungewollt an die Öffentlichkeit gelangten, brach Mitte des Jahres 1996 eine politische Debatte aus, die mehrere Monate anhielt. Vordergründig ging es bei der Debatte um die technisch-planerische Frage der „richtigen" Form von Stadtentwicklung für Santiago. In der Praxis verbargen sich dahinter aber tieferliegende Konflikte der Regierungskoalition und ihres Verhältnisses zum Unternehmenssektor und den *poderes fácticos*, also den „de facto-Mächtigen". Diese Auseinandersetzung innerhalb der Concertación, die die zweite Hälfte der Amtszeit von Frei prägte, wird als Konflikt zwischen „Selbstzufriedenen" (auto-complacientes) und „Selbstbezichtigern" (auto-flagelantes) bezeichnet (SILVA 2008, GARRETÓN 2012). Die „Selbstzufriedenen" repräsentierten dabei den liberal-konservativen Teil der Concertación (im Wesentlichen die DC), der sich angesichts der sozialen Fortschritte, die etwa im Bereich der Armutsbekämpfung erzielt worden waren, mit der Politik des „Dritten Wegs" zufrieden zeigte. Die „Selbstbezichtiger" hingegen, progressive Kräfte aus PPD und PS, kritisierten den Kurs der Concertación als zu nah an Interessen des Unternehmenssektors ausgerichtet und Aspekte der sozialen Gerechtigkeit, der Umverteilung und Nachhaltigkeit vernachlässigend. Diese antagonistische Konstellation innerhalb der Concertación zeigte sich auch in den Debatten um Stadtentwicklung im Allgemeinen und um den Plan Chacabuco im Besonderen.

„Progressive" Positionen zum Plan Chacabuco

Losgetreten wurde die Debatte um den Plan Chacabuco, als der Direktor des SAG, Leopoldo Sanchez (PPD), einige Details des bis dahin seitens des MINVU streng vertraulich behandelten Plan Chacabuco an die Presse lancierte und darauf weitere Vertreter des progressiven Sektors die MINVU-Planungen scharf kritisierten.[10] Auch linke zivilgesellschaftliche Organisationen manifestierten ihre Ablehnung. Die Kritik bezog sich dabei sowohl auf verfahrenstechnisch-politische als auch auf inhaltlich-konzeptuelle Aspekte.

Erstere betrifft den Alleingang des MINVU und die mangelhafte Informationspolitik. Es wurde kritisiert, dass über ein so relevantes Thema wie die zukünftige Entwicklung Santiagos keine öffentliche Diskussion stattfinde (El Mercurio, 19.8.1996). Es sei an der Zeit, einen echten partizipativen Prozess in Gang zu bringen, bei dem über die konkurrierenden Leitbilder für die Entwicklung der Stadt diskutiert werde (El Mercurio, 23.9.1996). Verbunden wurde diese Argumentation mit einer Kritik an der großen Nähe zum Unternehmenssektor. Der Plan Chacabuco sei auf die Landentwicklungsindustrie im Allgemeinen und einige bestimmte ökonomische Gruppen im Besonderen – die strukturellen Spekulanten – zugeschnitten. Im Kreuzfeuer der Kritik stand hier das 500 Mio. US-$ teure Projekt El Alfalfa, das von dem Unternehmen Copeva und seinem Direktor Francisco Pérez Yoma, Bruder des damaligen Verteidigungsministers Edmundo Pérez-Yoma, in Lampa geplant wurde.[11] Die intransparente und technokratische Planungsstil und die zu große Nähe zum Privatsektor würden die Autonomie des Staates gefährden.

---

10 Erst wenige Tage zuvor hatte Präsident Eduardo Frei (DC) einen Plan zur integrierten Stadt- und Verkehrsentwicklung (PTUS) präsentiert, aus dem später die Transantiago-Reform hervorgehen sollte, während MINVU-Minister Edmundo Hermosilla (DC) wiederum nur einen Tag nach der Lancierung des Plan Chacabuco die Ausarbeitung einer neuen Nationalen Stadtentwicklungspolitik ankündigte, welche sich durch einen integrativen und partizipativen Charakter auszeichnen sollte (El Mercurio, 23.8.1996). Nachdem der Plan Chacabuco als Modifikation des PRMS vom CORE genehmigt worden war, kündigte Hermosilla erneut die Erarbeitung der neuen ,integrierten' Nationalen Stadtentwicklungspolitik an, welche allerdings bis heute nicht verabschiedet ist (El Mercurio 20.1.1997).

11 Der Bürgermeister von Lampa, Carlos Escobar, macht klar, dass mindestens seit Mitte 1995 konkrete Pläne für zwei integrierte Megaprojekte in Lampa durch die Unternehmen Copeva und SOCOVESA vorlägen (El Mercurio, 25.8.1996).

Die technisch-inhaltliche Kritik am Plan Chacabuco bezog sich darauf, dass dieser der 1994 formulierten MINVU-Politik der kompakten Stadt und dem Einfrieren der Stadtgrenze bis 2010 fundamental widerspreche. Die Megaprojekte des Plan Chacabuco würden die Zersiedelung noch verstärken und zum Verlust von 25.000 Hektar wertvollen Ackerlands führen. Dazu würden sich die ohnehin schon bestehenden Probleme der Wasserknappheit verschärfen. Die Stadterweiterung in Richtung Norden werde „Staus, Luftverschmutzung und den Verlust von landwirtschaftlich nutzbarem Land" (El Mercurio 15.9.1996)[12] zur Folge haben und insgesamt einen fundamentalen Widerspruch zum Leitbild der kompakten Stadt bedeuten. Die Megaprojekte seien auch keine selbsttragenden New Towns nach englischem Vorbild, wie von den Befürwortern argumentiert, sondern würden unweigerlich zur Conurbanisierung zwischen Chacabuco und Santiago führen. Das Grundanliegen des MINVU, sich der Zersiedlung der Landschaft durch die Parcelas de Agrado anzunehmen, sei vernünftig, der Weg aber sei falsch. Nicht neue Immobilienprojekte auf der grünen Wiese, sondern die Stärkung der bestehenden Siedlungsstrukturen in Lampa, Colina und Til Til sei angezeigt. Dazu müsse die Politik der kompakten Stadt und innerstädtischen Verdichtung weiterverfolgt werden, alles andere sei gefährlich: „Der Vorschlag ist eskapistisch. Er lädt ein, Santiago zu vergessen" (El Mercurio 15.9.1996).[13]

Auch diese inhaltliche Kritik am Plan Chacabuco steht für ein Thema, welches bis heute die stadtentwicklungspolitischen Debatten zwischen „Neoliberalen" und „Progressiven" prägt, nämlich die Frage, ob eine kompakte, diffuse oder polyzentrische Stadtform anzustreben sei. Aus Sicht der poststrukturalistischen Politischen Ökonomie kann hier angenommen werden, dass diese Diskussion insofern ideologisch gefärbt ist, als sie eng mit der polarisierenden Frage nach der Rollenverteilung zwischen Staat und Markt zusammenhängt. Auf der anderen Seite ist die Diskussion um die „richtige Form der Stadt" an konkrete und spezifische Interessen gebunden. Im Interesse der strukturellen Spekulanten und der dahinterstehenden ökonomischen Gruppen kann es nicht sein, das Stadtwachstum generell zu begrenzen. Zwar können auch innerhalb der Stadtgrenze Immobiliengeschäfte realisiert werden, das so einträgliche Geschäft mit der strukturellen Spekulation – im Unterschied zur einfachen Bodenspekulation oder Immobilienproduktion – ist so nur am Rand einer wachsenden Stadt möglich. Unterlegt werden die ideologie- und interessenbasierten Positionen mit „technischen Argumenten", deren Validität von den verschiedenen Seiten mit auf Expertenwissen basierenden Studien zu belegen versucht wird.

Die meisten zivilgesellschaftlichen Organisationen der Linken standen dem Plan Chacabuco ablehnend gegenüber. Es wurde aus Schärfste kritisiert, dass das MINVU das Leitbild der Verdichtung zugunsten einer diffusen Stadt aufgebe, deren Form vom Markt

---

12 „Congestión, contaminación und pérdida de terrenos aptos para el desarrollo de agricultura" (El Mercurio 15.9.1996).
13 „La propuesta es escapista. Estimula a olvidar Santiago" (El Mercurio 15.9.1996

bestimmt werde (El Mercurio, 31.8.1996). Verschiedene der Umweltbewegung zuzuord-
nende NGOs wie Instituto de Ecología Política, CODEFF und Renace kritisierten dazu
die Bevorzugung spezifischer Landentwickler und ökonomischer Gruppen (El Mercurio,
23.8.1996). Eine Gruppe von PPD-Parlamentariern – immerhin Teil der Regierungskoalition – forderte gar eine parlamentarische Untersuchungskommission der umstrittenen
Vorgänge rund um den Plan Chacabuco und kündigte zudem an, einen durch die Woh-
nungsbaukommission der Cámara de Diputados zu erarbeitenden alternativen Vorschlag
für die Provinz Chacabuco zu unterbreiten, was allerdings abgelehnt wurde. Auf politischer Ebene hatten hier sowohl Abgeordnete von UDI und DC Widerstand organisiert,
was noch einmal die ideologische Spaltung der Concertación deutlich macht (El Mercurio, 22.8.1996, 25.8.1996 und 30.8.1996).

„Neoliberale" Positionen zum Plan Chacabuco

Auch die parlamentarische Opposition aus UDI und RN mitsamt ihren zivilgesellschaftlichen Organisationen war in Bezug auf den Plan Chacabuco zwischen Zustimmung und
Ablehnung gespalten. Der gemeinsame Nenner der neoliberalen Kräfte bestand darin, die
restriktive Politik des PRMS 1994 abzulehnen und den Plan Chacabuco sowie die Konditionierte Planung als ersten wichtigen Schritt hin zu einer Flexibilisierung der Planung
zu begreifen. Ein Blick auf die Standpunkte in der Debatte legt einige der bis heute typi-
schen Argumentationsmuster der neoliberalen Fraktion offen.

Auf der einen Seite wurde die Ausweisung von neuen Flächen der Stadterweiterung in
Form der ZODUC und AUDP begrüßt, weil damit der „künstlichen Verknappung von
Bauland" durch den PRMS 1994 begegnet werde. Die Begrenzung der „natürlichen"
räumlichen Entfaltung des Immobilienmarktes verursache Probleme, die weit über Santiago hinausreichten (ECHENIQUE 1994, 1996). Eine Limitierung des Wachstums von Santiago, etwa durch den *límite urbano* wie im PRMS 1994, beeinträchtige die Entwicklung
ganz Chiles (BEYER 1997). Es gehe nicht darum, dem Immobiliensektor als solchem
entgegenzukommen, und schon gar nicht um einzelne Landentwickler, sondern nur darum, wirtschaftliches Wachstum im Allgemeinen zu fördern. Hier zeigt sich eine bevor-
zugte Strategie von Wachstumskoalitionen, nämlich, „to legitimize the gains of its mem-
bers and disarm critics by espousing an ideology of 'value-free development' which
claims that growth is good for all" (HARDING 1995, S. 42).

Auf der anderen Seite wurde kritisiert, dass auch der Plan Chacabuco ein im Prinzip nicht
gewünschter Eingriff in das freie Walten der Bodenmärkte sei. Er verschaffe einzelnen
Landentwicklern Bauland, nicht aber allen Landentwicklern und zu gleichen Konditionen, womit gegen das Prinzip der Gleichbehandlung bzw. Chancengleichheit verstoßen
werde. LyD etwa spricht in diesem Zusammenhang von „estatismo urbano" (Libertad y
Desarrollo 1996). Das wird mit zwei klassisch (neo-)liberalen Werten verknüpft: dem
Primat des Privateigentums einerseits und der individuellen Freiheit andererseits. Nach

neoliberalem Verständnis schränkt jeder staatliche Eingriff das Recht ein, mit seinem Privateigentum tun und lassen zu können, was beliebt. Das wird etwa von dem UDI-Parlamentarier Patricio Melero mit Blick auf die nachträgliche Regulierung der Parcelas de Agrado angesprochen (El Mercurio, 28.8.1996). Eng damit verbunden ist das Argument der Wahlfreiheit, auch in Bezug auf den Wohnort. Wenn Bürger an der Peripherie wohnen wollen, dann müssen sie das auch tun dürfen und können, der Staat hat das niemandem vorzuschreiben. Auch der Präsident der CCHC lehnt Maßnahmen wie die Beschränkung der zugelassenen Quadratmeterzahl auf den Parcelas de Agrado strikt ab: „Es darf weder ein Maximum noch ein Minimum festgelegt werden. Man muss den Menschen die Freiheit lassen dort zu leben, wo sie wollen, ohne allerdings die allgemeinen Regeln etwa in Bezug auf Ausstattung, Basisdienstleistungen und Transport zu missachten" (El Mercurio, 22.8.1996).[14]

Ein weiteres wichtiges Argument der neoliberalen Stadtökonomen, welches bis heute in den Debatten um die Entwicklung Santiagos angeführt wird, ist, dass durch staatliche Eingriffe das „natürliche" Funktionieren der Bodenmärkte beeinflusst würde: „Es muss angemerkt werden, dass die Einführung einer Wachstumsgrenze das normale Funktionieren des Marktes beeinträchtigt und eine offensichtliche Verknappung schafft und so den Bodenpreis erhöht" (Instituto Libertad y Desarrollo 1996).[15]

Dieser Mechanismus sei dafür verantwortlich, dass Projekte des sozialen Wohnungsbaus nur noch am äußersten Rand der Stadt angesiedelt würden, wo dann Ghettos und Servicewüsten entstünden. Bis heute ist dies ein regelmäßig wiederkehrendes Argument in der Diskussion um die Freigabe von Bauland an den Rändern der Stadt. Vor allem von Seiten der CChC wird in den Medien mit einiger Regelmäßigkeit verlautbart, dass sich das zur Verfügung stehende Bauland verknappen werde und daher die Gefahr bestehe, dass dies die ökonomische Dynamik nicht nur des Bau- und Immobiliensektors, sondern der Gesamtwirtschaft insgesamt, bremsen würde.

Um die neoliberalen Standpunkte aus Sicht der neoklassischen Stadtökonomie zu stärken, organisierte der liberale Think Tank CEP im Oktober 1996, auf dem Höhepunkt der Debatte, eine hochrangig besetzte Konferenz mit dem Titel „Die ökonomischen Effekte der Stadtplanung" („Los efectos económicos de la regulación urbana"). Es wurde der international renommierte Stadtökonom Alan Evans zu einem State-of-the-art-Vortrag eingeladen, welcher von verschiedenen neoliberalen Intellektuellen kommentiert wurde. Klares Ziel war es hier, die Debatte um den Plan Chacabuco aus der Perspektive neoklas-

---

14 „No se pueden limitar los máximos ni los mínimos. Simplemente, hay que dejarle libertad a la gente para que viva donde quiera y como quiera, sin perjuicio de que se respeten las normas generales que tienen que ver con equipamiento, servicios básicos y transporte, entre otros"(El Mercurio, 22.8.1996).

15 „Cabe señalar que el establecimiento de un límite al crecimiento urbano distorsiona el normal funcionamiento del mercado creando una escasez aparente y en consecuencia, aumentando el precio del suelo" (Instituto Libertad y Desarrollo 1996).

sischer Stadtökonomie zu beeinflussen. In den Medien fand die Veranstaltung starken Widerhall, und des Weiteren ging eine Reihe von Publikationen daraus hervor. Umstrittene wissenschaftliche Fragen wurden dabei als „wahr“ präsentiert. Verschiedene Thesen des Stadtökonomen Evans zur Funktionsweise von Bodenmärkten etwa wurden als „unumstößliche Tatsachen“ („hechos inobjetables“) bezeichnet (BEYER 1997). Und bei dieser Konstruktion einer spezifischen Sicht auf die Dinge spielen Experten eine zentrale Rolle, weil sie politische Fragen in vermeintlich technische Probleme übersetzen. Dabei werden manchmal auch Argumente und Zahlen angeführt, die teilweise eine höchst zweifelhafte wissenschaftliche Aussagekraft haben, aber eben als solche dargestellt werden: Santiago habe eine wesentlich höhere Dichte als Städte wie Los Angeles, sei also mehr als kompakt genug, was als Argument für weiteren low-density-sprawl und – im Fall von Echenique – private Autobahnen angeführt wird (ECHENIQUE 1996, BEYER 1997). Zu einem späteren Zeitpunkt, aber die hier dargestellte Position versinnbildlichend, bezieht sich ALLARD (2008, S. 38) auf die funktionellen und symbolischen Aspekte der Infrastruktur: „Die Verkehrsinfrastruktur, insbesondere die städtischen Autobahnen, wird immer eine signifikante physische Auswirkung haben, ebenso wie sie Dynamik, Fortschritt, Wachstum und Entwicklung repräsentiert.“[16] Inter-urbane Autobahnen und die damit einhergehenden Megaprojekte werden so mit Fortschritt, Wachstum und Entwicklung gleichgesetzt (siehe dazu auch MARTELLI 2011).

Es gab allerdings auch aus dem neoliberalen Lager Kritik am Plan Chacabuco, denn dieser stelle einen staatlichen Eingriff in die Bodenmärkte dar. Zwar würden Flächen ausgewiesen, aber nicht genug. Auch sei das Mittel der Zonierung und des *límite urbano* nicht der richtige. In einer Publikation von 2004 mit dem Titel „Konzessionen und städtischer Boden: zwei Schlüssel für Investitionen“ („Concesiones y suelo urbano: dos claves para la inversión“), die aus einem gleichnamigen Seminar hervorgegangen ist, wird der Standpunkt der CChC auch in Bezug auf die Megaprojekte deutlich. Die Zurverfügungstellung von Bauland einerseits und die Verschneidung von Landnutzungs- und Infrastrukturplanung im Rahmen einer noch zu verfeinernden Konditionierten Planung werden als Schlüssel für das gesamtwirtschaftliche Wachstum erachtet. Im Jahr 2006 wurde das Thema wieder aufgenommen und von einigen derselben Autoren wurde der aufwendig produzierte Sammelband „Santiago: wo wir stehen und wo es hingeht“ („Santiago: Dónde estamos y hacia donde vamos“) herausgegeben (GALETOVIC 2006). Dieser Band, der einige der wichtigsten neoliberalen Intellektuellen und Praktiker aus dem Bereich der Stadtentwicklung versammelt, ist zur Standardreferenz geworden. Dies ist deshalb wichtig zu erwähnen, weil in diesem einflussreichen Diskursfragment in keiner Weise hinterfragt wird, ob Santiago sich ausdehnen oder verdichten soll, ersteres wird eher Mantra-gleich beschworen (PÉREZ 2006).

---

16 „La infraestructura de movilidad, particularmente las autopistas urbanas, siempre tendrán un impacto físico significa-tivo al mismo tiempo que representarán dinamismo, progreso, crecimiento y desarrollo“ (Allard 2008, S. 38).

8.2.2 Institutionelles Design der ZODUC-Regelung: New Urbanism *á la carte*

Nach einer langen und kontrovers geführten Debatte wurde der Plan Chacabuco schließlich mit leichten Veränderungen zum ursprünglichen MINVU-Vorschlag verabschiedet. Einerseits wurde etwas weniger Fläche als ZODUC ausgewiesen, als ursprünglich vorgesehen, andererseits wurde beschlossen, die Parcelas de Agrado unangetastet zu lassen (El Mercurio, 17.9.1996 und 23.9.1996).[17] Stattdessen sollte das Decreto 3516 von einer Kommission aus Regionalräten und den zuständigen Ministerien überarbeitet werden. Die Gruppe ECSA, Entwickler von El Algarrobal, einem der größten Parcelas-de-Agrado-Projekte und dazu verantwortlich für das Megaprojekt Valle Grande, zeigte sich sehr zufrieden mit dem Resultat. Der Plan Chacabuco bedeute eine „explizite staatliche Anerkennung der Marktkräfte" (El Mercurio, 30.1.1997).[18]

Gegen vehemente Kritik aus dem eigenen Lager wurde der Plan Chacabuco also schließlich verabschiedet, was nur mit Blick auf die herrschenden Macht- und Kräfteverhältnisse zu verstehen ist. Es ging der Concertación auch im Bereich der Stadtentwicklung darum, das Vertrauen des Unternehmenssektors in den Staat zu stärken, weil dieses Vertrauen im Kontext der autoritären Enklaven und *poderes fácticos* für die politische Handlungsfähigkeit der Regierung – „governance capacity" im Sinne der Regimetheorie (STONE 1993) – notwendig war. Der Plan Chacabuco ist damit ein Beispiel für die „Politik der Absprachen" (Política de Acuerdos), die die ersten Jahre der Concertación bestimmte. Es handelte sich dabei um öffentlich-private Verhandlungsprozesse im „Schatten der Hierarchie", wie MAYNTZ und SCHARPF (1995) die Macht- und Kräfteverhältnisse im Rahmen von öffentlich-privaten Governancearrangements bezeichnet haben. Allerdings hatte dabei im chilenischen Fall nicht nur der Staat die Hierarchie „als Rute im Fenster", sondern auch die *poderes fácticos* ihre Blockadefähigkeit (MAYNTZ und SCHARPF 1995).

So wurde mit dem Plan Chacabuco eine Politik eingeleitet, die weitgehend dem Interesse der Landentwickler und der ökonomischen und politischen Rechten entsprach. Bis auf den Punkt der Integration von sozialem Wohnungsbau lesen sich die spezifischen Anforderungen der AUDP und ZODUC-Projekte wie eine Wunschliste der strukturellen Spekulanten. Und eben hier, in Bezug auf die spezifischen Anforderungen der AUDP und ZODUC-Projekte, kommt ein weiterer Aspekt ins Spiel, der mit Blick auf die Frage nach Macht- und Kräfteverhältnissen im Prozess der Neoliberalisierung große Relevanz hat, denn es sind eben diese spezifischen Details des institutionellen Designs, die spätere Verhandlungsdynamiken und Entscheidungen als „Baustellen der Rationalität" vorstrukturieren.

---

17 In Chacabuco insgesamt wurden 2.928 Hektar als AUDP ausgewiesen (zwei Projekte in Colina und jeweils eins in Lampa und Tiltil), 7.536 Hektar als ZODUC und 3.217 Hektar als ZIEDC.

18 „Una aprobación explícita del Estado hacia las fuerzas del mercado" (El Mercurio, 30.1.1997).

Die Details der ZODUC und AUDP-Regelungen

Die ZODUC beziehen sich auf Flächen, die sich außerhalb der urbanisierten Kerne der Kommunen befinden, konkret handelt es sich um die privaten Megaprojekte in Colina, Lampa und Til Til. Ausdrücklich wird festgehalten, dass „die ZODUC im Gegensatz zur restlichen Entwicklungsfläche in der Provinz definitiv keine prioritären Entwicklungsgebiete sind" (Seremi MINVU 1997: Art. 4.7.2.2.B).[19]

Innerhalb einer ZODUC sind zwei Möglichkeiten der Entwicklung vorgesehen: einerseits Projekte niedriger Dichte (10 Einw./Ha und eine Mindestgröße der einzelnen Baugrundstücke von 4.000qm), was dem Prinzip der Parcelas de Agrado folgt. Die zweite Möglichkeit sieht vor, Projekte höherer Dichte (durchschnittlich 85 Einw./Ha +/- 15 und einem Konstruktionsindex von 1,2)[20] zu entwickeln, immer dann, wenn die Projektentwickler bestimmte Anforderungen einhalten und Auflagen erfüllen, was das Kernprinzip der Konditionierten Planung darstellt. Dabei sind es die Projektentwickler, die die notwendigen Studien durchführen und hernach Lösungen in Bezug auf Trinkwasser, Abwassersystem und andere Elemente der Versorgungs- und Sozialinfrastruktur implementieren. Des Weiteren muss – so sieht es die ZODUC-Norm vor – eine produktive ökonomische Basis (Arbeitsplätze) gewährleistet werden, um so die Unabhängigkeit der neuen Siedlungskerne vom metropolitanen System zu gewährleisten. Zur Operationalisierung dieser Anforderungen wird die Genehmigung der Projekte (durch zuerst das MINVU und dann die kommunalen Baubehörden) an die Erfüllung folgender spezifischer Konditionen geknüpft:

1. Grundstücksgröße: Es müssen zusammenhängende Flächen sein, die eine Mindestgröße von 300 Hektar aufweisen und sich in den ausgewiesenen ZODUC befinden (es sein denn, es handelt sich um Projekte niederer Dichte oder um Projekte, die schon vor Inkrafttreten des PRMS genehmigt waren)

2. Genehmigung durch das SEREMI MINVU: Ein Bericht (*Informe Favorable* previo) soll sich auf ein Estudio de Impacto Urbano (EIU) stützen, der komplementär zu den Anforderungen des SEIA zu entwickeln ist.

3. Zonierung: Hier werden Auflagen gemacht, die sicher stellen sollen, dass die neuen Siedlungen eine heterogene Sozialstruktur aufweisen und des Weiteren durch die Ausweisung von Flächen für Dienstleistungen und Produktion Arbeitsplätze schaffen und so die funktionale Autonomie der Projekte gewährleisten (Art. 4.7.7.2 der Memoria und Art. 4.7 der Ordenanza des PRMS):

   • Mindestens 2% der Gesamtfläche eines Projektes müssen eine Dichte zwischen 300 und 400 Einw./Ha und mindestens 3% eine Dichte zwischen 401 und 500 Einw./Ha aufweisen. Auf diese Art und Weise soll sichergestellt

---

19 „Las ZODUC serán, en definitiva, sectores de desarrollo no prioritario, a diferencia del resto del área urbanizable de la Provincia" (Seremi MINVU 1997, Art. 4.7.2.2.B).

20 Es ist möglich, das Projekt in Etappen zu entwickeln, die eine andere Dichte als die 85 Einw./H. aufweisen, wenn das Gesamtprojekt am Ende aber wieder dieser Auflage entspricht. In diesem Fall werden die Auflagen gemäß der Dichte der Etappe kalkuliert.

werden, dass die Projekte günstigen Wohnraum und insbesondere Sozialwohnungen zur Verfügung stellen, um das angestrebte Ziel der sozialen
Heterogenität zu verwirklichen (diese Erläuterung des mit der Auflage verbundenen Ziels steht in der Memoria des PRMS 1997, nicht aber in der Ordenanza und ist somit nicht rechtswirksam). Die maximale Geschosshöhe
liegt bei sieben Metern.

- Mindestens 5% der Gesamtfläche eines Projektes müssen für Dienstleistungen oder produktive Nutzungen vorgesehen werden, die „nicht-offen-
  siv" sind und der Schaffung von Arbeitsplätzen dienen. Diese Auflage soll
  die funktionale Autonomie der Projekte sicherstellen.

Die AUDP sind „prioritäre Entwicklungsgebiete", die sich direkt an bestehende Siedlungen anschließen. Sie haben zum Ziel, das projektierte Wachstum der urbanen Zentren
in Colina, Lampa und Til Til aufzufangen. Art. 4.7.2.1 der Memoria legt fest, dass die
Bebauungsdichte zwischen 85 und 150 Einwohner pro Hektar liegt. Für Flächen des sozialen Wohnungsbaus ist eine Bebauungsdichte von bis zu 300 Einwohnern pro Hektar
vorgesehen. Für Projekte, die größer als 5 Hektar sind, sollen 5% der Gesamtfläche des
Projektes für sozialen Wohnungsbau bereitgestellt werden. In Bezug auf das Genehmigungsverfahren wird festgelegt, dass, solange kein PRC existiert, das Seremi MINVU
feststellen muss, „dass die Projekte ihre urbane Umwelt nicht negativ beeinflussen" (Seremi MINVU 1997: Art. 4.7.2.1). Es wird ein Estudio de Impacto Urbano (EIU) verlangt,
welche zum Ziel hat, „die Machbarkeit des Projektes sicherzustellen, die Mitigationen
von möglichen negativen Auswirkungen zu planen und das Projekt sachgemäß in die
kommunale städtische Struktur einzupassen".

8.2.3 Umsetzung: Planung als Verhandlung

Mit der Verabschiedung des Plan Chacabuco und der AUDP- und ZODUC-Regelungen
war der erste Schritt getan, und die einzelnen Megaprojekte waren als Stadterweiterungsgebiete deklariert worden. Die Landentwickler in Colina und Lampa (und in geringerem
Masse Til Til) – und die poderes fácticos im Hintergrund – hatten sich in der Debatte
zwischen Gegnern und Befürwortern der Stadterweiterung dabei insofern durchgesetzt,
als erstens neue Flächen zur Immobilienentwicklung ausgewiesen worden waren, die
zweitens den von den Landentwicklern anvisierten Maßstabssprung der Immobilienprojekte von den Parcelas de Agrado zu integrierten Megaprojekten möglich machte (Kap.
7.2). Die Konditionen in Bezug auf die minimale Projektgröße (300 Hektar) und die Mischnutzung im Rahmen der AUDP- und ZODUC-Regelungen entsprachen ziemlich genau dem, was die Landentwickler zur Generierung von Differential- und Monopolrenten
benötigten. Lediglich die Einbeziehung von sozialem Wohnungsbau lief den Interessen
der Landentwickler zuwider. Alleine mit dem Landnutzungswandel im Rahmen des Plan
Chacabuco waren enorme Summen an Spekulationsgewinnen eingefahren worden (YA-
ÑEZ und PODUJE 2000).

Erst nach dem Abflauen der Asienkrise im Jahr 2000 wurde tatsächlich der zweite Schritt eingeleitet und Baugenehmigungen für spezifische Immobilienprojekte beantragt. Insgesamt wurden 14 Projekte auf mehr als 6.000 Hektar präsentiert, davon acht ZODUC (4.942 Hektar) und sechs AUDP (1.226 Hektar) (PODUJE 2006, S. 263). Deutlich wurde nun, dass im Rahmen des Plan Chacabuco nur sehr vage beschrieben worden war, wie bei den Genehmigungsprozessen der Konditionierten Planung im Einzelnen vorzugehen sei. Wie genau etwa sollten die Kosten der Mitigationsmaßnahmen ermittelt werden? Auf welcher rechtlichen Basis etwa würden die Landentwickler zu Zahlungen verpflichtet, war dies doch in keinem Gesetz vorgesehen?

Wie es mittlerweile üblich geworden war, wurde das Thema an intersektoriale Kommissionen ausgelagert. Zum einen nahm sich das hochrangige Comité Ciudad y Territorio der Problematik an, in welchem sich die Minister von MOP, MINVU und MTT regelmäßig über Themen von übergeordnetem Interesse berieten. Des Weiteren wurde eine gemeinsame Arbeitsgruppe auf der Ebene der Regionalsekretäre der drei Ministerien und unter Leitung des Regionalintendenten geschaffen. Darüber hinaus nahm sich das MOP[21] den mehr technischen Fragen in Bezug auf die Verkehrsplanung und die CONAMA allen Fragen an, die mit den Umweltverträglichkeitsprüfungen zu tun hatten.

Bald stellte sich heraus, dass die Planung der Verkehrsinfrastruktur die komplizierteste Angelegenheit war, technisch anspruchsvoll und politisch sensibel.[22] Einerseits musste kalkuliert werden, welchen Einfluss die Megaprojekte in den nächsten 30 Jahren auf die Verkehrssituation – sowohl in Chacabuco wie im Rest der RM – haben würden. Andererseits musste festgelegt werden, wie viel von dem ermittelten Bedarf an zusätzlicher Infrastruktur von den Landentwicklern und wieviel vom Staat zu tragen sei. Um dies zu eruieren, wurde beim Departamento de Ingeniería Industrial der Universidad de Chile eine Studie in Auftrag gegeben, deren Ergebnis allen weiteren Verhandlungen zwischen Ministerien und Landentwicklern zugrunde lag (MOP 2001). Grob vereinfacht war das Ergebnis der Studie, dass sich durch die Megaprojekte das Verkehrsaufkommen in der gesamten Metropolitanregion stark erhöhen würde, insbesondere aber in Chacabuco. Konkret wurden in diesem Zusammenhang sechs Projekte zum Ausbau der Verkehrsinfrastruktur vorgeschlagen, deren Kosten in Höhe von 312 Mio.US$ in vollem Umfang von den Landentwicklern zu tragen seien (PODUJE 2006, S. 263).

---

21 Diese Kommission wurde vom Subsecretario de Obras Públicas, Juan Carlos Latorre,geleitet.

22 Eine andere Angelegenheit, die geklärt werden musste, waren die Umweltkompensationen. Im-mobilienprojekte einer bestimmten Größe oder einer bestimmten Lokalisierung ebenso wie Stadtentwicklungs- und Flächennutzungspläne (Seccional, PRC, PRI, PRMS) müssen durch das System der Umweltverträglichkeitsprüfung (Sistema de Evaluación de Impacto Ambiental – SEIA), so legt es die Umweltgesetzgebung (Ley 19.3000) fest. Hier gibt es eine Umweltverträglichkeitsstudie (EIA) und eine Umweltverträglichkeitserklärung (DIA). Die Umweltkompensationen haben ihre rechtliche Fundierung im Umweltgesetz und im Plan de Prevención y Descontaminación Atmosférica de la Región Metropolitana, PPDA) (ZEGRAS und GAKENHEIMER 2001).

Die Verhandlungen des Rahmenabkommens (Acuerdo Marco)

Auf Seiten der Landentwickler wurden die Ergebnisse der Studie als willkürlich zurückgewiesen. Besondere Kritik rief hervor, dass die Landentwickler für Verkehrsprobleme außerhalb des direkten Einflussbereichs der Megaprojekte aufkommen sollten, für solche Probleme, die von anderen Landentwicklern in anderen Kommunen verursacht worden waren (PODUJE 2006 S. 263). Von den insgesamt 14 Landentwicklern, deren AUDP oder ZODUC-Megaprojekte in den Plan Chacabuco aufgenommen worden waren, zogen sich nun 11 aus den Verhandlungen zurück. Die verbliebenen Landentwickler Inmobiliaria Manquehue, ECSA und die Gruppe Harseim, allesamt mit Projekten in Chicureo, und das MOP setzten sich daraufhin wortwörtlich an einen Tisch, um zu einer Lösung zu kommen, was acht Monate in Anspruch nahm. Drei Aspekte standen im Mittelpunkt: das Design der Verkehrsprojekte, die Kosten und die rechtliche Basis (PODUJE 2006). Es gab weder ein Vorbild dafür, wie die Landentwickler überhaupt zu Zahlungen zu verpflichten seien, noch dafür, wie garantiert werden könne, dass die Zahlungen in die vereinbarten Mitigationsmaßnahmen fließen würden. Es war diese Konstellation der allgemeinen institutionellen und rechtlichen Unklarheit, die die Verhandlungen zwischen den Ministerien und den Landentwicklern prägte, wobei beide Seiten darauf angewiesen waren, tatsächlich zu einer Lösung zu finden. Der Manager von Piedra Roja schildert das Klima am Verhandlungstisch:

> „Als wir hier zusammen mit den anderen beiden ZODUC Valle Norte und La Reserva begonnen haben, setzten wir uns mit dem MOP zusammen und fragten: ‚Ok, wie fangen wir an? Wie schaffen wir, dass das hier funktioniert? Es gab reichlich guten Willen von beiden Seiten, um Mechanismen zu implementieren, die in der Zeit überdauern und für klare Regeln sorgen würden" (Interview IN33). [23]

Im Zitat wird deutlich, dass zwischen den verbliebenen Landentwicklern und den Vertretern des Ministeriums ein konstruktives Klima herrschte und dass beide Seiten zu einer Einigung gelangen wollten, von der ausgegangen wurde, dass sie historisch sein „und in der Zeit überdauern" werde.

Die Grundlage für die Verhandlungen war die beschriebene Studie der Universidad de Chile. Dass sich diese nun nicht mehr eins zu eins in die Tat umsetzen ließen, hatte der Rückzug der Mehrheit der Landentwickler angezeigt. Einer der an den Verhandlungen beteiligten Planer aus dem MOP schildert die Konstellation im Interview folgendermaßen:

> „Die Privaten versuchen, die Kosten zu reduzieren. Sie werden dich immer auf ein Minimum bringen: ‚Wenn ich ein Haus baue, dass 1.000 UF kostet, könnt

---

23 „Cuando partimos acá, junto con los otros dos ZODUC que están al lado de nosotros, Valle Norte y La Reserva, nos sentábamos con el Ministerio de Obras Públicas: 'y bueno ¿cómo vamos a partir? ¿cómo hacemos que esto funcione?' Hubo bastante de buena voluntad, público/privado para armar mecanismos que fueran sustentables en el tiempo y que permitieran mantener las reglas claras" (Interview IN33).

ihr nicht 10% von diesem Wert [als Mitigationszahlungen, M.L.] verlangen, das ruiniert mein Geschäft'. Und ich entgegne ihnen: ‚Mein Interesse gilt nicht deinem Geschäft sondern dem Allgemeinwohl. Wenn du entscheidest, hier ein Haus zu bauen, dann wirst du die Hälfte des Hauspreises für die Externalitäten bezahlen, die du produzierst, weil du die Straßen verstopfst und selber keine bessere Anbindung garantierst.' Diese Logik musste in einem technischen Kontext festgehalten werden, sonst wäre es riskant geworden" (Interview IN8).[24]

Insbesondere der letzte Abschnitt der Aussage zeigt, dass die technischen Studien für das MOP ganz wesentlich waren, um den Interessen der Landentwickler überhaupt etwas entgegenzusetzen – dies insbesondere, weil die gesamte Konzeption der Konditionierten Planung rechtlich auf wackligen Beinen stand und im Prinzip auf Freiwilligkeit basierte. In der Praxis wurde sich dann einerseits an der Studie orientiert, andererseits aber wurde den Landentwicklern entgegengekommen:

> „Das lief sehr pragmatisch. Wir haben von ihnen nicht die gesamte Zahlung gefordert, weil wir keine Erfahrung und nicht ausreichend Daten hatten. Wir konnten nicht wirklich sicher sein, dass sie tatsächlich die ganzen Mautzahlungen einnehmen würden, die wir auf der Basis von Annahmen in Bezug auf das Stadtwachstum kalkuliert hatten, von denen wir auch nicht wussten, ob sie eintreten würden. Das ging soweit, dass unsere Projektionen für das Jahr 2000 im Zuge der Asienkrise um 50% verfehlt wurden. Es gab also eine gewisse Unsicherheit in Bezug auf die Daten, die wir zugrunde legten. Und in diesem Sinne war unsere Vorgehensweise pragmatisch. Wenn wir zum Beispiel am Anfang 190 UF pro Wohneinheit kalkuliert hatten, sagten wir: ‚gut, sagen wir 100 UF'. Es gab Gespräche und Absprachen über nicht sehr genaue Daten. Ich würde sagen, dass es 80 zu 20 war. Nicht zu hoch ansetzen, aber auch nicht zu tief, das war unser Ziel" (Interview IN8).[25]

---

24 „Lo que hace el interés privado es minimizar su pago por impacto, siempre te lo va a llevar al mínimo: 'si yo construyo una casa en 1000UF, no me puedes cobrar el 10% del valor de la vivienda, me matas el negocio'. Yo le decía que mi argumento no es tu negocio, mi argumento es el bienestar social: 'Si tu elegiste construir una casa ahí, lo siento mucho, pero vas a tener que pagar el 50% del valor de esa vivienda como externalidades porque tu estas congestionando la vialidad, no estas garantizando accesibilidad'. Esa lógica tenía que estar planteada en un contexto técnico, porque si no era riesgoso" (Interview IN8).

25 „Eso es súper pragmático. No le pedimos todo el pago, porque no teníamos ni historia ni datos. No podíamos estar tan seguros de que se iba a cobrar el 100% de los peajes que habíamos cobrado, en base a supuestos de expansión y crecimiento que tampoco estábamos seguros que cumplieran. Tan es así que nosotros nos paramos el año 2000 con la crisis asiática encima y nuestra proyección era 100 y resulta que bajó a 50. O sea, habían muchas variables en el entorno que hacían efectivamente tener cierta incertidumbre con respecto a los datos que estábamos exponiendo. Entonces en ese sentido, es como pragmático. Si inicialmente a una vivienda o a un proyecto le estábamos cobrando 190 UF por vivienda también hicimos análisis de flujo respecto a ventas, explanación, valor de vivienda y dijimos 'ya...dejémoslo en 100 UF'. Hubo cierta lógica de acuerdo, en términos de conversaciones de datos que no eran muy rígidos...yo diría que eran de 80 a 20...no tirarlo muy arriba pero tampoco muy abajo...ese era nuestro objetivo"(Interview IN8).

Tab.11: Kalkulation der verkehrsbezogenen Kompensationszahlungen im Rahmen des Acuerdo Marco

Posten und Kalkulationsart	Kompensationsleistungen (in US$)
Ursprüngliche Kalkulation (auf Basis der Chacabuco-Studie, 500 000 Einwohner)	312 Mio.
Verhandelter Wert (nachdem die ursprüngliche Kalkulation zu hoch erschien und außerdem Asienkrise herrschte)	110 Mio.
Davon übernimmt der Staat (wegen der von den Landentwicklern offiziell zu berücksichtigenden Vivienda Social):	40 Mio.
Bleiben für die drei Landentwickler:	70 Mio. (bei einer anvisierten Gesamtinvestitionssumme der drei Projekte über 30 Jahre von über 4 Mrd.)
	Inmobiliaria Manquehue hat davon ca. 30 Mio. zu tragen
	Davon fließen 10 Mio. in die die Radial Nororiente (und nochmal 10 Mio. von Valle Norte)

Quelle: Eigene Zusammenstellung

Das Ergebnis der Verhandlungen war, dass ein Portfolio von zu bauenden Straßen und Autobahnen vereinbart wurde, welches vom ursprünglichen Plan abwich und sich auf Infrastruktur beschränkte, die direkt mit den Megaprojekten in Verbindung steht und dem Auto klar dem Vorzug vor Lösungen gab, die den ÖPNV berücksichtigten. Außerdem wurde die Höhe der verkehrsbezogenen Mitigationszahlungen, die von den Landentwicklern zu tragen seien, deutlich reduziert, von den eingangs veranschlagten 312 Mio.US$ auf 110 Mio.US$. Weil die Megaprojekte auch sozialen Wohnungsbau enthalten und so dem öffentlichen Interesse dienen würden, übernahm der Staat zudem 40 Mio.US$ von diesen 110 Mio.US$ (PODUJE 2006, S. 264) (TAB. 11). Das Problem der mangelnden rechtlichen Basis der Konditionierten Planung wurde im September 2001 damit umgangen, dass zwischen den beteiligten Parteien ein Rahmenabkommen geschlossen wurde, welches als Meilenstein einer flexiblen und zwischen Privatwirtschaft und Staat verhandelten Stadtentwicklung gefeiert wurde.

Dem Staat erlaubte der Verhandlungsabschluss, mit den Landentwicklern in die Öffentlichkeit zu kommunizieren, dass „der Markt" die neuen Konditionen akzeptiert habe und dass nun jedes an der Durchführung von Megaprojekten interessierte Unternehmen ebenfalls akzeptieren müsse, dass Kompensationszahlungen zu erbringen seien. Tatsächlich nahmen in der Folge weitere Unternehmen Verhandlungen auf, und im Dezember 2001 kam es zur Unterzeichnung eines Abkommens zwischen neun Immobilienunternehmen, MINVU und MOP (PODUJE 2006, S. 264). Dazu der Manager von Piedra Roja:

> „Wir haben ein Abkommen erreicht, das gesetzlich so nicht vorgesehen ist, es ist nicht vorgesehen, aber zwischen den Immobilienunternehmen und den Behörden wurde ein Abkommen erreicht von dem ich glaube, dass es funktionieren wird" (Interview IN33).[26]

Die Verhandlungen der Autopista Nororiente

Wie in Kapitel 7.2.3 dargelegt, war der Bau der Autopista Nororiente eine wesentliche Voraussetzung dafür, die Megaprojekte in Chicureo an das Stadtzentrum anzuschließen, und damit wesentlicher Bestandteil der Generierung von Differential- und Monopolrenten und damit der strukturellen Spekulation. Schon 1997 hatte ECSA deswegen in Stellvertretung der anderen Chicureo-Entwickler die Vorstudien der Autobahn durchgeführt und diese dann im Konzessionssystem als zur Vergabe vorgeschlagen. Das MOP entschied im Jahr 1999, den Vorschlag von ECSA aufzunehmen und die Autobahn im kommenden Jahr zur Auktion auszurufen. Die Investitionssumme wurde vom MOP mit 170 Mio. US$ angesetzt. Wie ENGEL et al. (2002) beschreiben, schmiedete ECSA zusammen mit den anderen Chicureo-Landentwicklern ein Bündnis, um die Autobahn gemeinsam zu bauen und zu betreiben. Von Seiten des MOP wurde in diesem Zusammenhang davon ausgegangen, dass das Konsortium um ECSA und die Landentwickler in der Auktion der Konzession mitbieten würden. Das Konsortium hätte wahrscheinlich den Zuschlag bekommen, weil der Vorschlagende eines Infrastrukturprojektes einen Bonus von 10% auf sein Gebot eben dafür bekommt, den Vorschlag (und die dafür notwendigen Vorstudien) gemacht zu haben.

In der Praxis blieb die erste Auktion der Autopista Nororiente im August 2000 ohne überhaupt einen einzigen Bieter, was ein Novum in der Geschichte des Konzessionssystems darstellte und einen schweren politischen Schlag für das MOP bedeutete. Es sei daran erinnert, dass die Autobahnen eine zentrale Rolle in den infrastrukturellen Modernisierungs- und Glokalisierungsagenden von Eduardo Frei und Ricardo Lagos spielten. ENGEL et al (2002, S. 18) sehen in den Aktionen von ECSA eine bewusste Strategie dazu, den Staat unter Druck zu setzen und die Kosten der strukturellen Spekulation zu minimieren: "The large landowners were lobbying for a larger government handout, and were willing to wait given the then low current prices for real estate (due to an economic slowdown), which made waiting costless."

---

26 „Llegamos a un acuerdo que no está dentro de la normativa, no estaba dentro de la normativa, pero se generó un acuerdo dentro de los inmobiliarios y la autoridad para generar un marco de acuerdo, un marco de operación, en el tema vial y yo creo que ha funcionado" (Interview IN33).

ECSA begründete seinen Verzicht denn auch damit, dass höhere staatliche Subventionen notwendig seien, alleine aus den Mautgebühren der Nutzer sei die Autopista Nororiente nicht rentabel zu betreiben. In der Tat ging diese Strategie auf, und die   staatlichen Zuschüsse wurden erhöht. Einerseits wurde es im Rahmen des Acuerdo Marco 2001 ermöglicht, dass die Landentwickler selber 65% der Anschlusskosten der Autobahn an das lokale Straßensystem und damit die Megaprojekte tragen würden. Die Regierung ihrerseits verpflichtete sich, einen "vernünftigen" Zuschuss zu leisten, so der damalige Direktor des Konzessionsprogramms Germán Molina (El Mercurio, 10.7.2002).

Im Juli 2002 kündigte das MOP dann an, die Autobahn in abgewandelter Form erneut auszuschreiben. Der Staat übernahm nun zusätzliche Garantien und Kosten, außerdem wurde einer der längsten und teuersten Tunnel in seinem Verlauf abgewandelt, was dem Konzessionsnehmer zusätzliche Einsparungen versprach. Vertreter des deutschen Unternehmens Hochtief, welches am Konzessionskonsortium der Ringautobahn Americo Vespucio Norte beteiligt war und auch Interesse an der Nororiente geäußert hatte, winkten dennoch mit der Begründung ab, dass die Autobahn zu eng mit den Megaprojekten verbunden sei und „im Grunde eine Autobahn für sie ist" (El Mercurio, 10.7.2002).[27] Dazu der Piedra Roja-Manager:

> „Eigentlich war es ein Zuschuss zur Konzession, um die Rentabilität zu erhöhen und den Konzessionsnehmer zur Investition zu bewegen ... es war ein direkter Zuschuss zum Bau. Piedra Roja und Valle Norte haben jeweils 10 Mio.US$ gezahlt, ein wenig mehr sogar. Und diese 25 Mio.US$ von uns beiden waren ein Beitrag zum Bau. Anstatt 160 Mio.US$ kostete die Autobahn den Konzessionsnehmer nur 135 Mio.US$. Für uns war es eine Mitigationsauflage, aber auch die Möglichkeit, eine Anbindung zu haben" (Interview IN33).[28]

Durch die Strategien der Landentwickler, die hier die Konditionierte Planung und das Konzessionssystem im Kontext einer umfassenden Finanzialisierung von Stadtentwicklung und Planung kurzschlossen, wurde die Autobahn attraktiver, und Ende 2003 bekam die spanische Sacyr den Zuschlag für ihren Bau und Betrieb. Zu erneuten staatlichen Zugeständnissen kurz vor dem anvisierten Baubeginn kam es 2005, als eine von Sacyr aufgrund von Machbarkeits- und Kostengründen beantragte Änderung an der Streckenfüh-

---

27 „En realidad es una autopista para ellos" (El Mercurio, 10.7.2002).
28 „En el fondo, fue un aporte a la concesión, en forma tal de mejorar la rentabilidad para concesionar y así el concesionario está dispuesto a invertir...Lo que pasa es que fue un aporte directo a la construcción. Entonces, mayoritariamente fueron Piedra Roja y Valle Norte los que aportaron cada uno del orden de los 10 millones de dólares por cada proyecto, un poco más incluso. Y esos 25 millones entre los dos, fueron aporte inicial a la construcción, entonces, en vez de que costara 160, bueno, el concesionario en realidad...no costaba 160, sino que 135. Para nosotros era mitigación pero la posibilidad de tener una conexión (Interview IN33)."

rung genehmigt wurde. Dadurch wurden insgesamt vier Tunnel gestrichen und die Streckenführung erneut verändert.[29] 2009 wurde die Autopista Nororiente durch Bachelet eröffnet und ermöglichte, dass die Verkaufszahlen der Megaprojekte in die Höhe schossen.

8.2.4 Zusammenfassung

Mit Blick auf die Chacabuco-Megaprojekte lässt sich sagen, dass die Landentwickler es durch Diskurspolitik, Verhandlungsgeschick und Mehrebenentaktiken geschafft haben, im Rahmen des Plan Chacabuco ihre Interessen in das System der räumlichen Planung einzuschreiben. In der Summe hat der Staat die strukturelle Spekulation der Chicureo-Landentwickler massiv unterstützt und zum Teil direkt subventioniert.

Zunächst wurde der Staat durch politischen Druck sowie Strategien der Wissensproduktion und Diskurspolitik dazu gebracht, die Flächennutzungsplanung in einer Art und Weise zu ändern, die einigen Landentwicklern Monopolrenten bei gleichzeitiger Begrenzung des Angebots möglich machten. Die Projekte in Pudahuel wurden mit dem PRMS von 1997 vorerst auf Eis gelegt. Dadurch konnten die Landentwickler in Chacabuco substantielle (Bodenspekulations-)Gewinne einfahren. Poduje und Yañez (2000) kalkulieren, dass allein mit dem administrativen Akt des Landnutzungswandels in Chacabuco mehr als 500 Mio. US$ in die Kassen der Landentwickler geflossen sind.

Problematisch war an der Vorgehensweise des MINVU, dass die Megaprojekte zuerst als ZODUC und AUDP im PRMS festgeschrieben wurden und erst danach verhandelt wurde. Das brachte die staatlichen Akteure in eine ungünstige Verhandlungsposition, wie ein damals beteiligter Planer erklärt:

> „‚Ihr könnt mir jetzt nicht sagen, dass das nicht geht. Ihr habt mir doch schon zugesagt.' Wir mussten also einen Weg finden, diese Projekte zu genehmigen, der Staat war gezwungen, die Projekte zu genehmigen und konnte sie nicht mehr ablehnen, auch wenn die Evaluation negativ ausgefallen wäre. Es war sehr kompliziert" (Interview IN32)[30]

---

29 Gegen die Entscheidung der COREMA ging die Bürgermeisterin von Huechuraba, Carolina Plaza (RN), ab 2005 vor. Ein Streckenabschnitt von 14 Kilometern wurde schließlich 2011 wegen fehlender Umweltgenehmigungen (zur umfassenden Streckenänderung war lediglich eine DIA vorgelegt worden) für zwei Wochen gesperrt. Der Betreiber der Autobahn, die zum Benetton-Konzern gehörende Atlantia, kündigte an, die entstehenden Kosten Sacyr aufzutragen, dem ursprünglichen Konzessionsnehmer (Qué Pasa 31.3.2011). Auch wurde damit gedroht, Chile vor den ICSID (International Centre for Settlement of Investment Disputes) in Washington zu bringen. Das hatte schon das malaysische Unternehmen MTD Equity im Rahmen eines nicht genehmigten Megaprojektes in der Kommune Pirque getan.

30 „Por lo tanto, ustedes no me pueden decir ahora que no se puede. Ya me dijo que se podía' Había que llegar a acuerdo para buscar una forma de resolver estos proyectos, el estado estaba obligado a resolver esos proyectos, no podían decirles que no, aunque la evaluación diera negativo, era muy complicado" (Interview IN32).

Erschwerend kam hinzu, dass die eingeführten Kompensationsmechanismen keine rechtliche Fundierung besaßen. Es waren Projekte genehmigt worden, für die im Anschluss die genauen Konditionen festgelegt werden müssten, ohne dass es dafür eine rechtliche Grundlage gab. Diese Ausgangskonstellation erklärt wohl die vielen Zugeständnisse, die von der öffentlichen Hand an die Landentwickler gemacht wurden. Hier lassen sich drei Momente identifizieren:

1. Das MOP senkt die kalkulierten Kosten der Verkehrskompensationen im Rahmen der Verhandlungen des Acuerdo Marco um die Hälfte, mit der Begründung, dass die Studien zu ungenau seien und dass mit der Asienkrise des Weiteren ein Nachfrageproblem bestehe.

2. Im Acuerdo Macro im September 2001 wird deswegen vereinbart, dass
    a) von diesen deutlich niedrigeren Kosten für die Entwickler der Staat nochmal 40 Mio. übernimmt, weil Teile der Projekte im öffentlichen Interesse seien (wegen des anvisierten sozialen Wohnungsbaus)
    b) in wichtiger Teil der Kompensationszahlungen von Piedra Roja und Valle Norte in die Autopista Nororiente fließen kann (insgesamt 20. Mio. US$), um diese für den Konzessionsnehmer attraktiver zu machen. Ohne die Subventionen sei die Autobahn nicht rentabel.

3. Im Juli 2002 wird die Autobahn erneut aufgerufen, diesmal mit den Zuschüssen der Privaten und geänderter Streckenführung und zusätzlichen staatlichen Garantien (in Bezug auf Mindesteinnahmen).

Ein weiterer Faktor zur Erklärung der staatlichen Zugeständnisse liegt darin, dass MOP und MINVU unter erheblichem politischen Druck standen und Handlungsfähigkeit beweisen mussten. Nachdem die Politik des Plan Chacabuco einmal eingeleitet war, musste sie auch zu Ergebnissen führen. Eine ähnliche Dynamik liegt der Verhandlung um die Autopista Nororiente zugrunde. In der Zeit der Frei'schen Modernisierungspolitik durch infrastrukturelle Megaprojekte war es für das MOP ein Desaster, dass die erste Auktion ohne Interessenten geblieben war. Es stand die Effizienz und Glaubwürdigkeit des Konzessionssystems auf dem Spiel. Die Landentwickler um ECSA hatten durch ihre Strategie dermaßen hohen politischen Handlungsdruck erzeugt, dass sowohl MINVU (Kompensationszahlungen für die Autopista Nororiente) als auch MOP (zusätzliche Garantien und Änderungen der Streckenführung) sich zu Subventionen gezwungen sahen. Hier verschränken sich ökonomische und politische Logiken.

Die implizite Begründung für die Subventionierung der Landentwickler bestand darin, dass es sich beim Plan Chacabuco um eine staatliche Politik der Raumentwicklung handelte, die durch die Schaffung von autonomen Subzentren und der Stärkung der sozialen Integration ein öffentliches Interesse verfolgen würde. Allerdings war in der spezifischen institutionellen Ausformung der AUDP- und ZODUC-Mechanismen angelegt, dass es zu beidem nicht kommen würde. Die Subventionen basierten somit auf Annahmen in Bezug auf die Berücksichtigung eines öffentlichen Interesses (sozialer Wohnungsbau, Autonomie der neuen Siedlungen, Priorität der AUDP-Projekte), welches so nicht eintreten würde, was im Rahmen der Debatte um den Plan Chacabuco auch schon vorab erkannt und kritisiert worden war. Zwei Punkte machen deutlich, inwiefern hier Macht im institutionellen Design verborgen liegt.

In Bezug auf das Thema der Sozialintegration bestand die Strategie darin, lediglich bestimmte Dichten festzulegen, nicht aber explizit festzuschreiben, dass auf diesen Flächen Projekte des sozialen Wohnungsbaus errichtet werden müssten. Darüber hinaus wurde nicht festgelegt, wann die entsprechenden Projektabschnitte zu entwickeln seien. Ohne aber Mechanismen zu haben, mit denen die Landentwickler dazu gezwungen werden können, in ihre Projekte tatsächlich sozialen Wohnungsbau zu integrieren, werden sie dies nicht tun, weil es dem grundsätzlichen Zuschnitt der Projekte (und der Schaffung von Monopolrenten durch Imagebildung) widerspricht (PODUJE und YAÑEZ 2000). Bis heute sind denn auch im Rahmen der ZODUC-Projekte keine Sozialwohnungen errichtet worden.

Ähnlich verhält es sich mit der anvisierten Autonomie der Siedlungen. Auch dieses Argument und die entsprechende Festlegung einer Mindestgröße (300 Hektar) – unablässig zur Schaffung von Monopolrenten – kann als diskursiv-institutionelle Strategie verstanden werden, mit der der Plan Chacabuco in der öffentlichen Debatte als „nachhaltig" legitimiert wurde, ohne dass das Ziel in der Praxis erreicht werden konnte. Dass dies auch den beteiligten Akteuren klar war, zeigt eine der Grundannahmen der Chacabuco-Verkehrsstudie, die allen Verhandlungen zugrunde lag. Hier wurde von Beginn an davon ausgegangen, dass es zu einer Conurbanisierung von Chacabuco und Santiago kommen werde und dass dies auch wünschenswert sei (MOP 2001). In Chacabuco werde sich der Prozess wiederholen, der in den Jahrzehnten zuvor in Lo Barnechea stattgefunden habe. In gewisser Weise zeigt sich an der Konditionierten Planung in Santiago das, was KNOX (2008) für New Urbanism im Allgemeinen angesprochen hat: „It talks of sustainability, even if it promotes an agenda of growth."

Ein weiterer Punkt, bei dem es den Landentwicklern gelang, ihre Interessen umzusetzen, ist der der Kompensationszahlungen, deren Logik in den Verhandlungen auf den Kopf gestellt wurde. Die Grundidee der Konditionierten Planung ist, dass die Landentwickler die Kosten übernehmen, die sie durch ihre Projekte verursachen. Ein nicht unwesentlicher Teil der verkehrsbezogenen Kompensationszahlungen floss deswegen in die Autopista Nororiente. Aus ökonomischer Sicht sind die Zuschüsse zur Autobahn für die Landentwickler allerdings keine Kosten, sondern höchst ertragreiche Investitionen (anders etwa die Auflagen zur Wiederaufforstung an anderer Stelle, die allerdings verschwindend gering sind): „Für uns war es eine Mitigationsauflage, aber auch die Möglichkeit, eine

Tab.12: Kompensationskosten für Piedra Roja

	Position/Kalkulation	Kosten (in US$)
Verkehrs-kompensationen	Mit dem MOP wurde ein Preis von 88,66UF pro Haus vereinbart. Diese Zahl wurde dann mit den 12.500 geplanten Häusern multipliziert, so kam man auf die Gesamtsumme.	29,35 Mio.
	Davon fließen in die Radial Nororiente:	*10,5Mio.*
	Die Verteilung der restlichen Summe musste noch verhandelt werden.	
Andere Kompensationen		2,2 Mio.
	Emissionen (140 nicht katalysierte Taxis stilllegen)	10.000 UF
	Aufforstung von 50 ha (CONAF)	11.500 UF
	Kanalsystem (Aguas Lluvias)	62.000 UF
Gesamt		31,55 Mio.

Quelle: Eigene Zusammenstellung basierend auf einer 2008 am IEUT gehaltenen Präsentation eines Manquehue-Managers

Anbindung zu haben"[31], wie der Piedra Roja-Manager es im Interview (IN33) ausdrückt (siehe in Tabelle 12 die Kompensationszahlungen von Piedra Roja). Ohne die Autobahn könnten die Projekte nicht existieren, sie sind entscheidender Bestandteil der Aufwertung der relativen Lage der Projekte, und nach ihrer Inbetriebnahme schossen die Bodenpreise und Verkaufszahlen in die Höhe. Es ist anzunehmen, dass die bescheidenen Kompensationszahlungen in sehr kurzer Zeit in erhebliche Gewinne verwandelt wurden. Hier zeigt sich, dass die Verzahnung von Flächennutzungs- und Infrastrukturplanung und Finanzierung und das Vertrauen darauf, den Staat im Rahmen von Verhandlungen zu ganz spezifischen Subventionen bewegen zu können, Kernbestandteile der strukturellen Spekulation sind. Die tatsächlichen Kosten tragen dann am Ende doch oft andere Akteure. Die Lokalregierung in Colina etwa beklagte sich darüber, dass in den Ausbau des lokalen Wegenetzes nur minimale Mittel geflossen seien, was auf lokaler Ebene bis heute erhebliche Probleme bereite (Kap. 9.1.2).

Zusätzliche Unterstützung trotzten die strukturellen Spekulanten der öffentlichen Hand ab, indem sie das MOP im Rahmen der Verhandlungen um die Nororiente dazu brachten, zusätzliche Garantien zu übernehmen. Es ist davon auszugehen, dass es eine bewusste Strategie der Landentwickler um ECSA war, das MOP dadurch in politische Verlegenheit zu bringen, dass man ein Prestigeprojekt wie die Nororiente verzögerte. Die Landent-

---

31 „Para nosotros era mitigación pero la posibilidad de tener una conexión" (Interview IN33).

wickler konnten sich das zu jener Zeit erlauben, weil die gesamte Wirtschaft in einer tiefen Krise steckte.

Durch die Zuschüsse zur Nororiente wurden darüber hinaus die (multinationalen) Konzessionsnehmer subventioniert, weil sie eine Autobahn zu Kosten bauen konnten, die nicht die Marktlage widerspiegelten. Die Landentwickler selber wiesen darauf hin, dass die Autobahn ohne hohe staatliche Zuschüsse und Sicherheiten nicht rentabel sei, weil über viele Jahre keine ausreichende Nachfrage bestehen werde. Inwiefern aber ist die Autobahn im öffentlichen Interesse, wenn sie offensichtlich nicht benötigt wird, es sei denn zur strukturellen Spekulation durch die Landentwickler? Das nun kann als ein Prozess der Neoliberalisierung von Stadtentwicklung „in Reinform" betrachtet werden, weil erstens privatwirtschaftliche Interessen über das öffentliche Interesse gestellt werden und zweitens der Staat die Risiken trägt (THEODORE et al. 2009).

8.3 Die Konsolidierung der Konditionierten Planung: der PRMS 2003

8.3.1 Vorbereitung und Diskussion des PRMS 2003

Schon parallel zu den Verhandlungen um die Kompensationsleistungen im Rahmen des Plan Chacabuco wurde innerhalb des MINVU ab 2001 an einer weiteren Modifikation des PRMS gearbeitet, nun unter Ricardo Lagos, dem ehemaligen MOP-Minister als neuem Präsidenten und mit einem neuen Team im MINVU. Es galt nun, die zuvor auf den Weg gebrachte staatliche und stadtregionale Modernisierungsagenda in die Tat umzusetzen. Gleichzeitig setzte Lagos den Begriff der Entwicklung und das Ziel in den Mittelpunkt seiner Agenda, Chile bis 2020 in „ein entwickeltes Land" zu verwandeln (Garretón 2012). Der Hauptstadt und seiner Infrastruktur wurde dabei eine Schlüsselrolle zugewiesen: „Wir wollen das Gesicht Chiles verändern, wir wollen ein anderes Chile, moderner, wettbewerbsfähiger und mit einer besseren Lebensqualität für alle Einwohner dieses Landes. Gemeinsam strengen wir uns an, das physische Erscheinungsbild der Stadt zu verändern, eine materielle Spur zu hinterlassen, die unsere Sehnsüchte und Wünsche für die Zukunft symbolisieren" (Rede von Präsident Ricardo Lagos, zitiert nach TAPIA 2005).[32]

Und als ein Instrument, mit dem dies erreicht werden könne, wurde das Konzessionsprogramm identifiziert:„Das Portfolio des MOP bietet den Investoren eine hervorragende Möglichkeit in einem Land zu wirken, welches das Vertrauen der weltweit wichtigsten Wirtschaftsblöcke genießt. [Es gibt] die Notwendigkeit eines Landes, das gut funktioniert und eine ganze Infrastrukturindustrie hervorbringt, in der der Privatsektor mitwirkt, das

---

32 „Queremos cambiarle el rostro a Chile, queremos un Chile diferente, más moderno, más competitivo y con mejor calidad de vida para todos los habitantes de todo este país...Todos estamos haciendo un esfuerzo conjunto para cambiar el aspecto físico de la ciudad, para dejar una huella material que simbolice nuestros anhelos y deseos para el futuro" (Rede von Präsident Ricardo Lagos, zitiert nach TAPIA 2005).

ist das, was es uns erlaubt, den großen Sprung zu machen, den wahrhaftigen Sprung"
(Rede von Javier Etcheberry, zitiert nach TAPIA 2005).[33]

Das Zitat des MOP-Ministers stammt aus einer Rede zur Eröffnung der Autobahn Costanera Norte im Jahr 2005, einem der emblematischen Projekte der Modernisierungsagenda von Ricardo Lagos. Auf symbolischer Ebene werden hier die Konzepte von Globalisierung, Entwicklung und lokaler Infrastruktur kurzgeschlossen. Die umstrittenen
Megaprojekte jener Zeit, seien es Autobahnen, seien es Satellitenstädte, werden als notwendig konstruiert, um den „großen, wahrhaftigen Sprung" in Richtung Entwicklung für
alle Chilenen zu bewerkstelligen. Die Emphase in den Aussagen ist vor dem Hintergrund
zu sehen, dass es einerseits heftige Auseinandersetzung um die Costanera Norte gab, gegen die über Jahre massiver zivilgesellschaftlicher Widerstand mobilisiert worden war,
und andererseits, dass das Konzessionsprogramm im Allgemeinen an Glaubwürdigkeit
verloren hatte. In den Jahren 2002 und 2003 war das MOP von schweren Korruptions-
skandalen erschüttert worden, die als Caso Coimas und MOP-GATE bezeichnet wurden.
Wie sich damals herausgestellt hatte, waren von 1998 bis 2001 zwischen multinationalen
Infrastrukturunternehmen, dem MOP und privaten Beratungsunternehmen illegale Geld-
er für Projekte und Studien geflossen, die nie durchgeführt wurden, und die am Ende
hauptsächlich in den Taschen von mit dem Konzessionssystem verbundenen MOP-Funk-
tionären gelandet waren. Beteiligt waren daran multinationale Unternehmen wie Ferrovial-Agroman und Sacyr, unter anderen (El Mercurio, 4.4.2003; La Nación, 17.5.2003).
Die gesamte staatliche Glokalisierungsagenda geriet damit in die Kritik. Das in Chile
sehr aktive Unternehmen Sacyr geriet dazu 2003 in einem anderen Fall in die Schlagzeilen, der ebenfalls mit dem Versuch der Einflussnahme auf politische Entscheidungen zu-
sammenhing und verdeutlicht, wie nationale und multinationale Unternehmen erheblichen Druck auf die Planung der gebauten Umwelt ausüben und damit die jeweilige
nationale politische Landschaft aufwirbeln (La Tercera, 20.3.2003; El Mercurio,
31.3.2003).[34] GARRETÓN (2012) diagnostiziert im Kontext dieser und anderer Diskussionen für die Jahre 2002 und 2003 eine zweite schwere Krise der Concertación, die sich
im Wesentlichen erneut um die Frage der Autonomie des Staates und die Nähe zum Unternehmenssektor drehte.

Es war dieses Klima, in dem das MINVU seit Beginn der 2000er Jahre unter Leitung von
zunächst Claudio Orrego und dann Jaime Ravinet an einer weiteren Modifikation des

---

33 „La cartera de OO.PP ofrece a los inversionistas una excelente oportunidad de participar en un país, que tiene la
confianza de los más importantes bloques económicos mundiales. [Hay] la necesidad de un país que funcione bien y
genere toda una industria de infraestructura para que el sector privado participe es lo que nos permite dar el gran salto,
el verdadero salto" (Rede von Javier Etcheberry, zitiert nach TAPIA 2005).

34 Im Rahmen der damals bereits fortgeschrittenen Planungen der Reform des ÖPNV, die später als Transantiago bekannt
wurden, präsentierte Sacyr einen alternativen Vorschlag, der für erhebliche politische Spannungen sorgte. Im Zentrum
stand dabei die Rolle von Alvaro González, der innerhalb des MOP eine starke Lobby für den Plan Sacyr machte. Aus
Protest gegen diese Einflussnahme trat der Direktor des PTUS, Germán Correa, zurück. González hatte lange Jahre
eine hohe Funktion im Konzessionssystem des MOP inne (Jefe de la División de Proyectos de la Unidad de Concesiones), bevor er dann Vertreter von Sacyr in Chile wurde. Am Ende wurde der Plan Sacyr abgelehnt, weil der Staat
nicht gewillt war, die vorgesehenen Zuschüsse zu gestatten, und Transantiago ohne diese auskommen würde.

PRMS arbeitete. Technisch verantwortlich war Luis Eduardo Bresciani, ein PUC-Archi-tekt und Harvard-Planer, der seine Karriere bei Curauma und Manuel Cruzat begonnen und diesen auch im Rahmen der Comisión Mixta in Pudahuel repräsentiert hatte (Kap. 8.4). Die Probleme, die bei der neuerlichen Modifikation des PRMS und der Wei-terentwicklung der Konditionierten Planung im Mittelpunkt stehen würden, waren klar identifiziert worden. Vor dem Hintergrund der Chacabuco-Erfahrungen mussten die The-men der Sozialintegration (also der tatsächlichen Berücksichtigung sozialen Wohnungs-baus innerhalb der Megaprojekte), die Kalkulation der Kompensationszahlungen der Transportinfrastruktur und insbesondere der Willkür bzw. Vorteilsnahme zugunsten ein-zelner Landentwickler geregelt werden (Interviews IN34 und IN32). Wie weiter oben dargelegt, war es im Rahmen der Debatte um den Plan Chacabuco zu heftiger Kritik da-ran gekommen, dass der Staat durch einen administrativen Akt bestimmte Unternehmen und Landentwickler auf Kosten anderer bevorzuge. Es sei daran erinnert, dass das, was aus Sicht der Chacabuco-Entwickler ein Sieg auf ganzer Linie war, für andere Landent-wickler einen herben Rückschlag in ihren Strategien der strukturellen Spekulation bedeu-tete. Allen voran ist hier an die Pudahuel-Projekte Urbanya und Praderas zu denken, bei denen ebenfalls seit Anfang der 1990er Jahre erhebliche Summen in Planung, Design und politisches Lobbying gesteckt worden waren. In verschiedenen anderen Teilen der RM befanden sich dazu weitere Groß- und Megaprojekte in Planung, die ebenfalls Druck auf das MINVU ausübten.

Ein MINVU-Planer hat im Interview beschrieben, wie Landentwickler, Grundbesitzer und Gemeinden kontinuierlich Druck auf das MINVU in die Richtung ausübten, dass je ihre Besitzungen zu Bauland umgewandelt werden sollten. Dem Planer zufolge hatte die Einführung der PDUC in diesem Zusammenhang nicht nur zum Ziel, die Fehler des Vor-gängermodells ZODUC zu korrigieren, sondern auch und insbesondere

> „den Druck aufzulösen, den historischen Druck, der auf das Land am Stadtrand
> wirkt" (Interview IN32).[35] Ein für alle Mal sollte dies nun beendet werden:
> „Ok, wir werden keine einzige Linie neu ziehen, aber wir sind damit einver-
> standen, dass es Gebiete jenseits der Stadtgrenze geben kann, die sich zur
> Entwicklung eignen. Wir stimmen den Eigentümern und Bürgermeistern zu,
> dass ihre Kommunen sich unter je eigenen Bedingungen zur [Immobilien-]
> Entwicklung eignen können" (Interview IN32).[36]

Es ging also darum, die im Rahmen des Plan Chacabuco geführte Diskussion um staatli-che Willkür, Lobbying und auch den schwelenden Verdacht der illegalen Verflechtungen bis hin zur Korruption durch transparentere Normen und Verfahrensweisen zu beenden:

---

35 „Resolver la presión, la presión histórica que hay sobre los terrenos que están en el margen de la ciudad" (Interview IN32).

36 „Ok, nosotros no vamos a correr ni una línea más, pero estamos de acuerdo que pueden haber otras zonas fuera del límite urbano viables para desarrollar. Estamos de acuerdo con los propietarios o con alcaldes que sus comunas pueden ser viables para el desarrollo y pueden tener condiciones específicas de desarrollo viable" (Interview IN32).

> „Es gibt einen Mechanismus, einen expliziten Weg, diese Diskussion zu been-
> den. Nicht sich hier an den Tisch setzen und uns zu überzeugen versuchen.
> Wir haben ihnen gesagt: ‚Versuche nicht, mich zu überzeugen. Wenn du dich
> auf diesen Weg begibst und die Studien ja sagen, werden wir ja sagen, wenn
> die Studien nein sagen, sagen wir nein'" (Interview IN32).[37]

Aus der 2003 verabschiedeten PDUC-Regelung resultierten dann auch tatsächlich wesentlich restriktivere Anforderungen an die Genehmigung der Projekte. Die PDUC stehen so einerseits für eine Weiterführung der Prinzipien der Konditionierten Planung,
gleichzeitig aber auch für deren radikale Modifizierung, dies in zweierlei Hinsicht:

1. Die Initiative wird jetzt ganz grundsätzlich an den Privatsektor ausgelagert, denn
    Megaprojekte sind nun in der gesamten Region und im Prinzip für jedermann mög-
    lich. Es sind ZODUC-flotantes, die nicht räumlich vordefiniert sind. Das ist als
    Konzession an die scharfe Kritik an der Bevorzugung bestimmter Interessen zu
    verstehen, die gleichermaßen von Neoliberalen und Progressiven geübt wurde. Alle
    Landentwickler haben nun das gleiche Recht, ein Megaprojekt zu initiieren; basie-
    rend auf rigorosen technischen Studien wird dann entschieden, ob dies im Einzel-
    fall machbar ist. So könne der Staat nicht mehr bestimmte Projekte (und Landent-
    wickler) bevorzugen, womit für Transparenz und Chancengleichheit gesorgt sei.
    Die Möglichkeit der politischen Einflussnahme sei damit vom Tisch.
2. Die Projekte werden in Etappen genehmigt, und es werden Zeitpläne für die vorzu-
    nehmenden Investitionen festgelegt. So sollen zwei Dinge sichergestellt werden:
    dass keine spekulativen Projekte vorgeschlagen werden, also solche, die keine
    Chance auf Realisierung haben und nur dazu bestimmt sind, um Spekulationsge-
    winne aus dem Landnutzungswandel mitzunehmen. Hier wird auf einige der ur-
    sprünglich geplanten ZODUC-Projekte in Chacabuco Bezug genommen, die bis-
    lang nicht realisiert wurden. Der zweite Aspekt, der durch die etappenweise
    Genehmigung sichergestellt werden soll, ist, dass tatsächlich sozialer Wohnungs-
    bau geschaffen wird. Erst wenn in einer ersten Etappe alle Auflagen erfüllt wurden
    und ein bestimmter Prozentsatz von Sozialwohnungen gebaut wurde, kann mit dem
    nächsten Bauabschnitt fortgefahren werden.

Trotz dieser erheblichen Korrekturen war auch die Einführung des PDUC-Mechanismus
umstritten. Während die COREMA die PRMS-Modifikation noch anstandslos genehmigt
hatte, kam es im CORE zu einer Pattsituation (El Mercurio, 20.11.2003). MINVU-Minister Ravinet sorgte dafür, dass noch einmal abgestimmt wurde; und schließlich gab es die

---

37 „Hay un mecanismo, hay explícitamente un camino para resolver esa discusión. No venir acá a sentarse a la mesa a
    tratar de convencernos. Nosotros lo que les dijimos ‚mira, no me trates de convencer. Si tú entras por este camino y los
    estudios dicen que sí, nosotros les vamos a decir que si, si los estudios dicen que no, nosotros les vamos a decir que no"
    (Interview IN32). .

Genehmigung. In Bezug auf die Frage, warum Ravinet das Projekt trotz der hohen politischen Kosten durchboxen wollte, wurde spekuliert, dass es sich um eine emblematische Initiative von Präsident Lagos handele, die er unbedingt in seiner Amtszeit realisieren wolle (El Mercurio, 20.11.2003). Von Seiten der sozialen Bewegungen und NGOs hingegen wurde unterstellt, dass erneut gezielt Interessen einiger großer Immobilienentwickler bevorzugt worden seien, welche vor einigen Jahren billiges Land gekauft hätten und dessen Wert nun vervielfachen wollten. Aus der „progressiven" Zivilgesellschaft wurde hier direkt auf die Strategien der Strukturellen Spekulation Bezug genommen, wobei auch direkt bestimmte Landentwickler und deren Projekte genannt wurden (so etwa Projekte von Francisco Pérez Yoma, das Projekt El Principal des Unternehmers Jorge Fontaine und malaysischen Investoren und die Pudahuel-Projekte) (El Mercurio, 20.11.2003).

Die Unternehmer, die sich in den öffentlichen Diskussionen im Allgemeinen äußerst bedeckt hielten, blockten die Vorwürfe mittels Strategien der De-Legitimation ab. Die Grupo CB von Manuel Cruzat etwa äußerte, dass die Umweltaktivisten und Parlamentarier Politik und Demagogie betreiben, ohne eigentlich zu wissen, wovon sie sprächen. Man habe schon immer gewusst, dass Santiago in Richtung Valparaíso wachsen werde, des Weiteren sei das Land schon 1969 im Zuge des Kaufes der Minen Lo Aguirre und La Africana erworben worden, womit, es unlogisch sei, dass es sich um Absprache oder Einflussnahme handele. Auch der Sprecher von PY (Pérez Yoma) wies darauf hin, dass sich die Flächen in Quilicura/Pudahuel und San Bernardo schon seit 1991 bzw. 1984 in Firmenbesitz befänden. Man habe Ravinet (den Parteifreund von PY-Besitzer Francisco Pérez Yoma) nicht gedrängt und des Weiteren sei man durch das Wachstum von Santiago eher benachteiligt, weil die Preise von Bauland durch die PDUC-Regelung fallen würden. Wie in der Debatte um den Plan Chacabuco wurden auch hier Argumente aus der neoklassischen Stadtökonomie angebracht, die besagen, dass, sobald sich das Angebot an Bauland erhöhe, die Preise allgemein fallen würden. SABATINI (2000) und TRIVELLI (2006) haben überzeugend dargelegt, dass sich dieser Zusammenhang zwischen Angebot, Nachfrage und Preisentwicklung auf dem Bodenmarkt nicht so einfach herstellen lässt.

Eine Gruppe von Parlamentariern, darunter Guido Girardi der PPD, der schon einer der Wortführer gegen den Plan Chacabuco gewesen war, kündigte an, Untersuchungen wegen unerlaubter Einflussnahme auf CORE-Mitglieder einzuleiten (El Mercurio, 20.11.2003). Auch Umweltaktivisten kritisierten die Entscheidung, weil sie dem Plan de Descontaminación widerspreche, da durch den Verlust wertvollen Ackerlands nachhaltige Umweltschäden verursacht würden. Luis Mariano Rendón von Acción Ecológica geriet mit Ravinet gar physisch aneinander, als er ihm bei einer öffentlichen Veranstaltung das Mikrofon zu entreißen versuchte und damit in die Schlagzeilen geriet.

Luis Eduardo Bresciani, der damalige Direktor der Division de Desarrollo Urbano des MINVU, verteidigte den Plan: „Das ist eine transparente, ausgeglichene Regelung, die

die Lebensqualität erhöht." Er wies hier auf das Prinzip der Konditionierung hin, welches im neuen PRMS ausgeweitet werde (El Mercurio, 20.11.2003).[38] Ein anderer einflussreicher Planer hingegen, Iván Poduje, sagte schon 2004, dass der Konditionierten Planung nach wie vor eine gesetzliche Grundlage fehle, und auch, dass die 300 Hektar-Projekte nur von den ganz großen Immobilienunternehmen zu stemmen seien, weshalb die Größenanforderung wesentlich geringer sein sollte.[39] Hier schwingt eine Kritik mit, die die PDUC-Regelung als insbesondere für die Pudahuel-Projekte maßgeschneidert ansah und also erneut bestimmten Landentwicklern Monopolrenten verschaffen sollte.

8.3.2 Institutionelles Design der PDUC-Regelung: Planung durch Projekte

Im Jahr 2003 trat der neue PRMS mitsamt der PDUC-Regelung in Kraft. Megaprojekte waren (und sind) nun – nach Prüfung und Einhaltung der Auflagen – im ländlichen Raum von 11 peri-urbanen Kommunen möglich. Ausgangspunkt der Memoria Explicativa, des offiziellen Planungsdokumentes der Modifikation des PRMS, ist die Feststellung, dass es in Santiago einer Anpassung und Modernisierung der überkommenen Planungsinstrumente bedürfe, weil sie den real stattfindenden Prozessen der Raumentwicklung nicht mehr angemessen seien (SEREMI MINVU 2003). Es wurden folgende spezifischen Probleme diagnostiziert:

- ein kontinuierliches Wachstum der Stadt, ohne begleitende Investitionen in Infrastruktur (und hier insbesondere Verkehrsinfrastruktur),
- ein anhaltender Trend zur sozialen Segregation und Peripherisierung der Ärmsten aufgrund eines Mangels an bezahlbarem Bauland in der Stadt,
- ein Mangel an Abstimmung zwischen öffentlichen und privaten Investitionen, der einen Mangel an Effektivität und Effizienz in der Schaffung „besserer" städtischer Entwicklung bewirke,
- Grundstücksspekulation und steigende Grundstückspreise durch die Wahrnehmung eines Mangels an Bauland, welche durch die Rigidität der bestehenden Planungsinstrumente hervorgerufen würden,
- ein Ungleichgewicht in der Bevölkerungsverteilung in der RM (Gran Santiago mit 90%). Dazu sei in den kommenden Jahren ein Bevölkerungswachstum von 6,04 Mio. in 2002 auf 8,1 Mio. in 2025 zu erwarten.

Im Zusammenhang mit kulturellen und ökonomischen Transformationsprozessen (kleinere Haushalte, steigendes Einkommen, stärkere Motorisierung) sei mit einem Bedarf an zusätzlichem Bauland von 12.000 Hektar zu rechnen. Weil die Investitionen in interurbane Autobahnen und Nahverkehrszüge außerdem zu Tendenzen der räumlichen Dekonzentration führten, brauche es „neue Instrumente des regionalen Wachstumsmanagment".

---

38 „Es una norma transparente, ecuánime, que eleva la calidad de vida" (El Mercurio, 20.11.2003).
39 http://www.grupocb.cl/pag/not/pagnot_revolucionurbana.htm, letzter Zugriff am 14.7.2012.

Die Legitimation der PDUC-Regelung und der Ausweisung von großen Flächen der Stadterweiterung bestand also im Wesentlichen darin, dass das unaufhaltsame städtische Wachstum, welches im Prinzip zu begrüßen sei, gesteuert werden müsse, wobei die Lösung dafür erneut autonome Megaprojekte sein sollten. Der entscheidende Unterschied zum Plan Chacabuco bestand darin, dass nun keine spezifischen Stadterweiterungsgebiete mehr ausgewiesen wurden, sondern dass es alleine den Marktkräften überlassen sein sollte zu entscheiden, wohin sich die Stadt ausdehnen werde. Ein weiterer Unterschied zum Plan Chacabuco bestand darin, dass nun offen von einer „neuen Politik der Raumordnung" für die RM gesprochen wurde und Leitbilder in Bezug auf die Raumentwicklung (stadtregionale Dekonzentration, Nutzungsmischung) und ihre Steuerung (PPP, Investitionen, Gebietsentwicklungspläne) formuliert wurden. Für diese Política Metropolitana de Ordenamiento Territorial wurden sieben Ziele formuliert:

- die Öffnung der Region für neue Formen der Stadtentwicklung und Lokalisierung von Aktivitäten, um auf diese Weise die stadtregionale Dekonzentration zu fördern,
- die starke Integration von Investitionen in Verkehrsnetze und neue städtische Knoten/Zentren,
- öffentlich-private Beteiligung im Management und der Finanzierung von Stadtentwicklung,
- die Schaffung von städtebaulichen Projekten und Gebieten, die in funktionaler und sozialer Hinsicht (durch Mischnutzung und sozioökonomische Heterogenität) integrativen Charakter haben,
- die regionale Planung und Ausweisung von Naturschutzgebieten,
- die Anwendung von flexiblen Regulierungsinstrumenten, die sich am Prinzip der Internalisierung von Kosten orientieren,
- die Schaffung von städtischen Gebieten auf Basis von Gebietsentwicklungsplänen (Planes Maestros de Desarrollo) und nicht lediglich auf Basis der Flächenzonierung (zonificación).

Als zentrale Verbesserung an den Mechanismen der Konditionierten Planung wurde der wesentlich anspruchsvollere Genehmigungsprozess hervorgehoben (SEREMI MINVU 2003, S. 6). In der Memoria Explicativa wurde die Kritik am Chacabuco-Prozess aufgenommen, insbesondere, dass weitgehend willkürlich entschieden worden war, welche Grundstücke als AUDP und ZODUC deklariert wurden und welche nicht. Dies war ein Konvergenzpunkt zwischen der neoliberalen und der progressiven Kritik am Plan Chacabuco gewesen. Im Ergebnis, so das MINVU selbstkritisch, sei Bauland ausgewiesen worden, welches nicht im Einklang mit tatsächlichen Tendenzen der Stadtentwicklung stehe (und welches nicht bebaut werde, sondern Spekulationsinteressen diene). Um dem Abhilfe zu schaffen, solle nun eine „Hürde für spekulative Projekte" errichtet und die „künstliche Schaffung" von Bauland verhindert werden. Es ist in diesem Zusammenhang zu

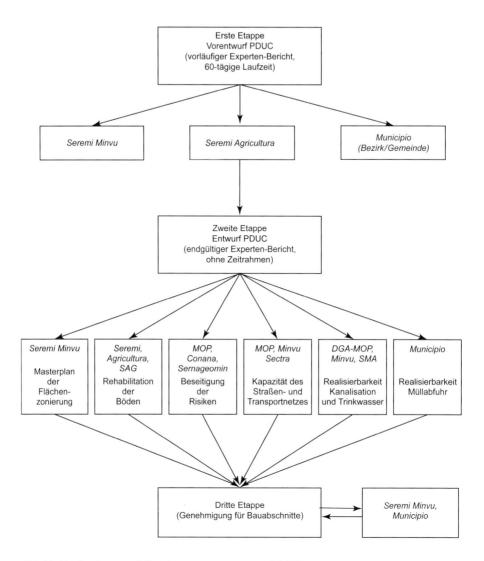

Abb. 11: Evaluations- und Genehmigungsprozess von PDUC
Quelle: PODUJE 2006

verstehen, dass bei den PDUCs erst der ganze Genehmigungsprozess durchlaufen werden muss, bevor eine Umwidmung stattfinden kann, was so hohe Kosten verursacht, dass es für rein spekulative Projekte abschreckend wirkt. Des Weiteren wurde auf das Fehlen von Mechanismen hingewiesen, welche die zwischen öffentlichen und privaten Akteuren vereinbarten Schadensminderungs- und Kompensationsmaßnahmen umzusetzen garantierten. Der letzte Punkt, der angesprochen wird, ist der Mangel an kommunaler Beteiligung in der Definition von Stadterweiterungsgebieten. Das neue Verfahren ist nun wesentlich anspruchsvoller. Bei dem Genehmigungsprozess gibt es grundsätzlich drei Etappen, und insgesamt sind 14 unterschiedliche Behörden beteiligt (Abb. 9).

8.3.3 Planung als Verhandlung

Kurz nach dem endgültigen Inkrafttreten des PRMS reichten die drei Pudahuel-Projekte Anfang 2004 Genehmigungsanträge im Rahmen der PDUC-Regelung ein. Zunächst mussten die vorläufigen Expertenberichte aus den Ministerien für Wohnungsbau- und Stadtentwicklung und dem für Landwirtschaft eingeholt werden, dazu die Zustimmung der Gemeinde. Während die ersten beiden Expertenberichte relativ problemlos erbracht wurden, kam es mit der Lokalregierung Pudahuel zu einem langwierigen Verhandlungsprozess (dazu ausführlich in Kap. 9.1.2). Nachdem schließlich auch diese (Teil-)Genehmigung vorlag, wurde die zweite Phase des Genehmigungsprozesses eingeleitet. Von den sechs Studien und den (Teil-) Genehmigungen stellte sich die Studie zur Kapazität des Straßen- und Transportnetzes mit einem Zeithorizont von 35 Jahren als am problematischsten dar. Weil sich das Verfahren auch noch im Jahr 2008 immer weiter in die Länge zu ziehen drohte, legte das MINVU einen endgültigen - aber unvollständigen - Expertenbericht vor. Obwohl das gesamte PDUC-Prozedere nur unvollständig durchlaufen worden war, genehmigte der CORE im Juni 2008 den Landnutzungswandel im PRMS und die Unternehmen zeigten sich optimistisch, bald mit dem Bau der Projekte beginnen zu können. Die Praderas-Entwickler etwa gaben bekannt, dass man schon mit der Aufforstung von 120 Hektar begonnen habe und dass Mitte 2009 mit der Entwicklung der ersten Projektstufe gerechnet werde (La Tercera, 14.6.2008).[40] Auch die anderen Landentwickler machten ähnliche Verlautbarungen. Bevor der Landnutzungswandel endgültig rechtskräftig werde und die strukturellen Spekulanten in der Lage seien, die entsprechenden Explosionen der Bodenpreise auf den Finanzmärkten zu kapitalisieren, musste allerdings noch die Contraloría de la República zustimmen, die letzte Überprüfungsinstanz aller Entscheidungen und Vorgänge des öffentlichen Sektors. Auf Petition verschiedener NGOs, die wegen verfahrenstechnischer Mängel (der Unvollständigkeit des Evaluationsprozesses) Beschwerde eingelegt hatten, wies die Contraloría die Modification im März 2009 zurück. Während Patricio Herman von der NGO Defendamos la Ciudad, einer der Beschwerdeführer, kritisierte, dass es „eine Million Unregelmäßigkeiten" gegeben habe, versuchten die Verantwortlichen von MINVU die Situation im Einklang mit den Landentwicklern zu beschwichtigen:

„Die Contraloría stellt eine Reihe von Mängeln fest, die von den zuständigen Behörden behoben werden müssen. Es geht dabei aber nicht um Illegalität oder schwere

---

40 Die erste Projektstufe von Praderas sollte 1.000 Häuser (a 3.000 UF) und eine Investitionssumme von 25 Mio. US$ umfassen (El Mercurio, 14.6.2008).

Unregelmäßigkeiten"[41], so der damalige Chef des Seremi MINVU, Carlos Estévez (El Mercurio, 1.4.2009).

Die Regionalregierung werde die entsprechenden Unterlagen und Studien nachreichen und dann erneut die Genehmigung der Modifikation des PRMS beantragen. Nachdem dies geschehen war, wies die Contraloría den PRMS im November 2010 allerdings erneut zurück, da das zentrale Problem immer noch nicht gelöst war: Die Studie zur Kapazität des Straßen- und Transportnetzes war wegen der erheblichen Differenzen zwischen den verschiedenen beteiligten staatlichen Institutionen einerseits und zwischen diesen und den Landentwicklern andererseits nie zu Ende gebracht worden.

Wie schon bei den Chacabuco-Projekten ging es bei der Auseinandersetzung im Kern darum, dass die strukturellen Spekulanten die Entwicklungskosten ihrer Projekte mindern wollten. Zwei Dinge standen bei dieser Strategie im Vordergrund: Zum einen wollten die Landentwickler die bestehende Autobahn Ruta 68 nutzen, während das Seremi MTT darauf bestand, dass die Entwickler neue Zugänge bauen und finanzieren, was für diese erhebliche Kosten bedeuten würde (El Mostrador, 20.3.2009). Zum anderen ging es um den Zeitplan der Investitionen: „Hier geht es weder um Unterschiede im Design von Straßen, Wegen oder Autobahnanschlüssen, noch um die Höhe der Investitionen, sondern um den Zeitpunkt ihrer Ausführung. Die Unternehmen beklagen, dass die Behörden keinen Unterschied machen zwischen den Mitigationsmaßnahmen, die bei einem einzigen Gebäude anfallen und denen einer Satellitenstadt mit tausenden Einwohnern. In diesem Sinne kritisieren sie das Fehlen von Flexibilität, um zu verstehen, dass Großprojekte mit einer Laufzeit von 20 bis 30 Jahren anhand einer klaren Methodologie und entlang der einzelnen Entwicklungsstufen evaluiert werden müssen" (Qué Pasa, 9.2.2012). [42]

Während also der Staat die von den Landentwicklern akzeptierten Verkehrskompensationen für nicht ausreichend hält, beschreibt der Privatsektor die staatlichen Anforderungen als exzessiv (Qué Pasa, 9.2.2012). Durch eine Kampagne, die den Staat als schwerfällig und überbürokratisiert darstellte, erreichten die Landentwickler erneut Zugeständnisse und es wurde zunächst vereinbart, dass die Landentwickler die Autobahn während der ersten 15 Jahre nach Baubeginn der Megaprojekte würden nutzen können. Dazu gab es aus dem Privatsektor eine weitere Linie der Kritik am PDUC-Prozess, die ein erhebliches Governancedefizit diagnostizierte. Zu viele Behörden mit sehr unterschiedlichen Eigenin-

---

41 „La Contraloría hace un conjunto de observaciones, que dice que deben ser subsanadas por los organismos pertinentes. Por lo tanto, no hay una calificación de ilegalidad ni de irregularidad grave" (El Mercurio, 1.4.2009).

42 „Aquí la clave no es la diferencia en el programa de calles, avenidas y accesos a las autopistas, ni La cuantía de las inversiones, sino en el momento que se exige su ejecución. En las empresas reclaman que la autoridad no hace distingos entre las mitigaciones viales que le pide a un edificio de los de a una ciudad satélite de miles de habitantes. Por ello, critican la falta de flexibilidad para entender que grandes proyectos con plazos de 20 a 30 años deben ser evaluados con una metodología clara y acorde con su evolución por etapas" (Qué Pasa, 9.2.2012).

teressen seien am PDUC-Verfahren beteiligt: „Die neue Politik scheint eine Politik des MINVU zu sein, aber keine Politik des Staates. Das MOP und MTT, die von der Politik wesentlich betroffen sind, teilen deren Prinzipien nicht und waren bei deren Einführung nicht auf Linie. Im Gegenteil, neue Minister sind nicht notwendigerweise mit dem einverstanden, was gemacht wurde, während die Verwaltungsebenen weiter über die neuen Regelungen diskutieren. Es fehlt hier an Synergie und einer politischen und strategischen Definition des öffentlichen Sektors" (CONTRUCCI 2008, S. 16).[43]

Erschwerend komme hinzu, dass es keine Hierarchie zwischen den unterschiedlichen Ministerien und Behörden gebe. Zwar koordiniere das MINVU in gewisser Weise die Aktivitäten, habe aber keine Möglichkeiten, Entscheidungen an sich zu ziehen oder den anderen beteiligten Behörden verbindliche Zeitpläne abzuverlangen (Interview IN34). Bis Ende 2012 war die Sache nicht entschieden, was auch damit in Zusammenhang steht, dass das MINVU seine Prioritäten in der Zwischenzeit erneut verschoben hat.

Schon 2007 hatte das MINVU mit Blick auf die stärker werdende Kritik am langen Genehmigungsprozess von Seiten der Immobilienwirtchaft damit begonnen, parallel zu den PDUC-Verhandlungen an einer weiteren Modifikation des PRMS zu arbeiten, die als PRMS 100 bezeichnet wird.[44] Weil die PDUC „feststeckten", erhöhte sich der Druck auf das MINVU, und erneut wurde nun der *límite urbano* als Instrument der Wahl identifiziert, entgegen den neuen Prinzipien des Wachstumsmanagement durch Marktkräfte, wie noch 2003 im PRMS verankert. Erneut beugte sich das MINVU also dem Druck der Landentwickler und fasste alle von diesen und verschiedenen Kommunen getätigte Petitionen in Bezug auf einen Landnutzungswandel zusammen. Tatsächlich war geplant, die Auflagen an Immobilienprojekte im peri-urbanen Raum im Rahmen des PRMS 100 wieder zu lockern, was von verschiedenen Seiten stark kritisiert wurde. So kam es zu Interessenkongruenzen zwischen den Pudahuel-Landentwicklern und der progressiven Zivilgesellschaft. Beide Seiten kritisierten einhellig, dass der PRMS 100 im Vergleich zu der PDUC-Regelung ein deutlicher Schritt zurück sei. Der Urbanya-Manager etwa wies darauf hin, dass der PRMS 100 nicht das Ziel habe, die Qualität der Planung und des städtischen Raumes zu verbessern, sondern vielmehr direkt auf das Geschäft einiger bestimmter Land- und Immobilienentwickler zugeschnitten zu sei (CONTRUCCI 2012). Dahinter stünden insofern politische Macht- und Kräfteverhältnisse, als die Landentwickler der drei PDUC in Pudahuel nicht den Kern der CChC repräsentierten. Deswegen seien die PDUC von der einflussreichen CChC auch nie voll unterstützt worden. Was hier angedeutet wird, ist ein Konflikt zwischen verschiedenen Kapitalfraktionen, der sich

---

43 La nueva política pareciera ser una política sólo del Ministerio de Vivienda y Urbanismo y no una política de Estado. Los ministerios de Obras Públicas y de Transportes, principales contrapartes en todo esto, no comparten los principios de la política y difícilmente se han alienado para favorecer su puesta en marcha. Por el contrario, nuevos ministros no apoyan necesariamente lo ya avanzado y los niveles técnicos siguen discutiendo la nueva norma. Aquí hace falta definitivamente una sinergia que parta de una definición política y estratégica del sector público y que sea capaz de integrar una visión intersectorial y en los distintos niveles de administración" (CONTRUCCI 2008, S. 16)..

44 Der PRMS 100 wurde Ende 2013, nach Abschluss dieser Forschungsarbeit, verabschiedet.

direkt in dem sonst kaum nachvollziehbaren Zickzack-Kurs des MINVU niederschlägt: der Konflikt zwischen den Landentwicklern, die das Geschäft mit den Megaprojekten im peri-urbanen Raum dominieren und dabei Gewinne auch auf Kosten der traditionellen Bau- und Immobilienunternehmen abschöpfen, und eben Letztere, die das Oligopol der Landentwickler aufbrechen wollen.

8.3.4 Zusammenfassung

Die Debatte um die Chacabuco-Projekte Ende der 1990er Jahre und der Korruptionsskandal im MOP Anfang der 2000er Jahre können als Erklärung für den ambitionierten institutionellen Rahmen der PDUC-Regelung herangezogen werden. Es war zu jener Zeit in Chile nicht mehr möglich, *business as usual* und *fast track urbanism* zu treiben. Die Kritiken aus der Zivilgesellschaft und auch innerhalb des politischen und planerischen Betriebs waren dazu zu laut geworden, und die staatlichen Institutionen standen im Mittelpunkt des öffentlichen Interesses. Gleichzeitig musste aber den Landentwicklern, Immobilienunternehmen und ökonomischen Gruppen – sowie den *poderes fácticos* im Hintergrund – weiter Bauland zur Verfügung gestellt werden. Und insbesondere die Pudahuel-Projekte sollten auf den Weg gebracht werden. Die Entscheidung, mit dem PRMS von 2003 die ganze RM für Megaprojekte zu öffnen und die Initiative zur Stadtentwicklung einzig und allein Privatunternehmen zu überlassen, kann als sehr weitreichende Form der Privatisierung von Stadtentwicklung in weitgehenden Einklang mit neoliberalen Positionen verstanden werden. Der Markt solle regeln, wo und wie sich die Stadt entwickle, immer dann, wenn die echten sozio-ökologischen Kosten (negative Externalitäten) von den Landentwicklern getragen (internalisiert) würden. Die „objektiven Kosten" würden sich durch Studien ermitteln lassen. Seien die Kosten für die Landentwickler zu hoch, würden diese von ihren Vorhaben ablassen. Das kann aus zwei Gründen als Musterbeispiel für die neoliberale „Technifizierung politischer Entscheidungsfindung" (Fischer 2011) verstanden werden. Erstens wird eine politische Frage, nämlich die, wie sich die Stadt entwickeln soll, in eine technische Frage verwandelt, wobei die Rentabilität zum obersten Kriterium erhoben wird. Zweitens wird nicht in Rechnung gestellt, dass Studien keine Wahrheiten darstellen und deswegen durch Gegenstudien angefochten werden; so handelt es sich am Ende doch um politische Entscheidungen. Eben diese technokratische Rationalität hat sich als Bumerang herausgestellt, denn sie hat die Wachstumsmaschine Santiago vorerst lahmgelegt – die PDUC bewegen sich weder vor noch zurück.

Das Hauptproblem im PDUC-Prozess war und ist – wie bei den ZODUC-Verhandlungen in Colina – die Festsetzung der Verkehrskompensationen. Einerseits ist dies ein technisch hoch anspruchsvoller Prozess, der aber andererseits von politischen Kalkülen und Strategien überlagert wird und mit den allgemeinen wirtschaftlichen und politischen Dynamiken in Pudahuel und darüber hinaus in Verbindung steht. So sind es de facto nicht nur die drei PDUC-Megaprojekte, die in Pudahuel in Hinsicht auf ihren Einfluss auf die Verkehrssituation evaluiert werden müssen. Dazu kommen der geplante Ausbau des Flughafens, ebenfalls seit 2004 in Planung, sowie die neue Autobahn Santiago-Lampa, die auch die verkehrsmäßige Situation in Pudahuel betreffen wird. Daneben sind in die Debatten und Genehmigungsprozesse der Megaprojekte in Pudahuel, anders als in Colina, auch immer wieder zivilgesellschaftliche Gruppen und NGOs involviert, die den Prozess vor allem durch die genaue Überwachung der Einhaltung der formal-rechtlichen Schritte und Etappen im Genehmigungsprozess (oft erfolgreich) torpedieren. Darüber hinaus aber gibt es schon seit der Einführung der PDUC 2003 aus dem Bereich der Immobilien- und Landentwicklungsindustrie und von mit dieser verbundenen Experten Kritik daran, dass diese zweite Generation der Konditionierten Planung die Hürde für Immobilienprojekte zu hoch gelegt habe. Deswegen wurde von dieser Gruppe Druck in Richtung einer neuerlichen Modifikation der Planungsinstrumente in Form des PRMS 100 gemacht. Für die traditionellen Immobilienentwickler würde der PRMS 100 bedeuten, wieder einen Fuß in das Geschäft mit dem peri-urbanen Raum zu bekommen. Für die Pudahuel-Landentwickler wiederum würde die Verabschiedung des PRMS 100, der wesentlich kleinere Projekte bei laxeren Auflagen möglich machen soll, starke Konkurrenz bedeuten. Beide Positionen werden von Experten mit Studien zu untermauern versucht. Im Folgenden wird die Rolle eben jener Experten und Technokraten beleuchtet, welche an den Schnittstellen zwischen öffentlichem und privatem Sektor und damit an den entscheidenden „Baustellen der Rationalität" agieren.

8.4 Zur Rolle von Experten: die „Harvard Boys" als Power Broker

Es wurde bis hierhin gezeigt, dass die Etablierung der Konditionierten Planung in Chile ein komplexer und widersprüchlicher Prozess war und ist, in dem die Interessen und Strategien verschiedener Land- und Immobilienentwickler, verschiedener Ministerien und zivilgesellschaftlicher Gruppen im Kontext übergreifender politischer Macht- und Kräfteverhältnisse aufeinanderstoßen und ausgehandelt werden. Im Allgemeinen hat sich dabei die Sichtweise durchgesetzt, dass die Stadt flächenmäßig wachsen wird und dies mit Blick auf die allgemeine Wirtschaftsentwicklung auch tun muss, und dass dabei auf marktförmige Instrumente – in Form der ZODUC, PDUC und ZUC-Regelungen – gesetzt werden soll: „Zumindest für den Moment (...) hat sich das von Marcial Echenique vor zehn Jahren vorgeschlagene Leitbild durchgesetzt: eine durch Verkehrskorridore strukturierte, ausgreifende Stadt, mit Immobilienprojekten, die sich jenseits der gebauten Stadt ansiedeln aber funktional von dieser abhängig bleiben" (PODUJE 2006, S. 266).[45]
Das obige Zitat verweist auf die Rolle von Experten, die politische Probleme in technische Fragen übersetzen, um den Entscheidungsträgern dann kommunizierbare Lösungen anzubieten. Mit Bezug zu GRAMSCI (1991) beschreibt BARTON (2008, S. 425) den Me-

---

45 „Al menos por el momento (…) se ha impuesto la visión propuesta por Marcial Echenique caso 10 años antes: de una ciudad extendida estructurada por los ejes de transporte, con proyectos inmobiliarios que se localizan más allá de la ciudad consolidada, pero que siguen dependiendo funcionalmente de ella" (PODUJE 2006, S. 266).

chanismus folgendermaßen: „Man kann von hegemonialen Blöcken reden, die kontrollieren, wie städtische ‚Probleme' konstruiert und wie Lösungen als notwendig und machbar präsentiert werden. Diskursiv wird dies so präsentiert, als wären es Planungsprozesse und Ideeen, die dem ‚gesunden Menschenverstand' entspringen. Andere Alternativen werden so unmöglich gemacht."[46]

Sowohl die Konditionierte Planung als auch das Konzessionssystem sind in diesem Sinne als Lösungen für das Problem der Steuerung von – an sich wünschenswertem – städtischem Wachstum konstruiert worden. Hier wurde nicht nur ein bestimmter Diskurs installiert, sondern auch ein spezifisches institutionelles Design und damit verbundene Planungs- und Verhandlungspraktiken etabliert. Die „Baustellen der Rationalität" bestehen in diesem Sinne aus drei Momenten, an denen Macht und Wissen (re)produziert wird: Diskursproduktion, institutionelles Design und Verhandlung/Implementation. An allen drei Momenten ist im Kontext der Megaprojekte, der Konditionierten Planung und des Konzessionssystems in entscheidendem Maße eine relativ kleine Gruppe von Experten und Technokraten beteiligt, die hier als „Harvard Boys" bezeichnet wird und Teil einer global mobilen Elite im Bereich von Stadtpolitik und Planung ist.

In Kapitel 8.1.2 wurde dargestellt, dass a-politische Experten und Technokraten unter Pinochet eine wesentliche Rolle dabei gespielt hatten, das neoliberale Projekt in Chile politisch auf den Weg zu bringen und gesellschaftlich zu verankern. Die Chicago Boys sind dabei aus gezielten Strategien der Diskurs- und Wissensproduktion „hervorgegangen", die in der Praxis auf Kooperationsaktivitäten zwischen der PUC und der University of Chicago in den 1950er und 1960er Jahren und dem Project Chile basierten. In diesem Rahmen wurden nicht nur Wissen und Experten „produziert", sondern auch politische und ökonomische Netzwerke, die bis heute unter anderem im Rahmen der *poderes fácticos* Bestand haben.

Auch dem Aufstieg der Harvard Boys als Gruppe besonders einflussreicher Experten und Technokraten lagen gezielte Strategien der Diskurs- und Wissensproduktion zugrunde, wobei erneut der PUC die Rolle des institutionellen Gravitationsfeldes zufiel. Von besonderer Bedeutung war ein Kooperationsabkommen zwischen der PUC und der Harvard University Anfang der 1990er Jahre, bei dem Fragen der Stadtentwicklung im Mittelpunkt standen. Finanziert wurde die Kooperation von Forestal Valparaíso, dem Unternehmen von Manuel Cruzat, welches zu eben jener Zeit die Megaprojekte Curauma und Praderas vorantrieb. Hier wird deutlich, inwiefern die gezielte Diskurs- und Wissensproduktion Teil der Strategien der strukturellen Spekulation ist. Aus der PUC-Harvard-Kooperation gin-

---

46 „Es posible de hablar de bloques hegemónicos que controlan la forma en que se construyen los ‚problemas' urbanos y los tipos de ‚soluciones' que se presentan como viables y necesarias. De forma discursiva, siempre se presentan como las maneras de planificar y gestionar los espacios urbanos y peri-urbanos nacidas del ‚sentido común', cerrando así la posibilidad de otras alternativas" (BARTON 2008, S. 425)..

gen dann etwa auch die einflussreiche RECAP-Studie (Kap. 8.2.1) und verschiedene internationale Konferenzen hervor, dazu fanden internationale Design-Workshops für das Curauma-Projekt statt, und es gab einen großen Output an wissenschaftlichen Aufsätzen und Buchpublikation, die alle eine neoklassische und a-politische Auffassung von Stadtentwicklung und ihrer Planung vertraten. Analog zu dem, was FISCHER (2008, 2011) für das Project Chile und die Chicago Boys beschrieben hat, kann auch hier von einem „organisierten Ideologietransfer" gesprochen werden, diesmal für das Feld der Stadtentwicklung. Wie im Falle des Vorbildes war es dabei von Bedeutung, nicht nur bestimmte Diskurse zu mobilisieren, sondern auch Personal auszubilden und die Etablierung von „organischen Intellektuellen" im Sinne GRAMSCIs (1991) zu fördern. In diesem Zusammenhang ist von Bedeutung, dass im Rahmen der PUC-Harvard-Kooperation eine Reihe von jungen chilenischen Architekten und Planern ausgebildet wurde, die mit in Chile sehr hoch angesehenen postgradualen Abschlüssen der US-amerikanischen Eliteuniversität zurückkamen. Viele von diesen arbeiteten Anfang und Mitte der 1990er Jahre in den Projekten des strukturellen Spekulanten Manuel Cruzat. Wie unter Pinochet für die Wirtschaft im Allgemeinen, war es erneut die Studiengruppe von Cruzat, nun auf dem Feld der Stadtentwicklung, die zum Sammelbecken und Sprungbrett für junge Talente geworden war. Wenn man so will, sind die Kinder der Chicago Boys auf dem Feld der Stadtentwicklung also eine Gruppe aus Technokraten und Intellektuellen, die hier als Harvard Boys bezeichnet werden. Diese haben sich mit Urban Design und New Urbanism auf eine bestimmte Form der Stadtentwicklung und Planung spezialisiert, die sich als „new science of form" (GONZÁLEZ und LEJANO 2009) bezeichnen lässt, weil sie politische Probleme in objektivierte „wissenschaftliche" Aussagen über eine optimale städtische Form übersetzt und bei der Megaprojekte eine wichtige Rollen spielen.

Ein zentraler Aspekt in Bezug auf Macht- und Kräfteverhältnisse in der Planung ist das Verhältnis, das zwischen den verschiedenen oben angesprochenen Momenten der „Rationalitätsproduktion" besteht. Hier hat sich in Chile ein Mechanismus etabliert, der als *puerta giratoria*, als Drehtür, bezeichnet wird. Gemeint ist damit das kontinuierliche Changieren von Experten und Technokraten zwischen dem öffentlichen, privaten und zivilgesellschaftlichen Sektor. Oftmals finden sich wichtige Persönlichkeiten auch auf den verschiedenen Seiten gleichzeitig. Einerseits wird hier soziales, politisches und kulturelles Kapital, also Macht, durch einen Netzwerkeffekt (re-)produziert. Andererseits ist die „Drehtür" ein effektiver Mechanismus, um privatwirtschaftliche Interessen institutionell zu verankern und wird so im Bereich der Stadtentwicklung auch strategisch eingesetzt, etwa von den strukturellen Spekulanten, ökonomischen Gruppen und transnationalen Infrastrukturentwickler.

Am eindrucksvollsten in Bezug auf die verschwimmende Grenze zwischen öffentlichem und privatem Sektor im Allgemeinen und die Megaprojekte im Besonderen ist die Karriere von Luis Eduardo Bresciani.[47] Sohn eines berühmten chilenischen Architekten, schloss er sein Architekturstudium an der PUC mit einer Arbeit über die Möglichkeit der Ansiedlung von New Towns in Colina ab. Danach arbeitete er als Projektleiter bei URBE und war dort unter anderem in die Planung des Praderas-Projektes und die öffentlich-private Kooperation im Rahmen der Comisión Mixta in Pudahuel involviert (URBE seinerseits ist ein Planungsbüro, welches aus dem Curauma-Projekt hervorgegangen ist). Von 1996 bis 1998 absolvierte Bresciani einen postgradualen Studiengang (Master in Urban Design) an der Harvard University und arbeitete in dieser Zeit auch als Senior Urban Designer für das Planungsbüro Wallace Roberts & Todd, einem der nordamerikanischen Marktführer im Bereich von New Urbanism und Smart Growth. Nach seiner Rückkehr nach Chile kehrte Bresciani als Projektleiter zur Grupo CB von Manuel Cruzat zurück. Im Jahr 2000, mit der Amtsübernahme von Ricardo Lagos als Präsident und Claudio Orrego als MINVU-Minister begann dann Brescianis Laufbahn im öffentlichen Sektor. Zunächst war er als Sekretär der zu entwickelnden neuen Nationalen Stadtentwicklungspolitik tätig, danach einige Monate als Regionalsekretär des MINVU. Nach der Verabschiedung des PRMS von 2003, für die er als Regionalsekretär verantwortlich zeichnete, war er bis zum Regierungswechsel 2010 Direktor der División de Desarrollo Urbano des MINVU, d. h. oberster Stadtplaner des Landes. In Bezug auf den PRMS 2003 ist anzumerken, dass es sich um eben jene Modifikation handelte, die auf die Pudahuel-Projekte zugeschnitten war, welche Bresciani in seiner Beschäftigung im Privatsektor – für URBE und die Gruppe CB – selber vertreten und mitentwickelt hatte.

Von verschiedenen Interviewpartnern wurde Bresciani die entscheidende Rolle bei Design und Implementierung der Konditionierten Planung und auch die größte Kompetenz in Hinsicht auf zukünftige Herausforderungen im Bereich der Planung zugeschrieben. Die Chefplanerin in Pudahuel etwa sagt im Interview, dass es Bresciani selber gewesen sei, der bei seiner Rückkehr aus Harvard, noch als Vertreter des Privatsektors, das Konzept der Konditionierten Planung, welches stark den nordamerikanischen *development agreements* und *impact fees* ähnelt, im Gepäck gehabt habe (Interview IN23). Ebenso sieht es ihr Vorgänger, und in Colina wurde Bresciani als der Einzige angesehen, der die Probleme der Konditionierten Planung „lösen könne“ (Interview IN18). Auch interviewte Vertreter der progressiven Zivilgesellschaft weisen Bresciani eine Schlüsselrolle zu, die allerdings stark negativ besetzt ist: „Es ist unglaublich, wie es die Drehtür zwischen öffentlichem und privatem Sektor erlaubt, aus der Wirtschaft ins Ministerium zu wechseln, um genau das Projekt zu genehmigen, welches vorher von den Behörden abgelehnt worden war“ (Interview IN13).[48]

---

47 Die Informationen basieren im Wesentlichen auf Brescianis Lebenslauf am IEUT der PUC (unter http://www.estudiosurbanos.uc.cl/wpcontent/uploads/2011/01/CV2010LeBresciani.pdf, zuletzt aufgerufen am 10.2.2013).

48 „Es increíble porque el travestismo político entre el sector privado y el sector público, hace que cuando tú estás en el privado y el sector público te rechaza un proyecto, te vas al sector público y tú mismo apruebas el proyecto que tú mismo hiciste“ (Interview IN13).

Nach seinem Ausscheiden aus dem öffentlichen Dienst stieg Bresciani dann in ein Planungsbüro eines anderen Planers ein, der ebenfalls zu den Harvard Boys gezählt werden kann. Aufschlussreich ist, wie in dem nun gemeinsam betriebenen Planungsbüro verschiedene Arbeitslinien so kombiniert werden, dass die Erfahrung beider Partner maximal kapitalisiert wird. Es wird damit geworben, dass man über ein an der PUC entwickeltes ökonometrisches Modell zur Identifizierung von Stadtentwicklungstendenzen verfüge, mit dem Marktpotenziale analysiert werden können. Auf dieser Basis ließen sich Masterpläne für Megaprojekte entwickeln, die von den – darin sehr erfahrenen Planern – gegenüber dem öffentlichen Sektor vertreten würden.[49] Es wird hier einerseits also Information und Expertise angeboten, andererseits aber ebenso politisches Lobbying betrieben. Interessant ist auch, dass von einem Tochterunternehmen (URBANA VALOR[50]) aus einer der ersten Investmentfonds gemanagt wird, der sich explizit der Bodenspekulation verschrieben hat (Banchile Plusvalía Eficiente[51]). Der Fonds „wird seine Investitionen in einem diversifizierten Portfolio von ländlichen, peripheren und industriellen Flächen im subzentralen Raum Santiagos bündeln, welche ein hohes Potenzial der Umwidmung haben und bei denen Strategien Anwendung finden werden, die den Bodenpreis anheben, indem das immobilienwirtschaftliche Potenzial erhöht wird" (Memoria Banchile Plusvalía Eficiente 2011, S. 9).[52]

Mit Blick auf die Rolle der *puerta giratoria* ist auch festzuhalten, dass der Fonds von einer Ratingagentur eben deswegen positiv bewertet wird, weil das beschriebene Planungsbüro strategischer Partner ist. Als Alleinstellungsmerkmal wird hier explizit das an der PUC entwickelte ökonometrische Modell genannt, implizit schwingen auch die Erfahrung, das Wissen und die politischen Kontakte der beteiligten Akteure mit. An dieser Stelle wird Expertenwissen über Stadtentwicklungsprozesse in ökonomisches Kapital umgewandelt, mit welchem dann wiederum auf dem Bodenmarkt spekuliert werden kann.

---

49 URBANA E&D hat für Curauma, Valle Grande, Santo Tomás, Laguna Carén, Izarra gearbeitet. Darüber hinaus eine Machtbarkeitsstudie für eine PDUC (Linderos) auf 380 Hektar in Buin für Socovesa und eine Studie für ein Logistikzentrum in Pudahuel, Pargua genannt. In beiden Fällen umfasst der Auftrag auch die Vertretung vor den Behörden und den Landnutzungswandel. Auch für Celfin Capital wurden ähnliche Machbarkeitsstudien durchgeführt. In einem Fall für ein 435 Hektar großes Gelände in Pudahuel und für 75 Hektar in San Bernardo. 2008 und 2009 wurde die Fundación Gabriel y Mary Mustakis bei der Anlage einer Banco de Suelo beraten „como forma de rentar sobre sus activos y así generar una ganancia de capital y flujo que permita financiar las actividades y proyectos que realiza hoy y que tiene planificados para el futuro" (alle Informationen sind der Homepage von Urbana E&D entnommen, letzter Zugriff am 13.12.2012).

50 Eigentümer und Direktor von Urbana Valor ist Orlando Mingo.

51 Der Fonds gehört zu 78% zur Unternehmensgruppe Banchile, welche wiederum zur Banco de Chile-Gruppe gehört, die von der Luksic-Gruppe kontrolliert wird. Die Luksic-Gruppe, einer der führenden Gruppen in Chile, scheint damit einen Einstieg in die strukturelle Spekulation zu suchen. 20% an Banchile Plusvalor werden von der Penta-Gruppe gehalten (Memoria Banchile Plusvalía Eficiente 2011).

52 „centrará sus inversiones en una cartera diversificada de suelos rurales, urbanos periféricos, y suelos en zonas industriales que posean un alto potencial de reconversión, en áreas subcentrales en Santiago, a los cuales se les implementarán gestiones activas que busquen generar plusvalía en el valor del suelo al aumentar su potencial de desarrollo inmobiliario" (Memoria Banchile Plusvalía Eficiente 2011, S. 9).

Tab.13: Planungsbüros zwischen öffentlichem und privatem Sektor

Consulting	Wissenschaft	Beratungstätigkeiten		
		Öffentlich	**Privat**	**Ausland**
Urbana E&D Urbana Valor	Lehrtätigkeiten der Eigentümer an der PUC	Bresciani war lange ranghöchster Planer im MINVU	Curauma, Valle Grande, Santo Tomás, Laguna Carén, Izarra, Banchile Plusvalía Eficiente, Celfin Capital, u. a.	n. a.
URBE	Lehrtätigkeiten der Eigentümer an der PUC	PRI Valparaíso, PRC Colina, PRC Peñalolen, u. v. a.	Curauma, Piedra Roja, El Algarrobal, Brisas de Chicureo, Las Pataguas de Chicureo, Santa Filomena, El Alfalfal, Pan de Azúcar, Praderas, Tapihue, Santa Elena, Valle Grande, u. a.	Pilar del Este, Buenos Aires
MECSA	Eigentümer ist emeritierter Architektur-Professor in Cambridge	Macro-Zona Central-Studie, MOP-Investitionsplan, PRC Pudahuel, PRC Lo Barnechea	BBVA Sacyr Ferrovial	Stadterneuerung in Bilbao; Infrastruktur in Spanien
ATISBA	Lehrtätigkeiten der Eigentümer an der PUC	PRMS 100, Verkehrsstudien (etwa im Rahmen des Plan Chacabuco), u. a.	Einer der Eigentümer war zeitweise Direktor von Valle Norte (Chicureo)	n. a.

Quelle: Eigene Zusammenstellung

In der ausführlichen Darstellung dieses Beispiels ging es nicht um die Personalisierung der Zusammenhänge in Santiago, sondern ganz im Gegenteil darum, einen sozialen Mechanismus zu illustrieren. Dieser besteht darin, dass einerseits die Grenzen zwischen öffentlichen und privaten Akteuren zunehmend verschwimmen und dass dabei auftretende Interessenkonflikte systematisch verschleiert werden. Daneben zeigt das Beispiel auch die Tendenz an, dass Planungsexperten zunehmend direkte Kontakte zum Finanzkapital haben. Wie schon die früh einsetzende aktive Wissensproduktion und Diskurspolitik der Cruzat-Gruppe angezeigt hat, wird dann, wenn Urbanisierungsprozesse ins Zentrum der kapitalistischen Modernisierung rücken, Wissen eben in Bezug auf Stadtentwicklungsprozesse zu einer strategischen Ressource und zu einem Machtfaktor.

Wie in Tabelle 13 ersichtlich, gibt es in Santiago eine Reihe weiterer privater Planungsbüros, die an der Schnittstelle von öffentlichem und privatem Sektor agieren. Die Existenz dieser Unternehmen selber kann als produktiver Machteffekt verstanden werden, denn die meisten dieser Büros konnten sich erst mit dem Boom der Megaprojekte etablieren und sind seitdem kontinuierlich gewachsen. Mit den Megaprojekten und der Konditionierten Planung ist in Chile ein neues Wissens- und Praxisfeld entstanden, welches von einigen wenigen Akteuren im Allgemeinen und den Harvard Boys im Besonderen dominiert wird.

Ähnliches gilt auch für das eng mit den Megaprojekten zusammenhängende Feld des Konzessionssystems. Hier ist es das Unternehmen von Marcial Echenique, MECSA (Marcial Echenique y Compañia SA), das über die letzten zwei Jahrzehnte wohl den größten Einfluss ausgeübt hat. Neben seinem technischen Know-how in Form des Modellierungstools Meplan, welches sich in Santiago als Standard zur Verkehrsmodellierung etabliert hat, basiert sein kulturelles Kapital auf seinem internationalen Renommee. So war Echenique Direktor des Architekturinstituts in Cambridge und hat die höchste britische Auszeichnung im Bereich der Stadtplanung erhalten. Seit Echenique Anfang der 1990er Jahre die Macro-Zona-Central-Studie durchgeführt und damit dem Konzessionsprogramm zu seinem Inhalt verholfen hat, gilt Echenique in Santiago als einer der führenden Experten in Bezug auf Fragen der stadtregionalen Entwicklung. In der chilenischen Planungsszene wie auch in den Medien ist Echenique kontinuierlich präsent, was ihm die Möglichkeit verleiht, seine ganz bestimmte Auffassung einer autobasierten Stadtentwicklung zu artikulieren und publizieren. Auch Echenique steht für ein Verschwimmen der Grenze zwischen öffentlichem und privatem Sektor einerseits und der Verschränkung von scheinbar wissenschaftlich-objektiver Wissensproduktion und handfesten ökonomischen Interessen andererseits. So war MECSA Anfang und Mitte der 1990er Jahre nicht nur für das MOP aktiv, woraus etwa die Costanera Norte hervorging, sondern auch für den 1.000 Hektar umfassenden Masterplan des Parque Tecnológico in Pudahuel, im Auftrag der Comisión Mixta für die Ausarbeitung des PRC in Pudahuel und darüber hinaus für einige der multinationalen Infrastrukturentwickler, die schließlich in das Konzessionssystem einstiegen. 1997 etwa wurde eine Beratung für Ferrovial durchgeführt, wobei das MEPLAN-Modell (dem wiederum das Macro-Zona-Central-Modell zugrunde liegt) eingesetzt wurde, um zu eruieren, wie sich die Nachfragesituation durch den Ausbau der Nord-Süd und West-Ost-Achsen ändern werde. 1998 gab das MOP bei MECSA eine Design-Studie für die Nord-Süd-Achse in Auftrag, wobei eine Verknüpfung mit den Megaprojekten angestrebt wurde. In den 1990er und 2000er Jahren übernahm Echenique/MECSA weitere Beratertätigkeiten für den privaten Infrastruktursektor, so etwa für Sacyr/Itinere, Rutas del Pacífico und Abertis. Seit 2011 ist Echenique als Berater des Verkehrsministeriums tätig.

Diese Art der „Ämterhäufung" in der chilenischen Planungsszene machen sich neben den strukturellen Spekulanten auch die transnationalen Bau- und Infrastrukturunternehmen zu eigen. Neben den direkten Beratungsverträgen war Echenique zwischen 1988 und 1994 Member of the Board bei der spanischen BBVA, und von 1995 bis 1999 hatte er selbige Funktion bei der spanischen Ferrovial-Agroman SA inne. Sacyr etwa setzte den ehemaligen Projektleiter der Konzessionsabteilung des MOP, Álvaro González Barra, in das Direktorium. Gemeinsam gründete man die Sociedad Consorcio de Transportes de Santiago, welche dem Konzessionssystem 2003 den Plan Sacyr als Alternative zu Transantiago präsentierte, was für erhebliche politische Konflikte sorgte (für eine ähnliche Strategie von Sacyr an anderer Stelle siehe FAZIO 2000, S. 31). Die Zeitschrift El Periodista beschreibt die Methode folgendermaßen: „Von einer öffentlichen Anstellung aus kreiere ich ein Geschäft, das ich mit einem Privatunternehmen verhandele, dann lasse ich die Türe offen und wechsle zum Privatsektor, um von dort mit dem Staat zu verhandeln."

Ein anderer Fall ist das Beratungsunternehmen Nueva Vía Consultores (NVC), das von einigen bekannten Köpfen der Planungsszene durch die Finanzierung von Abertis gegründet wurde, um die Autopista Santiago-Lampa zu entwickeln und im Konzessionssystem zu verankern. Verschiedene der Eigentümer waren gleichzeitig an herausgehobener Stelle im akademischen Betrieb tätig, was an sich kein Problem darstellt, würde dieses kulturelle Kapital, das auf der gesellschaftlichen Zuschreibung einer gewissen intellektuellen und finanziellen Unabhängigkeit basiert, nicht dafür genutzt, gezielte Wissensproduktion und Diskurspolitik für ganz bestimmte Interessen zu betreiben. Einer der Eigentümer von NVC etwa hatte im Namen seines Expertenstatus eine wöchentliche Kolumne in der Tageszeitung von La Tercera, in der er etwa die Verhandlungen der Verkehrskompensationen der PDUC kommentierte, ohne offenzulegen, dass er nicht als unabhängiger Experte, sondern eigentlich als beteiligte Partei sprach.

Wie bereits angesprochen, geht es in dem hier Dargestellten nicht um eine Personalisierung, sondern im Gegenteil um die Analyse eines sozialen Mechanismus, dessen Kern in der Kombination aus technokratischem Politikverständnis, dem damit zusammenhängendem Prinzip der puerta giratoria und der systematischen Verschleierung von Interessenkonflikten besteht. Und weil die Megaprojekte einerseits und die Instrumente der Konditionierten Planung andererseits immer komplexer werden, dreht sich die Drehtür tendenziell immer schneller, da der öffentliche Sektor alleine nicht mehr in der Lage ist, sich auf dem neuen Wissensfeld der chilenischen Variante des New Urbanism zurechtzufinden.

9 Grenzen der Privatisierung von Stadtentwicklung: die lokale Ebene

In diesem Kapitel stehen nun die Zusammenhänge und Akteure der lokalen Ebene im Mittelpunkt. Wie im Verlauf der Arbeit schon angedeutet, weisen die Prozesse und Dynamiken in Colina und Pudahuel sowohl einige Gemeinsamkeiten als auch gewichtige Unterschiede auf. Im Folgenden werden Gemeinsamkeiten und Unterschiede herausgearbeitet, um so zu einem Verständnis der Interessen, Strategien und Handlungsmöglichkeiten der lokalen Akteure in einem Kontext zu kommen, der durch Tendenzen der Glokalisierung, Privatisierung und Finanzialisierung von Stadtentwicklung geprägt ist.

9.1 Die Rolle der Lokalregierungen

9.1.1 Megaprojekte als lokale Strategien des property-led development

Die Abwesenheit einer Stadtregierung, die politische Schwäche der bestehenden Regionalregierung sowie die historischen Prozesse der großskaligen sozial-räumlichen Segregation haben zu einer Situation geführt, in der sich die Macht- und Gestaltungsspielräume der einzelnen Kommunen der RM stark unterscheiden (ORELLANA und FUENTES 2008). Während die lokalen Gebietskörperschaften des *barrio alto* – Providencia, Las Condes, Vitacura und Lo Barnechea – über erhebliche finanzielle Mittel und starken politischen Einfluss verfügen, ist die Situation im überwiegenden Teil der RM durch Ressourcenknappheit und relative politische Bedeutungslosigkeit geprägt. Bis in die 1990er Jahre konzentrierten sich sowohl öffentliche wie private immobilienwirtschaftliche Investitionen auf einige wenige Kommunen, in denen in der Folge auch die qualitativ hochwertigen städtischen Dienstleistungen zu finden waren, wie etwa private Schulen und Universitäten, Sportanlagen und weiträumige gepflegte Parks. Dort, im *barrio alto*, lebte und arbeitete über weite Teile des 20. Jahrhunderts auch die politische und die wirtschaftliche Elite des Landes. Über die restlichen Kommunen verteilten sich hingegen Projekte des sozialen Wohnungsbaus oder Immobilienprojekte für die unteren Mittelklassen, durch die weitgehende Abwesenheit von Infrastruktur geprägt. Es war die Landentwicklungsindustrie mit ihren Strategien der strukturellen Spekulation, die dieses Muster aufzubrechen begann (Kapitel 5.3), wodurch sich in einigen Fällen auch die finanzielle und politische Situation der Lokalregierungen verbesserte, wie in Peñalolen oder Huechuraba. Auch Colina konnte die kommunalen Einnahmen und Ausgaben durch den Zuzug neuer kaufkräftiger Bevölkerungsschichten stark steigern und damit die Abhängigkeit von Zuwendungen durch den kommunalen Finanzausgleich mindern. Im Jahr 2005 konnte Colina ca. 50 % des kommunalen Haushaltes durch eigene Mittel decken, bei einem nationalen Durchschnitt von 27,8 % (Municipalidad de Colina 2009, S. 50). Auch wurde im Jahr 2008 ein neuer hochmoderner Sitz der Gemeindeverwaltung fertiggestellt, der sich deutlich von anderen Gemeindesitzen im peri-urbanen Raum Santiagos unterscheidet.

Vor dem Hintergrund der Ressourcenknappheit und mangelnden politischen Handlungsfähigkeit lässt sich erklären, dass viele Kommunen in Santiago – und anderen Städten
Lateinamerikas (LIBERTUN DE DUREN 2006) – den privatwirtschaftlichen Groß- und Megaprojekten im Allgemeinen sehr aufgeschlossen gegenüberstehen. Im Sinne der unternehmerischen Stadtpolitik im Allgemeinen und der Strategie des *property-led development* im Besonderen wird versucht, durch die Immobilienentwicklung Geld in die
kommunalen Kassen zu spülen und die lokale Wirtschaftsentwicklung anzustoßen (LO-
GAN und MOLOTCH 1987, HARVEY 1989, HEEG 2008). Sowohl in Colina als auch in Pudahuel wurden die Megaprojekte in diesem Sinne an sich begrüßt, in der konkreten Praxis
ging es dann aber darum, bestimmte lokale Interessen in deren Planung zu berücksichtigen. An diesem Punkt unterscheiden sich die Strategien und erzielten Erfolge in Colina
und Pudahuel erheblich.

9.1.2 Strategien und Steuerungsversuche der Lokalregierungen

Im Folgenden wird gezeigt, inwiefern Colina Nutznießer einer übergeordneten politischen und wirtschaftlichen Konjunktur war, die den Bau der Megaprojekte begünstigte,
während Pudahuel eine sehr aktive Form unternehmerischer Stadtpolitik betrieb, allerdings mit bescheidenem Erfolg. Das zentrale Instrument, mit dem die Lokalregierungen
versuchen, ihre Interessen in die zwischen Landentwicklern und nationalen Ministerien
ausgehandelten Projekte und Maßnahmen einzuschreiben, sind die lokalen Flächennutzungspläne (PRC) und, in weit geringerem Ausmaß, die lokalen Entwicklungspläne
(PLADECO).

Colina

Wiewohl von Seiten der Lokalregierung in Colina die Megaprojekte von Beginn an gefördert wurden, gab es erhebliche Probleme, bei deren Planung und Entwicklung tatsächlich lokale und kommunale Interessen zu berücksichtigen. Eine Planerin in Colina beschreibt im Interview (IN18), dass ihnen der PRMS "aufgedrückt" worden sei: „Die
Wahrheit ist, dass die ZODUC eine Erfindung des Metropolitansystems sind, weit entfernt von der Lokalpolitik."[1] Zum einen bezieht sie sich damit darauf, dass die ange-
stammten Einwohner Colinas bis Anfang 2002, als mit dem Bau der Projekte begonnen
wurde, über die anstehenden Veränderungen keinerlei Informationen besaßen: „Die Leute hier hatten keine Ahnung von der Stadterweiterung" (Interview IN18).[2] Zum anderen
verweist sie – wie auch andere Interviewpartner – darauf, dass die Gemeinde selber keinerlei Einfluss auf die konkreten Planungen und Verhandlungen hatte, die zwischen den

---

1   „La verdad es que el tema de las ZODUC es un invento del sistema metropolitano, súper alejado de la política local"
    (Interview IN18).

2   „La verdad es que la gente de acá, hasta que no empezaron las primeras ZODUC, no tenía idea de esta expansión
    urbana. O sea, Colina pueblo histórico, un pueblo que era netamente agrícola y se ve de alguna manera invadido por la
    Región Metropolitana en cuanto a su demanda de vivienda, ¿te fijas? Obviamente el cambio fue brutal acá" (Interview
    IN18).

Landentwicklern, den Ministerien und einschlägigen Experten und Technokraten stattfanden. Die Gemeinde hingegen habe die negativen Auswirkungen zu tragen gehabt, die
durch den spezifischen Zuschnitt der Megaprojekte sowie durch die im *Acuerdo Macro*
vereinbarten Kompensationszahlungen entstanden waren. Vor allem in den ersten Jahren
seien die Megaprojekte eine erhebliche finanzielle Belastung für das Budget der Kommunen, etwa in Bezug auf die Kosten für Straßenbeleuchtung, die öffentlichen Verkehrswege, die Ausbesserung der Asphaltierung und die Grünflächen, die mit den neuen Projekten einhergehen, gewesen.[3] Vor allem die Anfangsphase der Projekte sei problematisch.
Es werde die Makroinfrastruktur mitsamt der Verkehrswege, Lagunen und Grünflächen
installiert, ohne dass die Megaprojekte aber Steuern zahlende Bewohner haben:

> "Wenn die ZODUC gerade anlaufen, sind sie für die Gemeinde nicht nachhal-
> tig. Im ersten Jahr sollte es eine Subvention von Seiten der Entwickler oder
> durch die Regierung geben" (Interview IN18).[4]

Auch von Seiten der Lokalregierung wird insbesondere das Thema der Verkehrsinfrastruktur als Problem in den Mittelpunkt gerückt. Wie in Kapitel 7.2.3 dargestellt, besteht
das Kerninteresse der Landentwickler darin, ihre Projekte verkehrsmäßig an das Stadtzentrum anzuschließen; nur so können sie einen vermarktbaren Ort schaffen. Was nicht
zum Kerninteresse der Landentwickler zählt, ist die verkehrsmäßige Verbindung zum
restlichen Teil der Kommune. Die Planerin aus Colina weist im Interview (IN18) darauf
hin, dass es sich bei den im Rahmen des acuerdo marco ausgehandelten Kompensationsmaßnahmen um „Mitigationen für den Großraum Santiago und nicht für die Kommune"
(„mitigaciones para el gran Santiago, no eran mitigaciones locales") gehandelt habe. Es
seien „große Ideen" für Santiago gewesen, die aber eben kaum Bezug zur lokalen Ebene
gehabt hätten.

Ein Fall, der in der Planungsabteilung der Gemeinde für Unbehagen sorgte, war die lokale Zugangsstraße Camino Chicureo, über die de facto der Zugang zu den Megaprojekten
stattfindet, in die aber keinerlei Kompensationszahlungen geflossen sind. Bis Ende 2012
war diese Straße nicht ausgebaut, und es gab weder Bürgersteige, Ampeln noch sonstige
Anpassungsmaßnahmen an das durch die Megaprojekte verursachte Verkehrsaufkommen.
Ein Zugangsweg, der den Camino Chicureo hätte entlasten können und welchen die

---

3 „Eso tiene un costo súper alto para el municipio, de mantención de áreas verdes, por ejemplo, decamino a Chicureo
  hacia arriba, todo ese bandejón nos demoramos mucho en el traspaso al municipio, porque nosotros dijimos: 'oye,
  tenemos Colina acá, que lo tenemos con estándar de áreas verde bajísimos, porque no hay como mantenerlo, ¿por qué
  les vamos a estar manteniendo este grado de urbanización a ustedes?'" (Interview IN18).
4 „Lo que pasa es cuando recién parten las ZODUC, para el municipio no es sustentable. Debiera haber un subsidio o de
  las inmobiliarias o del gobierno para el primer año, porque en general…a ver, el caso de Piedra Roja: es una megaex-
  tensión, 1.000 hectáreas y se hacen macro loteos y ahí se hace la vialidad, se hacen los parques, pero hay 5 casas, o sea,
  las contribuciones son de 5 y uno tiene que hacerse cargo del proyecto completo, ¿te fijas?, Las pocas contribuciones
  no dan para lo que tiene hacerse cargo la municipalidad o sea, no completo . Como en el año 5, en el año 10, recién se
  equilibra el presupuesto municipal entre contribuciones y mantención, y eso es lo que siempre nosotros les reclamamos
  a las inmobiliarias, negociamos" (Interview IN18).

Landentwickler zu finanzieren akzeptiert hatten, die Avenida del Valle, war bis Ende 2012 nicht in Betrieb. Die Priorität sowohl der Landentwickler wie der Ministerien lag eindeutig auf den Projekten der Radial Nororiente und des Camino Pie Andino, Anbindungen, die zwar den Landentwicklern und Immobilienunternehmen halfen, nicht aber den ursprünglichen Anwohnern in Chicureo. [5]

Ab dem Jahr 2001 wurde in Colina damit begonnen, einen PRC zu entwickeln, womit das Planungsbüro URBE beauftragt wurde. Das strategische Ziel des PRC bestand darin, der Kommunalregierung einen Zugriff auf die die Kommune betreffenden Planungs- und Entwicklungsprozesse zu sichern (Interview IN18). Inhaltlich war es dabei das Ziel, die sozial-räumlichen Ungleichgewichte zwischen dem Zentrum Colinas, welches weiterhin durch sozialen Wohnungsbau und prekäre Lebensbedingungen geprägt war und ist, und den ZODUC-Projekten in Chicureo auszugleichen oder zumindest abzuschwächen:

> „Wir wollten die Mittelschicht in Colina stärken, um so ein Gleichgewicht herzustellen. Um eine heterogenere Stadt zu haben und auch, um ausgeglichene Finanzen zu haben. Im Zentrum Colinas, das komplett aus sozialem Wohnungsbau besteht, zahlt heute niemand Abgaben. Auf der anderen Seite haben wir die Oberschicht in den ZODUCs. Klar, da gibt es einen erheblichen sozialen Konflikt" (Interview IN18).[6]

Die wichtigste Strategie der Kommune dabei, diesen sich aufbauenden Konflikt zu lösen, war es, neue Flächen für die Immobilienentwicklung auszuweisen, allerdings diesmal solche, die sich mehr an die Mittelklasse richten sollten. Weil sich dies auf Flächen im ländlichen Raum Colinas bezog, musste dazu zuerst der PRMS geändert werden. Als dies im Jahr 2006 tatsächlich geschah und 825 Hektar zusätzlichen Baulandes in Colina ausgewiesen wurden, führte dies erneut zu einer kontroversen öffentlichen Diskussion. Einerseits wurde von einigen Mitgliedern des CORE gegen die Änderung des PRMS gestimmt, weil die Ausweisung von weiteren Flächen zur Stadterweiterung das Leitbild des PRMS von 2003 unterliefe, wonach es keine Änderungen des *límite urbano* mehr geben werde, die nicht im Rahmen einer PDUC beantragt würden. Die Kritik lautete, dass für Colina offenbar gesonderte Standards angelegt würden (El Mercurio, 25.3.2007). Dies würde in Zusammenhang damit gebracht, dass es das Planungsunternehmen URBE war, welche den PRC für Colina erarbeitet hatte und auch das MINVU davon überzeugte, im Rahmen des PRMS erneut Flächen der Stadterweiterung in Colina auszuweisen. URBE

---

5 „Para reconocer que la Avenida del Valle era Mitigación vial, porque tampoco la Avenida del Valle era mitigación vial, sino que se pusieron todas las platas en la Radial Nororiente y Pie Andino. Pie Andino es un camino que no le sirve a muchos ¿te fijas?, más que al proyecto inmobiliario y unir con Lo Barnechea, tampoco es un centro, al final todos están saliendo por Chicureo igual" (Interview IN18)

6 „Nosotros queríamos potenciar Colina con el segmento medio, para poder lograr un equilibrio. Osea, primero poder tener una ciudad más heterogénea y poder tener un equilibrio presupuestario. Hoy día el casco de Colina nadie paga contribuciones es pura vivienda social, aquí Colina, Colina mismo, por otro lado teníamos ABC1 con las ZODUC. Entonces, ahí hay un conflicto social súper fuerte" (Interview IN18).

würde zu einer Gruppe von elitären Planungsbüros gehören, die über besonderen politischen Einfluss verfügten. Ein weiterer Kritikpunkt bestand darin, dass URBE gleichzeitig auch das hauptverantwortliche Planungsunternehmen hinter dem ZODUC-Megaprojekt Santa Elena Eco Urbe war. „Dasselbe Planungsunternehmen arbeitet morgens für die Gemeinde und am Nachmittag für den Privatsektor. Das ist zumindest verdächtig"[7], so ein Mitglied des CORE im Zeitungsinterview (El Mercurio, 25.3.2007).

Gleichzeitig wurde auch das MOP dafür kritisiert, in Colina weiterhin die Makroinfrastruktur wie die Radial Nororiente voranzutreiben, ohne die Landentwickler auf die Einhaltung der Verträge zur Umsetzung der Kompensationszahlungen zu drängen. Von Seiten der Kommune hingegen wurde vor allem die Schwerfälligkeit des bürokratischen Apparats im Allgemeinen kritisiert:

> „Es kann nicht sein, dass es sieben Jahre braucht, um einen PRC zu erarbeiten. Das macht keinen Sinn und ist nicht nachhaltig für die Kommune. Stell dir vor, was das für uns an Ausgaben bedeutet. Wir brauchen ein wesentlich agileres Instrument" (Interview IN18).[8]

Pudahuel

In Pudahuel war die Rolle der Lokalregierung eine völlig andere als in Colina, und zwar unter anderem deshalb, weil die Landentwickler hier von Beginn an eine andere Strategie eingeschlagen hatten. Während diese in Colina auf das Lobbying der regionalen und nationalen Ebene setzten, suchten sie in Pudahuel nach der Verabschiedung des PRMS 1994 den Schulterschluss mit der Lokalregierung im Rahmen der Comisión Mixta. Der langjährige Koordinator dieser öffentlich-privaten Partnerschaft zur Stadtentwicklung fasst die Position der Gemeinde folgendermaßen zusammen:

> „Man installierte uns [mit dem PRMS von 1994, M.L.] Gefängnisse, Müllkippen, Kläranlagen und es wurde uns untersagt, wenigstens den Rest der Gemeinde vernünftig und nachhaltig zu nutzen. Im Jahr 1994 wurden 88% der Gemeindefläche radikal auf Eis gelegt was für die Gemeinde bedeutete, auf ewig vom Finanzausgleich abzuhängen, keine eigene wirtschaftliche Basis zu haben und nicht die Standortvorteile der Gemeinde zu nutzen, angefangen mit dem Flughafen" (Interview IN17).[9]

---

7   „Tenemos la misma consultora trabajando en la mañana para el municipio y en la tarde para el privado. Eso es a lo menos sospechoso"(El Mercurio, 25.3.2007).

8   „No puede ser que te demores siete años en armar un Plan Regulador, o sea, no tiene ninguna lógica, eso sí es poco sustentable para la comuna. Imagínate lo que eso significa para nosotros en gastos. Necesitamos un instrumento mucho más ágil" (Interview IN18).

9   „Nos estaban instalando cárceles, nos estaban instalando rellenos sanitarios, plantas de trata miento de todo tipo y nos impedían hacer un uso responsable acotado y sustentable del resto del territorio. O sea en el 1994 se produjo un congelamiento radical del 88% del territorio de la comuna de Pudahuel, y con ello evidentemente la municipalidad, de que es su futuro, era depender eternamente de los recursos fiscales, de los recursos redistributivos que se generan a través

Pudahuel bliebe in diesem Rahmen für immer eine marginale, durch sozialen Wohnungsbau und prekäre Infrastruktur geprägte Kommune, ohne ihre „komparativen Standortvorteile" zu nutzen. Aus Sicht der Kommune war die Kooperation mit den Landentwicklern im Rahmen der Comisión Mixta eine ausgezeichnete Strategie, dieses Problem anzugehen:

> „Die Frage war, wie wir es schaffen würden, die Lokalentwicklung zu fördern. Weil wir verstanden hatten, dass wir alleine weder die Zuständigkeiten, die finanziellen Mittel, das Know-how noch die politische Kraft haben, haben wir die Comisión Mixta gegründet" (Interview IN35).[10]

Das Ziel der Comisión Mixta war es, durch finanzielle und personelle Unterstützung der Landentwickler gemeinsam mit diesen einen PRC zu entwickeln, der dann als Grundlage dienen könnte, beim MINVU einen Landnutzungswandel für Pudahuel Rural zu beantragen und die Megaprojekte auf den Weg zu bringen. Mit erheblichen finanziellen Mitteln der Landentwickler wurde zunächst das Unternehmen MECSA von Marcial Echenique beauftragt, einen ersten Entwurf eines neuen PRC vorzulegen. Aus Sicht der Gemeinde war die Verpflichtung des international renommierten Planers und Architekten Echenique ein erster großer Erfolg, der die bis dahin stigmatisierte Kommune auf eine neue Ebene der Sichtbarkeit heben würde. Ein damals beteiligter Planer beschreibt das im Interview folgendermaßen:

> "Marcial Echeñique hat uns einen Anstrich globalen Städtebaus gegeben, womit wir aus dieser Marginalität des barrio rauskamen" (Interview IN22).[11]

Was dazu auch in anderen Interviews deutlich wurde, ist, dass im Rahmen der Comisión Mixta zwei Kulturen aufeinandertrafen: Auf der einen Seite standen die Landentwickler und die von ihnen engagierten Experten, die zu einer transnational agierenden Städtebau- und Planungselite gezählt werden können, die in großen Projekten und auf metropolitaner Ebene denken. Auf der anderen Seite stand die lokale Kultur einer unterfinanzierten und prekär aufgestellten Gemeindeverwaltung, die Megaprojekte nicht als Selbstzweck ansah, sondern als Mittel zu einer integrierten Kommunalentwicklung. Bald schon stellte sich dann auch in der Praxis heraus, dass sehr unterschiedliche Visionen über das, was Pudahuel war, ist und sein könnte, vorlagen. Verschiedene Interviewpartner kritisierten Echenique in diesem Zusammenhang stark:

---

del Fondo Común Municipal y no tener una base económica, y no aprovechar las ventajas competitivas que tenía el territorio de la comuna de Pudahuel, partiendo por el aeropuerto" (Interview IN17).

10 „El dilema era qué hacíamos para promover un desarrollo comunal y es por eso que se forma esta comisión mixta porque entendíamos también que solos como municipios no teníamos ni las competencias legales, ni los recursos financieros, ni los técnicos para impulsar una propuesta, y tampoco teníamos la fuerza política por sí solos" (Interview IN35).

11 „Marcial Echeñique nos vino a dar acá un barniz de urbanismo global, con lo cual salimos de esta marginalidad de barrio" (Interview IN22).

„Was er vorschlug, war einfach eine Ausdehnung der Stadtgrenze und außerdem maßgeschneidert für die Entwickler, die zu der Zeit ein erworbenes Recht über einige Flächen hatten. Was er im Grunde wollte, war, das Projekt des Wissenschafts- und Technologieparks der Universidad de Chile an der Laguna Carén zu optimieren. Als man ihn mit dem Rest beauftragte, begann er damit, alle anderen Projekte als Stadterweiterungsgebiete in den Plan aufzunehmen, eine minimales Straßennetz zu entwerfen und viel Grün in den Vorschlag aufzunehmen, obwohl wir alle wissen, dass das in Chile kaum realisierbar ist" (Interview IN17).[12]

Das Hauptproblem bestand darin, dass Echenique „nicht im Stande oder nicht willens war" (Interview IN22), die Kommune in integraler Art und Weise zu planen, also auch den urbanisierten Kern, Pudahuel Urbano, zu berücksichtigen. Während die Kommune die Probleme der Kommune als Ganze in den Blick nahm, wurde Echenique eine sehr einseitige Vision der Kommune zu Lasten gelegt – eine, die lediglich auf Makroinfrastruktur und Megaprojekte ausgelegt war:

„Wir von der Gemeinde haben Marcial Echenique gesagt, dass wir einen PRC für die ganze Kommune wollen. Marcial Echenique, Experte in der Thematik sagte uns: ‚Schaut mal, ich empfehle Folgendes: legen wir hier einen ersten Grundstein, mit einem Flächennutzungsplan für diese Zone, denn hier sind die Privaten die genau das wollen und Baurechte haben.' Wir haben entgegnet: ‚Nein, auch du als international anerkannter Architekt, sage uns etwas über die [alte] Stadt.' Entweder konnte er dazu nichts sagen oder er wollte es nicht, seine Arbeit erfordert monströse Bauten" (Interview IN22).[13]

Auch die Tatsache, dass ein Interviewpartner Echenique als einen „chirurgischen Architekten" (arquitecto de quirófano) bezeichnet, der mit dem Hubschrauber einfliegen und dann weiße Handschuhe erbeten würde, ist mehr als anekdotisch, weist es doch auf die fundamentalen kulturellen Unterschiede zwischen den zwei Welten hin, die in dieser Phase der Comisión Mixta aufeinandertrafen.

---

12 „Lo que planteaba era básicamente una ampliación del límite urbano que favorecía además en un traje a la medida los inmobiliarios que en ese minuto tenían algún tipo de derecho adquiridos sobre el territorio de Pudahuel. Lo que quería era en el fondo, optimizar el mismo proyecto que él estaba en ese minuto haciendo a la Universidad de Chile para la creación del Parque Científico y Tecnológico en la Laguna Carén. Desde allí, cuando le pidieron que hiciera el resto, fue sumar a todo los otros que tenían permisos, pintarlos de color urbano, generar una malla vial que es bastante mínima, y con eso poner digamos harto color verde en la propuesta que todos sabemos en Chile que eso es bastante inviable"(Interview IN17).

13 „Lo que pasa es que nosotros como municipalidad le dijimos a Marcial Echeñique que quería-mos un plan regulador de toda la comuna. Marcial Echeñique conocedor del tema, nos dijo: ‚mira, yo les sugiero lo siguiente; hagamos allá una primera piedra fundacional, con un plan regulador allá, porque están los privados que lo quieren hacer, hay derechos adquiridos y partamos de allá haciendo ésta'. Entonces nosotros dijimos: ‚No, también tú como arquitecto internacional de renombre diga algo de la zona urbana'. O no fue capaz de decirlo o no quiso decirlo, porque a todo esto el trabajo de él supone una obra monstruosa" (Interview IN22).

Nachdem man die Zusammenarbeit mit Echenique 1997 beendet hatte, wurde von Seiten der Lokalregierung umgesteuert und nun die zivilgesellschaftliche Beteiligung in den Mittelpunkt gestellt. Dazu wurden Mitte 1997 wurden zwei junge Städtebauexperten als „Anwaltsplaner" engagiert. Während ein ausgewiesener Linker von nun an in der Comisión Mixta die Interessen der Gemeinde vertrat, stand auf der anderen Seite ein eher dem konservativen Lager und den Harvard Boys zuzurechnender Planer, der die Interessen der Landentwickler und ökonomischen Gruppen vertrat.

Zunächst wurde 1998 in Pudahuel ein Prozess der „zivilgesellschaftlichen Weiterbildung" in Sachen Stadtentwicklung eingeleitet – das, was ein lokaler Planer im Interview als „urbanistische Alphabetisierung" („alfabetización urbanística") bezeichnete (Interview IN22). Von verschiedenen Interviewpartnern wurde diese Zeit zwischen 1998 und 2000, in der ca. 300 Aktivisten in Fragen der Stadtentwicklung geschult wurden, als die konstruktivste Zeit der Comisión Mixta dargestellt. Obwohl die Intensität später erneut abnahm, wurde der PRC 2002 fertiggestellt, dann aber aus dem Genehmigungsverfahren des MINVU zurückgezogen, wofür in den Interviews sehr unterschiedliche und sich teilweise widersprechende Gründe genannt wurden. Der eigentliche Grund war wohl, dass das MINVU die Initiative nun an sich zog und im Jahr 2003 die PDUC-Regelung in Kraft trat. Das brachte die Gemeinde in eine neue und schwierige Situation. Einerseits waren nun die Megaprojekte auf den Weg gebracht, was die Ausschöpfung des standortmäßigen Potenzials der Kommune als Ganzer erlauben würde. Andererseits war der Lokalregierung nun die Initiative und direkte Einflussnahme auf den Planungsprozess entzogen worden. Immerhin aber sah die PDUC-Regelung eine deutlich stärkere Beteiligung der Kommunen als im Chacabuco-Prozess vor.

Wie in Kapitel 8.3.2 schon angesprochen, brauchen die als PDUC anvisierten Megaprojekte in der ersten Phase des Evaluations- und Genehmigungsprozesses unter anderem die Zustimmung der Gemeinde in Form eines vorläufigen Expertenberichts (Informe Favorable). Dabei hat die Gemeinde zu prüfen, in welchem Zusammenhang das jeweilige Megaprojekt mit drei Aspekten der kommunalen Entwicklung bzw. Planung steht: Erstens dürfen die PDUC den kommunalen Finanzhaushalt nicht negativ beeinflussen; zweitens müssen die an die PDUC angrenzenden Gebiete in der Planung berücksichtigt werden; und drittens müssen die PDUC mit denen im jeweiligen PLADECO identifizierten Leitlinien der kommunalen Entwicklung im Einklang stehen. Für Pudahuel war dies der Moment der Verhandlung von *Planning Gain* in dem Sinne, dass die Gemeinde hier nun die Landentwickler zu Zugeständnissen bewegen konnte, die nicht unmittelbar mit deren Rentabilitätskriterien zu tun hatten. Natürlicherweise zeigten sich dabei unterschiedliche Positionen zwischen der Gemeinde und den Landentwicklern, während sich das MINVU klar auf die Seite Letzterer schlug, direkt auf die Verhandlungen Einfluss nahm und die Gemeinde unter Druck setzte. Insgesamt war der Prozess langwierig und stellte die Gemeindeverwaltung vor große Herausforderungen, in technischer und politischer Hinsicht. Die verantwortliche Planerin beschreibt dies im Interview:

> „Wir hatten ein kleines Team, ohne Erfahrung in der Evaluation von Projekten, es gab kein Vorbild dafür, wie die Gemeinde ein PDUC zu evaluieren hat" (Interview IN23).[14]

Verschiedene Probleme wurden hier in den Interviews angesprochen, von der ressourcenmäßigen Unterausstattung der Gemeindeverwaltung, der mangelnden rechtlichen Verankerung der Konditionierten Planung und dem Problem der internen Koordination. Insgesamt gab es ein krasses Missverhältnis in Bezug auf die Kapazitäten, die den Landentwicklern zur Verfügung standen, und denen der Lokalregierung. So beschreibt die Planerin, wie man den Experten von URBE, die das Praderas-Projekt vertraten, relativ hilflos gegenübersaß:

> „URBE kam mit seinem ganzen Team, ihren Fallstudien und diesen ganzen Sachen, auf einer anderen Ebene; und als sie hier ihr Projekt präsentierten, kamen die Verkehrsexperten, die Umweltexperten und alle möglichen Experten. Und von unserer Seite waren es nur wir zwei. Sie sagten: ‚Ihr als Staat seid aber ganz schön prekär.'" (Interview IN23).[15]

Bis zu einem gewissen Punkt käme das den Landentwicklern und Planern entgegen, weil sie die Konditionen diktieren könnten, andererseits aber gäbe es kein Immobilienprojekt, welches diese lange Planungszeit durchstehen würde. Am Ende würde sich das Missverhältnis der Ressourcen negativ für alle auswirken. Die Wirtschaftskrise von 2008 und 2009, als die Megaprojekte ihre Teams extrem verkleinerten, wurde dann von Seiten der lokalen Ebene als große Erleichterung empfunden, weil der Druck rausgenommen wurde (Interview IN23).

---

14 „Mira, nosotros éramos un equipo técnico pequeño, sin experiencia en evaluación de proyectos, porque no había ningún precedente de cómo la municipalidad evalúa un proyecto de desarrollo condicionado... ¿qué es lo que significaba área contigua?, área contigua...ah chuta, área contigua es el predio del lado, entonces, hubo que interpretar cuál es la exigencia cuales la facultad municipal cuales eran los ámbitos en que nos podíamos desarrollar. Las áreas contiguas, lo del presupuesto municipal, que significa el equilibrio económico, si es lo mismo que el equilibrio financiero, hubo que involucrar a otras unidades del municipio, ¿te fijas?, entonces, olvídate de lo que fue, si nosotros nos demoramos como dos años casi en evaluar, teníamos 60 días, yo cada 60 días mandaba informes negativos, porque si no me podían decir que no estaba cumpliendo y estábamos haciendo reuniones con los privados, reuniones de análisis, o sea, congresos interiores para discutir entre todos de que se trataba esto o sea, es duplicar la comuna, es duplicar la población, es duplicar la superficie comunal, no es la decisión de un solo profesional, es una decisión conjunta entonces la lógica interna, hizo que nos demoramos muchísimo, pero muchísimo. Cada vez nos demoramos menos, el primer proyecto fue más demoroso, después nos fuimos demorando menos, ya tenemos más experiencia" (Interview IN23).

15 „Urbe venía con todo su equipo y con todas estas referencias de análisis de casos y todas esas cosas, a otras magnitudes y cuando presentaban un proyecto y cuando venían para acá, venían los de vialidad, venían los de medioambiente, venían los de cualquier...y nosotros éramos los 2 mismos. Y decían: ‚Oye, ustedes cómo estado son bien precarios'"Interview IN23).

In Bezug auf den eigentlichen Verhandlungsprozess im Kontext des *Informe Favorable* beschreibt die Planerin, dass es auch intern Komplikationen gegeben habe. Die Bewohner von Pudahuel, die einbezogen wurden, begannen die Verhandlungen als Gelegenheit zu sehen, von den Landentwicklern Kompensationen einzufordern, die in kaum einem Zusammenhang mit den Megaprojekten standen, wie etwa ein beheiztes Schwimmbad oder die Finanzierung eines Buches über die Geschichte Pudahuels:

> „Es gab abertausende Ideen, ab einem bestimmten Punkt habe ich gesagt: ‚nicht mehr, man kann nicht alles verlangen‘. Die ganze Sache musste auch rationalisiert werden, die Einfälle waren grenzenlos" (Interview IN23).[16]

Wiewohl Zugeständnisse an eher kulturelle Bedürfnisse der Bevölkerung gemacht wurden, standen für die Gemeindeverwaltung zwei Themen im Zentrum des Interesses: zum einen die Frage des Kommunalhaushaltes und zum anderen die Mitnahme der marginalisierten Bevölkerungsteile. In Bezug auf den Gemeindehaushalt waren wie in Colina die Kosten für den Unterhalt von Grünflächen, Straßenbeleuchtung und andere öffentliche Leistungen ein wichtiges Thema. Im Falle von Urbanya einigte man sich in diesem Zusammenhang darauf, dass die Landentwickler die Pflege der (öffentlichen) Grünflächen für die ersten zehn Jahre übernehmen würden. In Bezug auf den zweiten Punkt ging es vor allem um das Schicksal der Bewohner der an die Projekte angrenzenden *poblaciones*. Wiewohl die PDUC-Regelung die Zurverfügungstellung von sozialem Wohnen vorsieht, bezieht sich das nicht auf die niederste Klasse des sozialen Wohnungsbaus, welche von den Megaprojekten denn auch nicht vorgesehen war. Die Gemeinde knüpfte deshalb den *Informe Favorable* an die Bedingung, dass für dieses Bevölkerungssegment zusätzliche Projektflächen abgetreten würden, die die Gemeinde zudem selber verwalten könnte:

> „Unsere Bedingung war, dass sie uns Flächen abtreten, auf denen wir Projekte des sozialen Wohnungsbaus entwickeln können. Wir erbaten 1 % der Grundfläche von jedem Projekt. Vier Hektar von ENEA, sieben Hektar von Urbanya und 12 Hektar von Praderas für Projekte der niedrigsten Kategorie. Dabei dachten wir an die Menschen, die nicht mit an Bord waren" (Interview IN23).[17]

Sowohl die Landentwickler als auch das MINVU artikulierten, dass die Gemeinde insgesamt wesentlich mehr verlange, als ihr gemäß der Logik der PDUC-Regelung zustehe. Der Urbanya-Direktor beschreibt dies im Interview folgendermaßen:

---

16 „Había millones y millones y millones de ideas, entonces, yo en algún momento, ya empecé a cortar, dije, sabes que, ya no. Ya no puedes pedirle todo...Entonces, también había que racionalizar eso porque la lluvia de ideas fue enorme'"(Interview IN23).

17 „Entonces, las condiciones que establecimos ahí fue que debían cedernos a nosotros terrenos para nosotros gestionar proyectos de vivienda dinámica. Nosotros pedimos el 1 % de los terrenos de cada proyecto. 4 hectáreas en Enea, 7 a Urbanya y 12 a Praderas para proyectos de vivienda dinámica sin deudas. Y eso pensando en beneficiar a esta gente que no estaba" (Interview IN23).

> „Es war ein sehr langer und anstrengender Prozess, an dem nicht nur das Bürgermeisteramt beteiligt war, sondern auch der Gemeinderat, es wurde also gefordert, gefordert, gefordert. Wenn du sehen könntest, was alles auf die Liste kam, alles Mögliche, von wirklich wichtigen Dingen bis zu kleinen Details, die da nicht hin gehören: etwa, dass die Mehrheit der Beschäftigten aus Pudahuel kommt, was rechtlich keinen Sinn macht. Stipendien, weil einem Ratsmitglied einfiel, dass es gut wäre, wenn diese Projekte Schüler aus der Gegend fördern würde. Die Gemeinde hat sich verrannt bei dem, was von uns gefordert wurde" (Interview IN34).[18]

Auch das MINVU hatte offenbar den Eindruck, dass die Gemeinde im Rahmen der Verhandlungen ihre Zuständigkeiten überziehe, und setzte sie unter erheblichen Druck. In verschiedenen internen Dokumenten und nach außen tat das MINVU seine Meinung kund, dass die Forderungen aus Pudahuel illegal wären (Interview IN23). Auch kam die Regionalsekretärin des MINVU in eine Versammlung des Gemeinderates. Die Planerin aus Pudahuel empfand dies als direkte Bedrohung und klare Kompetenzüberschreitung seitens des MINVU. Tatsächlich ging die Frage, ob die Gemeinde ihre Zuständigkeiten überschritten habe, vor die Contraloría, wo die Gemeinde dann am Ende Recht bekam:

> „Das war fabelhaft für uns, wir haben es allen gezeigt, die gesagt haben, das wäre mehr oder weniger illegal" (Interview IN23).[19]

Tabelle 14 zeigt das Ergebnis der Verhandlungen im Rahmen des Urbanya-Projektes, auf deren Basis der *Informe Favorable* schließlich emittiert wurde.

Die Erfahrungen von Pudahuel mit dem Mechanismus der Konditionierten Planung resümierend, konstatierte der Bürgermeister Johnny Carrasco im Interview: „Auch wenn sie nicht der Königsweg ist, ist sie doch ein guter Ansatz" („no siendo la panacea, es una buena apuesta"). An anderer Stelle sagt Carrasco: „Ich verteidige die Projekte, weil sie erlauben, dass öffentlicher und privater Sektor dafür Verantwortung übernehmen, dass sich die Stadt harmonisch und konditioniert entwickelt, was heute sehr notwendig ist" (Qué Pasa, 9.2.2012).[20]

---

18 „Ha sido un proceso muy largo y muy dolorosa en donde participaba no solo la alcaldía sino que el concejo municipal, entonces pedían, pedían y pedían. Si tu vieras la cantidad de cosas que pusieron ahí, son de toda índole desde cosas muy importantes hasta cosas que son detalles que no tienen que estar en un acuerdo de este tipo: como que la mayoría de los empleados sean de la zona de Pudahuel, eso no tiene ningún sentido en la norma de legislación, no sé becas, y eso era porque a un concejal se le ocurría ʻsería bueno en este proyectos becar a los estudiantes de la zonaʼ. Entonces la municipalidad se perdió mucho en lo que tenía que pedirnos a nosotros" (Interview IN34).

19 „Para nosotros fue fabuloso, o seas, le tapamos la boca a todos los que decían que era poco más que ilegal" (Interview IN23).

20 „Soy defensor de los proyectos, porque permiten que los sectores público y privado se hagan responsables de que la ciudad se desarrolle en términos armónicos y compensados, lo que hoy es altamente necesario" (Qué Pasa, 9.2.2012).

Tab.14: Planning Gain im Rahmen des Informe Favorable für das Urbanya-Projekt

Bereiche	Positionen
Angrenzende Gebiete	Eine Studie der sozio-ökonomischen Situation von 400 Familien in an das Projekt angrenzende Gebiete (Peralito, Soberanía Urbana, Campo Alegre)
	Die Ausweitung der infrastrukturellen Versorgungsnetzwerke (Trinkwasser, Abwasser) auf angrenzende Gebiete
Finanzhaushalt	Das Einrichten einer Folgekommission, die über den Entwicklungszeitraum des Projektes dessen Einfluss auf den Gemeindehaushalt überwacht
	Managementmaßnahmen, die die Minimierung der kommunalen Ausgaben für Straßenbeleuchtung, Abfallentsorgung und die Bewässerung von Grünflächen sicherstellt
	Die Übernahme der Pflege der Grünflächen von 5 zusätzlichen Jahren (insgesamt 10)
PLADECO	Abtritt von 7 Hektar Projektfläche für sozialen Wohnungsbau (jenseits dessen was als PDUC anfällt)
	Die Sozialwohnungen müssen so in den Masterplan integriert werden, dass Segregation vermieden wird
	Die Integration von Fahrradwegen ab der ersten Projektstufe
	Die Abstimmung der Besetzung der vom Projekt geschaffenen Arbeitsplätze mit der Arbeitsvermittlungsstelle der Gemeindeverwaltung
	Das Vorziehen des Baus der medizinischen Versorgungsinfrastruktur, in Abstimmung mit der Gemeindeverwaltung
	Zusätzliche Zurverfügungstellung von Flächen für Polizeistationen, so dass ein Einsatzwagen pro 1000 Bewohner zur Verfügung steht
	Die Berücksichtigung lokaler Flora im Rahmen der Landschaftsplanung
	Die Bereitstellung von Ausstattung rund um die Lagune, die den Kulturtourismus fördert
	Verträge mit der Gemeinde in Bezug auf die Nutzung der privaten Grünflächen
	Vorschläge, wie im Rahmen des Projektes lokale Traditionen gepflegt werden können

*Quelle: Zusammenstellung auf Basis einer von Pablo Contrucci im Jahr 2008 am IEUT
gehaltenen Präsentation*

Gerade weil die Megaprojekte als Fortschritt empfunden wurden, gab es von Seiten der Gemeinde starke Kritik an den Modalitäten, die im Rahmen des PRMS 100 vorgesehen sind. Auch für Pudahuel waren zunächst weitere gut 700 Hektar Bauland ausgewiesen, in erster Linie für sozialen Wohnungsbau. Begründet wurde dies damit, dass es in Pudahuel

Norte weiterhin einen eklatanten Mangel an Wohnraum gebe. Die Planerin kritisiert die Argumentation des MINVU, denn bei der Kalkulation von verfügbarem Bauland vis-a-vis dem Bedarf an Wohnraum in Pudahuel wurden die PDUC in keiner Weise berücksichtigt, weil sie noch nicht endgültig genehmigt sind. Des Weiteren kritisiert sie, dass es keinerlei Beteiligung der Gemeinden mehr geben würde. Ebenso wie der Urbanya-Manager sieht sie den PRMS100 als Schritt zurück:

> „Es wurde ein Schritt zurück gemacht bei der Konditionierten Planung. Wir sind beinahe auf dem Stand von Colina, es gibt keine Gutachten mehr des kommunalen Planungsbeauftragten, keine Stellungnahmen des Gemeinderates, nichts, nichts." (Interview IN23).[21]

9.2   Situation und Rolle der lokalen Zivilgesellschaft

Im Kontext der Systemtransformation wurden in Chile neue Elemente der Partizipation eingeführt, und insbesondere auf der lokalen Ebene gibt es heute eine Reihe von Programmen zur Bürgerbeteiligung, es gibt Runde Tische zu Fragen der Stadtentwicklung, aber

„there is an increasing rationalization of citizenship in which bureaucracies emphasize means, such as numbers participating in courses or attending meetings, rather than the ends of increasing effective citizen demand-making" (ROBERTS 2005, S. 120).

Partizipation, hier verstanden als Bürgerbeteiligung an Entscheidungsprozessen, hat institutionell weiterhin einen geringen Stellenwert im politischen System Chiles und in aller Regel rein informativen oder konsultativen Charakter, ist also nicht verbindlich.[22] In Chile dominieren die indirekte Partizipation (durch den CORE) und die eingeladene Partizipation in Form von Runden Tischen, bei denen in erster Linie über bereits getroffene Entscheidungen informiert wird.

Mit Blick auf die Megaprojekte in Colina und Pudahuel konnte dieses allgemeine Bild weitgehend bestätigt werden. Im Rahmen der Konditionierten Planung sind keinerlei Mechanismen der formellen Bürgerbeteiligung vorgesehen, was von verschiedenen Interviewpartnern aus der Planungsszene als einer der zentralen Mängel angesprochen wurde. Nur die Genehmigungen durch den CORE (bei der DIA der PRMS-Modifikationen und

---

21 „Hay un paso atrás en el desarrollo condicionado, o sea, nunca más la municipalidad va a opinar respecto del desarrollo condicionado. O sea, respecto de…casi volvimos a ser Colina, no hay más informes del asesor urbanista, no hay más pronunciamiento del consejo municipal, nada, nada." (Interview IN23)

22 Im Wesentlichen sind es drei Gesetzestexte aus unterschiedlichen Bereichen, welche die Bürgerbeteiligung an Entscheidungsprozessen über Stadtentwicklung in Chile regeln: die Ley General de Urbanismo y Construcción, die Ley 19.330 sobre Bases Generales del Medio Ambiente und die Ley Orgánica Constitutional Municipal.

der Verabschiedung der PRMS-Modifikation) enthalten ein sehr indirektes Element der Partizipation, insofern, als die CORE-Mitglieder demokratisch legitimiert sind. Den von den Megaprojekten auf der lokalen Ebene betroffenen Bevölkerungsteilen bleiben also lediglich Strategien der politischen Mobilisierung, um ihren Interessen Gehör zu verschaffen. Bevor auf diese eingegangen wird, werden im folgenden Abschnitt zunächst die lokalen Problemlagen und Perzeptionen beschrieben, die mit den politischen und sozialräumlichen Dynamiken der Planung und Implementierung der Megaprojekte einhergehen.

9.2.1 Lokale Perzeptionen und Konflikte im Kontext der Megaprojekte

Auf lokaler Ebene in Colina und Pudahuel wurde vor allem mit Vertretern der Juntas de Vecinos gesprochen, die sich im direkten Einflussbereich der unterschiedlichen Megaprojekte befinden, wobei in der Analyse verschiedene Problemlagen identifiziert wurden. Bei allen Unterschieden der Planungs- und Implementierungsprozesse in Colina und Pudahuel konnten eine Reihe von Parallelen festgestellt werden. In erster Linie bezieht sich dies auf ein allgemeines Gefühl der Vernachlässigung lokaler Belange, der politischen Exklusion und einer sich daraus ergebenden Unsicherheit in Bezug auf zukünftig zu erwartende Entwicklungen. Eine Anwohnerin aus Chicureo beschreibt das folgendermaßen:

> „Es wurde mehr für die großen Unternehmen als für die Gemeinschaft gearbeitet, und wir sind sehr verärgert. Unser Leben hat sich radikal gewandelt, der Wandel für die Leute hier war extrem" (Interview IN29).[23]

Der Wandel, der in Colina stattgefunden hat, wird als extrem empfunden, insbesondere weil es keinerlei Form der Partizipation gegeben hat. Des Weiteren beschreibt die Interviewpartnerin ein Gefühl, das auch andere Interviewpartner in Chicureo teilten, nämlich dass sich ihr Zugriff auf ihr Umfeld, ihre direkte physisch-materielle Umgebung radikal geändert habe. In diesem wie in vergleichbaren anderen Fällen wird geschildert, wie für die angestammte Bevölkerung der an kulturelle Werte geknüpfte Nutzwert ihrer Umgebung stark eingeschränkt wurde. Während man sich früher im damals noch rein ländlich und landwirtschaftlich geprägten Raum „frei über die Felder bewegen" konnte, sei dies durch die neuen Verkehrswege, Autobahnen und eingehegten Immobilienprojekte nicht mehr möglich (Interview IN29). Dazu würden die Megaprojekte eine Riege weiterer Probleme bringen. Von verschiedenen Interviewpartnern auf der lokalen Ebene wurde in diesem Zusammenhang etwa die Verschmutzung des Grundwassers genannt, ein Problem, dem von Seiten des Staates keinerlei Beachtung geschenkt werde. Insgesamt sei die Lebensqualität durch die Megaprojekte stark negativ beeinflusst worden. Eine andere

---

23 „Se trabajó más entorno de las grandes empresas y no se trabajó en torno a la comunidad y nosotros estamos muy molestos. Nuestra vida cambió radicalmente, o sea, el cambio de vida que hemos tenido ha sido muy fuerte para la gente del sector…" (Interview IN29).

Interviewpartnerin, aus dem Sektor Las Canteras, beschreibt das ebenfalls mehrfach arti-kulierte Gefühl, eingesperrt bzw. von privaten Kondominien quasi eingehegt worden zu sein:

> „Dieses Dorf ist 120 Jahre alt, aber man hat uns eingeschlossen" (Interview IN40).[24]

Verschiedene der alteingesessenen Anwohner beschreiben ähnliche Situationen, die sie auch direkt mit den Strategien der glokalen strukturellen Spekulation in Verbindung set-zen:

> „Ich glaube die großen Baufirmen und Gruppen, die da drin stecken, auch aus dem Ausland, wussten schon, was hier passieren wird. Wir leben hier in un-serer Welt, auf dem Land. Zu jener Zeit lebten wir hier das Leben von Bauern und hatten nicht die Vision, die sie hatten. Wir wussten nicht, was kommen würde" (Interview IN29).[25]

Interessant ist in diesem Zusammenhang das, was von verschiedenen Interviewpartnern berichtet wurde, nämlich dass sowohl in Colina wie in Pudahuel Mitte der 1990er Jahre eine Epidemie der Cholera deklariert wurde, genau zu jener Zeit, als die Landentwickler die großen Flächen akquirierten:

> „Was die Leute heute sagen ist: ‚Wir wissen jetzt, warum unser Wasser ver-schmutzt war, warum unsere Böden knapp waren, warum keine Straßen ge-baut wurden.' Die Leute verstehen jetzt, warum alles, wofür diese Gegend stand, disqualifiziert werden musste, damit die großen Projekte wesentlich leichteres Spiel haben" (Interview IN28).[26]

Aus Sicht der Anwohner wurden die entsprechenden Gebiete in Colina und Pudahuel zuerst diskursiv – durch die Cholera-Epidemie – für nicht produktiv deklariert, um sie daran anschließend mit neuen Bedeutungen und Nutzungen belegen zu können. Am Bei-spiel Chicureo werden die Schnittstellen zwischen lokaler Identität und den mit der struk-turellen Spekulation eng verbundenen Strategien des *Place Making* und *Place Branding* besonders deutlich. Für die Landentwickler war es von Bedeutung, Chicureo als Ort zu etablieren, dieses Gebiet also mit einer spezifischen, positiven Bedeutung zu belegen. So gaben die Landentwickler ihren Kondominien Namen wie Chicureo 1 und 2, die nicht im Einklang mit den historischen Ortsbezeichnungen standen und stehen:

---

24 „Este pueblo tiene más de 120 año y habíamos quedado encerrados" (Interview IN40).

25 „Yo creo que las grandes empresas constructoras o los grandes consorcios que hay metidos en esta cuestión, porque aquí hay metida gente de otros países, yo creo que ya tenían la visión de lo que iba a pasar aquí. Lo que pasa es que nosotros vivimos en nuestro mundo aquí, un mundo rural. Vivíamos en ese tiempo un mundo de campesinos, no sabía-mos, no teníamos la visión que tienen ellos. Entonces nosotros no supimos lo que iba a pasar." (Interview IN29)

26 „Lo que dice la gente hoy día es: ‚hoy nos damos cuenta porque nuestras aguas fueron tan contaminadas, porque nuestro suelos fueron tan restringidos, porque no se construyeron caminos'. La gente entiende ahora por que había que descalificar todo lo que era este espacio para que lleguen los grandes proyectos y sean acogidos con mucha más facilidad" (Interview IN28).

„Felipe Camiroaga zum Beispiel sagt: ‚ich wohne in Chicureo.' Er wohnt aber nicht in Chicureo sondern in Santa Isabel. Das Grundstück hat immer Santa Isabel geheißen und wird es weiterhin tun, nicht Chicureo. Sie haben also sogar die Namen geändert, ohne uns zu fragen, sie haben uns nicht mal gefragt, ob wir damit einverstanden sind" (Interview IN29).[27]

Von den Anwohnern wird dies direkt mit dem sozioökonomischen Status der neuen Nachbarn und den daraus resultierenden Abgrenzungsbemühungen in Verbindung gebracht:

„Sie glauben, dass sie zu einer anderen Schicht gehören, deswegen gehen sie zur Nachbarschaftsvereinigung (Junta de Vecinos) in Chicureo" (Interview IN29).[28]

Auch in Los Ingleses, einer in Chicureo gelegenen Población im unmittelbaren Einzugsbereich von Piedra Roja, die auf eine (illegale) Landnahme zurückgeht, werden die sozioökonomischen Unterschiede und Wohnsituationen betont, die zwischen den alten und neuen Bewohnern bestünden:

„Die Grundstücke der Kondominien sind 5000 m² groß, für eine einzige Familie. Hier bei uns teilen sich 25 bis 30 Familien 5000 m². Zwischen ihnen und uns besteht ein großer Unterschied" (Interview IN31).[29]

In direkter Beziehung zur Konstruktion des Unterschiedes wir/sie wir andererseits eine soziale Ressource betont, die die Anwohner auf ihrer Seite hätten, nämlich ortsbezogene Netzwerke: „Unsere Stärke ist, dass wir zusammenhalten" (Interview IN29).[30] Diese Netzwerke basieren auf gewachsenen persönlichen Verbindungen, aber auch auf geteilten kulturellen Wertvorstellungen und die Beziehung zum Raum. Auch wenn Drogen Einzug gehalten hätten, im Allgemeinen sei es eine ruhige Gegend; und auch wenn die Stadt nahe sei, führe man ein Landleben (Interview IN40). Deutlich wird das Verwachsensein mit Raum und Kultur auch in Abgrenzungen, die nicht in Bezug auf die „neuen reichen Nachbarn" vorgenommen wird, sondern mit Blick auf den urbanisierten Kern von Colina.

---

27 „Por ejemplo el Felipe Camiroaga dice ‚yo vivo en Chicureo'. Y él no vive en Chicureo, él vive en Santa Isabel. Es un fundo que se llamaba Santa Isabel y que sigue llamándose Santa Isabel, no es Chicureo. Entonces nos han cambiado hasta el nombre y ni siquiera nos han preguntado, o sea, ni siquiera nos han dicho ustedes están de acuerdo que le pongamos de Chicureo?" (Interview IN29)

28 „Ellos se creen de otro estrato económico, entonces, por eso ellos se van a la junta de vecinos de Chicureo, cuando no corresponde que se haga eso" (Interview IN29).

29 „El sitio de los condominios son 5.000 metros cuadrados, para una pura familia. Y aquí en la población hay 5.000 metros para 25-30 familias. Entre ellos y nosotros hay una gran diferencia" (Interview IN31).

30 „Por ejemplo el Felipe Camiroaga dice ‚yo vivo en Chicureo'. Y él no vive en Chicureo, él vive en Santa Isabel. Es un fundo que se llamaba Santa Isabel y que sigue llamándose Santa Isabel, no es Chicureo. Entonces nos han cambiado hasta el nombre y ni siquiera nos han preguntado, o sea, ni siquiera nos han dicho ustedes están de acuerdo que le pongamos de Chicureo?" (Interview IN29)

> „In der Stadt Colina zu leben ist schrecklich, ich würde dort nicht hinziehen. In
> diesem Sinne haben wir Glück im Unglück, in die Kondominien sind nicht
> irgendwelche Leute gezogen. Das ist nämlich in Colina passiert, es begann zu
> wachsen und es kamen Leute von überall her. Aber gut, die Modernisierung
> macht all das notwendig" (Interview IN40).[31]

Dieses Zitat zeigt die Ambiguität der Wahrnehmung des Wandels. Wiewohl ein Gefühl
der Ablehnung und Bedrohung überwiegt, werden an den Transformationsprozessen
auch positive Aspekte hervorgehoben. Wie im obigen Zitat angemerkt, bezieht sich dies
einerseits darauf, dass nicht „irgendwelche Leute" nach Chicureo gezogen seien. Immerhin sind es solche, die einen gewissen Status aufweisen und die damit auch den Status
von Chicureo als solchem aufwerten. Andererseits wird es positiv bewertet, dass durch
die Megaprojekte nun Zugänge zu neuen Dienstleistungsangeboten bestünden, wie etwa
Supermärkten, Apotheken und Schulen. Des Weiteren wird angesprochen, dass sich die
Arbeitsmarktsituation der Anwohner verbessert habe. Während früher auf den Feldern in
der Landwirtschaft gearbeitet wurde, gebe es heute neue Verdienstmöglichkeiten, insbesondere als Gärtner für die Männer und als Haushaltshilfen (Nanas) für die Frauen. Sowohl in Colina als auch in Pudahuel wurden in diesem Kontext von den Gemeindeverwaltungen Weiterbildungsmaßnahmen durchgeführt. Aber auch in Bezug auf diesen
Punkt überwiegen die positiven Aspekte nicht die negativen Auswirkungen der Megaprojekte auf die Lebensqualität der ursprünglichen Bewohner der nun inwertgesetzten Gebiete:

> „Wenn wir die positiven Seiten betrachten, gibt es nun Arbeit für die Frauen,
> die in den neuen Häusern arbeiten. Vorher musste man nach Santiago fahren,
> nun können sie hier bleiben. Ich selber habe 20 Jahre in Santiago gearbeitet,
> ich weiß, was es bedeutet. Es ist anstrengend jeden Tag zu fahren, zumindest
> haben wir also das. Aber im Vergleich zum Schaden, den sie uns zufügen, ist
> das nicht vergleichbar" (Interview IN40).[32]

Ein weiteres Zitat macht die zwiespältige und differenzierte Position in Bezug auf die
Transformationsprozesse deutlich:

> „Der Wandel war heftig. Wir haben nichts davon gehabt, das Einzige sind viel-
> leicht die neuen Angebote, die gekommen sind, zum Beispiel Apotheken und

---

31 „El mismo pueblo de Colina es terrible para vivir ahí, yo no me iría para eso lados. Y por una parte está el consuelo del
   tonto como se dice, porque después de todo de los condominios que llegaron acá como que estamos un poco favoreci-
   dos también porque no llegó cualquier gente. Porque a Colina eso le pasó, Colina empezó a poblarse y llegó gente de
   cualquier lado. Pero bueno, la modernización requiere todas esas cosas" (Interview IN40).

32 „Si lo miramos por la parte buena ha habido trabajo para mujeres porque ha habido mujeres que van a trabajar a las
   casas. antes había que ir a Santiago, ahora se quedan acá. De hecho yo trabajé siempre en empresas, trabajé más de
   20 años en Santiago entonces yo sé lo que es trabajar allá. Es un sacrificio viajar todos los días, entonces por lo menos
   tenemos ese lado, en esa parte. Pero en comparación con el daño que nos están haciendo, no es comparable" (Interview
   IN40).

Supermärkte. Aber sonst, wir haben keine großen Vorteile. Es wurden hier große Bauten errichtet, große Strukturen, wir haben hier Autobahnen und da Autobahnen, dort die Avenida del Valle, aber wir, die Gemeinschaft. Null Beitrag zur Gemeinschaft" (Interview IN29).[33]

Von verschiedenen Interviewpartnern wurde in diesem Zusammenhang betont, dass man sich grundsätzlich der „Modernisierung" nicht in den Weg stellen wolle, weil diese ja notwendig und wünschenswert sei. Es wird aber kritisiert, dass dies auf Kosten „der Armen" gehe:

„Ich verstehe, dass die Modernisierung ... all das kam mit der Modernisierung, aber warum müssen immer wir bezahlen, die wir in der Minderheit und am ärmsten sind? Niemand ist gegen die Modernisierung, die kommen wird und kommen muss, aber warum berücksichtigt man nicht die Menschen, wenn ein Projekt gemacht wird? (Interview IN40).[34]

Eine andere Interviewpartnerin geht in diesem Zusammenhang auf die Kompensationszahlungen ein und sagt: „Mit den Mitigationsprojekten werden Sachen zu ihrem eigenen Vorteil gemacht, so ist es gelaufen" (Interview IN29).[35] Sie beschreibt dann den Fall des Acceso Nororiente, der „für die Leute aus Las Condes" gemacht wurde. Die Autobahn würde ausschließlich wohlhabenden neuen Nachbarn zugutekommen, während man selber erhebliche Einschränkungen hinnehmen müsse. Nicht nur geht es dabei um den Lärm und Staub beim Bau der Megaprojekte, sondern auch um die Langzeitfolgen, etwa durch die zunehmende Versiegelung, in der sie große Gefahren sieht.

Ein Interviewpartner aus Pudahuel bringt ein Konzept ein, dass aus vielen Interviews durchschien, nämlich das des mangelnden „Respekts":

„Aus Prinzip stellen wir uns gegen kein Projekt. Was wir aber fordern, ist, dass es richtig gemacht wird, mit Respekt für die Menschen, die dort leben, den Gemeinschaften, den Siedlungen, mit Respekt für Flora und Fauna und die

---

33 „Ha sido fuerte el cambio. O sea, nosotros no hemos tenido ningún beneficio, aparte de lo único beneficioso puede ser los servicios que han llegado. Por ejemplo, han llegado farmacias, supermercados. Esas cosas pueden ser lo beneficioso, pero lo demás, no hemos tenido grandes beneficios. O sea, nos han hecho tremendas obras, tremendas estructuras, tenemos carreteras, por acá carreteras por allá, una Avenida Del Valle por allá y nosotros, la comunidad...cero aporte a la comunidad" (Interview IN29).

34 „O sea yo entiendo que la modernización...vino todo esto con la modernización, pero por qué tenemos siempre que pagar los menos, lo que somos minoría o los que somos más pobres, ese es el tema. Nadie está en desacuerdo con la modernización que tiene que venir y tiene que hacerse, pero porque no toman en cuenta a la gente cuando tienen que hacer un proyecto" (Interview IN40).

35 „Con los proyectos de mitigación hacen cosas que van en beneficio de ellos mismos y así ha sido" (Interview IN29).

Umwelt. Das ist unser unumstößliches Prinzip und von dem werden wir nicht abrücken" (Interview IN39).[36]

In diesem Zusammenhang wurde auch von verschiedenen Interviewpartnern betont, wie wichtig es sei, überhaupt von jemanden in Bezug auf die stattfindenden Prozesse gehört zu werden, selbst wenn es nur ein ausländischer Forscher sei:

> "Ich weiß nicht, was du damit machen wirst, einen Vortrag … sie sollten uns wenigstens die Möglichkeit geben zu sagen, was wir empfinden. Wir können niemandem verbieten, hierher zu kommen, um hier zu leben, das können wir nicht und ist auch nicht Teil unserer Politik. Aber es kann auch nicht sein, dass die Leute herkommen und unsere Umgebung verschmutzen, unsere Lebensqualität vernichten. Es sollte ausgeglichen sein, es hat kein Gleichgewicht zwischen dem Früher und dem Heute gegeben. Das krasse Ungleichgewicht ist das, was uns ärgert, mehr noch, es tut weh" (Interview IN29).[37]

Zu dem angesprochenen "notorischen Ungleichgewicht" in den stattfindenden Transformationsprozessen, bei denen die ursprünglichen Bewohner nicht berücksichtigt und mitgenommen werden, kommt eine große Unsicherheit in Bezug auf die Zukunft. So wurde sowohl in Colina wie Pudahuel von Vertretern der lokalen Zivilgesellschaft die Befürchtung geäußert, dass sich die durch ZODUC und PDUC geprägten Gebiete auf kurz oder lang als eigene Kommunen abspalten würden:

> „Wir glauben, ja wir sind überzeugt davon, dass jenseits von Américo Vespucio eine neue Gemeinde entstehen wird, die Gemeinde „De lo Aguirre", ein neues Las Condes. Das wird Pudahuel sein, eine gespaltene Gemeinde, in der die ursprünglichen Einwohner, die wir die Gemeinde aufgebaut haben, unser Heim gebaut haben, Vaterland gebaut haben, wir werden hier keinen Platz mehr haben. In diesem System gibt es nur Verachtung für die, die am wenigsten haben" (Interview IN39).[38]

---

36 „Nosotros por principio no nos oponemos a ningún proyecto. Lo que exigimos es que se hagan bien, con respeto a los seres humanos que viven allí, a las comunidades, a los asentamientos humanos que hay allí y por respeto a la flora y la fauna y al medio ambiente. Ese es nuestro principio intransable, nosotros no transamos ni un ápice" (Interview IN39).

37 „No sé qué vas a hacer con esto, no sé, una presentación, algo..por lo menos que nos den la oportunidad de decir lo que sentimos. Nosotros no le podemos negar a una persona que se venga a vivir acá, nosotros no podemos impedir eso, porque tampoco está dentro de nuestra política. Pero si tampoco debería ser que las personas que vengan a vivir acá, vengan a ensuciarnos el entorno o vengan a matarnos la calidad de vida que teníamos nosotros, porque eso debería ser equilibrado y eso es lo que no ha habido un equilibrio, entre lo de antes y lo de ahora. Ha habido un desequilibrio demasiado notorio y eso es lo que a uno le molesta y más que eso, yo creo que a uno le duele" (Interview IN29).

38 „Nosotros creemos, estamos convencidos, que a partir de Américo Vespucio hacia el poniente hoy día se va a crear una nueva comuna, la comuna "De lo Aguirre" y allí va a ser una nueva Las Condes. Eso va a ser Pudahuel, una comuna segregada donde los habitantes actuales de Pudahuel, quienes construimos esa comuna, construimos hogar allí, construimos comuna, construimos patria, no vamos a tener ninguna cabida. Porque yo creo que con ese sistema solamente hay un profundo desprecio a los que menos tienen" (Interview IN39).

Für die empfundene Missachtung, den mangelnden Respekt sowie die völlig unklaren Zukunftsperspektiven werden sowohl die nationalen und lokalen Behörden als auch die Landentwickler verantwortlich gemacht. In Pudahuel etwa hat der umfassende Beteiligungsprozess im Rahmen der Comisión Mixta zunächst die Erwartungen derart erhöht, dass die Enttäuschung am Ende umso größer war. Die Verantwortung dafür geben einige Befragte dem Bürgermeister:

> „Im Allgemeinen haben wir hier mit geringen Kenntnissen, mit wenigen Mitteln gearbeitet und dabei einer Behörde gegenübergestanden, von der wir erwartet hatten, dass sie eine Vermittlerrolle einnehme, nicht mal auf unserer Seite, ein Vermittler. Aber die meiste Zeit wussten wir nicht, wer der Unternehmer ist und wer die Behörde. Wir wissen es nicht, und das geht immer auf Kosten unserer Lebensqualität" (Interview IN39).[39]

Die Machtasymmetrie, der sich die Gemeindeverwaltung selber ausgesetzt sieht, wird dabei allerdings kaum berücksichtigt. Ein weiterer Punkt, der in Colina angesprochen wurde, ist der, dass hier die Gemeinde weitgehend abwesend war und ist:

> „Die Behörden kennen viele Dinge nicht, weil sie nicht drin stecken. Sie haben keine Material oder organisieren sich nicht, um zu sehen, wie es in diesen Gebieten aussieht. Sie wissen zum Beispiel nicht, wie unser Wassernetz aussieht, die Gemeinde!" (Interview IN29).[40]

Der Konflikt zwischen La Reserva und Las Canteras in Colina

Neben den Konflikten mit den Lokalregierungen wurden von Seiten der lokalen Zivilgesellschaft auch schlechte Erfahrungen mit den Landentwicklern selber gemacht. In Colina ging es dabei um einen Konflikt zwischen dem Projekt La Reserva und einem direkt angrenzenden dörflichen Kern, Las Canteras. Der Hintergrund dabei war, dass ein Teil der – im PRMS als ZODUC ausgewiesenen – Projektfläche von La Reserva mit einem Gebiet zusammenfällt, auf dem die Bewohner von Las Canteras seit mehreren Jahrzehnten Steinbrüche betreiben, die ihre historische Arbeits- und Lebensgrundlage darstellen. Der ganz überwiegende Teil der männlichen Bewohner von Las Canteras arbeitet als Steinhauer; unter anderem wurden Teile des Regierungspalastes von jenen Steinmetzen gestaltet. Während die Bewohner von Las Canteras, die Los Canteros genannt werden,

---

39 „En general eso ha sido nuestro quehacer allí, muy limitado con muy pocos conocimientos, con pocas herramientas y enfrentando una autoridad que nosotros quisiéramos que fuera un árbitro, ni siquiera que estuviera a favor nuestro sino que sea un árbitro. Pero más de las veces no sabemos quién es el empresario y quien es la autoridad. No lo sabemos eso y siempre va en desmedro de nuestra calidad de vida" (Interview IN39).

40 „Las autoridades desconocen muchas cosas porque no se interiorizan, ellos no tienen material, o no se organizan, para ver cómo están los sectores. ¡Por ejemplo, ellos no tienen idea por donde está la red de agua de nosotros, no tienen idea, el municipio!" (Interview IN29).

das Recht auf den Zugang zu dem sich im Untergrund befindlichen Material hielten, wurde La Reserva, welches das Grundstück erworben hatte, mit dem PRMS das Recht auf die Urbanisierung der Oberfläche zugesprochen. Von Seiten der Landentwickler wurde in diesem Zusammenhang frühzeitig versucht, mit den Canteros zu einer Lösung zu kommen, wobei diesen für die Abtretung ihrer Rechte eine Reihe von Gegenleistungen angeboten wurde. Für die Canteros war aber klar, dass man in derartige Verhandlungen gar nicht eintreten könne, weil man dann die langfristige Lebensgrundlage verliere (Interview IN29).

In einem undurchsichtigen Verhandlungsprozess, der hinter dem Rücken der Mehrheit der Canteros mit La Reserva stattfand, wurde zwischen beiden Parteien im Jahr 2007 dennoch ein Vertrag abgeschlossen. In diesem wurde festgeschrieben, dass die Canteros noch weitere 12 Jahre ihre Rechte am Untergrund aufrechterhalten und sie dann an La Reserva abtreten würden. Es kam daraufhin zu starken Protesten, und der Vertrag wurde im Nachhinein für ungültig erklärt. Die Canteras suchten dann die Unterstützung von Defendamos el Barrio Yungay, einer Bewegung, die sich erfolgreich gegen Gentrifizierungsprozesse im historischen Barrio Yungay im Zentrum Santiagos zur Wehr gesetzt hatte. Auch in Las Canteros schlug man die Strategie ein, die in Yungay zum Erfolg geführt hatte, nämlich die jeweiligen Gebiete als zu schützende Kulturgüter zu deklarieren. Im Jahr 2011 erhielten sowohl das Dorf Las Canteras als auch deren Lebensgrundlage, die Steinmetzerei, diesen Status.

Von verschiedenen Interviewpartnern wurde im Zusammenhang mit dem Konflikt Las Canteras und La Reserva kritisiert, dass es keinerlei Unterstützung von Seiten der Lokalregierung gegeben habe. Bezeichnend für deren Positionierung ist auch, dass in demjenigen Abschnitt des 2010 verabschiedeten PRC von Colina, der sich auf in der Kommune bestehende Konflikte und Problem bezieht, der Konflikt Las Canteras/La Reserva keinerlei Erwähnung findet. Auch dass in der sozial-räumlichen Bestandsaufnahme, die dem PRC zugrunde liegt, das Alter des Dorfes von Las Canteras mit 12 anstatt ca. 100 Jahren angegeben wird, ist ein Zeichen für die komplette Nichtberücksichtigung lokaler Kultur im Kontext eines auf Megaprojekten basierenden Modernisierungsfiebers.

Der Konflikt zwischen Urbanya und den Pobladores in Pudahuel

Wie weiter oben beschrieben, war die Situation der lokalen Zivilgesellschaft in Pudahuel eine andere. Zum einen gab es im Rahmen der Comisión Mixta Ansätze, die Bevölkerung an der Planung der Megaprojekte zu beteiligen, auch wenn dies wie beschrieben im Sande verlief und zu einer gewissen Desillusionierung der Zivilgesellschaft gegenüber der Lokalregierung geführt hatte. Zum anderen aber hatte die Lokalregierung auch bei den Verhandlungen des Planning Gain im Rahmen des *Informe Favorable* versucht, Interessen und Bedürfnisse der ärmeren und von den Megaprojekten direkt betroffenen Bevölkerungsteile einzubringen. Möglich war dies deshalb, weil die PDUC-Regelung eben die Zustimmung und damit eine gewisse Beteiligung der Gemeinden vorsieht. In diesem Kontext wurde den Urbanya-Entwicklern als Bestandteil der im *Informe Favorable* enthaltenen Kompensationsleistungen aufgetragen, die direkt an das Projekt anschließenden Poblaciones in den Planungen zu berücksichtigen und ihnen Wohnraum zur Verfügung zu stellen. Zunächst wurde von Urbanya deswegen eine Sozialstudie durchgeführt, die das sozioökonomische Profil der Pobladores eruieren sollte. Dann wurden die Pobladores dazu eingeladen, sich am Design des geplanten Villorio Agrícola, in dem sie Häuser beziehen sollten, zu beteiligen. Vermittelt wurden diese Aktivitäten zwischen dem Landentwickler und den Anwohnern von der Lokalregierung, die den Prozess auch begleitete. Erneut zeigte sich dabei eine Dynamik, die zu großer Enttäuschung und Desillusionierung auf Seiten der lokalen Zivilgesellschaft führte, denn für die Pobladores war am Ende kein Platz im Villorio Agrícola. Ein Sozialarbeiter, der den Prozess stellvertretend für die Lokalregierung begleitete, schildert das im Interview folgendermaßen:

> „Wir haben festgestellt, dass der Entwickler all das nicht gemacht hat, um Probleme zu lösen, sondern damit das Projekt genehmigt wird" (Interview IN28).[41]

Der Sozialarbeiter bezieht sich dabei auf zwei Aspekte: Zum einen stellte sich bei der Sozialstudie – eigentlich wenig überraschend – heraus, dass niemand von den Pobladores kreditwürdig war, was dazu führte, dass sie keine staatlichen Zuschüsse zu jener Kategorie von Sozialwohnung beantragen konnten, die die Urbanya-Entwickler für das Villorio Agrícola vorgesehen hatten. Zum anderen wurde das Villorio Agrícola nicht als ländliche Siedlung angelegt, wie ursprünglich geplant, sondern als Immobilienprojekt mit urbanem Charakter:

> „Wir haben festgestellt, dass uns Urbanya eine große Lüge verkauft hat, ich kann es nicht anders ausdrücken" (Interview IN28).[42]

Beide Konflikte, der zwischen La Reserva und Las Canteras ebenso wie der zwischen Urbanya und den Pobladores, weisen auf einen Aspekt hin, der für die Planung der Stadtentwicklung in Santiago im Allgemeinen und die Megaprojekte im Besonderen charakteristisch ist: Sie findet ohne die lokale Bevölkerung statt. Das bezieht sich auf den tatsächlichen Planungsprozess, auf die Berücksichtigung der Interessen der lokalen Bevölkerung, die theoretisch auch ohne Partizipation existieren könnte, und auch auf die Zukunft der Bewohner der ländlichen Teile im Großraum von Santiago, in denen Megaprojekt geplant und/oder implementiert werden. Es ist der weiter oben schon angespro-

---

41 „Nos dimos cuenta que la inmobiliaria hacia todo eso no por un afán de solución, sino por lograr que el proyecto se aprobará" (Interview IN28).

42 „Nos dimos cuenta que Urbanya nos estaba vendiendo una gran mentira. En concreto, es eso, fue eso, yo no lo puedo decir de otra forma, es así" (Interview IN28)

chene kulturelle Graben zwischen einer transnational vernetzten Landentwicklungsindustrie auf der Suche nach Monopolrenten sowie den dies umsetzenden Planern auf der einen Seite und unterfinanzierten Lokalregierungen und uninformierten Anwohnern auf der
anderen Seite, der sich hier zeigt. In Pudahuel gab es verschiedene Episoden im Rahmen
der Comisión Mixta – beim Ausbau des Flughafens, bei einem Konflikt um die Kläranla-
ge La Farfana –, in der die lokalen Akteure sich einer Allianz aus Großkapital, nationalen
Ministerien und global agierenden Experten und Planern gegenübersahen. Immer ging es
dabei auch um die Frage des Maßstabs, auf welchem die Megaprojekte kontextualisiert
werden. So hat auch die an der Comisión Mixta beteiligte Zivilgesellschaft ihre Erfahrungen mit Marcial Echenique gemacht:

> „Wir haben festgestellt, wie er plant. Er schaut von oben, hier eine Autobahn,
> da eine Autobahn, hier eine Straße und da eine Straße, aber er sieht nicht, dass
> es dort Siedlungen gibt. Und wenn er sie sieht, dann schiebt er sie hier hin und
> dort hin; und wenn auch das nicht geht, dann lässt er sie unter den Tisch fallen"
> (Interview IN39).[43]

Echenique und andere Planer seines Kalibers haben die Stadtregion als Ganze im Blick,
nicht aber die Entwicklung einzelner Kommunen oder gar diejenigen Teilgebiete, in denen sich dispers verstreute und von Marginalität geprägte Mikrosiedlungen befinden.
Und wie oben dargestellt wurde, reagiert das MINVU weitestgehend auf Druck durch die
Landentwickler und ökonomischen Gruppen.

All dies zusammengenommen führt zu der angesprochenen Unsicherheit der Lebensper-
spektiven der von den Megaprojekten betroffenen Bevölkerungsteile. In vielen Interviews schien durch, dass man davon ausgehe, bald die Gegend verlassen zu müssen. Es
kursieren Gerüchte, dass hier eine neue Autobahn, dort eine Straße und zwischendrin ein
neues Megaprojekt entstehen werde. So werden auch Analogien zur Entwicklung von
Las Condes und Lo Barnechea gezogen, zunächst ländliche Gebiete, die ebenfalls von
den Mittel- und Oberschichten kolonisiert wurden:

> „Ich glaube, hier wird dasselbe passieren, vielleicht in 30 oder 40 Jahren, in
> jedem Fall müssen wir gehen. Es wird Druck geben, sie werden dich unter
> Druck setzen, dass wir verkaufen, und was sonst noch. Und wenn du unter
> Druck stehst, ist es besser, sich einen anderen Ort zu suchen, wir haben auch
> schon was, wo wir hingehen" (Interview IN29).[44]

---

43 „Nos damos cuenta como el planifica, ve de arriba, entonces dice por aquí va una carretera, por aquí va otra, por aquí
    va una calle, por aquí una avenida, pero no ve que haya asentamientos humanos ahí. Y cuando lo ve lo corre para acá y
    cuando ve que por ahí va una nueva carretera que él hace lo corre para acá, y cuando ve que no lo puede tener lo bota
    para debajo de la mesa" (Interview IN39).
44 „Yo veo que aquí lo mismo va a pasar, a lo mejor en unos 30 o 40 años más pero, la gente igual nos vamos a tener que
    salir directo de aquí. Si por que va a haber presión, claro, te van a presionar, que véndanos el terreno, que aquí que allá.

9.2.2 Nutzwertbasierte Mobilisierungen

LOGAN und MOLOTCH (1987) konzeptualisieren die grundlegenden Dynamiken der Stadtentwicklung und Stadtpolitik als durch Auseinandersetzungen zwischen Nutz- und Tauschwertinteressen geprägt. Stadtteile und Nachbarschaften seien konstant dem „drive for rents" ausgesetzt, „that makes instability a constant threat to the successful use of neighbourhood" (LOGAN und MOLOTCH 1987, S. 103). Dass dem an der Peripherie Santiagos so ist, wurde im vorhergehenden Teil an den Beispielen von Colina und Pudahuel gezeigt. Im internationalen Kontext gibt es gegen die privatwirtschaftlichen Strategien der Inwertsetzung oftmals Mobilisierung, allerdings vor allen Dingen im innerstädtischen Bereich. Auch in Santiago ist es seit den Protesten um die Costanera Norte zu einer Wiederbelebung städtischer Mobilisierungen gekommen, die sich oftmals gegen infrastrukturelle und immobilienwirtschaftliche (Groß-)Projekte wenden (DUCCI 2004, PODUJE 2008). In Bezug auf die Megaprojekte in Santiago ist dies allerdings nicht der Fall. Der einzige Fall einer nutzwertbasierten, also von lokal betroffenen Bevölkerungsteilen getragenen zivilgesellschaftlichen Mobilisierung im Kontext der Megaprojekte waren die Netzwerkstrategien der Canteros in Colina. In Pudahuel gab es in den späten 1990er Jahren eine sehr aktive lokale Zivilgesellschaft, viele von den führenden Köpfen dieser waren aus der aktiven Zeit der Comisión Mixta hervorgegangen. Verschiedene Interviewpartner haben beschrieben, dass es im Laufe der Jahre einen Wandel gegeben habe, dass die Energie verloren gegangen sei:

> „Ich glaube, in der Kommune ist das Soziale verloren gegangen, es ist nicht mehr wie noch vor ein paar Jahren. Die Menschen haben sich mehr engagiert, sie schätzten ihre Führer mehr. Ich glaube das ist das Problem, es gab keine Erneuerung der Führungsebene. Wir haben Anführer, die seit 20 Jahren auf ihren Posten sitzen, und das schürt Konflikte. Die Leute wollen neue Gesichter sehen, neue Ideen, mehr junge Leute, die sich engagieren" (Interview IN37).[45]

Während ein Erklärungsfaktor die große Desillusionierung sein könnte, die sowohl in Colina wie in Pudahuel beobachtet wurde, ist eine weitere Erklärung auch die Tatsache, dass es sich um große und sehr wenig dicht besiedelte Gebiete handelt, in denen die Megaprojekte im Allgemeinen implementiert werden. Es fehlt so schlicht an einer kritischen Masse. Auch wurde weiter oben dargestellt, inwiefern die Modernisierung an sich als unvermeidbar empfunden wird und die verantwortlichen Akteure hinter den Megaprojekten – die Landentwickler, die nationalen Ministerien, sogar die Lokalregierungen – als

---

Entonces, uno cuando tiene mucha presión es mejor buscar para otro lado, de hecho nosotros ya tenemos donde irnos" (Interview IN29).

45„Yo pienso en la comuna bajó mucho lo social, ya no es como hace un par de años atrás. La comuna estaba más involucrada, quería más a sus dirigentes y pienso que el problema es que los dirigentes no se renovaron. Tenemos dirigentes que llevan 20 años, gente que se quedó en sus puestos y eso causa conflicto porque tú quieres ver caras nuevas, ideas nuevas, ver más jóvenes participando en esto" (Interview IN37).

zu weit weg. Auch wurde angeführt, dass die Projekte zu groß und die Mechanismen der Konditionierten Planung zu komplex seien, als dass man sich sinnvoll in die Diskussion einbringen könnte. Nur im Fall der Canteros war der Problemdruck derart existenziell, dass man auf Mobilisierung setzte.

Die Seite, von der dennoch kontinuierlich an der Diskussion, Planung und Implementierung der Megaprojekte teilgenommen wird, sind auf regionaler und nationaler Ebene aktive Organisationen. Diese haben entweder einen Hintergrund in der Umweltbewegung, wie etwa Acción Ecológica, oder sind direkt in Bezug auf städtische Problemlagen entstanden, wie Defendamos la Ciudad, die beiden im Kontext der Megaprojekte aktivsten Organisationen. Während Acción Ecológica immer dann aktiv wird, wenn es um Prozesse und Pläne der Stadterweiterung geht, die fast immer Fragen nach der Sozial- und Umweltverträglichkeit aufwerfen, ist Defendamos la Ciudad so etwas wie ein *watchdog* staatlichen und privatwirtschaftlichen Handelns im gesamten Bereich der Stadtentwicklung (Interview IN15). Während Acción Ecológica auf direkte Aktionen setzt, arbeitet Defendamos la Ciudad eher mit der Feder, schreibt Leitartikel, Leserbriefe und Beschwerden an die Contraloría, wenn Unregelmäßigkeiten in Planungsprozessen auftreten. In Bezug auf die Konflikte in Colina und Pudahuel haben beide Organisationen die jeweiligen lokalen zivilgesellschaftlichen Gruppen unterstützt. In Pudahuel ging es für Acción Ecológica dabei in erster Linie darum, den Parque Laguna Carén zu verteidigen und den dort geplanten Parque Científico y Tecnológico zu verhindern (Interview IN38). Auch Defendamos la Ciudad hat sich bei diesem Thema immer wieder eingebracht, ebenso wie bei der genauen Überwachung der Einhaltung des PDUC-Prozedere. Tatsächlich gehen einige Verzögerungen bei der Genehmigung der Projekte durch die Einsprüche der Contraloría direkt auf Beschwerden von Defendamos la Ciudad zurück (Kapitel 8.3.3).

Die Planungsszene in Santiago, also der relativ kleine Kreis sehr einflussreicher Experten um die Harvard Boys, die zwischen öffentlichem und privatem Sektor pendeln, stehen diesen Organisationen sehr kritisch gegenüber. Defendamos la Ciudad etwa wird die Legitimität komplett abgesprochen, weil nicht klar sei, in wessen Auftrag die Organisation spreche (Interviews IN5, IN6, IN7). Positiver stehen die Technokraten solchen Organisationen wie Ciudad Viva gegenüber, weil diese konstruktiver seien. Allerdings konzentriert sich diese aus dem Konflikt um die Costanera Norte hervorgegangene NGO, die wohl die bekannteste in Santiago ist, eher auf „weiche Themen" wie etwa die Verbesserung des Netzes von Fahrradwegen. Während Acción Ecológica und Defendamos la Ciudad offensiv die Verflechtung von scheinbar neutralen Experten und Institutionen des Finanzkapitals oder direkt die Strategien der strukturellen Spekulation kritisieren, konzentriert sich Ciudad Viva tatsächlich darauf, Vorschläge zu erarbeiten und sich aktiv auch in Runde Tische in Ministerien einzubringen. Eine Direktorin von Ciudad Viva beschreibt die Beziehung zu den lokalen Organisationen im peri-urbanen Raum Santiagos:

„Als in aller Welt die Kooperativen, Arbeiterbewegungen, Gewerkschaften, Bewegungen der Linken und des Sozialismus gegründet wurden, war die revolutionäre Sprache der gemeinsame Nenner. Aber heute hilft diese Sprache nicht weiter, egal wie viel Zuneigung ich ihr gegenüber habe. Wir waren zum Beispiel bei einer Versammlung zur LGCU, und es gab eine Präsentation, bei der alle Immobilienfirmen Mafiosi waren, die im internationalen Drogenhandel steckten, mit kolumbianischen Partnern und vieles andere" (Interview IN14).[46]

So zeigen sich auch zwischen unterschiedlichen zivilgesellschaftlichen Organisationen kulturelle Unterschiede, die zu sehr unterschiedlichen Strategien führen. Während die einen vor allem Machtverhältnisse offenlegen wollen, versuchen andere durch subtilere Formen der Aktion und Artikulation den Diskurs zu öffnen und dadurch Machtverhältnisse zu verschieben. Sie begeben sich auf die Ebene der Experten und Technokraten und arbeiten an alternativer Wissensproduktion, versuchen also direkt an den „Baustellen der Rationalität" zu intervenieren:

„Es gab eine Zeit, in der hatten wir viel Kontakt mit einer Organisation aus Pudahuel wegen der Umweltproblematik. Diese Gruppen sind gut darin, sich zu organisieren, und kommen an einem bestimmten Punkt. Ihre Geschichte ist wunderbar, aber ihre Festplatte enthält keine städtischen Themen. So wie wir fangen sie bei null an, aber im Unterschied ... wir wussten, dass wir bei null anfangen, dass wir nichts hatten und nichts wussten, dass wir alles lernen mussten. Wir haben viele Fehler begangen, aber wenn uns ein Prinzip leitet, dann ist es, dass wir mehr lernen müssen von Leuten, die Bescheid wissen. Wir haben Leute darum gebeten, uns weiterzubilden, Verkehrsingenieure, Stadtplaner, Ökonomen, Geologen und so weiter. Die sozialen Bewegungen begegnen dem Städtischen nicht als solchem – und das ist nicht nur am Stadtrand so" (Interview IN14).[47]

---

46 „Cuando en todo el mundo se construían los movimientos de cooperativas, de sindicatos, de izquierda, de socialismo, todos esos procesos, ese lenguaje fue muy revolucionario, muy denominador. Pero ese lenguaje aplicado hoy en día, por más que yo le pueda tener cariño, es un lenguaje que muchas veces no ayuda. Por ejemplo, fuimos a una reunión por el tema de la ley general de urbanismo y hubo toda una presentación, donde todas las inmobiliarias eran mafiosos, metidos en el tráfico de drogas internacional, con intereses colombianos, con este y este otro" (Interview IN14).

47 "Mira, hubo un tiempo que tuvimos mucho contacto con una coordinadora de Pudahuel por el tema de la contaminación, el medio ambiente y todo eso. Estos sectores son buenos para organizarse y lleguen hasta cierto punto pero su historia de luchas, que es maravillosa, es tremenda, pero su disco duro no incluye los temas urbanos y eso es muy difícil, porque ellos están partiendo de cero al igual que nosotros, entonces, a diferencia...nosotros sabíamos que partíamos de 0, que no teníamos nada, que no sabíamos nada, que teníamos que aprender todo, entonces, cometimos muchos errores, pero si hay una cosa que nos guio y que nos guía es...tenemos que saber más, tenemos que aprender, tenemos que encontrar gente que sepa...y nos capacitó mucha gente, porque nosotros les pedimos que nos capacitara, ingenieros de transportes, urbanistas, economistas, geólogos, de todo. Las organizaciones sociales que yo percibo no enfrentan lo urbano como urbano y esto no es solo en la periferia" (Interview IN14).

Im Rahmen der Diskussion um den heftig umstrittenen PRMS 100 kam es 2011 zum ersten Mal zu einer gemeinsamen Aktion beinahe aller in Santiago auf irgendeine Art und Weise mit Fragen der Stadtentwicklung beschäftigten progressiven Organisationen. Unter dem Namen „Por un Santiago a Escala Humana" wurde Präsident Piñera öffentlichkeitswirksam ein offener Brief übergeben, in dem sich unter anderem für ein Ende der Expansion und eine stattdessen kompakte Stadt ausgesprochen wurde. Ob daraus eine stadtregionale Slow-Growth-Bewegung wird, wie sie aus anderen Kontexten bekannt ist (Logan und Molotch 1987), bleibt abzuwarten. Sicher aber scheint zu sein, dass die neoliberale und technokratische Form der Stadtentwicklung in Santiago zunehmend auf Widerstände stößt. Auch die Tatsache, dass führende Vertreter von sowohl Defendamos la Ciudad als auch Ciudad Viva im Jahr 2012 als Bürgermeisterkandidaten in den Kommunen Santiago und Providencia – im Falle von Patricio Herman in Santiago – gehandelt wurden oder antraten und gewannen – wie Josefa Errazuríz in Providencia –, bezeugt einen gewissen Reifeprozess der zivilgesellschaftlichen Organisationen sowie eine auch mit der Studentenbewegung zusammenhängende Öffnung des politischen Systems.

10 Schlussfolgerungen

Das Ziel dieser Arbeit war es, durch die Fallstudie Santiago zu einem besseren Verständnis der sozialen Produktionsmechanismen beizutragen, die städtischen und stadtregionalen Transformationsprozessen im Kontext der Globalisierung zugrunde liegen. Ausgangspunkt war dabei die Diagnose, dass in der stadtgeographischen Literatur zu wenig zu den Akteurskonstellationen, Mehr-Ebenen-Verflechtungen und Machtverhältnissen in Stadtpolitik und Planung bekannt ist und dass städtische Transformationsprozesse nicht direkt aus Prozessen der Globalisierung und Neoliberalisierung abgeleitet werden können. Im Anschluss an Autoren wie BRENNER und THEODORE (2002), MCGUIRK (2004), CROT (2006) und MCCANN (2011) wurde denn auch postuliert, dass sowohl Globalisierung und Neoliberalisierung auf der einen als auch sozial-räumliche Transformationen auf der anderen Seite als glokal produzierte Prozesse verstanden werden müssen, die von unterschiedlichen Akteursgruppen und auf sowie zwischen unterschiedlichen geographischen Maßstabsebenen *(scales)* umkämpft sind, und dabei materiell und diskursiv koproduziert werden. Im Mittelpunkt dieser Arbeit standen in diesem Sinne die detaillierte Analyse des „Machens" von Stadtpolitik und Planung und die „messy actualities of new forms of governance" (LARNER 2003) im Kontext von Globalisierung und Neoliberalismus.

Als empirischer Untersuchungsgegenstand dieser Arbeit wurden Prozesse der Stadterweiterung durch Megaprojekte und deren Institutionalisierung in Form der Konditionierten Planung in Santiago gewählt – ein Feld der Stadtpolitik, auf dem immobilienwirtschaftliche Interessen und planerische Dynamiken aufeinandertreffen. Dieser Untersuchungsgegenstand wurde unter anderem deswegen gewählt, weil es ähnliche Entwicklungen einer von privatwirtschaftlichen Megaprojekten getriebenen Stadtentwicklung in vielen anderen Weltregionen zu beobachten gibt, insbesondere im globalen Süden. Im Anschluss an SHATKIN (2008, S. 388) sind die integrierten Megaprojekte – im Prinzip privat geplante, vollständig neue Stadtteile – ein Ausdruck dafür, dass „private sector firms do not just develop real estate, but conceptualize and implement entire urban systems that are overlaid onto the existing urban form". Wie an den Beispielen in Colina und Pudahuel gesehen, beinhalten die Megaprojekte nicht nur Wohnfunktionen, sondern auch Dienstleistungen und Infrastruktur aller Art und werden durch – oftmals eigens geschaffene – Autobahnen an das Stadtzentrum angeschlossen. Shatkin (2008) konstatiert, dass in der Folge „the power over and responsibility for the visioning of urban futures is transferred from public to private actors".

Um diese Thematik am Fall von Santiago zu untersuchen, wurde ein Analyserahmen konstruiert, der den Überlegungen der poststrukturalistischen Politischen Ökonomie folgt (LARNER 2003, MCGUIRK 2012, MCCANN 2011). Diese Perspektive wurde aus zwei Gründen gewählt: Der erste Grund besteht in der Notwendigkeit, den Zusammenhang zwischen Globalisierung, Neoliberalismus und Stadtentwicklung stärker zu theoretisieren, wozu die klassischen politökonomischen Ansätze der Stadtforschung eine Möglichkeit bieten. In diesem Zusammenhang wurden hier die Theorien und Konzepte von HARVEY (1982) auf der einen und LOGAN und MOLOTCH (1987) auf der anderen Seite rezipiert und kombiniert. Der zweite Grund dafür, dieser Arbeit die Perspektive der poststrukturalistischen Politischen Ökonomie zugrunde zu legen, ist die Möglichkeit, die Verkürzungen und blinden Flecke der politökonomischen Zugänge durch die Rezeption poststrukturalistischer Ansätze auszugleichen. Hier wurde an Autoren wie BELINA und DZUDZEK (2009) und FLYVBJERG und RICHARDSON (2002) angeknüpft, die in ihren Arbeiten zu Fragen der Stadtentwicklung die Rolle von Diskursen auf der einen und planerische Mikropraktiken auf der anderen Seite stärker ins Blickfeld der Analyse rücken. Insbesondere mit Blick auf die Frage der Machtverhältnisse in Stadtpolitik und Planung können die poststrukturalistischen Ansätze die klassisch politökonomischen Konzepte von Harvey und Logan und Molotch sinnvoll ergänzen. In der Kombination der verschiedenen Ansätze also, so die These, liegt eine Möglichkeit dazu, die Neoliberalisierung von Stadtentwicklung empirisch zu untersuchen und theoretisch zu durchdringen, hier am Beispiel der Megaprojekte und der Konditionierte Planung.

Um die privatwirtschaftlichen Dynamiken der Entwicklungen am Stadtrand von Santiago (und im Prinzip an anderen Orten) zu verstehen, hat sich die Zusammenführung von HARVEYs (1982) Theorie der gebauten Umwelt und dem Growth-Machine-Ansatz von LOGAN und MOLOTCH (1987), also zwei klassischen Ansätzen der urbanen Politischen Ökonomie, als fruchtbar erwiesen. Wo Harvey mit seinen Konzepten des *spatial fix* und *capital switching* auf der makrostrukturellen Ebene der Bedingungen und Widersprüche der Zirkulation des „Gesamtkapitals" im Allgemeinen argumentiert, lenken Logan und Molotch den Blick auf spezifische privatwirtschaftliche Akteure bzw. Kapitalisten und Kapitalfraktionen, die in der Landentwicklung ihr zentrales Geschäftsfeld haben. Durch die Kombination beider Analyseebenen, der strukturalistischen und der akteurszentrierten, konnte festgestellt werden, dass die Megaprojekte an der Peripherie Santiagos eine spezifische Verschneidung von drei Strategien darstellen, die zusammengenommen als strukturelle Spekulation bezeichnet werden: Bodenspekulation, Immobilienproduktion und *capital switching*. An der so verstandenen strukturellen Spekulation, d. h. der spekulativen Inwertsetzung von Land, ist eine Vielzahl von privatwirtschaftlichen Akteuren beteiligt, die hier zusammengenommen als Landentwicklungsindustrie bezeichnet wurden.

In Santiago hat sich die Landentwicklungsindustrie im eigentlichen Sinne ab Anfang der 1980er Jahren etabliert, als die Liberalisierungsmaßnahmen der Militärregierung in Bezug auf die Stadtentwicklung und die Bodenmärkte zu greifen begannen. Ende der 1980er und Anfang der 1990er Jahre kam es dann unter dem Einfluss der starken wirtschaftlichen Wachstumsraten und dem Aufstieg neuer ökonomischer Gruppen zum Einstieg von fi-

nanzstarken Akteuren in das Feld der Landentwicklung. Wiewohl schon LOGAN und MO-
LOTCH (1987) mit ihren *corporate property entrepreneurs* und auch KNOX (2008) darauf
verwiesen, dass es im Kontext der Globalisierung eine Tendenz zum Einstieg von finanz-
starken Konglomeraten in die strukturelle Spekulation gebe, ist der chilenische Fall doch
mit Blick auf den Zusammenhang von neoliberaler Globalisierung und Stadtentwicklung
aus zwei Gründen besonders eloquent.

Erstens ist anzumerken, dass es sich bei den einsteigenden Unternehmen um die neu
formierten und aus den Privatisierungen unter Pinochet hervorgegangenen ökonomischen
Gruppen handelt. Es sind also nicht irgendwelche Unternehmen, die plötzlich das Geschäft mit der gebauten Umwelt entdecken, sondern eben solche, die sich im Rahmen der
dezidierten Politik der Globalisierung und Neoliberalisierung unter Pinochet konstituiert
hatten. Im Speziellen stehen hinter den Megaprojekten diejenigen Unternehmen bzw.
ökonomischen Gruppen, die in besonderem Maße von den Privatisierungen der Staatsunternehmen profitiert haben. Durch den Verkauf der privatisierten Staatsunternehmen an
transnationale Unternehmen wurde eine *excess liquidity* im Harvey'schen Sinne generiert, die dann ab Anfang der 1990er Jahre versucht wurde, in die Produktion der gebauten Umwelt zu kanalisieren. Hier stehen lokalspezifische Dynamiken der Stadtentwicklung und Planung in engem Zusammenhang mit makrostrukturellen Entwicklungen
wie der neoliberalen Globalisierung. Nur im Rahmen der Freihandelspolitik unter Pinochet und dem Bemühen, aktiv transnationale Unternehmen zu Investitionen in Chile zu
bewegen, sind die ökonomischen Gruppen zu ihren Kapitalüberschüssen gelangt, die
dann wiederum in das Geschäft mit der gebauten Umwelt investiert wurden. Dass das
„alte Geschäft" der Umwandlung von landwirtschaftlichen Flächen in Gebiete der Stadterweiterung mit den Megaprojekten auf eine neue Ebene gehoben wurde, hat seine Gründe letztlich in der Politik der Privatisierung und Glokalisierung der Militärregierung. Die
Megaprojekte sind dabei deswegen die Mittel der Wahl, weil sie kurzfristige Bodenspe-
kulationsgewinne, mittelfristig stabile Rückflüsse aus der Immobilienproduktion und
langfristige Senken für überschüssiges Kapital darstellen. In diesem Sinne können die
neuen Mechanismen der neoliberalen Raumproduktion in Santiago – Megaprojekte und
konzessionierte Autobahnen – als Ausdruck und Vehikel des *capital switching* und der
Suche nach einem neuen *spatial fix* im Sinne von HARVEY (2008) und damit als Verlän-
gerung des neoliberalen Projektes der Chicago Boys in die Stadtentwicklungspolitik verstanden werden. Inwiefern sich ähnlich direkte Verbindungen zwischen verschiedenen
historischen Phasen und unterschiedlichen Feldern der Neoliberalisierung auch in anderen Kontexten finden, müssen weitere Fallstudien zeigen.

Die spezifische Konstellation in der chilenischen Landentwicklungsindustrie ist zweitens
deswegen von Bedeutung, weil viele der ökonomischen Gruppen der netzwerkartig eng
verflochtenen ökonomischen und politischen Rechten, also den *poderes fácticos*, zugeordnet werden können. Dass es also die ursprünglichen Architekten des neoliberalen Pro-

jektes, die Chicago Boys, waren, die zunächst von den Privatisierungen profitierten und sich dann als Technokraten-Unternehmer an die umfassende Privatisierung der Produktionsmechanismen der gebauten Umwelt machten, gibt dem Begriff der „neoliberalen Stadtentwicklung" eine zusätzliche Bedeutung: Es sind nicht nur neoliberale Ideale, die die Stadtentwicklung in Santiago anleiten, sondern auch die neoliberalen Technokraten-Unternehmer, die davon profitieren. Es ist diese Gruppe, die die Prinzipien der Glokalisierung und Privatisierung auf dem Feld der Stadtentwicklung fortgeschrieben hat und die heute einen Großteil der für die strukturelle Spekulation zentralen Ressourcen Land, (Finanz-)Kapital und Know-how konzentriert. In diesem Sinne gilt auch für die Stadtentwicklung in Chile und Santiago das, was CROUCH (2008, 2012) als eine Tendenz des Neoliberalismus im Allgemeinen beschreibt, und zwar dass die Diskussion zwischen „Neoliberalen" und „Progressiven" um mehr Markt oder mehr Staat an einem auch für die Stadtentwicklung zentralen Punkt vorbeigeht: Es sind Großkonzerne, die als dritte und unabhängige Kraft Wirtschaft und Politik dominieren und so demokratische Entscheidungsprozesse, und in diesem Fall das Planungssystem, systematisch für ihre Interessen einspannen und so sukzessive aushöhlen. Wiewohl anzumerken ist, dass es gerade das Verdienst von LOGAN und MOLOTCH (1987) ist, die Vielfältigkeit der Akteure innerhalb der Landentwicklungsindustrie (von den verschiedenen *place entrepreneurs*, über die Planer, Architekten und Berater bis zum Einzelhandel) herausgestellt zu haben, gibt es innerhalb dieser doch ein Machtgefälle, dem zufolge einige Akteure deutlich mehr Einfluss haben als andere. Dieser Aspekt von Machtasymmetrien in spezifischen Kontexten und Akteurskonstellationen im Sinne der Politischen Ökonomie sollte in der stadtgeographischen Literatur stärkere Berücksichtigung finden, denn er zeigt, dass die Globalisierung und Neoliberalisierung keine Prozesse ohne Subjekte sind, sondern von ganz spezifischen Gruppen vorangetrieben werden. Dass diese Gruppen nicht in der Lage sind, ihre Interessen ungebrochen umzusetzen, ändert dabei nichts an der grundsätzlichen Bedeutung des hier vorgebrachten Arguments.

In empirischer Hinsicht wurde bis hierher dargestellt, dass es mit den ökonomischen Gruppen und strukturellen Spekulanten außerordentlich einflussreiche Akteure gibt, die in Santiago die Arena der stadtentwicklungspolitischen Entscheidungsfindung zu beeinflussen suchen. Wie sich dies in der Praxis gestaltet und welche Konflikte, Widersprüche und Dynamiken sich daraus ergeben, wurde am Beispiel der Evolution der Konditionierten Planung untersucht. Dabei wurden die „Baustellen der Rationalität" in den Blick genommen, d. h. die diskursiven, institutionellen und technologischen Praktiken und Momente, durch die bestimmte Sichtweisen und bestimmte Praktiken produziert und zum Teil festgeschrieben werden, die aber immer gesellschaftlich umkämpft sind. Eben hier zeigt sich, wie die klassischen Ansätze der Politischen Ökonomie dadurch von poststrukturalistischen Zugängen profitieren können, dass erstens Stadtpolitik und Planung als grundsätzlich ergebnisoffen und kontingent, und zweitens als sowohl materiell wie diskursiv produziert betrachtet werden. Aus machttheoretischer Perspektive sind dabei sowohl ideologische Diskurse und Strategien der Hegemonieproduktion im Anschluss an GRAMSCI (1991) als auch Institutionen und Mikropraktiken im Anschluss an FOUCAULT (1977) im Spiel. In diesem Sinne wurden bei der Analyse der Genealogie der zwei Generationen der Konditionierten Planung jeweils die Debatten und Diskurse, das institutionelle Design sowie die Aushandlungsprozesse im Rahmen der Implementierung untersucht.

Im Einklang mit dem, was in anderen Arbeiten zur Neoliberalisierung von Stadtentwicklung festgestellt wurde (etwa MCGUIRK 2004), lassen sich in Santiago eindeutig Versuche identifizieren, hegemoniale Diskurse zu verankern. Beispiele dafür sind die Pro-Wachstums-Argumente, Pläne und Programme, die von Seiten der neoliberalen Intellektuellen, Experten und Technokraten im Rahmen der Diskussionen um den PRMS immer wieder lanciert wurden und werden. Gegen diese wird allerdings von Seiten „progressiver" Intellektueller ebenso öffentlichkeitswirksam mobilisiert. Während die einen Megaprojekte und innerstädtische Autobahnen symbolisch als Lösung für das Problem der „Unterentwicklung" von Chile und Santiago aufladen (etwa BEYER 1997), bringen die anderen die mit dem Stadtwachstum einhergehenden Probleme der Luftverschmutzung und die extreme sozial-räumliche Segregation in Stellung. In der Analyse der Debatten um die stadtregionale Planung wurde gezeigt, dass sich diese Positionen im Prinzip seit der Rückkehr zur Demokratie 1990 unverändert gegenüberstehen, ohne dass eine Seite auf dem Feld der Stadtentwicklung tatsächlich die kulturelle Deutungshoheit, also Hegemonie, erlangt hätte. Was sich allerdings mit der Konditionierten Planung durchgesetzt hat, sind einzelne Diskursfragmente und Konzepte, die zusammengenommen als Mittelweg konstruiert werden. Dies ist die chilenische Variante eines „Dritten Wegs" in der Stadtentwicklung. Den Marktkräften soll, den neoliberalen Positionen folgend, deutlich mehr Bewegungsspielraum eingeräumt werden, andererseits aber soll das stadtregionale „Wachstumsmanagement" gestärkt werden. Dazu wird der Immobilienentwicklung weitgehend freie Hand gegeben, allerdings unter Berücksichtigung bestimmter Konditionen von Seiten des Staates. Die Konditionen zielen darauf ab, „negative Externalitäten" zu „internalisieren", was durch rigorose technische Studien sichergestellt werden soll. Dies ist ein Beispiel dafür, wie die politische Entscheidungsfindung in Bezug auf Fragen der Stadtentwicklung „technifiziert" wird. In der Praxis der Verhandlungen zur Genehmigung der Megaprojekte insbesondere in Colina hat sich gezeigt, wie die strukturellen Spekulanten dies zu ihrem Vorteil einsetzten und dabei auch Koalitionen mit transnationalen Infrastrukturentwicklern eingingen. Dies wiederum war nur möglich, weil im Rahmen des Diskurses der „Modernisierung des stadtregionalen Wachstumsmanagements" mit der Konditionierten Planung die vorher unverbundenen Felder der Flächennutzungs- und Verkehrsplanung (im Konzessionssystem) kurzgeschlossen wurden. An dieser Schnittstelle von Diskursen, institutionellem Design und konkreten Verhandlungsdynamiken, die weitgehend in der Hand von Technokraten und privatwirtschaftlichen Planungsexperten sind, liegt ein Schlüssel, um zu verstehen, inwiefern und auf welche Art und Weise das transnationale Kapital dazu in der Lage ist, „entire urban systems" (SHAT-KIN 2008) weitgehend wirtschaftlichen Rentabilitätskriterien, und nicht dem öffentlichen Interesse folgend, zu planen und zu implementieren. Um hier zu einem besseren Verständnis der Strategien der transnational vernetzten Land- und Infrastrukturentwickler zu gelangen, wären Fallstudien aus anderen kulturellen und geographischen Kontexten hilfreich.

Im Kontext der Literatur um die Neoliberalisierung von Stadtentwicklung ist Santiago ein Beispiel dafür, wie die Neoliberalisierung in erster Linie mittels „faktischer Macht" („*poderes fácticos*") vonstattengeht, welche auf Prozessen der „neoliberalen Staatsformation" (BRENNER 2003) auf unterschiedlichen Ebenen basiert. Von Bedeutung sind hier einerseits die „autoritären Enklaven" auf nationaler Ebene, die den *poderes fácticos* ihren politischen Einfluss sichern, auf der anderen Seite aber auch die spezifischen Strukturen der Entscheidungsfindung in Bezug auf Fragen der stadtregionalen Entwicklung. Von Bedeutung in diesem Zusammenhang ist, dass die Konditionierte Planung in Chile über die regionale Ebene eingeführt wurde und „dort" auch in der Praxis umgesetzt wird. Dass es weder auf nationaler Ebene verbindliche Leitlinien der Stadtentwicklungspolitik noch auf lokaler Ebene wirklich nennenswerte Kompetenzen gibt, kann als ein Ausdruck einer skalaren Strategie verstanden werden (SWYNGEDOUW 2004, MCGUIRK 2004). Auf der kaum demokratisch legitimierten und kontrollierten regionalen Ebene sind die Interessengruppen relativ frei, Tatsachen auch gegen erhebliche Widerstände und Kritik zu schaffen, wie es sie sowohl bei der ersten wie der zweiten Generation der Konditionierten Planung gab. Auch wenn die Lokalregierungen angesichts der Mittelknappheit die Megaprojekte – wie an den Beispielen von Colina und Pudahuel gesehen – im Rahmen von Strategien des *property-led development* unterstützen, ist es also formal-rechtlich die regionale und faktisch die nationale Ebene, über die das Phänomen der strukturellen Spekulation durch Megaprojekte und konzessionierte Autobahnen organisiert wird. In theoretischer Hinsicht ist dies insofern interessant, als es erstens die Bedeutung der *politics of scale* im Allgemeinen zeigt, und zweitens, dass es nicht immer die lokale Ebene ist, auf der unternehmerische Stadtpolitik umgesetzt wird. In Chile ist es das Festhalten an einem zentralisierten politischen System, das die Macht- und Kräfteverhältnisse in der Stadtentwicklungspolitik (re-)produziert. Auf dieser Ebene bringen die ökonomischen Gruppen die staatlichen Akteure zu Zugeständnissen – und zwar, weil Letztere politische Handlungsfähigkeit, also *governance capacity* (STONE 1993), herstellen müssen. Inwiefern auch in anderen kulturellen und geographischen Kontexten derartige Mehrebenenstrategien und *politics of scale* im Rahmen von Neoliberalisierungsprozessen zu beobachten sind, müssen zusätzliche Studien zeigen.

In Bezug auf die „Baustellen der Rationalität", an denen die Neoliberalisierung von Stadtentwicklung verhandelt wird, wurde in dieser Arbeit auch gezeigt, inwiefern in den neuen Planungs- und Verhandlungsmechanismen „a-politischen Experten" und Technokraten eine besondere Rolle zukommt. Als produktiver Machteffekt im Sinne FOUCAULTs (1977) hat sich auf diesem Wege in Santiago um die Megaprojekte, die Konditionierte Planung und das Konzessionssystem ein neues Wissens- und Praxisfeld etabliert, das von einigen wenigen großen Planungsbüros dominiert wird. Der Grund ist, dass nur sie es sind, die im Rahmen der milliardenschweren und hyperkomplexen Megaprojekte sowohl öffentlichen wie privaten Akteuren Lösungen für ihre „Probleme" anbieten können und auf diese Art und Weise die diskursiven und institutionellen Schaltstellen des „Wachstumsmanagements" auf der einen und der strukturellen Spekulation auf der anderen Seite besetzen. Dazu sind es diese international ausgebildeten und global vernetzten Planungsexperten, die aus den zivilgesellschaftlichen Institutionen wie Think Tanks und Universitäten heraus „ideologische Diskurse" produzieren, die selten marktradikal, aber fast immer auf der Linie des „Dritten Wegs" sind. Ein zentrales Merkmal dieser Experten ist dabei, dass sie kontinuierlich zwischen öffentlichem, privatem und zivilgesellschaftlichem Sektor changieren, was auch schon für andere geographische Kontexte angedeutet wurde (SKLAIR 2005, PARNREITER 2011b). Dass sowohl finanzkapitalbasierte Konzerne wie die chilenischen ökonomischen Gruppen als auch transnationale Infrastrukturentwickler zunehmend Allianzen mit bestimmten Experten, Technokraten und Planungsbüros eingehen, ist ein Zeichen dafür, dass städtebauliches und planerisches Know-how im globalisierten Kapitalismus zu einem strategischen Wissens- und Praxisfeld geworden ist. Darin, vertiefend die Rolle von global vernetzten Experten mitsamt ihrem „Wissen" und ihren Technologien in der Neoliberalisierung von Stadtentwicklung zu untersuchen, besteht denn ein weiteres fruchtbares Feld einer poststrukturalistisch erweiterten Politischen Ökonomie.

11   Literaturverzeichnis

ALLARD, P. (2008): El Nuevo paisaje de la movilidad en Santiago. In: ANINAT, M. und P. ALLARD (Hrsg.): TAG. La nueva cultura de la movilidad, Santiago de Chile. Santiago, S. 38-45.

ALMANDOZ, A. (2002): Urbanization and Urbanism in Latin America: from Haussmann to CIAM. In: ALMANDOZ, A. (Hrsg.): Planning Latin America's Capital Cities 1850-1950. London/New York, S. 13-44.

ANINAT, M. und P. ALLARD (Hrsg.) (2008): TAG. La nueva cultura de la movilidad, Santiago de Chile. Santiago.

ARRIAGADA, C. (2009): The role of land markets in patterns of socio-spatial differentiation. Unpublished Working Paper. Santiago.

AVRITZER, L. (2002): Democracy and the public space in Latin America. Princeton, New Jersey.

BACHRACH, P. UND M. BARATZ (1962): Two Faces of Power. In: The American Political Science Review 56 (4), S. 947-952.

BAHN, C., P. POTZ und H. RUDOLPH (2003): Urbane Regime – Möglichkeiten und Grenzen des Ansatzes. Berlin (WZB Discussion Paper SP III).

BARRETT, P. (2002): Regime change and the transformation of state-capital relations in Chile. In: Political Power and Social Theory 15, S. 53-106.

BARTON, J. (2008): El Poder de la Gobernanza: el 'eslabón perdido' de la sustentabilidad urbana. In: YAÑEZ, G., A. ORELLANA, O. FIGUEROA und F. ARENAS (eds.): Ciudad, Poder, Gobernanza. Santiago, S. 413-430.

BELINA, B. und B. MICHEL (2008): Raumproduktionen. Zu diesem Band. In: BELINA, B. und B. MICHEL (Hrsg.): Raumproduktionen. Beiträge der Radical Geography. Eine Zwischenbilanz. Münster, S. 7-35.

BELINA, B. und I. DZUDZEK (2009) Diskursanalyse als Gesellschaftsanalyse – Ideologiekritik und Kritische Diskursanalyse. In: GLASZE, G. und A. MATTISSEK (Hrsg.): Handbuch Diskurs und Raum: Theorien und Methoden für die Humangeographie sowie die sozial- und kulturwissenschaftliche Raumforschung Bielefeld, S. 129-152.

BEN-JOSEPH, E. (2009): Designing Codes: Trends in Cities, Planning and Development. In: Journal of Urban Studies 46 (12), S. 2691-2702.

BERNT, M. und C. GOERG (2008): Searching for the Scale – Skalenprobleme als Herausforderung der Stadt- und Umweltforschung. In: WISSEN, M., B. RÖTTGER und S. HEEG (Hrsg.): Politics of Scale. Räume der Globalisierung und Perspektiven emanzipatorischer Politik, Münster, S. 226-250.

BEST, J. und M. PATERSON (2010): Understanding Cultural Political Economy. In: BEST, J. und M. PATERSON (Hrsg.): Cultural Political Economy. London/New York (=RIPE Series), S. 1-25.

BEYER, H. (1997): Plan Regulador Metropolitano de Santiago: El peso del subdesarrollo. In: Estudios Públicos No. 67 (invierno 1997).

BLAKELY, E.J. und M.G. SNYDER (1997): Fortress America: Gated Communities in the United States. Washington DC: Brookings Institution and Lincoln Institute of Land Policy.

BORIS, D. (2001): Zur Politischen Ökonomie Lateinamerikas. Der Kontinent in der Weltwirtschaft des 20. Jahrhunderts. Hamburg.

BORJA, J. und M. CASTELLS (1997): Local and Global: Management of Cities in the Information Age. London.

BORSDORF, A. (2003): Cómo modelar el desarrollo y la dinámica de la ciudad latinoamericana. In: EURE 29(86), S. 37-49.

BORSDORF, A., J. BÄHR und M. JANOSCHKA (2002): Die Dynamik stadtstrukturellen Wandels in Lateinamerika im Modell der lateinamerikanischen Stadt. In: Geographica Helvetica 57 (4), S. 300-310.

BORSDORF, A. und R. HIDALGO (2005): Städtebauliche Megaprojekte im Umland lateinamerikanischer Metropolen – eine Antithese zur Stadt? In: Geographische Rundschau 57 (10), S. 30-39.

BORSDORF, A., R. HIDALGO und R. SANCHEZ (2007): A new model of urban development in Latin America: the gated communities and fenced cities in the Metropolitan Areas of Santiago de Chile and Valparaíso. In: Cities 24 (5), S. 365-378.

BORSDORF, A. und R. HIDALGO (2010): From polarisation to fragmentation. Recent changes in Latin American urbanisation. In: VAN LINDERT, P. und O. VERKOREN (Hrsg.): Dezentralized Development in Latin America. Experiences in Local Governance and Local Development. Milton Keynes, S. 23-34 (The Geo-Journal Library 97).

BRAND, U., C. GÖRG und M. WISSEN (2007): Verdichtungen zweiter Ordnung. Die Internationalisierung des Staates aus neo-poulantzianischer Perspektive. In: PROKLA 147, S. 217-234.

BRAUN, J. (1989): Localización espacial y política económica. In: Cuadernos de Economía 26 (79), S. 335-351.

BRENNER, N. (1997): Globalisierung und Reterritorialisierung: Städte, Staaten, und die Politik der räumlichen Redimensionierung im heutigen Europa. In: WeltTrends 17, S. 7-30.

BRENNER, N. (2003): 'Glocalization' as a state spatial strategy: urban entrepreneurialism and the new politics of uneven development in western Europe. In: PECK, J. und H. YEUNG (Hrsg.): Remaking the Global Economy: Economic-Geographical Perspectives. London/Thousand Oaks, S. 197-215.

BRENNER, N. (2008): Tausend Blätter. Bemerkungen zu den Geographien ungleicher räumlicher Entwicklung. In: WISSEN, M., B. ROETTGER und S. HEEG (Hrsg.): Politics of Scale. Räume der Globalisierung und Perspektiven emanzipatorischer Politik. Muenster, S. 75-84.

BRENNER, N. und THEODORE, N. (2002): Cities and the geographies of ,actually existing neoliberalism'. In: BRENNER, N. und THEODORE, N. (Hrsg.): Spaces of Neoliberalism. Urban Restructuring in North America and Western Europe. Oxford, S. 2-32.

BURGESS, R. und CARMONA, M. (2009): The shift from master planning to strategic planning. In: CARMONA, M. (Hrsg.): Planning through Projects: Moving from Master Planning to Strategic Planning -- 30 Cities. Amsterdam, S.12-49.

CASTELLS, M. (2001): Das Informationszeitalter 1. Der Aufstieg der Netzwerkgesellschaft. Opladen.

CATTANEO, R. (2011): Los fondos de inversión inmobiliaria y la producción privada de vivienda en Santiago de Chile: ¿Un nuevo paso hacia la financiarización de la ciudad? In: EURE 37 (112), S. 5-22.

BEYER, H. (1997): Plan Regulador Metropolitano de Santiago: el peso del subdesarrollo. In: Estudios Públicos 67, S. 1-19.

CHARNEY, I. (2001): Three Dimensions of Capital Switching within the Real Estate Sector: A Canadian Case Study. In: International Journal of Urban and Regional Research 25 (4), S. 740-758.

CHEN, X., L. WANG, und R. KUNDU (2009): Localizing the Production of Global Cities: A Comparison of New Town Developments around Shanghai and Kolkata. In: City & Community 8 (4), S. 433-465.

COAFFEE, J. und P. HEALEY (2004): 'My Voice: My Place': Tracking. Transformations in Urban Governance. In: Urban Studies 40 (10), S. 1979-1999.

CONGRESS FOR THE NEW URBANISM (2000): Charter of the New Urbanism. New York. CONTRERAS, Y. (2011): La recuperación urbana y residencial del centro de Santiago: Nuevos habitantes, cambios socioespaciales significativos. En: EURE 37 (112), S. 89-113.

CONTRUCCI, P. (2008): El crecimiento de Santiago: Tendencias y Escenarios Futuros. In: ALLARD, P. (Hrsg.): Mercado y Ciudad. Desafíos de un país urbano. Santiago, S. 9-24.

CONTRUCCI, P. (2012): La Competencia desleal del PRMS 100. In: Revista PLANEO, URL:http://revistaplaneo.uc.cl/planeo-hoy/buenas-practicas/la-competencia-desleal-del-prms-100/ (15.3.2013).

COY, M. und J. PÖHLER (2002): Gated communities in Latin American megacities: case studies in Brazil and Argentina. In: Environment and Planning B 29 (3), S. 355-370.

COY, M. (2006): Gated Communities and urban fragmentation in Latin America: the Brazilian experience. In: GeoJournal 66, S. 121-132.

CROT, L. (2006): 'Scenographic' and 'cosmetic' planning: Globalization and territorial restructuring in Buenos Aires. In: Journal of Urban Affairs 28 (3), S. 227-251.

CROT, L. (2010): Transnational urban policies: 'relocating' Spanish and Brazilian models of urban planning in Buenos Aires. In: Urban Research & Practice, 3 (2), S. 119-137.

CROUCH, C. (2008): Postdemokratie. Frankfurt a.M.

CROUCH, C. (2012): Das befremdliche Ueberleben des Neoliberalismus. Frankfurt a.M.

DAHER, A. (1989): La Capital: El Capital. In: EURE 15 (46), S. 17-28.

DAHER, A. (1994): Santiago: segunda inflexión. Estudios Públicos 59, S. 393-413.

DAVIS, M. (1994): City of Quartz. Ausgrabungen der Zukunft in Los Angeles. Berlin.

DAVIS, M. (2007): Planet der Slums. Hamburg/Berlin.

DE MATTOS, C. (1999): Santiago de Chile, globalización y expansión metropolitana: lo que existía sigue existiendo. In: EURE 25 (76), S. 29-56

DE MATTOS, C. (2004a): Santiago De Chile: Metamorfosis bajo un nuevo impulso de modernización capitalista. In: DE MATTOS, C., M.E. DUCCI, A. RODRÍGUEZ und G. YAÑEZ, (2004): Santiago en la globalización: ¿una nueva ciudad? Santiago, S. 17-46.

DE MATTOS, C. (2004b): De la planificación a la governance: implicaciones para la gestión territorial y urbana. In: Revista Paranaense de Desenvolvimento (107).

DE MATTOS, C. (2007): Globalización, Negocios Inmobiliarios y Transformación Urbana. In: Nueva Sociedad 212, S. 82-96.

DE MATTOS, C. (2011): Santiago de Chile, de ciudad a región urbana. In: DE MATTOS, C., W. LUDEÑA und L. FUENTES (Hrsg.): Lima – Santiago: reestructuración y cambio metropolitano. Santiago, S. 181-208.

DE MATTOS, C. et al. (2013): Documento de trabajo sobre crecimiento urbano de Santiago entre 1992 y 2012. In: Revista Planeo. URL: http://revistaplaneo.uc.cl/archivo-planeo/estudios/investigaciones-academicas/documento-de-trabajo-sobre-crecimiento-urbano-de-santiago-entre-1992-y-2012/ (15.3.2013).

DE RAMÓN, A. (2007): Santiago de Chile (1541-1991). Historia de una sociedad urbana. Santiago.

DÍAZ ORUETA, F. und S. FAINSTEIN (2009): The New Mega–Projects: Genesis and Impacts. In: International Journal of Urban and Regional Research (32), S. 759-767.

DICK, H. und P. RIMMER (1998): Beyond the third world city: the new urban geography of South East Asia. In: Urban Studies 35 (12), S. 2303-2321.

DICKEN, P. (2011): Global Shift. Mapping the changing contours of the World Economy. 6th edition. London.

DOCKENDORFF, E., A. RODRIGUEZ und L. WINCHESTER (2000): Santiago de Chile: metropolization, globalization and inequity. In: Environnment & Urbanization 12 (1), S. 171-183.

DONOSO, F. und F. SABATINI (1980): Santiago: empresa inmobiliaria compra terrenos. In: EURE 7 (20), S. 25-51.

DOUGLASS, M. (2005): Globalization, Mega-Projects and the Environment: urban Form and Water in Jakarta. In: Environment and Urbanization Asia 1 (1), S. 45-65.

DOUGLASS, M. und L. HUANG (2007): Globalizing the city in Southeast Asia: utopia on the urban edge – the case of Phu My Hung, Saigon. In: International Journal of Asia-Pacific Studies 3 (2), S. 1-42.

DUCCI, M.E. (2004): Las batallas urbanas de principios del tercer milenio. In: DE MATTOS, C., M.E. DUCCI, A. RODRÍGUEZ und G. YÁÑEZ (Hrsg.): Santiago en la Globalización ¿una nueva ciudad? Santiago de Chile.

DZIOMBA, M. und A. MATUSCHEWSKI (2007): Grossprojekte der Stadtentwicklung – Konfliktbereiche und Erfolgsfaktoren. In: DISP 171, S. 5-11.

ECHENIQUE, M. (1994): Macrozona Central de Chile: Propuesta para un desarrollo urbano eficiente, equitativo y ambientalmente amistoso. In: Ambiente y Desarrollo 10 (1), S. 50-57.

ECHENIQUE, M. (1996): Algunas consideraciones sobre el desarrollo de la infraestructura en Chile. In: Estudios Públicos 62, S. 5-28.

EDWARDS, G. (1994): Externalidades e Instrumentos de Regulación Urbana. Santiago (Documento de Trabajo No. 172).

EDWARDS, G., J. HURTUBIA und G. WAGNER (1994): El Suelo Urbano y la Composición de la Riqueza. In: Cuadernos de Economía 32 (96), S. 151-163.

El Mercurio,Tageszeitung, verschiedene Jahre.

ENGEL, E., R. FISCHER und A. GALETOVIC (2002): Highway Franchising and Real Estate Values. Yale (Cowles Foundation Discussion Paper No. 1354).

ESCOLANO, S. und J. ORTIZ (2007): Patrones espaciales de movilidad de la población: algunos efectos en la sociogeografía del gran Santiago. In: DE MATTOS, C. und R. HIDALGO (Hrsg.): Santiago de Chile: movilidad espacial y reconfiguración metropolitana. Santiago, S. 53-66 (Serie GEOlibros 8).

FAINSTEIN, S. (2000): New Dircetions in Planning Theory. In: Urban Affairs Review 35 (4), S. 451-478.

FAINSTEIN, S. (2001): The City Builders. Property Development in New York and London, 1980-2000. Lawrence.

FERNÁNDEZ JILBERTO, A. (2004): Neoliberal Restructuring. The Origin and Formation of Economic Groups in Chile. In: Journal of Developing Societies 20 (3–4), S. 189–206.

FAZIO, H. (1999): La transnacionalización de la economía chilena. Mapa de la Extrema Riqueza al año 2000. Santiago.

FISCHER, K. (2009): The Influence of Neoliberals in Chile: before, during, and after Pinochet. In: MIROWSKI, P. und D. PLEHWE (Hrsg.): The Road from Mont Pelerin. The Making of the Neoliberal Thought Collective. Cambridge, S. 305-346.

FISCHER, K. (2011): Eine Klasse für sich. Besitz, Herrschaft und ungleiche Entwicklung in Chile, 1830-2010. Baden-Baden.

FIEDLER, J. (2002): Alphaville. Die Brasilianisierung des 'Edge City'-Modells. In: Trialog. A Journal for Planning and Building in the Third World 75 (4), S. 33-37.

FIX, M. (2009): Uma ponte para a especulação – ou a arte da renda na montagem de uma "cidade global". In: Caderno CRH 22 (55), S. 41-64.

FLICK, U. (2007): Qualitative Sozialforschung. Eine Einführung. Reinbeck.

FLYVBJERG, B. (1998): Rationality and Power: Democracy in Practice. Chicago.

FLYVBJERG, B. und T. Richardson (2002): Planning and Foucault: In Search of the Dark Side of Planning Theory. In: ALLMENDINGER, P. und M. TEWDWR-JONES (Hrsg.): Planning Futures: New Directions for Planning Theory. London/New York, S. 44-62.

FLYVBJERG, B. (2004): Megaprojects and Risk: A Conversation with bent Flyvbjerg: Interview conducted by Renia Ehernfeucht. In: Critical Planning 11, S. 51-63.

FOUCAULT, M. (1977): Überwachen und Strafen. Die Geburt des Gefängnisses. Frankfurt.

GAFFNEY, C. (2010): Mega-events and socio-spatial dynamics in Rio de Janeiro, 1919-2016. In: Journal of Latin American Geography 9 (1), S. 7-29.

GALETOVIC, A. (Hrsg.) (2006): Santiago. Dónde estamos y hacia dónde vamos. Santiago de Chile.

GALLEGUILLOS, M.X. (2007): Möglichkeiten zum Abbau von Segregation in Armenvierteln. Die Frage nach der sozialen und ökonomischen Nachhaltigkeit urbaner Ballungsräume am Beispiel Santiago de Chile. Kiel (Kieler Geographische Schriften 115).

GARCÍA, J. (2011): Lugar y Resiliencia Comunitaria: Estudio desde la Problemática Ambiental en Comunidades Rurales de Pudahuel. In: Rev. Geogr. Espacios 1 (2), S. 177-206.

GARREAU, J. (1991): Edge City: Life on the New Frontier. Anchor.

GARRETÓN, M. (2012): Neoliberalismo corregido y progresismo limitado. Los gobiernos de la Concertación en Chile, 1990-2010. Santiago.

GILBERT, A. (2003): Book Review: Chile: Political Economy of Urban Development. In: Progress in Human Geography 27 (6), S. 802-803.

GISSENDANNER, S. (2002): Urban Regimes in den USA und Deutschland. In: Planungsrundschau 3 (4), S. 173-187.

GLAESER, E. und J. MEYER (Hrsg.) (2002): Chile: The Political Economy of Urban Development. Cambridge.

GLÄSER, J. und G. LAUDEL (2009): Experteninterviews und Qualitative Inhaltsanalyse als Instrumente rekonstruierender Untersuchungen. Wiesbaden.

GLASZE, G., C. WEBSTER und K. FRANTZ (Hrsg.) (2005): Private Cities – Global and Local Perspectives. London/New York.

GLASZE, G. und A. MATTISSEK (2009a): Diskursforschung in der Humangeographie: Konzeptionelle Grundlagen und empirische Operationalisierungen. In: GLASZE, G. und A. MATTISSEK (Hrsg.): Handbuch Diskurs und Raum: Theorien und Methoden für die Humangeographie sowie die sozial- und kulturwissenschaftliche Raumforschung. Bielefeld, S. 11-61.

GLASZE, G. und A. MATTISSEK (2009b): Die Hegemonie- und Diskurstheorie von Laclau und Mouffe. In: GLASZE, G. und A. MATTISSEK (Hrsg.): Handbuch Diskurs und Raum: Theorien und Methoden für die Humangeographie sowie die sozial- und kulturwissenschaftliche Raumforschung. Bielefeld, S. 153-180.

GONZÁLEZ, E. und R.P. LEJANO (2009): New Urbanism and the barrio. In: Environment and Planning A 41 (12), S. 2946-2963.

GONZÁLEZ, S. (2011): Bilbao and Barcelona 'in Motion'. How Urban Regeneration 'Models' Travel and Mutate in the Global Flows of Policy Tourism. In: Urban Studies 48 (7), S. 1397-1418.

GOTSCH, P. (2002): Saigon Süd: Parallelstadt im Süden. Zu den Produktionsmechanismen und Typen einer neoliberalen Stadt. In: Trialog. A Journal for Planning and Building in the Third World 75 (4), S. 9-14.

GOTSCH, P. und A. KOHTE (2007): Cyberabad. In: Arch+ 185, S. 62-65.

GOTSCH, P. (2009): NeoTowns – Prototypes of Corporate Urbanism: Examined on the basis of a new generation of New Towns – by the cases of Bumi Serpong Damai (Jakarta), Navi Mumbai (Mumbai) and Alphaville-Tamboré (São Paulo). URL: http://www.neo-town.org/ (11.07.2011).

GRAHAM, S. (2000): Constructing Premium Network Spaces: Reflections on Infrastructure Networks and Contemporary Urban Development. In: International Journal for Urban and Regional Research 24 (1), S. 183-200.

GRAHAM, S. und S. MARVIN (2001): Splintering urbanism: Networked, Infrastructure, Technological Mobilities and the Urban Condition. New York.

GRAMSCI, A. (1991): Gefängnishefte. Hamburg.

GRANT, J. (2005): Planning the Good Community: New Urbanism in Theory and Practice. London.

GREAVES, E. (2004): Municipality and Community in Chile: Building Imagined Civic Communities and its Impact on the Political. In: Politics & Society 32 (2), S. 203-230.

HÄUSSERMANN, H. und W. SIEBEL (1993): Festivalisierung der Stadtpolitik – Stadtentwicklung durch große Projekte. Opladen.

HAFERBURG, C. und J. OSSENBRÜGGE (2009): Die neue Corporate Geography in den Global Cities des Südens: Das Beispiel Johannesburg. In: ALTROCK, U. et al. (Hrsg.): Jahrbuch Stadterneuerung 2009. Berlin, S. 29-46.

HAFERBURG, C. und M. STEINBRINK (Hrsg.)(2010): Mega-Event und Stadtentwicklung im globalen Süden Die Fußballweltmeisterschaft 2010 und ihre Impulse für Südafrika. Frankfurt a.M..

HALL, P. (2002): Cities of Tomorrow: An Intellectual History of Urban Planning and Design in the Twentieth Century, Third Edition. Oxford.

HARDING, A. (1995): Elite Theory and Growth Machines, In: JUDGE, G., H. STOKER und D. WOLMAN (Hrsg.): Theories of Urban Politics. London, S. 35-53.

HARVEY, D. (1982/2006): The Limits to Capital. London.

HARVEY, D. (1985): The Urban Experience. Baltimore/London.

HARVEY, D. (1989). From Managerialism to Entrepreneurialism: The Transformation in Urban Governance in Late Capitalism. In: Geografiska Annaler 71 (1), S. 3-17.

HARVEY, D. (2000): Spaces of Hope. Edinburgh.

HARVEY, D. (2001): Globalization and the "Spatial fix". In: Geographische Revue 3 (2), S. 23-30.

HARVEY, D. (2005): A Brief History of Neoliberalism. Cambridge.

HARVEY, D. (2008): The Right to the City. In: New Left Review 53, S. 23-40.

HARVEY, D. (2011): The Enigma of Capital and the Crisis of Capitalism. London.

HARVEY, D. (2012): Rebel Cities. From the Right to the City to the Urban Revolution. London/New York.

HAYDEN, D. (2003): Building Suburbia. Green Fields and Urban Growth, 1820-2000. New York.

HEALEY, P. (2007): Urban Complexity and Spatial Strategies: Towards a relational planning for our times. New York.

HEEG, S. (2008): Von Stadtplanung und Immobilienwirtschaft: Die „South Boston Waterfront" als Beispiel für eine neue Strategie städtischer Baupolitik. Bielefeld.

HEEG, S. (2009): Was bedeutet die Integration von Finanz- und Immobilienmärkten für Finanzmetropolen? Erfahrungen aus dem anglophonen Raum. In: HEEG, S. (Hrsg.): Wohnungs- und Büroimmobilienmärkte unter Stress: Deregulierung, Privatisierung und Ökonomisierung. Frankfurt a.M., S. 123-129.

HEEG, S. und M. ROSOL (2007): Neoliberale Stadtpolitik im globalen Kontext – Ein Überblick. In: Prokla – Zeitschrift für kritische Sozialwissenschaft 37 (4), S. 491-509.

HEINRICHS, D., H. NUISSL und C. RODRIGUEZ SEEGER (2009): Dispersión urbana y nuevos desafíos para la gobernanza (metropolitana) en América Latina: el caso de Santiago de Chile. In: EURE 35 (104), S. 29-46.

HEINRICHS, D., M. LUKAS und H. NUISSL (2011): Privatisation of the fringes – a Latin American version of post-suburbia? The case of Santiago de Chile. In: PHELPS, N. und F. WU (Hrsg.): International Perspectives on Suburbanization: A Post-suburban World? London, S. 101-121.

HEINRICHS, D., K. KRELLENBERG, B. HANSJÜRGENS und F. MARTÍNEZ (Hrsg.) (2012): Risk Habitat Megacity. Berlin.

HIDALGO, R. (2004): La vivienda social en Santiago de Chile en la segunda mitad del siglo XX: actores relevantes y tendencias espaciales. In: In: DE MATTOS, C.; M.E. DUCCI, A. RODRÍGUEZ und G. YAÑEZ (2004): Santiago en la globalización: ¿una nueva ciudad? Santiago, S. 219-240.

HIDALGO, R., A. BORSDORF, H. ZUNINO und L. ÁLVAREZ (2008): Tipologías de expansión metropolitana en Santiago de Chile: precariópolis estatal y privatópolis inmobiliaria. In: Scripta Nova. Revista Electrónica de Geografía y Ciencias Sociales, 12 (270).

HÖHNKE, C. (2012): Verkehrsgovernance in Megastädten. Die ÖPNV-Reformen in Santiago de Chile und Bogotá. Stuttgart (Megastädte und Globaler Wandel, Band 5).

HOLM, A. (2004): Sozialwissenschaftliche Theorien zu Raum und Fläche. Leizpig (UFZ-Bericht 26).

HUNNING, S. und D. PETERS (2003): Editorial: Mega-Projekte und Stadtentwicklung. In: ALTROCK, U., et al. (ed.): Mega-Projekte und Stadtentwicklung. Berlin (Planungsrundschau 8), S. 5-14.

IBERT, O. (2007): Megaprojekte und Partizipation. Konflikte zwischen kommunikativer und handlungsorientierter Rationalität in der Stadtentwicklungsplanung. In: disP 171, S. 50-63.

INMOBILIARIA MANQUEHUE (2009): Memoria Anual 2009. Santiago de Chile.

INSTITUTO LIBERTAD Y DESARROLLO (1996): Estatismo Urbano: Plan Regulador Chacabuco. Temas Públicos No. 302.

IRAZÁBAL, C. (2006a): Localizing Urban Design Traditions: Gated and Edge Cities in Curitiba. In: Journal of Urban Design 11 (1), S. 73-96.

IRAZÁBAL, C. (2006b): City Making and Urban Governance in the Americas: Curitiba and Portland. Ashgate.

JANOSCHKA, M. (2002a): El nuevo modelo de la ciudad latinoamericana: fragmentación y privatización. In: EURE 27 (85), S. 11-29.

JANOSCHKA, M. (2002b): Wohlstand hinter Mauern. Private Urbanisierungen in Buenos Aires. Wien (Research Reports of the Institute of Urban and Regional Research 28).

JANOSCHKA, M. und A. BORSDORF (2005): Condominios fechados. The rise of private residential neighbourhoods in Latin America. In: GLASZE, G., C. WEBSTER und K. FRANTZ (Hrsg.): Private Cities. Global and Local Perspectives. London/New York, S. 92-108.

JONAS, A. und D. WILSON (1999) (Hrsg.): The City as a Growth Machine: Critical Reflections two Decades later. Albany.

JONES, G.A. und M. MORENO-CARRANCO (2007): Megaprojects: beneath the pavement, excess. In: City: Analysis of Urban Trends, Culture, Theory, Policy, Action 11 (2), S. 144-164.

JUDGE, D., G. STOKER und H. WOLMAN (1995) (Hrsg.): Theories of Urban Politics. London.

KATZ, C. (2006): Messing with 'the project'. In: CASTREE, N. und D. GREGORY (Hrsg.): David Harvey. A Critical Reader. Oxford, S. 234-247.

KEIL, R. und N. BRENNER (2003): Globalisierung, Stadt und Politik. In: SCHARENBERG, A. und O. SCHMIDTKE (Hrsg.) (2003): Das Ende der Politik? Globalisierung und der Strukturwandel des Politischen. Münster, S. 254-276

KEIVANI, R. und M. MATTINGLY (2007): The interface of globalisation and peripheral landin developing countries: implications for local economic development and urban governance. In: International Journal of Urban and Regional Research 31 (2), S. 459-474.

KNOX, P. (1992): The packaged landscapes of post-suburban America. In: WHITEHAND, J. und P. LARKHAM (Hrsg.): Urban Landscape: International Perspectives. London, S. 207-226.

KNOX, P. (2008): Metroburbia, USA. New Brunswick/ New Jersey/London.

KORNBERGER, M. und C. CARTER (2010): Manufacturing Competition: How accounting-practices shape strategy making in cities. In: Accounting, Auditing and Accountability Journal 23 (3), S. 325-349.

KROMREY, H. (2009): Empirische Sozialforschung. Modelle und Methoden der standardisierten Datenerhebung und Datenauswertung. 11. Auflage. Stuttgart.

LARNER, W. (2003): Guest Editorial: Neoliberalism? In: Environment and Planning D: Society and Space 21 (5), S. 509-512.

LARNER, W. und R. Le HERON (2002): From economic globalisation to globalising economic processes: Towards post-structural political economies. In: Geoforum 33 (4), S. 415-419.

LAURIA, M. (1997): Introduction. In: LAURIA, M. (Hrsg.): Reconstructing Urban Regime Theory: Regulating Urban Politics in a Global Economy. Thousand Oaks, CA.

LA TERCERA, Tageszeitung, verschiedene Jahre.

LEFEBVRE, H. (1991): The Production of Space. Oxford.

LEMKE, T. (2000): Neoliberalismus, Staat und Selbsttechnologien. Ein kritischer Überblick über die governmentality studies. In: Politische Vierteljahresschrift 38 (1), S. 31-47.

LIBERTAD Y DESARROLLO (1996): Estatismo Urbano: Plan Regulador de Chacabuco. In: Temas Públicos 302

LIBERTUN DE DUREN, N. (2006): Planning à la Carte: The Location Patterns of Gated Communities around Buenos Aires in a Decentralized Planning Context. In: International Journal of Urban and Regional Research 30 (2), S. 308-327.

LÖW, M. (2001): Raumsoziologie. Frankfurt a.M..

LOGAN, J. und H. MOLOTCH (1987): Urban Fortunes. The Political Economy of Place. Berkeley.

LÓPEZ, E. (2008): Destrucción creativa y explotación de brecha de renta: discutiendo la renovación urbana del peri-centro sur poniente de Santiago de Chile entre 1990 y 2005. In: Scripta Nova 12(100), 1 de agosto de 2008.

LÓPEZ, E. (2010): Real estate market, urban policy and entrepreneurial ideology in the 'gentrification by ground rent dispossession' of Santiago de Chile. In: Journal of Latin American Geography 9 (1), S. 145-173.

LUKES, S. (2005): Power: a radical view. London.

LUNGO, M. (2002): Large Urban Projects. A Challenge for Latin American Cities. In: Land Lines 14 (4).

LUNGO, M. (2005): Globalización, Grandes Proyectos y Privatización de la Gestión Urbana. In: Urbano 8 (11), S. 49-58.

MAJOOR, S. (2009): The Disconnected Innovation of New Urbanity in Zuidas Amsterdam,

Ørestad Copenhagen and Forum Barcelona. In: European Planning Studies 17 (9), S. 1379-1403.

MARTELLI, N. (2011): Visión de ciudad en las políticas de transporte, Santiago de Chile, 1990 – 2010. Tesis presentada en el Instituto de Estudios Urbano y Territoriales de la Pontificia Universidad Católica de Chile, para optar al grado de Magíster en Asentamiento Humanos y Medio Ambiente.

MAYNTZ, R. und F.W. SCHARPF (1995): Steuerung und Selbstorganisation in staatsnahen Sektoren. In: MAYNTZ, R. und F.W. SCHARPF (Hrsg.): Gesellschaftliche Selbstregelung und politische Steuerung. Frankfurt, S. 9-38.

MAYRING, P. (2003): Qualitative Inhaltsanalyse. In: FLICK, U., E. KARDORFF und I. STEINKE (Hrsg.): Qualitative Forschung. Ein Handbuch. Reinbeck, S. 468-475.

MCCANN, E. (2004): Urban Political Economy Beyond the 'Global' City. In: Urban Studies 41 (12), S. 2315-2333.

MCCANN, E. (2011): Urban policy mobilities and global circuits of knowledge: Toward a research agenda. In: Annals of the Association of American Geographers 101 (1), S. 107-130.

MCCANN, E. und K. WARD (2010): Relationality / Territoriality: Toward a Conceptualization of Cities in the World. In: Geoforum 41(2), S. 175-184.

MCCANN, E. und K. WARD (Hrsg.) (2011): Mobile Urbanism: Cities & Policy-Making in the Global Age. Minneapolis.

MCGUIRK, P. (2004): State, strategy, and scale in the competitive city: a neo-Gramscian analysis of the governance of 'global Sydney'. In: Environment and Planning A 36, S. 1019-1043.

MCGUIRK, P. (2012): Geographies of Urban Politics: Pathways, Intersections, Interventions. In: Geographical Research 50 (3), S. 256–268.

MCGUIRK, P. und M.R. DOWLING (2009): Neoliberal privatisation? Remapping the public and the private in Sydney's masterplanned residential estates. In: Political Geography 28, S. 174-185.

MCKENZIE, E. (1994): Privatopia: Homeowner Associations and the Rise of Residential-Private Government. Yale. MERRIFIELD, A. (2002a): Dialectical Urbanism: social struggles in the capitalist city. New York.

MERRIFIELD, A. (2002b): Metromarxism: A Marxist Tale of the City. New York.

MEYER-KRIESTEN, K. (2006): Santiago de Chile: Stadtexpansion durch Megaprojekte, in. GANS, P., A. PRIEBS und R. WEHRHAHN (Hrsg.): Kulturgeographie der Stadt. Kiel: CAU Kiel, S. 419-431 (Kieler Geographische Schriften 111).

MICHEL, B. (2010): Global City als Projekt. Neoliberale Urbanisierung und Politiken der Exklusion in Metro Manila. Bielefeld.

MINGO, O.; M. CONTRERAS und A. ROSS (1990): Resultados de Investigación: Proyecto Región Capital de Chile. In: EURE 16 (48), S. 7-24.

MÖNCKEBERG, O. (2001): El Saqueo de los Grupos Económicos al Estado Chileno. Santiago.

MOLOTCH, H. (1976): The City as a Growth Machine. Toward a Political Economy of Place. In: The American Journal of Sociology 82(2), S. 309-330.

MOLOTCH, H. (1999): Growth Machine Links: Up, Down, and Across. In: JONAS, A. und D. WILSON (Hrsg.): The Urban Growth Machine: Critical Perspectives, Two Decades Later. Albany, S. 247-265.

MOP (2001): Análisis y Evaluación del Sistema de Transporte de la Provincia de Chacabuco. Santiago de Chile.

MOULAERT, F., E. SWYNGEDOUW und A. RODRIGUEZ (2001): Large Scale Urban Development Projects and Local Governance: from Democratic Urban Planning to Besieged Local Governance. In: Geographische Zeitschrift 89 (2+3), S. 69-84.

Municipalidad de Colina (2009): Plan de Desarrollo Comunal. Memoria explicativa.

Municipalidad de Pudahuel (2002): Plan Regulador Comunal de Pudahuel. Memoria explicativa.

NARANJO, G. (2007): Expansión metropolitana en el periurbano de Santiago. Implicancias territoriales en la provincia de Chacabuco. In: DE MATTOS, C. und R. HIDALGO (2007): Movilidad espacial y Reconfiguración Metropolitana. Santiago, S. 227-251.

NUISSL, H. und D. HEINRICHS (2006): Zwischen Paradigma und heißer Luft: Der Begriff der Governance als Anregung für die räumliche Planung. In: ALTROCK, U. et al. (Hrsg.): Sparsamer Staat – Schwache Stadt? Berlin (Planungsrundschau 13), S. 51-72.

OLDS, K. (2001): Globalization and Urban Change: Capital, Culture and Pacific Rim Mega-Projects. Oxford.

ORELLANA, A. und L. FUENTES (2008): El arco, el cono y los clusters: geometrías espaciales para la gobernabilidad metropolitana y local de Santiago. In: YAÑEZ, G., A. ORELLANA, O. FIGUEROA und F. ARENAS (Hrsg): Ciudad, Poder, Gobernanza. Santiago, S. 111-132.

PACIONE, M. (2009): Urban Geography. A global perspective. Third Edition. London/New York.

PARKER, S. (2003): Urban Theory and the Urban Experience: Encountering the City. London/New York.

PARNREITER, C.; K. FISCHER und J. JAEGER (2003): Transformación económica, políticas y producción de la segregación social en Chile y México. In: Scripta Nova 7 (127).

PARNREITER, C. (2011a): Formación de la ciudad global, economía inmobiliaria y transnacionalización de espacios urbanos. El caso de Ciudad de México. In: EURE 37 (111), S. 5-24.

PARNREITER, C. (2011b): Commentary: Toward the Making of a transnational Urban Policy? In: Journal of Planning Education and Research 31(4), S. 416-422.

PARRA, C. und C. DOONER (2001): Nuevas experiencias de concertación público-privada: las corporaciones para el desarrollo local. Santiago de Chile: Centro Latinoamericano de Documentación Económica y Social.

PATEL, S. und J. ARPUTHAM (2007): An offer of partnership or a promise of conflict in Dharavi, Mumbai? In: Environment & Urbanization 19 (2), S. 501–508.

PAVEZ, M.I. (2002): Planificación Urbana-Regional y paisaje: los planes de 1960-1994 para le. In: Revista de Urbanismo 6, S. 1-29.

PAVEZ, M.I. (2006): Vialidad y transporte en la metrópolis de Santiago 1950-1979: concepto y estrategia de ordenación del territorio en el marco de la planificación urbana y regional por el estado de Chile. Tesis Doctoral: Repositorio Académico de la Universidad Politécnica de Madrid.

PAVEZ, M.I. (2011): Marcha a pie urbana y regional y movilidad en los modelos de ciudad para Santiago de Chile. In: Revista INVI 26 (71), S. 57-85.

PECK, J. und A. TICKELL (2002): Neoliberalizing Space. In: BRENNER, N. und N. THEODORE (Hrsg.): Spaces of Neoliberalism. Urban Restructuring in North America and Western Europe. Oxford, S. 33-57.

PÉREZ, F. (2006): Reseña: Santiago. Dónde estamos y hacia dónde vamos. In: EURE 32 (97), S. 113-117.

PÉREZ, F. (2010): Laboratorios De Reconstrucción Urbana: Hacia Una Antropología de la Política Urbana en Colombia. In: Antípoda: Revista de Antropología y Arqueología 10, S. 51-84.

PINCETL, S. (1999): The Politics of Influence: Democracy and the Growth Machine in Orange County. In: JONAS, A. und D. WILSON (Hrsg.): Twenty-One Years After: Critical Perspectives on the Growth Machine. Buffalo.

PODUJE, I. (2006): El globo y el acordeón: planificación urbana en Santiago, 1960-2004. In: GALETOVIC, A. (Hrsg.): Santiago: dónde estamos y hacia dónde vamos. Santiago, S. 231-276.

PODUJE, I. (2008): Participación ciudadana en proyectos de infraestructura y planes reguladores. Temas de la Agenda Pública, Año 3, No. 22.

PODUJE, I. und G. Yañez (2000): Planificando la ciudad virtual: megaproyectos urbanos estatales y Privados. In: Seminario Internacional Las regiones metropolitanas del Mercosur y México: entre la competitividad y la complementariedad. Buenos Aires: Programa de Investigación Internacional Grandes Regiones Metropolitanas del Mercosur y México, 2000.

PÜTZ, M. und J. REHNER (2007): Macht in konfliktreichen Grossprojekten der Stadtentwicklung. Revitalisierung des Hafens Puerto Madero in Buenos Aires. In: disP 171 (4), S. 36-49.

PURCELL, M. (2000): The Decline of the Political Consensus for Urban Growth: Evidence from Los Angeles. In: Journal of Urban Affairs 22 (1), S. 85-100.

Qué Pasa, Wochenzeitschrift, verschiedene Jahrgänge

REUBER, P. und C. PFAFFENBACH (2005): Methoden der empirischen Humangeographie. Braunschweig.

REUBER, P. (2012): Politische Geographie. Paderborn.

RIBERA FUMAZ, R. (2009): From Economic Geography to Cultural Political Economy: Rethinking Culture and Economy through the Lens of Urban Political Economy. In: Progress in Human Geography 34 (33), S. 447-465.

RICHARDSON, T. (2002): Freedom and Control in Planning: Using Discourse in the Pursuit of Reflexive Practice. In: Planning Theory and Practice 3 (1), S. 353-361.

RICHARDSON, T. und O. B. JENSEN (2003): 'Linking Discourse and Space: Towards a Cultural Sociology of Space in Analysing Spatial Policy Discourses'. In: Urban Studies 40 (1), S. 7-22.

RIESCO, R. (2006): Santiago de Chile: Das neue Antlitz einer „urban growth machine", einer „globalizing city". In: GANS, P., A. PRIEBS und R. WEHRHAHN (Hrsg.): Kulturgeographie der Stadt. Kiel, S. 405-417 (Kieler Geographische Schriften 111).

ROBERTS, B. (2005): Globalization in Latin American Cities. In: International Journal of Urban and Regional Research 29 (1), S. 110-123.

ROBINSON, J. (2011): The Spaces of Circulating Knowledge: City Strategies and Global Urban Governmentality. In: MCCANN, E. und K. WARD (Hrsg.): Mobile Urbanism. Minnesota, S. 15-40.

RODRÍGUEZ, A. und L. WINCHESTER (1996): Cities, democracy and governance in Latin America. In: International Social Science Journal Volume 48 (147), S. 73–83.

ROITMAN, S. und N. PHELPS (2011): From Country Club to Edge City? Gated Residential Communities and the Transformation of Pilar, Argentina. In: PHELPS, N. und F. WU (Hrsg.): International perspectives on Suburbanization: A post-suburban world? London, S. 122-140.

SABATINI, F. (1990): Precios del suelo y edificación de viviendas: cuatro conclusiones sobre Santiago relevantes para políticas urbanas. In: EURE 6 (49), S. 63-72.

SABATINI, F. (2000): Reforma de los mercados de suelo en Santiago, Chile: efectos sobre los precios de la tierra y la segregación residencial. In: EURE 26 (77), S. 49-80.

SABATINI, F. und F. ARENAS (2000): Entre el Estado y el mercado: resonancias geográficas y sustentabilidad social en Santiago de Chile. In: EURE 26 (79), S. 95-113.

SABATINI, F. und G. WORMALD (2004): La guerra de la basura de Santiago: desde el derecho a la vivienda al derecho a la ciudad. In: EURE 30 (91), S. 67-86.

SABATINI, F. und G. CÁCERES (2004): Los barrios cerrados y la ruptura del patrón tradicional de segregación en las ciudades latinoamericanas: el caso de Santiago de Chile, In: CÁCERES, G. und F. SABATINI (Hrsg.): Barrios cerrados: Entre la exclusión y la integración residencial. Santiago, S. 9-43.

SABATINI, F. und G. CÁCERES (2005): Relación entre promoción inmobiliaria y segregación residencial: giros insospechados de la ciudad latinoamericana. Lincoln Institute of Land Policy, Documento de trabajo.

SALCEDO, R. und A. TORRES (2004): Gated communities in Santiago: wall of frontier? In: International Journal of Urban and Regional Research 28 (1), S. 27-44.

SALCEDO, R. (2010): The Last Slum: Moving from Illegal Settlements to Subsidized Home Ownership in Chile. In: Urban Affairs Review 46 (1), S. 90-118.

SALET, W. (2007): Rethinking Urban Projects: Experiences in Europe. In: Urban Studies 45 (11), S. 2343-2363.

SALMAN, T. (2001): Paradigms lost – An Paradigmen vorbei. Theoriebildung um städtische Organisationen und Bewegungen in Lateinamerika. In: Peripherie – Zeitschrift für Politik und Ökonomie in der Dritten Welt 81/82, S. 116-137.

SCHARMANSKI, A. (2009): Globalisierung der Immobilienwirtschaft. Grenzüberschreitende Investitionen und lokale Marktintransparenzen. Mit den Beispielen Mexico City und São Paulo. Bielefeld.

SCHMID, C. (2003): Stadt, Raum, Gesellschaft: Henri Lefebvre und die Theorie der Produktion des Raumes. Stuttgart.

SCHOLZ, F. (2000): Perspektiven des Südens im Zeitalter der Globalisierung. In: Geographische Zeitschrift 88 (1), S. 1-20.

SCHOLZ, F. (2004): Geographische Entwicklungsforschung. Methoden und Theorien. Berlin/Stuttgart.

SEREMI MINVU (1994): Memoria Explicativa del Plan Regulador Metropolitano de Santiago.

SEREMI MINVU (1997): Memoria Explicativa del Plan Regulador Metropolitano de Santiago. Modificación PRMS-Incorporación de las comunas de Colina, Lampa y Til Til.

SEREMI MINVU (2003): Memoria Explicativa. Incorporación Art. 8.3.2.4, Proyectos con Desarrollo Urbano Condicionado.

SHATKIN, G. (2007): Global Cities of the South: Emerging perspectives on growth and inequality. In: Cities 24 (1), S. 1-15

SHATKIN, G. (2008): The city and the bottom line: urban megaprojects and the privatization of planning in Southeast Asia. In: Environment and Planning A 40 (2), S. 383-401.

SHATKIN, G. (2011): Coping with actually existing urbanisms: The real politics of planning in the global era. In: Planning Theory 10(1): 79-87.

SHEPPARD, E. (2006): David Harvey and Dialectical Space-Time. In: CASTREE, N. und D. GREGORY (Hrsg.): David Harvey. A Critical Reader. Malden, MA.

SIAVELIS, P.; E. VALENZUELA und G. MARTELLI (2002): Santiago: Municipal Decentralization in a Centralized Political System, In: Myers, D. und H. Dietz (Hrsg.): Capital City Politics in Latin America: Democratizaction and Empowerment. London, S. 256-295.

SILVA, E. (2011): Deliberate Improvisation: Planning Highway Franchises in Santiago, Chile. In: Planning Theory 10 (1), S. 35-52.

SILVA, P. (2006): Los tecnócratas y la política en Chile: pasado y presente. In: Revista de Ciencia Política 26 (2), S. 175-190.

SILVA, P. (2008): In the Name of Reason: technocrats and Politics in Chile. Pensylvania

SIMONS, K. (2003). Politische Steuerung großer Projekte. Berlin Adlershof, Neue Mitte Oberhausen und Euralille im Vergleich. Opladen.

SKLAIR, L. (2005): The transnational capitalist class and contemporary architecture in globalizing cities. In: International Journal of Urban and Regional Research 29 (3), S. 485-500.

SMITH, M.P. (2001): Transnational Urbanism: Locating globalization. Malden, MA.

SMITH, N. (1979): Toward a theory of gentrification: a back to the city movement by capital, not people. In: Journal of the American Planning Association 45 (4), S. 538-548.

SMITH, N. (2002): New Globalism, New Urbanism: Gentrification as Global Urban Strategy. In: BRENNER, N. und N. THEODORE (Hrsg.): Spaces of Neoliberalism. Urban Restructuring in North America and Western Europe. Oxford, S. 80-103.

SMOLKA, M. und F. SABATINI (2000): The land market deregulation debate in Chile. In: Land Lines 12 (1)

SOJA, E. (1989): Postmodern Geographies: The Reassertion of Space in Critical Social Theory. London.

SOJA, E. (2000): Postmetropolis. Critical Studies in Cities and Regions. Oxford.

SOLIMANO, A. (2012): Capitalismo a la chilena. Santiago, Chile.

SOUZA, M.L. (2001): Mudar a Cidade: uma introdução crítica ao planejamento e à gestão urbanos. Rio de Janeiro.

SOUZA, M.L. (2009): Cities for people, not for profit—from a radical-libertarian and Latin American perspective. In: City 13 (4), S. 483-492.

SPERBERG, J. (2004): Marginalität: Die pobladores zwischen Armut und sozialer Bewegung. In: IMBUSCH, P., D. MESSNER und D. NOLTE (Hrsg.): Chile heute. Politik, Wirtschaft, Kultur. Frankfurt, S. 141-155.

SPRINGER, S. (2012): Neoliberalism as discourse: between Foucauldian political economy and Marxian poststructuralism. In: Critical Discourse Studies 9 (2): 133 –147

STOCKINS, P. (2004): Oferta y demanda de vivienda en la periferia Santiaguina. In: CÁCERES, G. und F. SABATINI (Hrsg.): Barrios Cerrados en Santiago de Chile: entre la exclusión y la inclusión residencial. Santiago.

STOKER, G. (1995): Regime theory and urban politics: In: JUDGE, D., G. STOKER und H. WOLMAN (Hrsg.): Theories of Urban Politics. London, S. 54-71.

STOKER, G. (2000): Urban Political Science and the Challenge of Urban Governance. In: PIERRE, J. (Hrsg.): Debating Governance. New York, S. 91-109.

STONE, C. (1989): Regime Politics: The Governing of Atlanta 1946 – 1988. Kansas.

STONE, C. (1993): Urban Regimes and the Capacity to Govern. In: Journal of Urban Affairs 15 (1), S. 1-28.

SWYNGEDOUW, E. (2004): Globalisation or 'Glocalisation'? Networks, Territories and Rescaling. In: Cambridge Review of International Affairs 17 (1), S. 25-48.

SWYNGEDOUW, E. (2005): Governance Innovation and the Citizen: the Janus Face of Governance-Beyond-the-State. In: Urban Studies 42 (11), S. 1991-2006.

SWYNGEDOUW, E., F. MOULAERT und A. RODRIGUEZ (2002): Neoliberal urbanization in Europe: largescale urban development projects and the new urban policy. In: BRENNER, N. und N. THEODORE (Hrsg.): Spaces of Neoliberalism. Urban Restructuring in North America and Western Europe. Oxford.

TAIT, M. und O.B. JENSEN (2007): 'Travelling Ideas, Power and Place: The Cases of Urban Villages and Business Improvement Districts. In: International Planning Studies 12 (2), S. 107-128.

TAPIA, V. (2005): La Costanera Norte y el Barrio Los Moteros. Crónica de un Conflicto urbano. Universidad de Chile. Facultad de Ciencias Sociales. Tesis en Antropología Social.

TESCHNER, K. (2002): Mexiko-Stadt – grenzenloses Wachstum? Erweiterungspläne und neue Wachstumsmuster. In: Trialog. A Journal for Planning and Building in the Third World 75 (4), S. 38-42.

THEODORE, N., J. PECK und N. BRENNER (2009): Urbanismo neoliberal: la ciudad y el imperio de los mercados. In: Temas Sociales 66.

TORRANCE, M. (2008): Forging glocal governance? Urban infrastructures as networked financial products. In: International Journal of Urban and Regional Research 32 (1), S. 1-21.

TRIVELLI, P. (1986): Access to Land by the Urban Poor: An Overview of the Latin American Experience. In: Land Use Policy 3 (2), S. 101-121.

TRIVELLI, P. (2006): Sobre el debate acerca de la política urbana, la política de suelo y la formación de los precios de la tierra urbana en el Gran Santiago, antecedentes teóricos y empíricos. Santiago.

UN-HABITAT (2009): Planning Sustainable Cities: Global Report on Human Settlements 2009. London.

URBE (2008): Memoria. Plan Regulador Comunal, Colina.

VANDERBEEK, M. und C. IRAZÁBAL (2007): Urban design as a catalyst for social change: A comparative look at modernism and new urbanism. In: Traditional Dwellings and Settlements Review 19 (1), S. 41-57.

WEHRHAHN, R. (2000): Zur Peripherie postmoderner Metropolen: Periurbanisierung, Fragmentierung und Polarisierung, dargestellt am Beispiel Madrid. In: Erdkunde 54 (3), S. 221-237.

WEHRHAHN, R. und R. RAPOSO (2006): The Rise of Gated Residential Neighbourhoods in Portugal and Spain: Lisbon and Madrid. In: GLASZE, G., C. WEBSTER und K. FRANTZ (Hrsg.): Private Cities. Global and Local Perspectives. London, S. 170-189.

WISSEN, M. (2001): „Global Cities", urbane Regime und Regulation. Zur Debatte über städtische Transformationsprozesse. In: Peripherie. Zeitschrift für Politik und Ökonomie in der Dritten Welt 21(81/82): 76-94.

WISSEN, M. und M. NAUMANN (2008): Die Dialektik von räumlicher Angleichung und Differenzierung. Zum uneven-development-Konzept in der radical geography. In: ACME. An International E-Journal for Critical Geographies 7 (3). URL: http://www.acme-journal.org/index.html (12.8.2013).

WISSEN, M., B. ROETTGER und S. HEEG (Hrsg.) (2008): Politics of Scale. Räume der Globalisierung und Perspektiven emanzipatorischer Politik. Münster.

WU, F. (1997): Urban restructuring in China's emerging market economy: towards a framework for analysis. In: International Journal of Urban and Regional Research 21 (4), S. 640-663.

WU, F. (2009): Neo-urbanism in the making under China's market transition. In: City 13 (4), S. 418-431.

YAÑEZ, G., J. REHNER und O. FIGUEROA (2010): Redes empresariales e informales en el mercado inmobiliario de Santiago de Chile. In: Scripta Nova. Revista Electrónica de Geografía y Ciencias Sociales, 1 de agosto de 2010, vol. XIV, nº 331 (91).

YIN, R.K. (2003): Case Study Research. Design and Methods. California: Thousand Oaks.

ZEGRAS, C. und R. GAKENHEIMER, (2000): Urban Growth Management for Mobility: The Case of Santiago, Chile, Metropolitan Region. Cambridge.

ZUKIN, S. (2006): David Harvey on Cities. In: CASTREE, N. und D. GREGORY (Hrsg.): David Harvey. A Critical Reader. Malden, Ma.

ZUNINO, H. M. (2006): Power relations in urban decision-making: Neo-liberalism, techno politicians; and authoritarian redevelopment in Santiago, Chile. In: Urban Studies 43 (10), S. 1825-1846.

Abkürzungsverzeichnis

ADI	Asociación de Desarrolladores Inmobiliarios (Vereinigung von Immobilienentwicklern)
AIEDC	Áreas Industriales Exclusivas con Desarrollo Condicionado (Exklusive Industriegebiete mit Konditionierter Entwicklung)
AFP	Administradora de Fondo de Pensiones (Pensionsfond)
AUDP	Áreas de Desarrollo Urbano Prioritario (Prioritäre Stadtentwicklungsgebiete)
CChC	Cámera Chilena de Construcción (Chilenische Kammer des Baugewerbes)
CEP	Centro de Estudios Públicos (Zentrum für Öffentliche Studien)
CGC	Coordinación General de Concesiones (Generalkoordination für Konzessionen)
CIEPLAN	Corporación de Estudios para Latinoamérica (Korporation für Lateinamerikastudien)
CODEFF	Comité Nacional Pro Defensa de la Flora y Fauna (Nationalkommitee zum Schutz von Flora und Fauna)
CODESUP	Corporación por el Desarrollo Sustentable de Pudahuel (Korporation für die nachhaltige Entwicklung Pudahuels)
CORE	Consejo Regional (Regionalrat)
CONAMA	Comisión Nacional de Medio Ambiente (Nationale Umweltkommission)
COREMA	Comisión Regional de Medio Ambiente (Regionale Umweltkommission)
DC	Democracia Cristiana (Christliche Demokratie)
GORE	Gobierno Regional (Regionalregierung)
IEUT	Instituto de Estudios Urbanos y Territoriales (Institut für Stadt- und Raumforschung)
LGCU	Ley General de Construcción y Urbanismo (Allgemeines Bau- und Urbanismusgesetz)
LyD	Libertad y Desarrollo (Freiheit und Entwicklung)
MIDEPLAN	Ministerio de Planificación y Cooperación (Ministerium für Planung und Zusammenarbeit)
MINVU	Ministerio de Vivienda y Urbanismo (Ministerium für Wohnungsbau und Stadtentwicklung)
MOP	Ministerio de Obras Públicas (Ministerium für öffentliche Bauten)
MTT	Ministerio de Transporte y Telecomunicaciones (Ministerium für Verkehr und Telekommunikation)
NGO	Nichtregierungsorganisation
ODEPLAN	Oficina de Planificación Nacional (Büro für Nationale Planung)

PDUC   Proyectos de Desarrollo Urbano Condicionado (Projekte konditionierter
                Stadtentwicklung)
PLADECO   Plan de Desarrollo Comunal (Plan der Kommunalentwicklung)
PNDU   Política Nacional de Desarrollo Urbano (Nationale Stadtentwick-lungs-
                politik)
PPD   Partido por la Democracia (Partei für die Demokratie)
PS   Partido Socialista (Sozialistische Partei)
PRC   Plan Regulador Comunal (Kommunaler Flächennutzungsplan)
PRMS   Plan Regulador Metropolitano de Santiago (Metropolitaner Flächennut-
                zungsplan für Santiago)
PRIS   Plan Regulador Intercomunal de Santiago (Interkommunaler Flächen-
                nutzungsplan für Santiago)
PROT   Plan Regional de Ordenamiento Territorial (Regionaler Raumordungs-
                plan)
PTUS   Plan de Transporte Urbano de Santiago (Verkehrsentwicklungsplan für
                Santiago)
PUC   Pontificia Universidad Católica (Päpstlich-katholische Universität)
RECAP   Región Capital de Chile (Hauptstadtregion Chiles)
RM   Región Metropolitana (Metropolitanregion)
RMS   Región Metropolitana de Santiago (Metropolitanregion San-
                tiago)
RN   Renovación Nacional (Nationale Erneuerung)
SAG   Servicio Agrícola y Ganadero (Dienst für Landwirtschaft und Viehhal-
                tung)
SEA   Sistema de Evaluación Ambiental (System für Umweltprüfung)
SECTRA   Secretaría de Planificación de Transporte (Sekretariat für Ver-kehrspla-
                nung)
SEREMI   Secretaría Regional Ministerial (Regionales Ministerial-sekretariat)
UDI   Unión Democrática Independiente (Unabhängige demokratische Verei-
                nigung)
UF   Unidad de Fomento (chilenische Rechnungswährung, deren Wechsel-
                kurs zum Peso permanent an den Inflationsindex angepasst wird. Im Jahr
                2001 entsprach eine UF ca. 16.000 chilenischen Pesos, im Jahr 2013 ca.
                23.000 chilenischen Pesos)
UP   Unidad Popular
ZIEDC   Zonas Industriales Exclusivas con Desarrollo Condicionado (Exklusive
                Industriegebiete der konditionierten Entwicklung)
ZODUC   Zonas de Desarrollo Urbano Condicionado (Gebiete konditionierter
                Stadtentwicklung)
ZUC   Zonas Urbanas Condicionadas (Konditionierte Stadtgebiete)

Fotos

Foto 1: Einkaufszentrum und Restaurants an der Lagune von Piedra Roja
Quelle: Eigene Aufnahme

Foto 2: Der Yachtclub von Piedra Roja, an derselben künstlichen Lagune gelegen
Quelle: Eigene Aufnahme

Foto 3: Eines der Modellhäuser von Piedra Roja
Quelle: Eigene Aufnahme

Foto 4: Zugang zu einem der Viertel von Piedra Roja, mit privatem Sicherheitsdienst
Quelle: Eigene Aufnahme

Foto 5: Verschiedene der unzähligen Werbemaßnahmen in Chicureo
Quelle: Eigene Aufnahme

Foto 6: Ländliche Kulisse in Pudahuel, in unmittelbarer Nähe des geplanten Urbanya-Projektes
Quelle: Eigene Aufnahme

*Foto 7: Peralito, einer der Siedlungen zwischen Flughafen und geplanten Megaprojekten in
       Pudahuel
Quelle:Eigene Aufnahme*

*Foto 8: Das Villorio Agrícola, Projekt des sozialen Wohnungsbaus von Urbanya
Quelle: Eigene Aufnahme*

Geführte interviews

Kürzel	Akteur/Position	Datum
IN1	Wissenschaftler im Feld der Stadtplanung, PUC	29.7.2008
IN2	Wissenschaftler im Feld der Stadtplanung, PUC und Berater GORE	30.7.2008
IN3	Wissenschaftler im Feld der Stadtplanung, PUC	4.8.2008
IN4	Wissenschaftler im Feld der Stadtplanung, PUC	7.8.2008
IN5	Wissenschaftler im Feld der Stadtplanung, PUC /Eigentümer eines privaten Planungsbüros	8.8.2008
IN6	Wissenschaftler im Feld der Stadtplanung, PUC /Eigentümer eines privaten Planungsbüros	13.8.2008
IN7	Planer bei Seremi-MINVU	15.1.2009
IN8	Ingenieur im MOP	21.1.2009
IN9	Mitarbeiter der Umweltabteilung, Gemeinde Pudahuel	23.1.2009
IN10	Planer im GORE	26.1.2009
IN11	Angestellte im MOP	27.1.2009
IN12	Wissenschaftler im Feld der Stadtplanung /Eigentümer eines privaten Planungsbüros	20.3.2009
IN13	Eigentümer eines privaten Planungsbüros und Berater in Pudahuel	24.3.2009
IN14	Mitglied der NGO Ciudad Viva	3.4.2009
IN15	Mitglied der NGO Defendamos la Ciudad	7.4.2009
IN16	Angestellter in der Dirección de Obras, Gemeinde Pudahuel	8.4.2009
IN17	Ehemaliger Planer der Gemeinde Pudahuel, jetzt CODESUP	8.4.2009
IN18	Planer, Gemeinde Colina	9.4.2009
IN19	Mitglied der Nachbarschaftsvereinigung in Chicureo, Colina	9.4.2009
IN20	Angestellter in der Dirección de Obras, Gemeinde Colina	12.4.2009
IN21	Direktor von Valle Norte/ECSA	14.4.2009
IN22	Mitarbeiter des Gemeindesekretariats der Gemeinde Pudahuel	14.4.2009
IN23	Mitarbeiter der Planungsabteilung, Gemeinde Pudahuel	14.4.2009
IN24	Mitarbeiter der Abteilung Kommunalentwicklung, Gemeinde Pudahuel	15.4.2009
IN25	Mitglied einer Nachbarschaftsvereinigung in Pudahuel	15.4.2009
IN26	Mitglied einer Nachbarschaftsvereinigung in Pudahuel	15.4.2009
IN27	Anwohner, Chicureo	20.4.2009
IN28	Mitarbeiter der Abteilung Kommunalentwicklung, Gemeinde Pudahuel	22.4.2009
IN29	Mitglied einer Nachbarschaftsvereinigung, Sta. Luz, Colina	22.4.2009
IN30	Mitglied einer Nachbarschaftsvereinigung, San Miguel, Colina	22.4.2009
IN31	Mitglied einer Nachbarschaftsvereinigung, Los Ingleses, Colina	22.4.2009
IN32	Planer, MINVU	23.4.2009
IN33	Gehobenes Management, Piedra Roja, Colina	27.4.2009
IN34	Gehobenes Management, Urbanya, Pudahuel	25.11.2009
IN35	Mitglied des Gemeinderats, Pudahuel	16.12.2009
IN36	Bürgermeister, Pudahuel	17.12.2009
IN37	Mitglied des Geimenderats in Pudahuel	12.4.2010
IN38	Mitglied der NGO Acción Ecológica	14.4.2010
IN39	Mitglied einer Bürgerbewegung, Pudahuel	13.5.2010
IN40	Mitglied einer Nachbarschaftsvereinigung, Las Canteras, Colina	16.5.2010

Quelle: Eigene Zusammenstellung

Übersicht wichtiger Ereignisse in Stadtpolitik und Planung

Jahr	Regierung	Nationale und Regionale Ebene	Kommunale Ebene	
			Colina	Pudahuel
1990 1991 1992 1993	Patricio Aylwin	Rückkehr zur Demokratie		Landentwickler beziehen Position
1994		PRMS 1994 wird verabschiedet und friert Immobilienentwicklung u.a. in Pudahuel ein. Ausweitung des Geltungsbereichs des PRMS in Richtung der Provinz Chacabuco (Lampa, Colina, Til Til) wird angekündigt.	Es kommt zu einer Explosion der Last-Minute Einschreibung von parcelas de agrado im Zuge der Spekulation auf eine zukünftige Stadterweiterung in Richtung Chacabuco, die im PRMS 1994 angekündigt wurde. ECSA erwirbt 1600 Hektar Land in Chicureo (für das Megaprojekt Valle Norte/Chamisero).	Vor der Verabschiedung des PRMS werden einige Großprojekte im zukünftig von Immobilientwicklung ausgeschlossenen Flächen genehmigt Regierung Aylwin schenkt 1000 Hektar (Bienes Nacionales, dem Verteidigungsminister patricio Rojas unterstellt) der Laguna Carén an Universidad de Chile. Fundación Valle lo Aguirre wird zur Entwicklung eines Technologieparks gegründet.
1995		SECTRA und MOP veröffentlichen zum MINVU-Plan konkurrierende Initiativen zur Verkehrs- und Raumentwicklung. Der Bau des ersten konzessionierten innerstädtischen Autobahn Costanera Norte wird angekündigt und der mehrere Jahre andauernde Konflikte darum beginnt.		Die öffentliche-private Planungsinitiative Comisión Mixta de Urbanismo wird mit dem Ziel ins Leben gerufen, den PRMS zu ändern und die Immobilienentwicklung im ländlichen Teil der Kommune zu ermöglichen Patricio Rojas wird Direktor der Fundación Valle lo Aguirre.=
1996	Eduardo Frei	Die vom MINVU im Alleingang geplante Ausweitung des PRMS in die Provinz Chacabuco und die Planung von neuen Satellitenstädten bzw. Megaprojekten wird bekannt gemacht und zieht heftige öffentliche Debatte und Proteste nach sich. MINVU Minister Hermosilla kündigt die Ausarbeitung einer Nationalen Strategie der Stadtentwicklung an. Die Autopista Los Libertadores wird an das Konsortium INECSA vergeben, welche sie auch vorgeschlagen hatte. Baubeginn des Megaprojektes Curauma zwischen Valparaíso und Santiago.	Der Verkauf einiger Parcelas-de-Agrado- Luxusprojekte, direkte Vorläufer der Megaprojekte, beginnt. Mario Rojas del Rio (PS) wird als Bürgermeister wiedergewählt.	Das Unternehmen MECSA des chilenischen Stararchitekten und Planers Marcial Echenique wird mit der Erarbeitung des PRC beauftragt. Daneben ist er für den Masterplan des Parque Tecnológico der Universidad de Chile/Laguna Carén verantwortlich.

Jahr	Regierung	Nationale und Regionale Ebene	Kommunale Ebene	
			Colina	Pudahuel
1997	Eduardo Frei	Die Änderung des PRMS tritt in Kraft Landbesitzer Jorge Fontaine und die malaysische Investorengruppe MTD unterschreiben Vertrag zur Entwicklung eines 600Ha-Megaprojektes in der Kommune Pirque.	Die Änderung des PRMS tritt in Kraft und durch die ZODUC und ADUP-Regelung bekommen die Megaprojekte in Colina grünes Licht.	Der Masterplan von ENEA wird genehmigt. Fundación Valle lo Aguirre fordert die Anwohner von Laguna Carén auf, die Grundstücke zu räumen.
1998		Der CONAMA-Plan de Descontaminación de Santiago tritt in Kraft. Die Asienkrise trifft Chile im Allgemeinen und den Bausektor in Santiago im Besonderen hart. Seremi MINVU teilt mit, dass Megaprojekt El Principal in Pirque nicht genehmigt werden wird. Auf dem Kapitalmarkt werden Bonos de Infraestructura eingeführt, in welche die chilenischen Pensionsfonds (AFPs) investieren können.		Die Vorschläge von Echenique für den PRC werden abgelehnt und die Comisión Mixta restrukturiert.
1999		MOP entscheidet, die von den Colina-Landentwicklern vorgeschlagene Autopista Nororiente für 170 Mio. US$ zur Konzession auszuschreiben.		Intensive Phase der Bürgerpartizipation und urbanistischen Weiterbildung der Zivilgesellschaft ENEA beginnt mit dem Verkauf erster Grundstücke.
2000	Ricardo Lagos	Abklingen der Asienkrise und Regierungswechsel (von Frei zu Lagos). Sowohl Landentwickler (ADI) als auch Konzessionsnehmer (COPSA) gründen eigene Interessenvertretungen. Erste Ausschreibung der Autopista Nororiente scheitert.	Mit dem Abklingen der Asienkrise beantragen erste Megaprojekte in Colina die Baugenehmigung. Es wird mit der Ausarbeitung eines PRC begonnen. Mario Olavarría (UDI) wird zum Bürgermeister gewählt (und 2004 und 2008 wiedergewählt).	Johnny Carrasco wird als Bürgermeister wiedergewählt.
2001			Verträge über die Kompensationsleistungen zwischen MINVU, MOP, MTT und Landentwicklern werden unterschrieben. Colina-Landentwickler stimmen Subvention der Autopista Nororiente zu.	
2002		Korruptionsskandal um Konzessionsvergabe zwischen 1998 und 2001 erschüttert MOP (MOP-Gate). Verschiedene Rücktritte von hohen Funktionären.	Erste Megaprojekte in Colina beginnen mit dem Bau.	Konflikte um den Bau der Zweiten Landebahn des internationalen Flughafens zwischen Gemeinde, Anwohnern und MOP. Der PRC wird abgeschlossen, dann aber bald aus dem Genehmigungsverfahren zurück gezogen.

Jahr	Regierung	Nationale und Regionale Ebene	Kommunale Ebene	
			Colina	Pudahuel
2003		Die Modificación 48 des PRMS tritt in Kraft und damit die PDUC-Regelung. Die Konzession für die Autopista Nororiente wird an die spanische Sacyr vergeben.	Die private Straße Pie Andino wird eingeweiht.	Mit PDUC-Regelung im PRMS bekommen Megaprojekte in Pudahuel rechtliche Basis. Die Comisión Mixta wird aufgelöst und durch die CODESUP ersetzt.
2004		Das Internationale Schiedsgericht für Investitionsdispute in Washington verurteilt Chile zur Zahlung der Hälfte der anfallenden Kosten (ca. 10 Mi. US$) an die malaysische Investorengruppe MTD im Zuge des Streits um das Megaprojekt El Principal in der Kommune Pirque. Die Regierung legt Beschwerde ein.		Anträge zur Genehmigung der PDUC-Megaprojekte werden eingereicht (Urbanya, Praderas, ENEA). Banco de Chile vergibt Kredit (20 Mio. US$) an U de Chile zum Bau des Parque Científico y Tecnológico. Defendamos la Ciudad, Acción Ecológica und Comité de Vecinos de Laguna Carén legen Beschwerde gegen Umweltgenehmigung des PCT durch COREMA bei Contraloría ein. Konflikt um die Kläranlage La Farfana beginnt.
2005		CORE genehmigt Änderung an der Streckenführung der Autopista Nororiente durch Sacyr. Bürgermeisterin von Huechuraba protestiert.		Urbanya führt einen Partizipationsprozess mit Anwohnern durch. Sozialwohnungsbau Vallorio Agrícola wird von Urbanya gebaut. CODESUP ehrt verschiedene Lideres Sociales
2006	Michelle Bachelet	Durch erneute Modifikation des PRMS (Resolución No. 76) und die Ausweitung des Geltungsbereichs auf die Provinzen Melipilla und Talagante und die Kommunen Buin und Paine deckt PRMS nun die gesamte Región Metropolitana ab.	Der kanadische Multi Cargill übernimmt die Mehrheit am Megaprojekt La Reserva. Piedra Roja gibt den Bau neuer Etappen und neue Finanzierungsallianzen bekannt.	Santa Cruz und Inmobiliaria Manquehue geben Kooperation in Urbanya-Projekt bekannt. Gemeinde ändert PLADECO, um Urbanisierung der Laguna Carén durch Universidad de Chile zu verhindern.
2007		Die Beschwerde der chilenischen Regierung gegen den Schiedsspruch des Internationalen Schiedsgerichtes für Investititionsdispute wird abgelehnt.	Änderung des PRMS (Modificación No. 71) zur Ausweisung von 825 ha zusätzlicher AUDP-Fläche in Colina. Proteste wegen Vorteilsnahme zugunsten Colina und der dort tätigen Landentwickler bei PRMS-Genehmigung durch NGOs und Regionalräte. Los Canteros unterschreiben (illegalen) Vertrag mit dem Immobilienprojekt La Reserva, in dem sie ihre Nutzungsrechte über 210 Hektar abtreten.	

Jahr	Regierung	Nationale und Regionale Ebene	Kommunale Ebene	
			Colina	**Pudahuel**
2008		Seremi MINVU präsentiert ersten Entwurf für eine umfassende Aktualisierung des PRMS (Modificación 100). MOP erklärt die von Privaten (Cintra und Nueva Via) vorgeschlagene Autopista Norponiente, die Pudahuel mit Lampa verbinden soll, als in Öffentlichem Interesse		CORE genehmigt Landnutzungswandel der PDUC-Projekte. Praderas-Projekt wird im Zuge der Wirtschaftskrise auf Eis gelegt. Bürgermeister Carrasco protesiert öffentlich gegen neue PRMS-Pläne für Pudahuel.
2009		Contraloría weist CORE-Genehmigung der PDUC-Projekte auf Antrag zivilgesellschaftlicher Organisationen zurück. Michelle Bachelet weiht die Autopista Nororiente ein.	Pueblo Las Canteras und Defendamos Barrio Yungay verkünden zukünftige Kooperation zum Schutz ihres Kulturerbes.	Genehmigung für PDUC-Projekte wird von Contraloría zurückgewiesen. Defendamos la Ciudad und Acción Ecológica protesieren öffentlich gegen neue Entwicklungen und staatlich geförderte Immobilienspekulation um Laguna Carén.
2010		Contraloría weist CORE-Genehmigung der PDUC-Projekte auf Antrag zivilgesellschaftlicher Organisationen erneut zurück Die italienische Atlantia übernimmt die Autopista Nororiente von Sacyr.	Das Dorf Las Canteras und die Aktivität in Colina wird unter Schutz gestellt (Monumento Nacional/Zona Típica). Inmobiliaria Manquehue gibt neue Partner (Solari-Gruppe und Consorcio) und neues Megaprojekt in Colina bekannt (Estancia Liray/AUDP).	Genehmigung für PDUC-Projekte wird erneut von Contraloría zurückgewiesen. Alberta-Logistikpark in ENEA wird eingeweiht.
2011	Sebastian Pinera	Autopista Nororiente wird wegen Unregelmäßigkeiten im Genehmigungsprozess kurzzeitig geschlossen. Atlantia droht die Angelegenheit vor das Internationale Schiedsgericht für Investitionsdispute in Washington zu bringen Neuer und weitreichender NGO-Zusammenschluß ‚Por un Santiago a Escala Humana' schreibt öffentlichen Brief an Präsident Pinera in Protest gegen neuen PRMS.	Defendamos la Ciudad fordert Minister Lavin auf, das Dekret zu Erklärung von Las Canteras als Monumento Nacional zu unterschreiben Studie belegt dass Piedra Roja 24% der Verkäufe im ABC1-Segment (über 5000UF) in der gesamten RM und 69% von denen in Chicureo auf sich vereint.	

Quelle: Eigene Zusammenstellung

Übersicht zu Instrumenten der Konditionierten Planung in Santiago

	1. Generation		2. Generation	3. Generation
	AUDP	ZODUC	PDUC	Nuevo límite urbano
Einführung	PRMS 1997	PRMS 1997	PRMS 2003 und 2006	PRMS 2008/2009 (+ LGCU)
Mindestgröße	300 ha	300 ha	300 ha	50 ha
Art	Direkt an bestehende Siedlungen angrenzende landwirtschaftliche Flächen	In PRMS 1997 einmalig ausgewiesene (Projekt-) Flächen	„ZODUC flotante", für beliebige landwirtschaftliche Flächen in RM kann Urbanisierung beantragt werden, wenn bestimmte Bedingungen erfüllt sind/ werden	Wird aktuell verhandelt; Prinzip der Konditionierten Planung soll als allgemeines Prinzip der Stadterweiterung festgeschrieben werden, sowohl im PRMS als auch in der Ley de Urbanismo y Construcción
Kommunen	Lampa, Colina, Til Til	Lampa, Colina, Til Til	Región Metropolitana	Región Metropolitana
Zahl der Projekte	2 AUDP in Colina, 1 Lampa, 1 Til Til	4 ZODUC in Colina, 2 ZODUC in Lampa, weitere in Planung (z. B. Alto Lampa; Stand Anfang 2009)	3 in fortgeschrittenem Planungs- und Genehmigungsstadium (Urbanya, ENEA, Praderas); 2 weitere in früherem Planungsstadium (z. B. Izarra, Ciudad los Valles)	...
(Abgelehnte Projekte)	AUDP „Lo Etchevers" (Lampa), von SAG abgelehnt	„El Principal de Pirque", geplant von malysischer Investorengruppe MTD, chilenischer Staat wurde international verklagt	PDUC „El Mariscal" (La Pintana); von SAG abgelehnt, SAG wurde von Inves- toren verklagt	
Industrien und Dienstleistungen	...	5% der Fläche für nicht kontaminierende Industrien oder Dienstleistungen	5% der Fläche für nicht kontaminieren- de Industrien oder Dienstleistungen	...

Soziales Wohnen	...	2 % der Fläche für Wohnen mit Dichte von 300 bis 400 Ew./ha (Sozialwohnungen)	30 % der gebauten Wohnungen müssen durch Wohnungskredite erwerbbar sein (programa de subsidio habitacional) (Wohnungen zwischen 300 UF und 1.500 UF)
		3% der Fläche für Wohnen mit Dichte von 401 bis 500 Ew./ha (Sozial-wohnungen)	Davon wiederum müssen 40 % Sozial-wohnungen sein (300 UF); Dichte nicht höher als 400 Ew./ha
Externalitäten	...	Von Entwicklern zu erbringende Leistungen umfassen Zugangsstraßen und Anbindung an Abwasserversorgung	Gemäß Entwicklungsstand (3.000, 5.000, 10.000, 20.000 und 40.000) müssen Einrichtungen der Gesundheit, Bildung, Sicherheit (Polizei), Grünflächen, Sport und andere Dienstleistungen einbezogen werden (verantwortlich: MIN-VU)

Quelle: Eigene Zusammenstellung

Konzessionierte Autobahnen

Typ	Autobahn	Zuschlag	Eroeffnung	Laufzeit	Laenge	Investition	Zunächst	Heute
Verlaufen durch Pudahuel	Ruta 68, Santiago-Valparaíso	05/1998	11/2002	25 Jahre	140km	685 Mio.US$	Sacyr, Spanien; ACS, Spanien	Abertis, Spanien (seit Juni 2009)
	Costanera Norte	02/2000	04/2005	30 Jahre	42,4km	937 Mio.US$	Impregilo, Italien; Fe Grande, Chile; Tecsa, Chile	Atlantia, Italien (seit 06/2006)
Verlaufen durch Colina (sowie teilweise Lampa und Til Til)	Ruta 57, Santiago-Los Andes (Autopista Los Libertadores)	12/1996	09/2000	28 Jahre	119,4km	197 Mio.US$	INFCSA Dos Mil, Spanien; ECSA Capitales, Chile	OHL, Spanien
	Ruta 5 Norte, Santiago-Los Vilos (Autopista del Aconcagua)	03/1997	12/2001	23 Jahre	218km	558 Mio.US$	Tribasa, Mexico; Construcciones de Ingeniería Neut Latour Compañía, Chile	Global Via, Spanien
	Autopista Nororiente	10/2003	03/2009	40 Jahre	21,5km	327 Mio.US$	Itínere Sacyr, Spanien	Atlantia, Italien (seit 03/2009)
Andere innerstaedtische und interurbane Autobahnen	Ruta 78, Santiago-San Antonio (Autopista del Sol)	06/1995	08/1999	23 Jahre	132km	276 Mio.US$	Infraestructura 2000 (Endesa, Spanien und ECSA, Chile); Endesa, Chile	OHL, Spanien
	Ruta 5 Sur (Autopista del Maipo)	06/1998	10/2002	25 Jahre	266km	1323 Mio.US$	Cintra (Ferrovial Agroman), Spanien; Infraestructura Dos Mil, Chile; Inversiones Golf Center (Grupo Santander), Spanien	Cintra (Ferrovial Agroman), Spanien
	Autopista Central	09/2000	04/2005	30 Jahre	61km	1237 Mio.US$	Abertis, Spanien; Skanska, Schweden	Abertis, Spanien; Alberta, AIMCO, Kanada
	Américo Vespucio Sur	08/2001	04/2006	38 Jahre	24km	940 Mio.US$	Necso Entrecanales, Spanien; Acciona, Spanien; Sacyr, Spanien	Atlantia, Italien
	Vespucio Norte Express	03/2002	01/2006	30 Jahre	29km	967 Mio.US$	Hochtief, Deutschland; ACS, Spanien; Belfi, Chile; Brotec, Chile	Brookfield Asset Management, Kanada; Hochtief, Deutschland; Warburg & Ko KG, Deutschland
Geplante Projekte	Costanera Central	Licitación 2013				1978 Mio.US$	Iniciativa privada propuesta por OHI	
	Autopista Vespucio Oriente	Licitación 2013				1969 Mio.US$	Iniciativa MOP	
	Santiago - Lampa	Licitación 2013				111 Mio.US$	Iniciativa privada propuesta por Rutas del Pacífico-Atlantia	
	Conexión Ruta 78 y Ruta 68	Licitación 2013				51 Mio.US$	Iniciativa privada propuesta por Rutas del Pacífico-Atlantia	

Quelle: Jahresberichte 2011 der einzelnen Autobahnbetreiber (in Bezug auf aktuelle Eigner) und MOP, Coordinación de Concesiones de Obras Públicas (in Bezug auf alle anderen Punkte)

Ältere Bände der
Schriften des Geographischen Instituts der Universität Kiel
(Band I, 1932 - Band 43, 1975)
sowie der
Kieler Geographischen Schriften
(Band 44, 1976 - Band 57, 1983)
sind teilweise noch auf Anfrage im Geographischen Institut der CAU erhältlich

Band 58

Bähr, Jürgen (Hrsg.): Kiel 1879 - 1979. Entwicklung von Stadt und Umland im Bild der Topographischen Karte 1:25 000. Zum 32. Deutschen Kartographentag vom 11. - 14. Mai 1983 in Kiel. 1983. III, 192 S., 21 Tab., 38 Abb. mit 2 Kartenblättern in Anlage. ISBN 3-923887-00-0.

Band 59

Gans, Paul: Raumzeitliche Eigenschaften und Verflechtungen innerstädtischer Wanderungen in Ludwigshafen/Rhein zwischen 1971 und 1978. Eine empirische Analyse mit Hilfe des Entropiekonzeptes und der Informationsstatistik. 1983. XII, 226 S., 45 Tab. und 41 Abb. ISBN 3-923887-01-9.

Band 60

*Paffen, Karlheinz und Kortum, Gerhard: Die Geographie des Meeres. Disziplingeschichtliche Entwicklung seit 1650 und heutiger methodischer Stand. 1984. XIV, 293 S., 25 Abb. ISBN 3-923887-02-7.

Band 61

*Bartels, Dietrich u. a.: Lebensraum Norddeutschland. 1984. IX, 139 S., 23 Tab. und 21 Karten. ISBN 3-923887-03-5.

Band 62

Klug, Heinz (Hrsg.): Küste und Meeresboden. Neue Ergebnisse geomorphologischer Feldforschungen. 1985. V, 214 S., 45 Fotos, 10 Tab.und 66 Abb. ISBN 3-923887-04-3.

Band 63

Kortum, Gerhard: Zuckerrübenanbau und Entwicklung ländlicher Wirtschaftsräume in der Türkei. Ausbreitung und Auswirkung einer Industriepflanze unter besonderer Berücksichtigung des Bezirks Beypazari (Provinz Ankara). 1986. XVI, 392 S., 36 Tab., 47 Abb. und 8 Fotos im Anhang. ISBN 3-923887-05-1.

Band 64

Fränzle, Otto (Hrsg.): Geoökologische Umweltbewertung. Wissenschaftstheoretische und methodische Beiträge zur Analyse und Planung. 1986. VI,130 S., 26 Tab. und 30 Abb. ISBN 3-923887-06-X.

Band 65

Stewig, Reinhard: Bursa, Nordwestanatolien. Auswirkungen der Industrialisierung auf die Bevölkerungs- und Sozialstruktur einer Industriegroßstadt im Orient. Teil 2. 1986. XVI, 222 S., 71 Tab., 7 Abb. und 20 Fotos. ISBN 3-923887-07-8

Band 66

Stewig, Reinhard (Hrsg.): Untersuchungen über die Kleinstadt in Schleswig-Holstein. 1987. VI, 370 S., 38 Tab., 11 Diagr. und 84 Karten ISBN 3-923887-08-6.

Band 67

Achenbach, Hermann: Historische Wirtschaftskarte des östlichen Schleswig-Holstein um 1850. XII, 277 S., 38 Tab., 34 Abb., Textband und Kartenmappe. ISBN 3-923887-09-4.

*= vergriffen

Band 68

Bähr, Jürgen (Hrsg.): Wohnen in lateinamerikanischen Städten - Housing in Latin American cities. 1988. IX, 299 S., 64 Tab., 71 Abb. und 21 Fotos. ISBN 3-923887-10-8.

Band 69

Baudissin-Zinzendorf, Ute Gräfin von: Freizeitverkehr an der Lübecker Bucht. Eine gruppen- und regionsspezifische Analyse der Nachfrageseite. 1988. XII, 350 S., 50 Tab., 40 Abb. und 4 Abb. im Anhang. ISBN 3-923887-11-6.

Band 70

Härtling, Andrea: Regionalpolitische Maßnahmen in Schweden. Analyse und Bewertung ihrer Auswirkungen auf die strukturschwachen peripheren Landesteile. 1988. IV, 341 Seiten, 50 Tab., 8 Abb. und 16 Karten. ISBN 3-923887-12-4.

Band 71

Pez, Peter: Sonderkulturen im Umland von Hamburg. Eine standortanalytische Untersuchung. 1989. XII, 190 S., 27 Tab. und 35 Abb. ISBN 3-923887-13-2.

Band 72

Kruse, Elfriede: Die Holzveredelungsindustrie in Finnland. Struktur- und Standortmerkmale von 1850 bis zur Gegenwart. 1989. X, 123 S., 30 Tab., 26 Abb. und 9 Karten. ISBN 3-923887-14-0.

Band 73

Bähr, Jürgen, Christoph Corves und Wolfram Noodt (Hrsg.): Die Bedrohung tropischer Wälder: Ursachen, Auswirkungen, Schutzkonzepte. 1989. IV, 149 S., 9 Tab. und 27 Abb. ISBN 3-923887-15-9

Band 74

Bruhn, Norbert: Substratgenese - Rumpfflächendynamik. Bodenbildung und Tiefenverwitterung in saprolitisch zersetzten granitischen Gneisen aus Südindien. 1990. IV, 191 S. 35 Tab., 31 Abb. und 28 Fotos. ISBN 3-923887-16-7.

Band 75

Priebs, Axel: Dorfbezogene Politik und Planung in Dänemark unter sich wandelnden gesellschaftlichen Rahmenbedingungen. 1990. IX, 239 S., 5 Tab. und 28 Abb. ISBN 3-923887-17-5.

Band 76

Stewig, Reinhard: Über das Verhältnis der Geographie zur Wirklichkeit und zu den Nachbarwissenschaften. Eine Einführung. 1990. IX, 131 S., 15 Abb. IBSN 923887-18-3.

Band 77

Gans, Paul: Die Innenstädte von Buenos Aires und Montevideo. Dynamik der Nutzungsstruktur, Wohnbedingungen und informeller Sektor. 1990. XVIII, 252 S., & 64 Tab., 36 Abb. und 30 Karten in separatem Kartenband. ISBN 3-923887-19-1.

Band 78

Bähr, Jürgen & Paul Gans (eds): The Geographical Approach to Fertility. 1991. XII, 452 S., 84 Tab. und 167 Fig. ISBN 3-923887-20-5.

Band 79

Reiche, Ernst-Walter: Entwicklung, Validierung und Anwendung eines Modellsystems zur Beschreibung und flächenhaften Bilanzierung der Wasser- und Stickstoffdynamik in Böden. 1991. XIII, 150 S., 27 Tab. und 57 Abb. ISBN 3-923887-21-3.

Band 80

A c h e n b a c h, Hermann (Hrsg.): Beiträge zur regionalen Geographie von Schleswig-Holstein. Festschrift Reinhard Stewig. 1991. X, 386 S., 54 Tab. und 73 Abb.
ISBN 3-923887-22-1.

Band 81

S t e w i g, Reinhard (Hrsg.): Endogener Tourismus. 1991. V, 193 S., 53 Tab. und 44 Abb. ISBN 3-923887-23-X.   16,80 €

Band 82

J ü r g e n s, Ulrich: Gemischtrassige Wohngebiete in südafrikanischen Städten. 1991. XVII, 299 S., 58 Tab. und 28 Abb. ISBN 3-923887-24-8.

Band 83

E c k e r t, Markus: Industrialisierung und Entindustrialisierung in Schleswig-Holstein. 1992. XVII, 350 S., 31 Tab. und 42 Abb
 ISBN 3-923887-25-6.

Band 84

N e u m e y e r, Michael: Heimat. Zu Geschichte und Begriff eines Phänomens. 1992. V, 150 S. ISBN 3-923887-26-4.

Band 85

K u h n t, Gerald und Z ö l i t z - M ö l l e r, Reinhard (Hrsg): Beiträge zur Geoökologie aus Forschung, Praxis und Lehre. Otto Fränzle zum 60. Geburtstag. 1992. VIII, 376 S., 34 Tab. und 88 Abb. ISBN 3-923887-27-2.

Band 86

R e i m e r s, Thomas: Bewirtschaftungsintensität und Extensivierung in der Landwirtschaft. Eine Untersuchung zum raum-, agrar- und betriebsstrukturellen Umfeld am Beispiel Schleswig-Holsteins. 1993. XII, 232 S., 44 Tab., 46 Abb. und 12 Klappkarten im Anhang. ISBN 3-923887-28-0.

Band 87

S t e w i g, Reinhard (Hrsg.): Stadtteiluntersuchungen in Kiel, Baugeschichte, Sozialstruktur, Lebensqualität, Heimatgefühl. 1993. VIII, 337 S., 159 Tab., 10 Abb., 33 Karten und 77 Graphiken. ISBN 923887-29-9.

Band 88

W i c h m a n n, Peter: Jungquartäre randtropische Verwitterung. Ein bodengeographischer Beitrag zur Landschaftsentwicklung von Südwest-Nepal. 1993. X, 125 S., 18 Tab. und 17 Abb. ISBN 3-923887-30-2.

Band 89

W e h r h a h n, Rainer: Konflikte zwischen Naturschutz und Entwicklung im Bereich des Atlantischen Regenwaldes im Bundesstaat São Paulo, Brasilien. Untersuchungen zur Wahrnehmung von Umweltproblemen und zur Umsetzung von Schutzkonzepten. 1994. XIV, 293 S., 72 Tab., 41 Abb. und 20 Fotos. ISBN 3-923887-31-0.

Band 90

S t e w i g, Reinhard (Hrsg.): Entstehung und Entwicklung der Industriegesellschaft auf den Britischen Inseln. 1995. XII, 367 S., 20 Tab., 54 Abb. und 5 Graphiken.
ISBN 3-923887-32-9.

Band 91

B o c k, Steffen: Ein Ansatz zur polygonbasierten Klassifikation von Luft- und Satellitenbildern mittels künstlicher neuronaler Netze. 1995. XI, 152 S., 4 Tab. und 48 Abb.
ISBN 3-923887-33-7.

Band 92

M a t u s c h e w s k i, Anke: Stadtentwicklung durch Public-Private-Partnership in Schweden. Kooperationsansätze der achtziger und neunziger Jahre im Vergleich. 1996. XI, 246 S., 16 Tab., 34 Abb., und 20 Fotos.
ISBN 3-923887-34-5.

Band 93

Ulrich, Johannes und Kortum, Gerhard.: Otto Krümmel (1854-1912): Geograph und Wegbereiter der modernen Ozeanographie. 1997. VIII, 340 S. ISBN 3-923887-35-3.

Band 94

Schenck, Freya S.: Strukturveränderungen spanisch-amerikanischer Mittelstädte untersucht am Beispiel der Stadt Cuenca, Ecuador. 1997. XVIII, 270 S. ISBN 3-923887-36-1.

Band 95

Pez, Peter: Verkehrsmittelwahl im Stadtbereich und ihre Beeinflussbarkeit. Eine verkehrsgeographische Analyse am Beispiel Kiel und Lüneburg. 1998. XVII, 396 S., 52 Tab. und 86 Abb. ISBN 3-923887-37-X.

Band 96

Stewig, Reinhard: Entstehung der Industriegesellschaft in der Türkei. Teil 1: Entwicklung bis 1950, 1998. XV, 349 S., 35 Abb., 4 Graph., 5 Tab. und 4 Listen. ISBN 3-923887-38-8.

Band 97

Higelke, Bodo (Hrsg.): Beiträge zur Küsten- und Meeresgeographie. Heinz Klug zum 65. Geburtstag gewidmet von Schülern, Freunden und Kollegen. 1998. XXII, 338 S., 29 Tab., 3 Fotos und 2 Klappkarten. ISBN 3-923887-39-6.

Band 98

Jürgens, Ulrich: Einzelhandel in den Neuen Bundesländern - die Konkurrenzsituation zwischen Innenstadt und "Grüner Wiese", dargestellt anhand der Entwicklungen in Leipzig, Rostock und Cottbus. 1998. XVI. 395 S., 83 Tab. und 52 Abb. ISBN 3-923887-40-X.

Band 99

Stewig, Reinhard: Entstehung der Industriegesellschaft in der Türkei. Teil 2: Entwicklung 1950-1980. 1999. XI, 289 S., 36 Abb., 8 Graph., 12 Tab. und 2 Listen. ISBN 3-923887-41-8.

Band 100

Eglitis, Andri: Grundversorgung mit Gütern und Dienstleistungen in ländlichen Räumen der neuen Bundesländer. Persistenz und Wandel der dezentralen Versorgungsstrukturen seit der deutschen Einheit. 1999. XXI, 422 S., 90 Tab. und 35 Abb. ISBN 3-923887-42-6.

Band 101

Dünckmann, Florian: Naturschutz und kleinbäuerliche Landnutzung im Rahmen Nachhaltiger Entwicklung. Untersuchungen zu regionalen und lokalen Auswirkungen von umweltpolitischen Maßnahmen im Vale do Ribeira, Brasilien. 1999. XII, 294 S., 10 Tab., 9 Karten und 1 Klappkarte.ISBN 3-923887-43-4.

Band 102

Stewig, Reinhard: Entstehung der Industriegesellschaft in der Türkei. Teil 3: Entwicklung seit 1980. 2000. XX, 360 S., 65 Tab., 12 Abb. und 5 Graphiken ISBN 3-923887-44-2.

Band 103

*Bähr, Jürgen & Widderich, Sönke: Vom Notstand zum Normalzustand - eine Bilanz des kubanischen Transformationsprozesses. La larga marcha desde el período especial habia la normalidad – un balance de la transformación cubana. 2000. XI, 222 S., 51 Tab. und 15 Abb. ISBN 3-923887-45-0.

*= vergriffen

Band 104

Bähr, Jürgen & Jürgens, Ulrich: Transformationsprozesse im Südlichen Afrika - Konsequenzen für Gesellschaft und Natur. Symposium in Kiel vom 29.10.-30.10.1999. 2000. 222 S., 40 Tab., 42 Abb. und 2 Fig.
ISBN 3-923887-46-9.

Band 105

Gnad, Martin: Desegregation und neue Segregation in Johannesburg nach dem Ende der Apartheid. 2002. 281 S., 28 Tab. und 55 Abb.
ISBN 3-923887-47-7.

Band 106

*Widderich, Sönke: Die sozialen Auswirkungen des kubanischen Transformationsprozesses. 2002. 210 S., 44 Tab. und 17 Abb. ISBN 3-923887-48-5.

Band 107

Stewig, Reinhard: Bursa, Nordwestanatolien: 30 Jahre danach. 2003. 163 S., 16 Tab., 20 Abb. und 20 Fotos.ISBN 3-923887-49-3.

Band 108

Stewig, Reinhard: Proposal for Including Bursa, the Cradle City of the Ottoman Empire, in the UNESCO Wolrd Heritage Inventory. 2004. X, 75 S., 21 Abb., 16 Farbfotos und 3 Pläne. ISBN 3-923887-50-7.

Band 109

Rathje, Frank: Umnutzungsvorgänge in der Gutslandschaft von Schleswig-Holstein und Mecklenburg-Vorpommern. Eine Bilanz unter der besonderen Berücksichtigung des Tourismus. 2004. VI, 330 S., 56 Abb. ISBN 3-923887-51-5.

Band 110

Matuschewski, Anke: Regionale Verankerung der Informationswirtschaft in Deutschland. Materielle und immaterielle Beziehungen von Unternehmen der Informationswirtschaft in Dresden-Ostsachsen, Hamburg und der TechnologieRegion Karlsruhe. 2004. II, 385 S., 71 Tab. und 30 Abb. ISBN 3-923887-52-3.

Band 111

*Gans, Paul, Axel Priebs und Rainer Wehrhahn (Hrsg.): Kulturgeographie der Stadt. 2006. VI, 646 S., 65 Tab. und 110 Abb.
ISBN 3-923887-53-1.

Band 112

Plöger, Jörg: Die nachträglich abgeschotteten Nachbarschaften in Lima (Peru). Eine Analyse sozialräumlicher Kontrollmaßnahmen im Kontext zunehmender Unsicherheiten. 2006. VI, 202 S., 1 Tab. und 22 Abb. ISBN 3-923887-54-X.

Band 113

Stewig, Reinhard: Proposal for Including the Bosphorus, a Singularly Integrated Natural, Cultural and Historical Sea- and Landscape, in the UNESCO World Heritage Inventory. 2006. VII, 102 S., 5 Abb. und 48 Farbfotos. ISBN 3-923887-55-8.

Band 114

Herzig, Alexander: Entwicklung eines GIS-basierten Entscheidungsunterstützungssystems als Werkzeug nachhaltiger Landnutzungsplanung. Konzeption und Aufbau des räumlichen Landnutzungsmanagementsystems LUMASS für die ökologische Optimierung von Landnutzungsprozessen und -mustern. 2007. VI, 146 S., 21 Tab. und 46 Abb.
ISBN 978-3-923887-56-9.

Band 115

Galleguillos Araya-Schübelin, Myriam Ximena: Möglichkeiten zum Abbau von Segregation in Armenvierteln. Die Frage nach der sozialen und ökonomischen Nachhaltigkeit urbaner Ballungsräume am Beispiel Santiago de Chile. 2007. VIII, 226 S., 6 Tab. und 19 Abb. ISBN 978-3-923887-57-6.

*= vergriffen

Band 116

Sandner Le Gall, Verena: Indigenes Management mariner Ressourcen in Zentralamerika: Der Wandel von Nutzungsmustern und Institutionen in den autonomen Regionen der Kuna (Panama) und Miskito (Nicaragua). 2007. VIII, 390 S., 14 Tab. und 44 Abb.
ISBN 978-3-923887-58-3.   18,00 €

Band 117

Wehrhahn, Rainer (Hrsg.): Risiko und Vulnerabilität in Lateinamerika. 2007. II, 314 S., 13 Tab. und 50 Abb.
ISBN 978-3-923887-59-0.   16,50 €

Band 118

Klein, Ulrike: Geomedienkompetenz. Untersuchung zur Akzeptanz und Anwendung von Geomedien im Geographieunterricht unter besonderer Berücksichtigung moderner Informations- und Kommunikationstechniken. 2008. XI, 244 S., 89 Tab. und 57 Abb.
ISBN 978-3-923887-60-6.   15,50 €

Band 119

Sterr, Horst, Christoph Corves und Götz von Rohr (Hrsg.): The ToLearn Project, Learning how to Foster Sustainable Tourism in the North Sea Region 2009. III, 168 S., 6 Tab. und 23 farbige Abb.
ISBN 978-3-923887-61-3.   15,00 €

Band 120

Sandfuchs, Katrin: Wohnen in der Stadt. Bewohnerstrukturen, Nachbarschaften und Motive der Wohnstandortwahl in innenstadtnahen Neubaugebieten Hannovers. 2009. X, 282 S., 30 Tab. und 44 Abb.
ISBN 978-3-923887-62-0.   16,20 €

Band 121

Oppelt, Natascha: Monitoring of the Biophysical Status of Vegetation Using Multi-angular, Hyperspectral Remote Sensing for the Optimization of a Physically-based SVAT Model. 2010. XXII, 130 S., 34 Tab. und 62 Abb. davon 24 farbig
ISBN 978-3-923887-63-7.   14,50 €

Band 122

Mössner, Samuel: Integrierte Stadtentwicklungsprogramme - eine „Vertrauens-Konstellation". Beispiele aus Frankfurt a. M. und Mailand. 2010. X, 202 S., 5 Tab. und 6 Abb.
ISBN 978-3-923887-64-4.   14,50 €

Band 123

Sandner Le Gall, Verena und Rainer Wehrhahn (Hrsg.): Geographies of Inequality in Latin America. 2012. II, 402 S., 22 Tab. und 64 Abb.
ISBN 978-3-923887-65-1.   17,50 €

Band 124

Schlichting, Ina von: Migration, Translokalität und Doing Community. Stabilisierende Eigenschaften einer ecuadorianischen Dorfgemeinschaft in Ecuador, Deutschland und Spanien. 2013.IX, 242 S., 7 Tab. und 14 Abb.
ISBN 978-3-923887-66-8.   16,50 €

Band 125

Lukas, Michael, Neoliberale Stadtentwicklung in Santiago de Chile. Akteurskonstellationen und Machtverhältnissein der Planung städtebaulicher Megaprojekte. 2014. IX, 244 S., 13 Tab. und 11 Abb.
ISBN 978-3-923887-67-5.   16,90 €